사회복지실천론

박희숙 · 백명진 · 한선화 · 김미숙

KNOWLEDGE COMMUNITY 공동체

Preface

사회복지실천론은 이론으로 접하는 사회복지를 현장에서 실천하는 것의 첫 단추라고 할 수 있다. 복지의 실천은 아동, 청소년, 가족, 여성, 장애인, 노인 등 모든 분야에 직·간접적으로 적용되고 있어서 사회복지사가 전문가로서 활동하기 위해서 꼭 익혀야 하는 과목이며 이론과 실천을 양분하여 생각하는 것이 불가한 부분이다.

1950년대에 사회복지가 전문직으로 시작되어 공공사회복지제도 및 민간복지가 활성화되고, 이용 및 생활시설이 늘어나면서 사회복지사의 수요의 증가 및 교육에 대한 필요성 또한 확대되었다. 사회복지사업법의 개정, 사회복지사자격의 국가시험제의 도입에 따라서 이론중심의 과목 외에 사회복지실천론과 사회복지실천기술론이 포함되었으며 이러한 배정은 현장에서 복지실천의 중요성이 높아짐을 의미한다고 할 수 있다. 특히 우리 사회에서 복지의 영역이 개인, 가족, 지역사회뿐만 아니라 세계화가 되어가고 각 영역의 클라이언트들의 다양한 욕구들이 나타남으로 인해 사회복지사들의 전문성과 현장에서의 능력이 요구되고 있다. 이러한 사회의 요구에 맞추어 클라이언트들과 현장의 복지기관에 실질적인 도움이 될 수 있는 지식과 기술을 본 교재를 통해서 전달하고자 한다.

Preface

사회복지실천의 이해와 역사, 배경을 통해 발달과정과 전문직으로서의 개념과 윤리, 정체성을 확립하고, 욕구와 다양성을 이해함으로써 실천현장에 대한 이해를 높이며, 통합적 접근을 할 수 있는 관점을 키우기 위해 사례관리를 정확하게 이해하고 적용할 수 있도록 교재를 배분하였으니 사회복지를 실천할 예비 사회복지사들과 복지실천에 관심을 가지시는 분들께 도움이 되기를 기대한다.

끝으로 이 책이 완성되기까지 도움을 주신 여러 교수님들과 출판을 위해 물심양면으로 격려와 도움을 주신 도서출판 공동체 가족 여러분들, 그리고 이 책을 읽으실 학생들과 교수님께 감사의 인사를 드린다.

2018년 2월

저자 일동

Contents

Contents

Contents

Contents

Chapter 1

사회복지실천의 이해

제1절 사회복지실천의 개념

제2절 사회복지실천의 목적과 목표

제3절 사회복지실천의 이념과 철학

Chapter 01

사회복지실천의 이해

제1절 사회복지실천의 개념

사회복지실천(social work practice)은 사회복지학의 분야에서 상대적으로 새롭게 등장한 개념이다. 미국에서도 사회복지실천이라는 용어는 1970년대 이전에는 사용되지 않았으며 1970년대 이후에 활용되어 왔다. 그 이전에는 개별사회사업(social casework)이 더 우세하게 사용되어 왔다(Hepworth & Larsen, 2006). 즉, 사회복지실천이라는 용어는 개별사회사업, 집단사회사업, 지역사회조직사업이라는 전통적인 방법론들이 하나로 통합되면서 등장하게 되었다.

우리나라에서 사회복지실천은 1998년 사회복지사업법 시행령 및 시행규칙 개정 당시 한국사회복지사협회가 사회복지사업법의 개정과 더불어 2003년부터 사회복지사 자격취득 국가사업제도를 도입하게 되어 기존의 개별사회사업(개별지도)과 집단사회사업(집단지도)이 없어지고 사회복지실천론과 사회복지실천기술론으로 변경한 2000년부터 사회복지실천이라는 말을 공식적으로 사용하게 되었다(전재일 외, 2004).

사회복지실천의 개념은 사회복지가 발달하게 된 초기에 개인이나 개인성격의 변화에 초점을 두는 정의가 대부분이었다.

사회복지실천의 고전적인 정의는 리치몬드(Richmond, 1922)에 의하여 제시된 개별실천(social casework)에 따른 정의이다. 『개별사회사업이란 무엇인가?(What is Social Casework?)』라는 책을 통하여 사회복지실천을 개개인 그리고 사람과 사회 환경과의 사이에서 의식적인 조정을 통하여 개개인의 인격적인 발달을 이루어 나가는 과정으로 정의하였다(Richmond, 1922). 그러나 1949년 바우어(Bower, 1949)가 사회복지실천의 정의를 클라이언트와 환경과의 사이에 조화를 이룰 수 있도록 클라이언트 개인의 능력과 지역사회 내의 자원을 최대한 동원하는 지식과 기술로 정의하면서 개인 또는 개인의 성격을 벗어나 지역사회의 자원들을 강조하는 정의로 변화를 하게 되었다.

사회복지실천에 대한 포괄적 정의가 내려지게 된 것은 1950년대 후반부터 사회복지방법에서 사회복지사가 수행하는 공통적 역할과 요소가 있다는 점에 착안하여 사회복지사가 개인, 집단, 지역사회에서 제기되는 사회문제에 활용할 수 있는 공통된 하나의 원리나 개념을 제공하는 사회복지통합방법이 나오게 되면서부터이다(이종복 외, 2010).

보엠(Boehm, 1958)은 사회복지는 개인이나 집단 내에서 사회적 기능을 강화시키기 위한 하나의 계획된 변화활동이라고 하였다. 이 활동은 전문적 지식과 기술을 강조하는 것으로 인간과 환경 사이의 상호작용으로 구성된 사회적인 관계 형성에 초점을 두며, 개인의 능력 회복, 사회자원의 제공, 개인의 역기능 예방을 포함하는 것이다. 이처럼 보엠은 사회복지실천으로서 사회복지를 개인 중심의 정의에서 보다 포괄적으로 확대된 개념으로 정의하였다(남연희 외, 2012). 그러나 공식적인 최초의 정의는 1958년 미국의 사회복지사협회에 의해 내려졌다. 협회는 가치, 목적, 사회적 승인, 지식, 그리고 방법론의 집합적 영역에서 사회복지실천의 작업적 정의를 내릴 수 있다고 하였다(NASW, 1958). 이 협회는 1973년 개인과 집단, 그리고 지역사회에서의 사회기능 향상과 회복을 위하여 돕는 역할에 대하여 강조를 하면서도 최초로 사회복지실천이 전문직이라는 것에 대한 강조를 하는 더욱더 발전된 정의를 내렸다.

1974년 미국사회복지사협회(NASW : National Association of Social Workers, 1974)는 "개인, 집단, 또는 지역사회가 사회기능(social functioning)을 향상시킬 수 있는 자신들의 능력을 회복하거나 증진시키고, 자신들의 목표달성을 위한 사회조건을 창조하도록 돕는 전문적 활동"이라고 정의를 하였다.

이후 1977년과 1981년 2차에 걸쳐 미국사회복지사협회는 사회복지실천의 정의와 목적, 가치, 승인, 지식 그리고 특성화에 대하여 공식적인 입장을 표명하면서 사회복지실천에 대한 정의를 재정립하고자 하였다. 이 정의에 따르면 사회복지실천은 "사람들의 삶의 질 향상 목적을 위해 사람과 그들의 사회단위가 사람들의 정신사회 기능(psychosocial functioning)이 향상되도록 활동을 변화시키는 전문적으로 무장된 체계이다"라고 정의하였다(Alexander, 1977). 이러한 개인과 사회의 환경과의 상호작용에 초점을 두고 있으면서 개인의 삶의 질 향상에 목적을 두고 있는 1977년의 정의는 그 이전의 정의에 비하여 상당히 발전된 정의로 사회복지의 사회개혁(social reform), 사회통제(social control)의 기능들이 보완된 것이라고 할 수 있다.

1982년 미국사회복지사협회(NASW, 1982)에서는 사회복지실천의 정의를 첫째, 인간과 사회환경 간의 생태체계적 관점에 기초하여 개인, 집단, 가족이 자신들의 문제해결능력과 대처능력을 향상시키는 것이며, 둘째, 인간이 필요로 하는 사회자원, 서비스, 기회 등의 환경체계가 원활하게 상호작용할 수 있도록 도와주는 것이며, 셋째, 자원과 서비스를 제공하는 다양한 사회복지기관이나 조직이 클라이언트에게 보다 좋은 서비스를 제공할 수 있도록 효과적이고 효율적인 운영을 추구하는 것이며, 넷째는 새로운 사회정책의 개발과 향상을 목적으로 하는 실천활동이라고 정의하였다(박귀영 외, 2010).

이상과 같이 보엠과 미국사회복지사협회(NASW)의 정의들은 사회복지실천에서의 통합적 방법을 활성화시키는 데 중요한 계기가 되었다고 볼 수가 있다.

사회복지실천에 관해 헬렌 펄만(Helen Perlman, 1957)은 "개별사회사업이란 문제(problem)를 가지고 있는 사람(person)이 전문적 원조기관(place)에 와서 주어진 과정(process)에 의해 도움을 받는 것이다"라고 정의하여 4P, 즉 문제(Problem), 사람(Person), 장소(Place), 과정(Process) 등의 구성요소를 제시하였다(이원숙, 2008). 이 4P는 사회복지사가 클라이언트와 클라이언트가 처한 상황 그리고 사회복지적 개입을 수행하는 기관 등과 관련된 사고들을 체계적으로 조직화하는 수단으로 많은 사회복지실천가들에 의하여 유용하게 사용되어 왔다. 이후 펄만(Perlman, 1986)은 전문가(Professional)와 제공자원(Provisions)의 2P를 추가하였는데, 전문가는 자격을 갖춘 사회복지사를 의미하며 제공자원은 클라이언트에게 제공되는 유형 및 무형의 서비스를 의미한다(엄명용 외, 2008). 이러한 정의는 해리에트 몰튼 바틀렛(Harriett M. Bartlett, 1958)에 의해 작업정의(working definition)로 정리되었다. 바틀렛은 "대부분의 전문직의 실천과 마찬가지로 사회복지실천의 본질적인 구성요소는 가치(value), 목적(purpose), 지식(knowledge), 사회적 승인(sanction), 방법(method) 등이다"라고 하였다(Bartlett, 1958).

그 후 개별사회사업은 사회복지실천으로 대체되면서 핀커스와 미나한(Pincus & Minahan)은 "사회복지실천은 사람과 자원체계 간의 연결(linkage) 및 상호작용(interaction)과 개인들이나 체계가 그 기능을 효율적으로 발휘하는 데 당면하는 문제에 초점을 두는 개입활동"이라고 통합적인 정의를 하였다(문인숙 외 공역, 1985).

이상의 사회복지실천의 개념을 종합해 보면 사회복지실천은 인간의 삶의 질 향상을 위해 개인, 집단, 가족, 지역사회를 대상으로 사회복지사가 문제해결 접근방법으로 개입하여 그들의 사회적 기능(social function)을 원활히 수행해 나갈 수 있도록 클라이언트의 강점을 살려 그들의 욕구나 문제를 스스로 해결해 나갈 수 있도록 도와주는 종합적이고 체계적이 전문적 활동으로 볼 수 있다(이종복 외, 2010).

제2절 사회복지실천의 목적과 목표

1. 사회복지실천의 목적

사회복지실천은 보다 구체적이고 직접적이며 실행에 염두를 둔 목적을 가지고 있는데 사회복지 실천의 개념은 목적에 의해서 보다 더 분명하게 설명될 수 있을 것이다.

사회복지실천의 목적에 대하여 정의하고자 하는 구체적인 노력은 1929년도 미국에서 개최한 밀포드(Milford) 회의였고, 최근의 노력은 1979년에 NASW의 주관하에 시카고에서 개최된 개념적 틀을 정립하기 위한 사회복지전문인 전국회의였다. 이 회의에서 사회복지실천의 목적을 "모든 사람들의 삶의 질 향상을 위해 개인과 사회 간 서로 유익한 상호작용을 촉진 또는 회복시키는 것"으로 정의했다. 여기에 내포된 요소들을 살펴보면 첫째, 모든 사람의 삶의 질을 향상시키는 것에 사회복지실천의 목적을 두고 있으며, 둘째, 사회구성원과 사회체계 사이의 유익한 상호작용을 회복 또는 촉진시키기 위해 노력하는 것으로 볼 수 있다(엄명용 외, 2006). 그러나 사회복지실천의 목적은 그 사회와 그 시대의 가치 또는 요구, 기대 등을 반영하기 때문에 사회변화에 따라 달라질 수 있다.

1) 미국사회복지사협회의 사회복지실천의 목적

미국사회복지사협회(NASW : National Association of Social Workers)의 사회복지실천의 목적에서는 '개인과 환경 간의 상호 유익한 상호작용을 촉진하는 것'을 주요 내용으로 하고, '모든 개인'이라는 모든 사회구성원을 대상으로 하여, '삶의 질 향상'을 궁극적인 목적으로 하고 있음을 밝히고 있다(김혜영 외, 2015).

① 개인과 집단이 그들과 환경 간에 불균형한 상태가 발생했을 때 문제들을 찾아내어 문제를 감소시키거나 해결할 수 있도록 도와주는 것이다.
② 개인이나 집단과 환경 간에 불균형 상태가 일어날 수 있는 잠재적인 문제들을 미리 발견하여 예방을 하는 것이다.
③ 개인과 집단과 지역사회 내에서 최대한의 잠재력들을 발견하여 확인하고 이를 강화시켜 주는 것이다.

2) 미국사회복지교육협의회의 사회복지실천의 목적

미국사회복지교육협의회(CSWE : Council of Social Worker Education)는 사회복지실천의 목적을 1994년 네 가지 항목으로 정리하였고, 2001년 다음 항목으로 구체화하였다(김혜영 외, 2015).

① 개인과 가족, 집단과 조직 그리고 지역사회가 목적을 달성하고, 갖고 있는 고통을 완화시키고 자원들을 활용할 수 있도록 도움을 줌으로써 이들의 사회기능을 촉진하고 회복, 유지 및 향상을 시키는 것이다.
② 인간의 복지향상과 빈곤, 억압, 그리고 그 이외의 사회적인 부정의(social injustice)를 감소시키는 것, 기본적인 욕구를 충족시키고 인간이 가지고 있는 잠재력과 가능성 개발을 돕기 위하여 필요한 사회정책과 서비스 자원, 그리고 프로그램을 계획하고 공식화, 시행하는 것이다.
③ 곤궁에 처하게 된 집단에게 권한부여와 사회적・경제적인 정의의 실현을 위해 조직적・행정적 옹호와 사회운동을 통한 정책과 서비스, 자원, 그리고 프로그램을 추구하는 것이다.
④ 이러한 목적들과 관련된 전문적인 지식과 기술을 시험하고 개발하는 것이다.

이러한 목적은 사회복지실천에서의 적극적인 접근을 보여주고 있어 광범위하게 목적을 지니고 있음을 밝히고 있다.

3) 핀커스와 미나한의 사회복지실천의 목적

핀커스와 미나한(Pincus & Minahan, 1973; 문인숙 외 공역, 1985)은 사회복지실천의 목적으로 다음 네 가지를 제시하였다.

① 개인의 문제해결 및 대처 능력을 향상시킨다.
② 개인에게 자원과 서비스, 기회를 제공하여 주는 체계와 연결한다.
③ 연결된 체계들이 효과적이고 인도적인 운영을 하도록 촉진한다.
④ 사회정책의 개발과 발전에 기여를 하는 것을 목적으로 삼고 있다.

따라서 핀커스와 미나한(Pincus & Minahan)은 사회복지실천이 개인의 생활과 정의의 수행을 하고 자원체계 간의 상호작용과 개인과 환경과의 상호작용에 초점을 두며, 더 나아가 사회정책의 변화를 시키는 데 목적을 두고 있음을 명시하였다.

2. 사회복지실천의 목표

사회복지실천의 목적을 달성하기 위해서는 구체적 목표를 설정해야 한다. 헵워스와 라슨(Hepworth & Larsen)은 사회복지실천의 목표를 다음과 같이 설명하였다(Hepworth & Larsen, 1986; 전재일 외, 2004).

첫째, 클라이언트가 자신의 대처능력을 향상시킬 수 있도록 돕는다.
① 클라이언트의 문제에 대하여 새로운 관점에서 볼 수 있도록 돕는다.
② 여러 가지 각도에서의 개선방법을 생각한다.
③ 자기 자신이 처한 상황들을 인식하고 자신의 대처능력을 높일 수 있도록 돕는다.
④ 자기 지각의 촉진, 문제해결방법, 대인관계 구성의 방법, 기술 등을 가르친다.

둘째, 자원의 연결과 자원에 대한 정보제공 등을 통하여 클라이언트가 사회자원을 얻을 수 있도록 돕는다.

셋째, 주변에 있는 사람과의 교류를 촉진한다. 인간의 삶의 질은 자신이 놓여 있는 사회환경에서의 대인관계의 좋고 나쁨에 의해서 결정되는 경우가 많다. 특히 가족, 직장, 학교 등에서의 대인관계를 갖는 것은 생활의 긴장을 높이고 삶의 질 저하의 원인이 되는 일이 많다. 그러므로 사회복지사는 가족, 이웃, 학교, 직장 내의 커뮤니케이션과 협력체계를 만드는 기능을 수행하는 것이 중요하다.

NASW(1982)의 사회복지실천의 구체적 주요 목표는 다음과 같다(전재일 외, 2004).

① 인간의 능력을 향상시킨다

사회복지실천은 환경 속의 인간(person in environment)의 개념에서 보면 사회복지실천의 초점은 '인간'에게 있으며, 사회복지사가 클라이언트의 문제를 초기에 가능하도록 하는 자(enabler)로 서비스를 하는 것이다. 가능케 하는 자의 역할은 사회복지사가 교사, 도움을 주는 자, 상담, 행동변화가로서의 활동들을 수행하는 것이다.

② 인간과 체계와 연결시킨다

사회복지실천은 환경 속의 인간의 개념을 사용하여 사람과 그들이 상호작용하는 체계 사이에서의 관계에 초점을 두고, 사회복지사는 인간과 체계를 연결하는 중개자로서 서비스한다.

③ 자원과 서비스 체계의 운영과 효과성을 증진시킨다

사회복지실천의 초점은 환경 속의 인간의 개념에서 보면 체계와 인간 간의 상호작용하는 체계에 있다. 여기서 사회복지사는 프로그램 개발자, 대변자, 지도감독자(supervisor), 전문가(consultant), 조정자(coordinator)의 역할을 수행하게 된다.

④ 사회정책을 개발하고 개선시킨다

이 목표의 초점은 법이나 사회정책의 개선 및 개발에 있다. 여기서 사회복지사는 정책개발자, 계획가로 새로운 법령과 정책, 비효과적이고 부적당한 법령과 정책의 개혁안을 제시한다. 1979년 NASW의 주관하에 개최된 미국의 시카고 회의에서 제시된 목표는 다음과 같다(엄명용, 외, 2008).

첫째, 개인으로 하여금 자신의 역량을 확대하고 자신의 문제해결능력 및 대처능력을 증진할 수 있도록 도움을 제공한다. 개인들은 대개 자기 자신의 대처자원이 고갈되면 누군가에게 도움을 요청하게 된다. 사회복지 전문 인력이 이러한 도움의 요청에 반응을 하여 지원을 제공하는 방법에는 여러 가지의 방법들이 있다. 클라이언트에게 문제의 상황에 대하여 새로운 시각이나 관점을 제시하는 일, 클라이언트가 갖고 있는 자신의 장점이나 강점을 스스로 깨달을 수 있도록 다양한 도움을 제공하는 일, 적절하고 합리적인 대안들을 생각해 낼 수 있도록 돕는 일, 당장 동원할 수 있는 자원들과 잠재적인 대처자원을 동원할 수 있는 방안들을 제시하는 일, 대인관계기술을 개발할 수 있도록 돕는 일, 문제해결전략이나 절차를 교육시키는 일 등이 이러한 목표에 해당되는 일들이라고 볼 수가 있다.

둘째, 각종의 자원들을 확보할 수 있도록 도움들을 제공한다. 인간이 최소한의 인간다운 삶의 유지를 위해서는 각종의 자원들을 필요로 한다. 여기에는 주거, 최소한 생활필수품, 음식 등 유형의 서비스들과 보호서비스, 법률서비스, 의료서비스, 정신의료 상담서비스 등의 무형의 서비스들도 포함된다. 이러한 유형·무형의 서비스들을 사회복지실천 인력은 클라이언트에게 직접 제공을 하거나 클라이언트들이 이러한 서비스들을 제공받을 수 있도록 도움들을 제공하는 역할을 담당한다. 이러한 과정에서 각각의 서비스 제공기관들과 클라이언트를 연결하는 중개자의 역할을 담당한다. 또한 다양한 서비스를 지속적으로 필요로 하는 복합적인 문제를 갖고 있는 클라이언트에게는 각각의 기관들과 연계하여 문제의 해결에 필요한 적절한 서비스를 제공받을 수 있도록 책임을 지는 사례관리자로서의 역할을 담당한다. 클라이언트가 필요한 서비스가 사회 내에 부재할 경우에는 서비스 제공에 필요한 프로그램이나 정책을 개발하는 일도 사회복지사의 일에 해당한다. 우리 사회에서 최근에 탈북이주민의 증가에 따라 일부 사회복지관에서 탈북이주민을 위한 생활적응 훈련 프로그램을 실시하는 일과 이혼율의 급속한 증가에 대한 대책으로 이혼 전 숙려제도를 마련하는 일 등은 이전에는 존재하지 않았던 새로운 프로그램이나 제도를 마련한 예들이라고 볼 수 있다.

셋째, 사람들의 욕구에 반응하는 조직이 되도록 감시한다. 서비스 제공을 하는 기관들이 클라이언트의 인간적인 존엄성을 존중하고 적절한 절차와 기본에 의하여 적절한 서비스를 제공하는지 자세히 살피고, 경우에 따라서 시정을 하도록 요구하는 활동과 클라이언트의 의견들을 수집하여 클라이언트를 대신하여 클라이언트에 대한 비인간적인 대우와 침해된 권리 등을 찾아주는 역할들도 여기에 해당된다. 최근 확산되고 있는 사회복지 관련 분야에서 시민운동단체들의 활동이 대표적인 예다, 이러한 활동 분야는 사회복지사들의 적극적인 진출이 기대되는 분야이다. 이에 앞서, 사회복지사와 클라이언트가 속해있는 기관에서 클라이언트의 진정한 권익보호를 위하여 책임 있게 행동을 하고 있는가를 우선 살펴봐야 할 것이다. 자신이 속해 있는 기관의 운영상태가 사회복지실천 목적 및 윤리와 거리가 먼 경우 조직의 내부를 변화시키기 위한 양심적인 행동들도 요구된다.

넷째, 개인과 개인의 주변 환경에 속해 있는 사람들 사이에서의 상호작용을 촉진한다. 인간의 삶의 질은 주변 사람들과의 원만한 상호관계에 바탕을 두고 있다. 사회복지사 또한 개인과 주변 사람들과의 원만한 상호관계에 바탕을 두고 개인과 주변 사람들과의 원만한 상호관계를 촉진하는 역할을 담당한다. 비행청소년들의 문제해결을 위해 선생님과 부모, 청소년과 선생님, 그리고 청소년과 부모와의 대화, 이 3자 사이의 원만한 대화가 이루어질 수 있도록 하는 중개자의 역할을 하는 것이 그 예가 될 수 있다. 그 이외에도 시설에 거주를 하는 노인이나 장애인과 시설 운영자 사이에 상호 대화가 이루어질 수 있도록 촉진함으로써 원만한 관계가 형성되고 유지할 수 있도록 하는 활동도 여기에 해당된다. 포괄적으로 말하면, 클라이언트의 복지에 관련된 여러 관계자들 사이에서 의사소통을 할 수 있는 경로를 구축하여 그들 간에 조정과 협동이 순조롭게 이루어지도록 하는 활동들을 의미한다.

다섯째, 기관과 기관, 조직과 조직 사이에서 이루어지는 상호작용에 영향력을 행사한다. 클라이언트의 복지서비스는 어느 한 기관 또한 조직의 활동에 의해서만 이루어지지 않는 경우가 많다. 즉, 관련된 여러 기관과 조직들 사이에서 원만하고 긴밀한 협조가 이루어져야 하는 경우가 대부분이다. 그 예로 다양한 복합적인 문제들을 갖고 있는 노인들의 경우 건강의 악화, 소득의 부족, 배우자 및 친구들의 사망, 사회활동의 위축 등으로 인하여 복합된 다양한 서비스 욕구를 갖고 있다. 따라서 이러한 욕구들이 조화롭게 충족이 될 때 노인들의 복지가 이루어질 수 있는 것이다. 이러한 욕구충족을 위해서는 보건, 오락, 복지, 비공식적 사회지지망 등과 관련된 가족, 정부기관조직, 지역사회조직 등이 긴밀하게 협조해야 한다. 사회복지사는 가족과 이러한 기관들 사이의 협조가 원만하게 이루어지도록 조정 및 중재활동을 통하여 연결고리의 역할을 수행한다. 또한 조직 및 기관들에 클라이언트의 복지와 관련된 정보들을 제공해 주는 일도 이에 해당된다.

여섯째, 사회・환경의 정책에도 영향력을 행사한다. 물리적・사회적 환경의 개선과 물질적 서비스의 확보 등을 위한 법 제정 및 정책 형성 등을 위해 제안하고 활동하는 일도 사회복지사의 일에 해당된다. 사회복지실천 전문인력의 활동은 주로 클라이언트와 직접접촉에 의한 활동이지만, 클라이언트의 문제는 정부의 기본 정책과 법률에 의하여 영향을 받게 되므로 이러한 분야에 대한 관심이 요구된다.

제3절 사회복지실천의 이념과 철학

사회복지실천은 역사적 흐름으로 볼 때 전문직의 발달과 함께 이념과 철학이 추가되거나 변화되어 왔다. 그리고 사회복지실천은 다양한 이념과 철학적 배경에 따라 역사적으로 기본적 가치의 지향성이 나타나고 있다.

인도주의와 이타주의의 이념으로부터 시작된 것으로 보이는 사회복지실천은 근본적으로는 사회진화론의 영향을 받았으며 다른 한편으로는 그 영향에서 탈피하고자 하는 노력을 보여 왔다. 이 절에서는 사회통제와 사회변화를 목적으로 삼고 있는 양대 축이 이의 표현이라고 한 양옥경(2004)이 분류한 다섯 가지 사회복지 이념을 정리하였다(이경남 외, 2008).

1. 인도주의

사회복지실천은 1601년 영국의 구빈법(Elizaberhan Poor Law)에 그 기원을 두고 있으며, 구빈법에 의한 우애방문자(friendly visitors)가 사회복지사의 시작으로 볼 수 있다. 이들은 대부분 자원봉사자들이었으며 박애주의(philanthropy) · 인도주의(humanitarianism)를 가장 주된 이념으로 갖고 있었고, 이러한 사상은 사회복지실천의 기본 정신이 되었다(양옥경 외, 2005).

이는 타인을 용서하는 정신으로 실천되었다. 영어로 'care'인 봉사정신은 자신보다 클라이언트를 먼저 생각을 하는 정신을 낳았고, 이는 이타주의(altruism)로 불리는 사회복지실천의 기본 정신으로 자리 잡게 되었다. 그러나 시대의 변화에 따라 '클라이언트를 위한' 무조건적 봉사(caring for)에서 '클라이언트에 대한' 봉사활동(caring about)으로 그 개념이 변화하였다(Morris, 1977).

이러한 사상은 우애방문자 이후 사회복지실천의 주요 정신으로 사회복지실천현장에서 사회적인 약자 · 빈곤자를 향한 이타적인 봉사정신으로 나타났다.

2. 사회진화론

사회진화론(social darwinism)은 찰스 다윈(Charles Darwin)의 1895년 저서 『종의 기원』에서 파급된 이념으로 다윈의 자연과학적 개념이 사회과학적인 요소에서 파생된 것이다. 즉, 자연법칙의 진화론을 사회법칙의 진화론에 적용시킨 것이다.

사회적합계층(best fit)은 살아남고, 사회부적합계층(unfit)은 자연스럽게 소멸된다는 이념으로 적자생존의 법칙과 같다. 이러한 계층화는 동식물의 생태계에서 적자생존의 자연법칙과 같이 '사회적합계층(best fit)'인 사회의 주요 인물은 살아남고 그렇지 못한 사람들은 '사회부적합계층(unfit)'으로 자연적으로 소멸된다는 것이다.

사회에 적합한 계층을 위해 사회부적합한 계층이 사회에서 사라져야 한다는 논리를 수용하는 것은 사회복지실천의 사회통제적인 측면에서 볼 수 있다. 사회통제를 목적으로 하는 사회복지실천은 자선조직협회에서의 우애방문자들의 봉사활동에서 두드러지게 볼 수 있다. 그들은 그 당시 사회의 열등계층인 극빈자와 장애인을 방문하여 자기 자신이 신봉하는 중산층의 기독교사상의 도덕성에 따라 생활하도록 하여 그들의 가치관이나 도덕성을 완전히 무시하였으며, 지금까지 갖고 있는 가치관이나 생활신념을 버리고 새로운 도덕과 윤리를 따르도록 강요하였으며, 따르지 않았을 경우에는 현재의 상태만 겨우 유지를 할 수 있을 정도만 도움을 제공하는 것에 그쳤다. 의도는 사회적합계층에게 방해가 되지 않도록 하기 위함이었다. 결국 사회에 적합한 계층인 부자를 위해 게으르고 비도덕적인 부적합계층은 없어져야 한다는 논리가 저변에 깔려 있었다.

3. 민주주의

민주주의(democracy)는 평등(equality)을 표방하는 이념이다. 사회진화론에서의 생존계층화와는 달리 모든 인간의 평등함을 인정하고 클라이언트는 평등한 대우를 받을 수 있는 권리가 있음을 표방하였다. 이러한 민주주의의 등장으로 클라이언트들을 위한 무조건적인 봉사정신은 약화되고 클라이언트에 대한 선택적인 봉사 철학이 강화되었다.

민주주의는 인도주의와 사회진화론에서 우월한 자인 봉사 제공자가 열등자인 클라이언트들에게 제공한 봉사 및 시혜를 무조건 받도록 강요를 하던 것에서 벗어나 주는 자와 받는 자의 권리를 평등하게 인정하여 받는 자인 클라이언트가 시혜의 여부를 결정하는 데 적극적으로 참여하도록 하는 사회적 움직임이었다.

이는 현대에 들어서면서 클라이언트의 자기결정권의 가치적인 측면에도 커다란 영향을 미치게 된다. 클라이언트에게도 사회복지사와 똑같이 동등하게 권리를 주면서 모든 결정에 대한 선택권을 주게 된다. 평등을 위한 사회변화를 추구하는 민주주의 사회복지실천은 인보관운동의 활동에서 두드러진 양상을 나타난다. 빈곤계층도 자기 자신 나름대로의 가치관을 갖고 있으며, 이를 동등하게 인정을 해주는 것에서부터 시작하는 인보관운동의 이념은 사회가 이를 인정을 해주도록 사회개혁으로 이어졌다. 인보관운동은 당시 사회문제(예 산업화, 도시화, 빈곤, 이민 등)에 대처하기 위하여 자선조직협회보다 약 15년 뒤에 시작을 하게 되었으나, 문제의 접근관점은 판이했으며 당시 자유주의와 급진주의 사상에 기반을 하여 환경적인 요소가 바로 사회문제의 근원이라고 보았다. 따라서 문제를 접근하는 방식은 빈민들을 개조하는 것이 아닌 기존의 사회질서를 바꿔야 한다는 사회개혁적인 면을 강조한다. 즉, 모든 인간이 평등하듯 클라이언트도 동등한 처우를 받을 권리, 빈곤에서 탈피한 동등한 기회를 제공받을 수 있는 권리를 가지고 있다는 것이다. 따라서 빈곤에 대한 책임은 이러한 권리들을 보장해 주지 못하는 사회에 있으며, 사회의 변화를 통하여 이를 가능하게 해야 한다는 것이다. 이는 민주적 사회주의(democratic socialism)를 채택하는 결과를 낳았으며(남찬섭 역, 1994), 특히 스웨덴, 덴마크, 영국 등이 이 이념을 수용한 국가들이다(Whitaker & Federico, 1997).

4. 개인주의

개인주의(individualism) 사상은 사회복지를 자유시장에 맡기는 자유방임주의로 나타났다. 이는 작은 정부를 표방하는 형태로 경제뿐 아니라 사회복지도 자유시장에 맡기는 자유방임의 정책들을 펴나가게 되었다. 이 사상은 사회복지실천에 영향을 미치게 되어 사회복지실천의 사상적 줄기에 한 획을 그었다.

개인주의 사상은 개인권리의 존중과 수혜자격의 축소인 두 가지의 형태로 나타난다. 개인의 권리와 의무가 강조되면서 빈곤의 문제도 다시 빈곤한 자의 책임으로 돌아갔다. 빈곤한 사회복지 수혜자는 빈곤하게 살 수밖에 없다는 '최소한의 수혜자격 원칙'을 낳았으며(Whitaker & Federico, 1997), 저임금 노동자보다 더 낮은 보조를 받도록 하는 정책을 펼쳤다. 이는 미국의 경우 사회진화론과 맞물려 더욱 큰 힘을 발휘하였다.

반면 사회복지실천에서 개인주의 이념은 클라이언트의 개인적인 특성, 즉 개별화를 중요시한다는 것에 초점을 두었다. 물론 개별화는 사회복지실천의 역사에서 보면 상당히 초기의 문헌에서도 찾아볼 수 있는 개념이지만 그것의 실천적 측면에서 보았을 때 시기상 적용 가능성이 훨씬 쉬워졌으며, 적용수준에 대한 허용도가 높아졌다.

5. 다양화

시대의 변화에 따라 21세기의 세계화(globalization)의 영향으로 인해 다양화(diversitism)의 경향이 두드러지게 되었다. 사회복지실천에서도 다양한 계층에 대한 수요, 다양한 문제의 접근방식에 대한 허용, 개개인이 갖고 있는 독특성들을 인정하는 개별화를 추구하는 사회복지실천이 되어야 한다. 사회진화론에서 열등계층으로 불리던 소외계층(disadvantaged population)에게 스스로 발전을 할 수 있는 기회를 만들어 줌으로써 자기변화를 도모하기 위한 권한부여/ 역량강화(empowerment)를 하는 것이다.

권한부여 모델에서는 사회복지사와 클라이언트의 관계를 동등하게 인정하는 것으로 권한을 갖고 있는 사회복지사가 클라이언트의 인간적인 권리를 존중해 주는 차원을 넘어 클라이언트도 권한을 갖고 관계에 임한다고 인정하는 이념의 변화이다.

이는 실천의 장에서 클라이언트에게 무조건적인 봉사가 아니라 클라이언트가 자발적으로 선택을 하여 사회복지사를 찾아와 도움을 요구하는 형태로 나타나게 된다. 사회복지사는 제공자와 봉사자의 관계를 형성하는 권한부여모델은 적용을 하는 과정에서 여러 가지의 논의들을 불러일으킬 수 있다. 우선 소비자 중심 권한부여의 개념 틀에서 사회복지실천서비스에 자유시장 경제 개념이 도입될 가능성이 있다. 자유시장 경제 원리에 입각하여 소비자인 클라이언트가 제공자인 사회복지사를 선택하고 이는 서비스 제공 대가의 비용에 대한 논의를 초래하게 된다. 스스로 결정을 내릴 수 있는 능력이 없는 클라이언트와 동등한 관계형성을 할 수 없는 클라이언트나 서비스 비용에 대한 대가를 치르지 못하는 빈곤계층 클라이언트의 경우 딜레마에 봉착하게 될 것이다. 사회복지실천의 이념을 정리하면 〈표 1-1〉과 같다.

〈표 1-1〉 **사회복지실천의 이념 비교**

주의 내용	인도주의	사회진화론	민주주의	개인주의	다양화
이념	인도주의 박애사상 자선조직협회의 우애방문자의 철학	사회진화론 → 다윈의 1895년 저서 『종의 기원』에서 파급된 이념 다윈의 자연과학적 개념이 사회과학적 요소에 가미되어 파생	민주주의는 평등을 표방하는 이념으로 인간은 모두 평등함을 인정하면서 클라이언트도 평등하게 대우를 받을 수 있는 권리가 있음을 표방	개인주의와 함께 자유방임주의 등장, 작은 정부를 표방하는 형태로 나타남. 경제뿐 아니라 사회복지를 자유시장에 맞기는 자유방임정책을 펴나감	21세기에 두드러짐. 세계화의 영향으로 다양성에 대한 수용이 높아짐
기본 사상	기독교 사상을 실천하는 중산계층 이상의 사람들이 빈곤한 사람들을 대상으로 인도주의적인 구호 제공 사회복지실천의 기본 사상	다윈의 자연법칙의 진화론을 사회법칙의 진화론에 적용시켜 '부자는 우월해서 부유층으로 살아남는 것이고 빈곤한 사람은 비도덕적이고 게으른 열등 인간이므로 가난하게 살 수밖에 없다'고 봄. 즉, 계층화는 동식물생태계의 적자생존의 자연법칙과 동일함. 사회적합계층은 살아남고 사회부적합계층은 자연소멸된다는 논리	클라이언트를 위한 무조건적인 봉사정신에서 클라이언트에 대한 선택적 봉사의 철학이 강화된 것. 주는 자와 받는 자의 평등한 권리를 인정하여 클라이언트가 시혜의 여부를 결정하는 것에 적극 참여할 수 있도록 하는 사회적 움직임. 클라이언트의 자기결정권의 사치적 측면이 영향을 미침	개인주의 사상은 개인권리존중과 수혜자격의 축소라는 두 가지 형태로 나타남. 빈곤의 문제는 빈곤한 자의 책임으로 다시 돌아감	권한부여 : 열등계층의 소외계층에게 스스로 발전할 수 있도록 여건을 만들어 줌으로써 자기변화를 도모하기 위한 권한을 부여
실천	'타인을 위하여 봉사'하는 정신으로 실천케어의 봉사정신이 이타주의의 사회복지실천의 기본 정신으로 자리 잡게 됨	사회진화론의 사회복지실천은 사회통제 측면에서 나타남. 사회통제를 주목적으로 한 실천은 자선조직협회의 우애방문자의 봉사활동. 열등계층인 극빈자, 장애인을 방문하여 중산층의 기독교적 도덕을 강요. 그들 나름대로의 가치관이나 도덕성을 완전 무시하고 새로운 도덕·윤리를 따르도록 강요. 그렇지 않으면 현 상태를 겨우 유지할 정도의 도움만 제공	평등을 위한 사회복지실천은 인보관운동의 활동이 대표적. 빈곤계층도 나름대로의 가치관이 있으며 이를 동등하게 인정을 해주는 것에서부터 시작하는 인보관운동의 이념이 사회가 이를 인정을 해주도록 하는 사회개혁으로 이어짐	빈곤한 사회복지수혜자는 빈곤하게 살 수밖에 없다는 '최소한의 수혜자격의 원칙'으로 저임금 노동자들보다 더 적은 보조를 받도록 정책을 펼쳐 나감. 클라이언트의 개인적인 특성, 즉 개별화를 중요시한다는 것에 초점을 둠	클라이언트에 대한 선택적 봉사의 실천이며 개별화와 평등화의 복합적 실천 모델. 권한부여 모델은 클라이언트와 협력을 통해서만 이루어 낼 수 있음

변화	클라이언트를 위한 무조건적 봉사에서 클라이언트에 대한 봉사활동으로 개념 변화 무조건적 봉사 → 선택적 봉사	중간계급의 사상에 적합하지 못한 계층은 최소한의 도움으로 현재의 상태만 겨우 유지하고 생존할 수 있게 하도록 함 → 사회적합계층에 방해가 되지 않도록 함	빈곤이나 장애를 전적으로 클라이언트의 책임으로 돌렸던 것을 사회변화의 측면에서 사회책임으로 돌림. 모든 인간이 평등하듯이 클라이언트도 동등한 처우를 받을 권리. 빈곤에서 탈피한 동등한 기회를 제공받을 권리들을 보장해 주지 못하는 사회에 빈곤의 원인이 있으며 사회의 변화를 통하여 이를 가능하게 해야 함. 이것이 민주적 사회주의를 채택하는 결과를 낳음. 스웨덴, 덴마크, 영국 등이 수용국가	미국에서는 사회진화론과 함께 더욱 큰 힘을 발휘	제공자-수혜자의 개념에서 제공자-소비자의 관계개념으로 기본철학의 변화를 초래함. 사회복지사와 클라이언트의 관계를 동등하게 인정하는 것으로 클라이언트도 권한을 갖고 관계에 임한다고 인정하는 이념의 변화. 자유시장 경제원리에 입각하여 소비자의 입장인 클라이언트가 제공자인 사회복지사를 선택하게 됨

출처 : 이종복 외(2007).

Chapter 2

사회복지실천의 역사적 발달과정

제1절 서구 사회복지실천의 역사적 발달과정

제2절 한국 사회복지실천의 역사적 발달과정

Chapter 02

사회복지실천의 역사적 발달과정

제1절 서구 사회복지실천의 역사적 발달과정

사회복지는 사회과학으로서의 역사성과 실천성을 가지고 있으므로 사회복지가 발달되어 온 역사적 경험을 과학적으로 인식·분석함으로써 제반 사회복지현상에 대해 이해할 수가 있다. 또한 사회복지실천의 변화와 발달의 양상은 각 나라마다 차이가 있으므로 그 나라의 시대의 사회구조와 사상적 흐름 속에서 찾아볼 수 있다.

사회복지실천의 역사적 배경을 살펴보면, 1601년 영국에서 제정된 엘리자베스 구빈법에서 사회복지실천의 기원을 둘 수 있다. 엘리자베스 구빈법이 제정된 이후 산업혁명기를 거치면서 사회구조가 급격하게 변화되었다. 봉건사회의 붕괴와 새로운 자본주의의 도래는 여러 가지 사회문제를 야기시켰고, 공적 사회복지제도로만 대응하기에 역부족이었다. 이러한 시기에 민간주도의 활동이 전개되기 시작하였고, 마침내 하나의 전문직으로 자리 잡게 된다. 영국에서 출발한 사회복지실천 활동은 미국으로 전파되어 더욱 발전하게 되었다.

이 절에 소개하는 서구사회의 사회복지실천의 역사적 발달과정은 영국과 미국의 사회복지실천의 발달과 변화과정을 중심으로 살펴보겠다.

1. 사회복지실천의 태동기(19세기 말~1900년대)

18세기부터 시작된 영국의 산업혁명의 산업화, 도시화로 인해 많은 인구가 도시로 유입되었고, 이에 따라 도시빈민들이 발생하게 되었으며, 질병, 빈곤, 비행, 범죄의 증가 등과 같은 사회문제를 해결하기 위하여 개인이나 민간 차원에서의 자선사업과 박애사업이 시작되었고, 인도주의적 사회개량 사상과 연계되어 있는 민간사회복지가 발달하기 시작하였다. 그 결과 자선조직협회가 설립되고 인보관운동이 활발하게 전개됨으로써 사회복지실천에 있어 새로운 전환점을 맞이하게 되었다(길기숙 외, 2011).

1) 자선조직협회(COS)의 활동

1800년대 중・중반에 들어서면서 대도시를 중심으로 하여 많은 민간구제기관들이 출현하기 시작했다. 이들의 활동목적은 빈민, 실업자, 병자, 신체・정신장애인, 고아 등을 돕는 것이었다. 민간구제기관들은 빈민들의 행동습관이나 환경을 조사하고 그 가정을 방문하여 그들이 자립할 수 있도록 자립계획 제시와 경제활동을 지도하였다. 이들의 활동은 서로 조정이 되지 않았기 때문에 중복되기도 했다. 따라서 이러한 중복구제를 막기 위하여 민간사회복지기관의 활동을 조절하기 위한 목적으로 영국에서 자선조직협회(COS : Charity Organization Society)가 결성되었다(엄명용 외, 2006).

1869년 영국의 런던에 세워진 영국 최초의 자선조직협회(COS)의 기본적 이념은 구빈법에 기초하였다. 미국 최초의 자선조직협회는 1877년 뉴욕 버펄로(New York Buffalo) 자선조직단체이었으며 주변의 800여 개 군소단체들을 연합한 것이었다(이상호 외, 2010).

영국의 자선조직협회 활동은 대다수의 미국도시들에 관심의 대상이 되었다(Cohen, 1558). 미국의 COS는 1877년 Buffalo, New State에서 시작하여 많은 도시에 빠르게 전파되었다.

자선조직협회는 자선의 의미로 직접 도움을 주는 것이 아니라 자선단체가 과학적으로 통합하여 조정하는 역할을 담당하였다. 구제신청자에 대한 과학적이고 면밀한 조사를 통해 구제의 중복과 누락을 피하고 효율적인 구제 활동들을 전개하기 위한 구제등록의 실시, 여러 구제기관 간의 연락, 조정 등을 실시하였다. 이 시기에 자선조직협회의 직원들은 주로 자원봉사자들로서 중산층의 부인들로 구성된 "우애방문자(friendly visitors)"를 활용하여 빈민층 교화를 위한 활동을 하였으며, 빈곤가족을 방문하여 빈민조사 및 등록을 통한 조직 간 활동의 조정과 협력을 추구하였고, 아동교육, 가정생활지도, 가계경제에 대한 조언 등을 제공하였다(길기숙 외, 2011).

우애방문자는 빈곤자들이 게으름에 젖어 있는 가치관으로 인하여 가난하게 살 수밖에 없다는 것을 강조하면서 중산층 기독교인의 도덕과 가치관에 입각한 근면성을 배워 빈곤에서 탈피하여 의존성에서 벗어나도록 교화시켰다. 이들의 우애는 가치, 지식, 문화, 교양 등이 동등한 수준에서의 우애라기보다는 중산층의 도덕적인 우월성을 유지한 채 취약계층에게 제공하는 친절이었으며 빈곤을 가난한 자들의 가치관 때문으로 돌리고 빈곤한 자들을 차별대우하는 태도를 취해 빈곤자에게 반감을 사기도 하였다.

우애방문자는 구빈법에서 시설중심적인 구호가 지역사회가 중심이 된 구호로 원조의 형태가 바뀌면서 발생하게 된 인도주의적 기능과 사회통제적 기능을 동시에 담당하고 수행하였다. 또한 정부가 제공하는 원조에 대하여 수혜자격을 평가하면서 조사와 등급제를 실시하여 빈민을 통제하는 사회통제적 기능을 하였기 때문에 빈곤자에게는 전혀 우애적이지 않은 사람들로 비쳐지기도 했다.

우애방문자는 초기에 자원봉사가 주를 이루었으나 봉사기간이 짧아 오랫동안 지속하지 못하게 되어 1900년대에 들어서면서 유료 우애방문자를 고용하게 되었다. 이들은 개인이나 가족을 개입대상으로 하였다(양옥경 외, 2005).

자선조직협회의 이와 같은 활동은 이후 사회복지실천의 초석이 되었다. 특히 우애방문원에 의해 시작된 가정방문, 면접, 기록, 사례연구(case conference) 등의 활동은 개별사회사업실천의 기초가 되었으며 사회복지조사와 지역사회실천 활동의 뿌리가 되었다.

2) 인보관운동

인보관운동(Settlement House Movement)은 자선조직협회와 동시에 등장한 빈곤의 문제를 해결하기 위한 운동으로 가진 자가 가진 것이 없는 자에게 원조하는 시혜가 아니라 서로에게 영향을 주고받으면서 다양한 문제들을 유용하게 해결해 나갈 수 있도록 조직화하여 지역사회운동의 시발점이 되었다.

세계 최초의 인보관은 1884년 바네트(S. Barnett) 목사에 의해 런던 이스트 엔드 지역에 토인비 홀(Toynbee Hall)이 설립되었고, 1886년 코이트(S. Coit)에 의해 미국 뉴욕에 미국 최초의 근린조합(neighborhood guild)이 설립되었다. 1898년 애덤스(J. Addams)와 스타(E. Star)가 시카고의 빈민가에 헐하우스(Hull House)를 설립하여 주민 상호 간에 서로 배우고 가르치고 돕는 인보관운동이 전개되었다(원석조, 2005).

인보관운동은 대학생과 지식인층을 주축으로 활동하였고, 이들은 지역사회의 문제들을 해결하기 위해서는 문제를 가지고 있는 지역사회에 직접 나가 빈민들과 함께 거주를 하면서 주변 환경의 개선과 빈민들의 도덕적 교화에 힘을 써야 한다는 믿음을 가지고 있는 사람들에 의해 주도되었다. 그들의 클라이언트는 개인이 아닌 지역사회였다.

미국의 최초의 인보관운동인 근린조합(neighborhood guild)은 스탠튼 코이트(Stanton Coit)에 의해 1886년 뉴욕에 설립되었다. 젊은 미국 여성인 스탠튼 코이트는 영국에서 3개월 동안 최초의 인보관이었던 토인비 홀에서 거주하였다. 코이트는 런던의 가장 중심적인 지역인 빈민가에서 인보관을 만들어 빈민과 함께 일하고 생활하는 젊은 대학생들을 목격하고 크게 감명을 받았다. 이러한 사상은 미국 전역에 급속하게 퍼져나가면서 1897년 74개소의 인보관이 생기게 되었고 1900년에는 100개 이상, 1920년까지에는 400개 이상의 인보관이 설치되었다. 이런 내용은 미국 사회복지정책과 프로그램은 영국의 영향을 받았다는 증거가 된다(김융일 외, 2005).

1889년 미국 시카고에 세워진 헐하우스(Hull House)는 1885년 세워진 화이트채플(White Chapel)에 영국의 인보관인 토인비 홀을 모델로 하여 제인 애덤스가 세운 것이다. 제인 애덤스는 사회개혁뿐만 아니라 평화를 위한 행동주의자로 헐하우스의 프로그램들은 다른 인보관운동의 모델이 되었다. 그리하여 1931년 그녀는 노벨평화상을 받았다(김융일 외, 2005).

헐하우스의 특징은 이곳에서 일하는 모든 사람들이 이 기관에서 함께 숙식을 하면서 함께 생활한다는 것이다. 이러한 이유로 기관의 이름이 세틀먼트하우스(Settlement House)가 되었으며, 이곳에서 일을 하는 모든 사람들은 젊고 똑똑한 사람들이었으며 높은 이상을 갖고 있는 대학생들이 주를 이루었다. 대부분 자유주의자들로 공공위생문제, 주택문제, 고용주로부터의 고용착취 등에 관심을 자지고 사회개혁운동을 시도한 사람들이다. 이들은 빈곤의 원인을 무직이라 생각하였고 실직하게 된 것은 개인의 무지나 게으름 같은 도덕적 문제가 아니라 산업화의 착취의 결과라고 주장하였다(양옥경 외, 2005).

이러한 인보관운동은 빈민의 자립여건 형성을 위한 집단적인 노력을 실천하였고, 이는 집단사회사업, 사회행동 및 지역사회조직활동의 시초라 할 수 있으며, 이러한 활동은 후에 사회복지정책과 관련한 사회복지실천 활동에 많은 영향을 주었다.

인보관운동이 자선조직협회와 다른 점은 문제의 지역을 자신의 이웃이라고 생각을 하고 높은 교육을 받은 부유층 출신의 대학생들이 자신의 성장배경과 다른 이웃을 돕기 위하여 그들의 생활환경 속에 직접 뛰어 들어가서 생활을 하면서 환경개선에 힘을 썼다는 것이다. 또한 그들은 빈민자들도 그들 나름대로의 도덕성을 갖고 있으므로 중산층 기독교 여성들의 도덕성을 배우지 않아도 된다고 하였다. 이는 사회진화론이 그 영향력을 상실하게 되었다고 볼 수 있다. 인보관운동은 Reform(개혁), Residence(거주). Research(연구조사)의 3R로 요약할 수 있다.

자선조직협회와 인보관운동을 비교하면 〈표 2-1〉과 같다.

〈표 2-1〉 **자선조직협회와 인보관운동 비교**

사회복지 실천내용	자선조직협회	인보관운동
주체	• 상류층(기득권층) • 우애방문자 : 빈곤자 조사 • 노동력이 있는 가치 있는 자 → 직업알선, 네트워크 연결을 민간에서 맡음 • 노동력이 없는 가치 없는 자 → 공공부조	• 똑똑하고 젊은 사람들과 높은 이상을 가진 대학생들이 중심 • 학자들과 중류층(지식인) 중심의 사회개량운동으로 빈민지역에 사회복지사가 정주 활동하면서 빈민자의 생활개선
빈곤관	• 개인주의 빈곤관 : 빈곤은 개인 책임임 • 자유주의 사회개혁운동 : 자조윤리 강조 '빈민개량운동'-빈곤한 자에게는 물고기를 주지 말고 물고기를 어떻게 잡는지 방법을 알려주기	• 사회개혁(사회환경) • 빈곤의 원인은 무직이라 생각을 함 • 실직을 하게 되는 것은 개인의 게으름이나 무지와 같은 도덕적인 문제가 아니라 산업화에 따른 착취의 결과라 주장함

이데올로기	• 사회진화주의 • 인도주의적인 기능과 사회통제적인 기능을 동시에 담당(우애방문자들은 가난한 사람들의 집을 방문하여 교육, 상담, 교화를 하는 역할을 담당) • 인도주의적 기능, 정부가 제공을 하는 원조에 대하여 수혜자격에 대한 평가를 하면서 조사 외 등급제를 통해 빈민을 통제하고자 함–사회통제적 기능	• 자유주의자 • 급진주의, 진부주의 성향이 강함 • 빈곤의 원인은 사회환경에서 기인함 • 형제자매간의 우애의 질서가 이념적 근간 • 중산층의 도덕관념과 다른 계층의 도덕관념이 다를 수도 있다는 계층별 도덕성을 강조함
서비스	• 경제부조의 초점에서 서비스의 조정에 초점을 둠 • 사회복지사들이 중심 • 걸인들로 인한 도시의 환경을 보호하는 데 목적을 두고 원조를 제공, 중복하여 어떤 종류의 원조도 받지 못하도록 조치	• 서비스 자체(Not money but itself) • 클라이언트가 중심이 됨 • 공공위생문제, 주택문제, 고용주로부터의 고용착취 등에 관심을 가지고 사회개혁 시도
주요 내용	• case work를 탄생시키고, 개별원조기술을 최초로 발전시킴으로써 사회복지의 과학성을 높이게 됨 • 기관등록, 기관과의 협력으로 중복구제 방지. 사회복지서비스 구제의 효율성을 높임 • 지역사회조직론(CO) 낳음	• 3R운동 : Research(조사), Residence(정주), Reform(사회환경개혁) • 연구조사를 통하여 사회의 제도를 개혁해야 한다는 것이 기본 개념 • 최초의 인보관은 1884년 바넷목사에 의해 설립된 토인비 홀 • 1889년 애덤스가 세운 시카고 헐하우스.
시사점	• 전문사회사업이 발달하게 된 계기(case work, CO 탄생)로 현대의 개별사회사업가의 시조가 됨 • 자원봉사활동 확대 • 사례회의 발전, 기관과의 조정역할 • 공공과 민간 간의 협력, 사회복지 민영화의 효시	• 집단원조기술 발달의 효시(group work) : 빈곤하거나 장애를 갖고 있는 소외계층에 대한 권한부여를 주장. 소회계층에게도 자신의 문제들을 해결할 수 있는 능력을 갖고 있음을 인정하고 그 능력을 발휘할 수 있도록 하는 역할을 함. 이는 권한부여 모델의 이념적인 근원이 됨
비판	• 낙인(stigma) • 지나친 보수적인 성격(클라이언트에 대한 빈곤관의 외적인 환경 무시)	

출처 : 이종복 외(2010).

2. 사회복지실천의 성장기(1900~1920년대)

이 시기는 전문적 사회복지실천 이론이 확립되기 시작하였고 사회복지 관련 단체가 전국적으로 조직화되는 등 사회복지실천이 전문적 특수영역으로의 확대라는 차원에서 전문직으로서 성장해가는 시기였다.

자선조직협회의 활동이 점차 조직화, 전문화되어 감에 따라 봉사자 교육과 조직, 관리과정에서 일정한 기준과 지침서가 요구되어 전문적인 교육의 필요성이 대두되었다.

1) 전문적 교육과 훈련

사회복지실천의 전문적 교육은 1989년 뉴욕자선조직협회의 후원하에 공식적으로 시작되었다. 최초의 교육은 '여름자선학교(Summer School of Philanthropy)'로 불리는 6주간의 프로그램이었다. 이것은 1904년에 '뉴욕 자선학교'로 명칭이 변경되었으며 1년 정규과정으로 확대되어 진행되다가, 1910년에는 2년의 정규교육 프로그램으로 채택되었다. 2년 정규과정 교육을 위해 1919년까지 17개의 전문사회복지학교가 설립되었고 그중 12개가 대학 내에 설립되면서 명실상부한 전문적인 교육훈련체계가 마련되었다(김혜영 외, 2013).

2) 전문적 실천활동

1905년 의사인 카보트(Richard C. Cabot)에 의해 매사추세츠 종합병원에 의료사회사업이 처음 만들어졌다(Trattner, 1989). 1906년 같은 병원의 퍼트넘(James Putnam)은 정신의료 부서에서 활동할 사회복지사를 채용하였는데, 오늘날의 정신건강사회복지사의 전신이라고 할 수 있다(NASW, 1995). 이 무렵 공립학교에서는 학교와 학생들의 사회환경 간의 연계를 위하여 사회복지사를 활용하기 시작하였고, 1913년 교육위원회는 학교사회복지사를 공적으로 승인하였다. 그 밖에 아동복지, 교정사회복지 분야 등에서 사회복지사의 실천 활동이 활발하게 전개되었다(김혜영 외, 2013).

3) 전문적 이론의 확립

전문적 이론의 확립에 있어서는 개별사회사업의 어머니라 불리는 리치몬드가 1917년 『사회진단(Social Diagnosis)』을 통해 사회복지실천에 관한 이론과 방법을 최초로 체계화하였고, 1922년 『개별사회사업이란 무엇인가?(What is Social Casework?)』라는 저서를 통하여 개별사회사업의 이론화를 명확하게 하여 사회사업실천의 전문화 이론을 확립하였다.

리치몬드의 『사회진단(Social Diagnosis)』은 사회복지실천에서 필요한 방법들과 이론을 체계화한 것으로서, 사회복지사가 서비스 대상자에게 개입을 하는 방법론적인 측면들을 소개하고 있다. 특히 자료수집, 진단, 치료계획 등과 관련한 실천과정에 대한 내용들은 현재까지 사용되고 있으며, 개별사회사업에 대한 지식의 틀을 형성한 공헌을 하였다(전재일 외, 2009). 또한 그녀는 사회복지사가 전문직으로 지위를 갖는 것을 가능하게 하였으며, 이 분야를 이끌어 가는 지도자가 되었다. 20세기 초기 30년 동안의 사회사업전문직은 극적인 성장을 하게 되었고 사회사업은 분명하게 정의된 4개 분야의 전문화된 실천분야로 자격 있는 전문직이 되었다. 즉 전문화된 실천분야는 의료사회사업, 학교사회사업, 정신의료사회사업, 그리고 가족사회사업이다(김융일 외, 2005).

4) 사회복지전문직에 대한 도전

자선조직협회의 근간을 두거나 치료중심 기관과 관련이 있는 인물들은 사회복지전문직이 개인의 역할 수행 시에 발생하는 문제와 관련된 실천적인 지식 발전에 초점을 두어야 한다고 믿고 있었다.

반면 인보관운동을 주도한 인물들은 전문직의 초점이 사회문제의 원인을 환경적 요인에서 찾아내고, 사회복지사는 사회 및 경제 이론에 기초하여 사회개혁을 목적으로 하는 전문직이어야 한다고 주장하였다. 그러나 1915년 의료전문직 분야의 평론자이며 전문적 교육 분야에서 권위자인 아브라함 플렉스너(Abraham Flexner)는 전국의 자선 및 교정회의에 강연자로 초대되어 "사회사업은 전문직인가"라고 발표를 하였다. 그는 전문직은 '교육적으로 전달할 수 있는 기술'을 소유하지 않으면 안 된다고 하면서 사회복지사의 업무는 수없이 많고 다양하기 때문에 매우 의미 있고 조직화된 교육적 훈련을 구체화할 수 없다고 했다(김융일 외, 2005).

플렉스너가 사회복지실천은 전문직이이라 할 수 없으며 사회복지사도 전문가라 할 수 없다고 선언한 것이 계기가 되어 사회복지전문직이 성장하는 데 위기가 닥치게 되었다. 플렉스너는 병원에서 다른 의료진과 함께 일하는 사회복지사를 보며 이들이 어떤 특수한 전문가적인 기능들을 담당하기에는 구체적인 기술(specific skill)이 부족하여 아직까지 전문직이라고 볼 수 없다고 했다. 의료계의 이러한 비판은 사회복지계에 커다란 영향을 미쳤다.

플렉스너의 비판에 대하여 사회복지계는 두 가지의 형태로 반응을 보였다. 하나는 전문직의 기본적인 틀에 맞는 환경 조성을 하는 것이고, 다른 하나는 전문직으로 인정을 받을 수 있는 기술들을 갖추는 것이었다. 전문직의 기본 환경을 조성하기 위한 활동으로 먼저 교육 및 훈련을 담당하는 학교를 설립하고 공식적인 책을 발간하여 전문가협회를 구성하였다. 이미 존재하고 있던 뉴욕자선학교 이외에 2년 과정의 정규교육을 위해 1919년까지 17개의 전문 사회복지학교가 설립되었고 그중 12개가 대학 내에 설립되면서 그 위상을 높였다(양옥경 외, 2005).

3. 사회복지실천의 분화기(1921~1950년대)

이 시기는 사회복지실천에서 전문적 분화기라고 할 수 있다. 1920년대 사회복지사들은 프로이트(Freud) 이론과 과거의 경험보다 현재의 경험을 강조하며 인간의 의지에 중점을 둔 신프로이트 학파 오토 랭크(Otto Rank, 1973) 이론을 추종하였으며 이 두 이론과 리치몬드의 『사회진단』의 직접적 영향으로 개별사회사업이 형성되었다(박귀영 외, 2010). 그러나 1929년의 세계 경제대공황은 개인에서 또다시 사회로 관심의 초점이 이동하게 되는 계기가 되었다.

경제대공황은 높은 빈부격차의 심화, 실업률, 계층 간의 갈등과 같은 심각한 사회문제를 발생시켰다. 이러한 사회적 변화는 빈곤문제를 개인의 탓으로 보던 시각에서 벗어나 사회구조적 문제로 수용하게 되었다.

1930년대는 사회복지전문직의 이론 및 실천적인 측면에서 분화가 일어나는 시기로 볼 수 있다. 개별사회사업 내에서 진단주의 접근과 이와 대립되는 기능주의 접근이 발전하였고, 집단사회사업과 지역사회조직이 사회복지실천의 방법론으로 인식되기 시작하였다(김혜영 외, 2013).

1) 진단주의와 기능주의

(1) 진단주의

진단주의는 1920년 리치몬드의 『사회진단』의 흐름을 이어받으면서 정신분석 지향적 접근의 프로이트 학파의 개념과 방법을 기초로 하였다. 이들은 클라이언트의 문제를 개인 내적인 정신과정의 산물로 보고 무의식, 저항, 전이와 같은 개념들을 기초로 하여 접근을 하였다. 이는 기계론적 · 결정론적 관점을 실천으로 하는 전통적인 접근법이다.

진단주의적 접근에서는 조사, 진단, 치료 단계를 개념화하고, 사회복지사와 클라이언트 간의 치료적인 관계를 중요시하였다. 치료단계에서는 상담 및 치료를 위주로 하고 사회적 자원, 프로그램 개발, 자원 조정 등의 방법으로 부족한 면을 보충하였다(Johnson & Yanca, 2004). 이 접근은 이후 사회복지실천 이론의 발달에 상당한 영향을 미쳤고, 정신의학 분야의 실천자와 가족복지관이나 아동상담소 등에 널리 확대되었다.

이 이론은 이후 해밀턴(G. Hamilton)의 '케이스워크의 이론과 실천'에 의해 사회사업에 정신분석이론을 결합시켜 이론화를 진행시켰고, 1940년 그의 저서 『개별사회사업의 이론과 실제』는 세계적으로 많은 영향을 주었다. 이어 홀리스(Florence Hollis)에 의해 '심리학회적 모델'로 체계화되어 현대 사회복지실천모델의 하나로 발전・계승되고 있다(박귀영 외, 2010).

(2) 기능주의

1930년대 제2차 세계대전과 대공황으로 대량실업이 발생하여 빈곤문제가 제기되면서 전통적인 프로이트 학파를 중심으로 한 진단주의에 불만을 가지고 기능주의가 등장하게 되었다. 신프로이트 학파인 랭크(Rank)는 진단주의에 대한 비판을 가하면서 인지심리학에 기초를 둔 기능주의를 수립하게 되었다(길귀숙 외, 2011).

기능주의는 인간의 성장 가능성을 중요시하고, '지금-여기', 즉 현재에 초점을 두며 인간과 인간, 인간과 사회 환경과의 관계들을 중점으로 분석하고자 하였다. 이 학파의 사람들은 대공황에 의해 발생하는 다양한 문제들은 프로이드가 설명하는 과거의 성장과정상에서의 문제나 무의식의 문제로 규정하기에는 너무 현실감이 떨어진다고 주장을 하면서 현시점에서 더 나은 기능들을 회복하게 만드는 것이 중요하다고 보았다.

기능주의 학파는 사람들은 과거의 생산물이 아니라 그들 스스로 계속적인 창조를 하고 재창조를 할 수 있다고 보고 인간에 대한 낙관적인 견해들을 가졌다. 기능주의 학파의 초점은 사회복지사와 클라이언트 간의 관계에 있다. 치료를 위한 책임이 사회복사에게 있는 것이 아니고 클라이언트에게 있음을 강조하고 '치료'라는 말을 사용하는 대신 '원조과정(helping process)'이라는 용어를 사용했다(이종복 외, 2010).

기능주의 학파는 1930년대 펜실베이니아 대학의 사회사업과 교수들을 회원으로 하는 제시 태프트(Jessie Taft), 버지니아 로빈슨(Virginia Robinson)에 의하여 지도되었고, 알메나 돌리(Almena Dawley), 케네스 프레이(Kenneth Pray), 해리 압테커(Harry Apteker), 루스 스몰리(Ruth Smalley), 그레이스 마커스(Grace Marcus)가 기능주의 학파에 포함된다. 그들은 미드(Mead), 듀이(Dewey), 르윈(Lewin), 오토 랑크(Otto Rank)의 이론에 크게 영향을 받았다(김융일 외, 2005).

기능주의의 핵심은 원조과정이 전개되는 기관의 기능과 중요한 관계를 갖고 있었다. 진단학파의 주장과 달리, 기능주의자들은 사회사업기관이 사회복지사가 실천하기 위한 방향과 초점, 내용을 공급해야 한다고 생각하였다.

기능주의 논쟁은 사회복지 관점이 의학모델에서 생활모델로 전환되는 실마리를 제공했다는 점에서 역사적 의의가 매우 크다.

(3) 진단주의와 기능주의의 갈등

1930년대 프로이트의 정신분석이론을 중심으로 사회복지실천을 행하는 진단주의 학파와 랭크(Rank)의 이론을 중심으로 하여 사회복지실천을 행하는 기능주의 학파 사이에 전통적 정신분석이론에 대한 비판이 제기되면서 1950년대까지 논쟁이 계속되었다. 이러한 상황에서 펄만(Helen Perlman)은 진단주의와 기능주의를 혼합한 문제해결모델(problem-solving model)이라는 새로운 이론을 내놓았다. 이어서 스몰리(R. Smalley)의 현대기능주의모델, 로저스(Carl Rogers)의 클라이언트 중심주의, 집단사회사업기술을 포함한 상호작용모델, 그리고 체계이론을 사용한 현대적 모델로 연결되었다(박귀영 외, 2010).

진단주의는 병리를 강조하였으며, 기능주의는 환경의 요구에 부응을 하지 못하는 개인의 역기능적인 능력에 강조를 두었는데 개인의 내부에 잠재한 건전한 성장을 위한 의지를 강조하는 기능주의의 영향으로 진단주의는 프로이드의 개인 내적인 진단 경향에서 약간 벗어나 '환경 속의 개인'에 대하여 이해하는 방향으로 변화되었다. 그러나 1950년대의 혼란이 어느 정도 안정이 되었을 때, 기능주의는 사라져 버렸다. 하지만 성장과 변화를 위한 자극제로서 과정의 개념과 치료적 관계를 포함하는 기능주의의 많은 이론과 태도, 기술들은 사회사업 실천을 발전시키는 데 남아 있게 되었다(길귀숙 외, 2011).

진단주의와 기능주의를 비교하면 〈표 2-2〉와 같다.

〈표 2-2〉 **진단주의와 기능주의 비교**

내용 \ 주의	진단주의(1920년대)	기능주의(1930년대)
학 파	Freud(시카고 대학에서) → Richmond, Hamilton, Hollis, Austin, Lowerg, Garrett	Otto Rank(펜실베이니아 대학 사회사업대학교 교수) → Robinson, Taft, Lecky, Smalley, Pray, Dawley, Apteker, Marcus
전체 초점	• 원리에 의하여 클라이언트의 자아강화, 환경수정, 저항, 무의식, 전이, 정신적 결정론을 포함하는 Freud학파의 개념을 기초로 함 • Freud의 정신분석이론 • Erikson의 심리사회이론	• 클라이언트 자신의 현재의 경험을 통해 문제해결 • '성장과 선택은 촉진될 수 있고 해방되기 위한 클라이언트 내부의 힘' 기능주의 학파의 초점은 클라이언트와 사회복지사 간의 관계에 있음 • 치료를 위한 책임이 클라이언트에게 있음 • Otto Rank의 의지(will)이론 • Mead의 상호작용이론
방 법	• 과정 : 조사-진단-치료 • 과거생활력 → 단서적 · 인과성 • 치료주체 : 사회복지사 • 의료모델(medical model) 용어 사용 • 치료자의 역할 : 사회복지사는 클라이언트를 분류하고 치료방법을 선택, 사회복지사가 중심 역할	• 현재의 경험 중시 • 시간적 요소(생각하고 경험할 수 있는 시간제공), 구조적 요소(정책, 공간적 활용 등) 중시 • 클라이언트의 참여/ 자기결정 존중 • 치료의 주체 : 클라이언트 자신 • 원조자, 조력자의 역할 : 사회복지사는 클라이언트의 능력을 발전케 함. 클라이언트의 권리신장. 인정해 주고 클라이언트와 함께 노력. 클라이언트 스스로 변화 노력

인간관	• 병리적 · 소극적 · 수동적 · 질병적 · 기계적 · 결정적 인간관, 무의식의 힘에 좌우됨	• 성장 잠재력을 가진 인간관 • 낙관적 인간관 • 자기의창조사 · 성장의 심리학 • 사회복지사의 권력분산 : 통합방법론의 뿌리
특 징	• 과거중심적 접근을 계속함 • 과거의 기능과 경험 중시 • Richmond의 사회진단(Social Diagnosis) : 상황과 성격을 합하여 사례를 분석하도록 하는 최초의 과학적인 사고방법과 사례마다 개별화하여 면접하고 개입하는 방법을 제시 • 사회복지사에서 치료자로 바꾸면서 위상을 높이고자 함, 심리정서적 문제의 치료	• 사회환경 관련 문제들이 시급하다고 판단 • 인간의 성장 가능성을 중시하고 '지금-여기', 즉 현재에 초점을 두면서 인간과 환경의 관계를 중점적으로 분석하고자 함 • 경제대공황에 의해 발생된 다양한 문제들의 상황이 Freud의 과거 성장과정상의 문제에서 비롯하게 되었다고 규정하기에는 현실감이 떨어진다고 주장함. • 현시점에서 보다 더 나은 기능을 회복할 수 있도록 하는 것이 사회치료의 목적 • 개인과 타인을 구별하려는 대항의 의지가 있음 • 치료의 원천으로는 과거보다 현재의 경험을 강조 • 치료의 개념보다는 원조의 과정을 더욱더 중시 • 개인의 미래에 대한 성장 가능성을 현재의 경험에서 찾음
사회사업의 목적	클라이언트가 건전하게 성장하도록 사회적 조건에 영향을 미침	사회복지사가 실천하기 위한 방향에 조점 · 내용을 제공하고자 함

출처 : 이종복 외(2010).

2) 집단사회사업의 발달

1920년대에 접어들어 지역사회 공동시설과 지역사회센터의 건설 등으로 지역주민들의 자발적인 여가 활동과 집단 활동들이 활성화되기 시작하면서 이론적 · 전문적으로 체계화된 집단지도기술이 요구됨에 따라 집단사회사업(group work) 전문교육이 시작되었다.

집단사회사업이 사회복지실천에 도입된 것은 1930년대이며, 1935년 미국 사회복지사 전국대회에 집단사회사업 부분이 등장하였고, 1936년 '미국집단사회사업연구협회'가 결성되었으며 이는 1946년에 '미국집단사회사업협회(American Association of Group Workers)'로 발전하였다.

제2차 세계대전이 끝난 후 참전 군인들이 지역사회로 돌아왔지만, 전쟁 후유증으로 인한 정신적 고통과 사회적응의 문제를 나타내는 이들이 많았다.

그들을 대상으로 정신의학적 집단사회사업이 활발하게 전개되었다. 1945년 이후에는 정신병원, 아동상담소 등에서 집단사회사업을 광범위하게 활용하였다(김혜영 외, 2013).

정신병원과 아동상담소 등에서 같은 대상층에 대하여, 유사한 문제들을 경험하고 있는 사람들을 돕기 위한 다양한 방법으로 활발하게 도입되기 시작하여 1960년대에는 가족개입에도 집단사회사업이 활용되기 시작하였다.

3) 지역사회조직사업의 발달

미국에서는 1920년부터 주 단위 공공 복지기관이 설치되면서 지역사회조직사업은 새로운 국면으로 접어들었다. 1929년 세계 경제대공황은 지금까지의 민간사회사업의 한계점을 깨닫게 해주었다. 대공황에 대응하기 위한 루스벨트(Roosevelt) 대통령의 뉴딜정책은 공공영역에서 사회복지사를 대거 고용하는 계기가 되었다. 1929년 대공황 이후 1935년 미국 사회보장법이 제정되어 공적 사회복지기관이 더욱더 발달을 하게 되면서 사회복지사는 뉴딜정책의 추진과 공적인 기관에서의 사회복지계획 등의 지역사회조직사업(community organization)에 개입하게 되었다. 그리고 1939년에는 미국 지역사회조직 역사의 이정표가 되며, 래인보고서(The Lane Report, 1939)라고 불리기도 하는 『The Field of Community Organization for Social Welfare』가 맥밀런(W. McMillen)에 의해 발간되어 지역사회조직의 이론화에 크게 공헌하였다(길귀숙 외, 2011). 이 보고서는 오늘날 지역사회조직의 초석이 되었다는 점에서 의의가 있다(이영분 외, 2001). 즉, 지역사회조직의 개념 및 방법, 활동 등을 체계화하였고, 지역사회 주민의 욕구와 자원 간에 조정을 하는 것이 주요한 기능이라고 인식을 하였다.

지역사회조직은 1944년에 버펄로에서 열린 미국사회사업회의에서 '지역사회조직연구회'가 결성되었으며, 이듬해인 1946년에는 지역사회조직에 대한 연구협회가 결성되었다. 뿐만 아니라 1952년에는 UN 사회국에 '지역사회조직 및 개발과'가 설치되는 등 이 시기를 지역사회조직의 발전기로 규정할 수 있다(고수현 외, 2003).

4. 사회복지실천의 통합기(1950~1960년대)

이 시기는 사회복지실천의 통합을 추구한 시기이다. 대공황 이후 2차 세계대전을 거치면서 사회복지실천은 다시 한 차례의 변화를 겪게 되는데, 이것은 치료적인 접근방법으로의 재전환과 통합방법론의 등장이다. 과거의 방법론적 접근방법으로 급격한 사회변화나 여러 가지의 사회문제에 적절하게 대응할 수 없다는 한계점이 드러나게 되어 사회복지실천의 통합방법론의 요구가 절실해졌다.

이 시기에는 치료적 접근방법의 등장과 함께 독특한 형태의 개입으로 클라이언트가 있는 곳에 접근해 가는 아웃리치(outreach)방법과 지역사회를 하나의 단위로 보고 접근하려고 하는 노력이 한층 두드러졌다. 도움을 필요로 하는 클라이언트도 다양하고 복잡한 문제를 가지고 있었고, 이러한 복합적 사회문제에 적절히 대응하기 위해 통합적 접근방법이 필요하게 되었다. 방법론으로는 개별사회사업, 집단사회사업, 지역사회조직, 그리고 통합방법론이라는 전통적인 방법론을 정착시켰다. 이로 인해 전문직의 영역과 종사하는 전문사회복지사의 수도 증가하게 되어 개인과 가족을 돕는 전문직으로 자리 잡게 되었다(길기숙 외, 2011).

1) 사회복지실천 이론의 통합

진단주의 접근과 기능주의 접근의 논쟁이 지속되다가 1950년대에 들어와 이론적 통합이 이루어지게 된다. 펄만(Perlman)은 1957년 『개별사회사업 : 문제해결과정』이라는 저서에서 기본적으로 진단주의적인 입장을 취하면서 기능주의의 견해들을 수용하여 절충주의적인 방식들을 제시함으로써 진단-기능의 논쟁에 종지부를 찍게 된다.

펄만(Perlman)은 진단이라는 용어를 오늘날 사정(assessment)의 개념과 유사하게 사용하였다. 진단은 역동적인 것으로 클라이언트의 문제에 맞는 상황에 상호작용을 하는 요인들의 영향력들을 파악하는 것이라고 보았다. 펄만은 문제들을 병리적인 것이라고 보기보다는 일상생활의 한 부분으로 보고, 클라이언트의 사회적인 기능을 강조하였다.

이 시기에서의 또 다른 경향은 세 가지의 전통적인 방법론의 공통적인 기본원리들을 찾기 위한 노력이다. 그 결과 개별사회사업은 물론 집단사회사업, 지역사회조직에서도 실천의 과정(process)을 중시하고, 개별사회사업에서는 클라이언트뿐 아니라 그와 관련된 다른 사람들과의 상호관계를 고려하기 시작하였다(Jonson & Yanca, 2004). 특히 집단사업은 1950년대 코놉카(Konopka, 1949), 프랭크(Frank, 1925), 코일(Coyle, 1952), 코르시니(Corsini, 1957) 등에 의해 개인에 대한 새로운 치료방법의 형태로써 개발되었다. 즉, 상호작용적 접근방법과 치료적 접근방법이 출현하게 되었다. 또한 재활적・예방적・조직적 접근이라고 일컫는 치료적 접근방법은 개별사회사업에서 활용되고 있던 진단주의 학파와 심리사회적 접근방법들의 주요 개념이나 실천기법들을 원용하고 있었으며 정신의료사회사업 장면에서 적용되기 시작하였고(Redl & Wineman, 1958), 벤터(Vinter, 1959)와 그의 동료들에 의해 사회복지 장면에서 활성화되었다.

2) 전문직 단체의 통합

사회복지전문직 단체는 방법론이나 실천분야에 따라 각각 다른 7개의 전문협회를 결성하였다가, 오랜 기간 동안의 타협 끝에 1955년에 전국사회복지사협회(National Association of Social Workers)로 통합하기에 이른다. NASW는 '의료사회복지사협회'(1918), '학교사회복지사협회'(1919), '미국사회복지사협회'(1921), '정신의료사회복지사협회'(1926), '집단사회복지사협회'(1946)의 다섯 개의 전문직 단체와 '지역사회조직사업'(1946)과 '사회사업조사'에 관한 두 개의 연구단체가 연합하여 결성되었다(NASW, 1995). 이제 사회복지사들은 실천분야나 접근방법에 관계없이 동일한 전문직으로서의 정체성을 확립하기 시작하였다(김혜영 외, 2013).

5. 사회복지실천의 발전기(1961~1980년대)

1960년대에 접어들면서 심리적인 접근법의 강조, 빈민과 억압된 계층의 욕구, 효과성의 결여에 기존의 개별사회사업 중심의 사회복지실천방법들이 제대로 반응을 하지 못한다는 판단에서 여러 가지의 접근들을 도입하였고, 환경에 대하여 더 많은 관심들을 보이면서 체계개념에 대하여 도입을 하게 되었다. 즉, 인간의 문제는 사회적인 조건으로부터 파생된다는 점들이 강조되었으며, 사회계획과 변화에 대한 관심들이 사회복지전문직 내에서 강조되었다(전재일 외, 2016).

1970년대에 들어오면서는 사회체계이론이 사회복지의 지식에 급속도로 많이 활용되었고 사회복지실천방법(개인, 집단, 지역사회조직)에서 공통적인 요소를 찾으려는 노력들이 활발하게 전개되어 통합적 방법론(integrated method) 또는 일반사회복지실천방법(generalist practice)이 소개되었다. 그리고 사회복지실천방법을 개인, 집단, 지역사회 등을 대상중심으로 개념화하여 사회복지실천 장면에 별개로 적용한다는 것은 문제해결에 있어서 한계가 있다는 견해가 대두되기 시작하였다.

즉, 대상중심의 실천현장에서 사회복지사가 수행하는 어떠한 공통적인 역할과 요소가 있다는 것에 착안을 하여 사회복지 통합적 방법(integrated method)이 출현하게 되었다(남현희 외, 2012).

1) 사회복지실천 방법론의 발전

사회복지실천 방법론 통합의 움직임은 1962년 NASW 내부에서의 분회제도를 폐지하고 전문직 전체의 관제로서 통합적 방법을 지향하였다는 것을 들 수 있다. 이로써 통합을 강조하는 입장에서 사회사업실천이라는 용어가 일반화되기 시작하였다.

이 시기는 사회복지실천의 발전기라고 할 수 있다. 1960년대 들어서는 개별사회사업은 공격받기 시작하였다. 개별사회사업은 지나치게 심리학적 접근을 강조하고, 빈민과 억압된 계층의 욕구에는 불충분한 반응을 하고 효과성도 없으며, 과학적으로도 정밀성이 부족하다는 비판을 받았다.

개별사회사업은 이러한 비판을 계기로 발전하게 되었다. 개별사회사업의 대상은 전통적 모델들이 생각을 했던 한정된 클라이언트들뿐만 아니라 모든 사람들이라는 것을 인식하게 되었고 실천에서도 모든 클라이언트들을 대상으로 하게 되었다. 이러한 클라이언트의 대상 확대는 개별사회사업의 기능의 변화 및 확대로 연계되었다. 사회사업가의 많은 역할이나 기능 가운데, 특히 강조되는 기능은 중재적 기능과 대변자 기능이다. 사회사업 분야가 다양해지면서 정신위생, 학교, 그리고 노인복지 분야와 같은 특수 분야들의 많은 중복성을 재규정하게 되고 이 시기에는 이론적 분열이 나타나기 시작했다.

그리하여 홀리스(Hollis)의 심리사회적 모델, 랭크(Rank)의 기능주의모델, 펄만(Helen Perlman)의 문제해결모델, 토마스(E. Thomas)의 행동주의모델이 주요 모델로 등장하였다. 또한 1970년대를 전후하여 라포포트(Lydia Rapoport)의 위기개입모델, 레이드(William J. Reid)와 앱스타인(Laura Epstein)의 과제중심모델, 그리고 저메인(Germain)의 생활모델에 대한 이론화가 진행되었다.

이 모델들의 공통점은 클라이언트의 환경을 중요시한다는 것이다. 이러한 결과로서 개별사회사업실천은 의료모델로부터 생활모델로의 전환을 촉구하였다. 생활모델은 인간의 환경과의 관계를 잘 설명해 주는 모델이다(박귀영 외, 2010). 그러나 1960년대 중반기에 빈곤퇴치운동과 시민권 등의 사회적 현안들이 사회사업에서 보다 새로운 관점에서 문제를 인식하라는 압력을 가하게 되었고, 전통적 도그마에 얽매이지 않는 문제해결방식을 요구하게 되었다. 또한 집단사회사업은 오락, 교육, 정신건강, 사회적 서비스 등에 대한 다양한 욕구에 반응하기 위해 발전하게 되었다.

1960년대 후반부터 1970년대에는 치료모델, 사회목표모델, 상호작용모델, 사회학습모델, 목표형성모델, 인본주의모델의 여섯 가지가 성장하게 되었다.

지역사회조직사업의 실천 분야에서는 1960년대에 미국의 인구문제와 빈곤이 표면화되면서 빈곤과 인종차별에 대하여 철폐를 요구하는 흑인들의 신민권운동이 전개되는 등 사회행동으로 사회문제를 해결하려는 시도가 강력하였다. 이것은 사회적 측면을 기반으로 하는 사회사업실천에 전반적으로 영향을 주었다(박귀영 외, 2010).

2) 통합적 방법론의 정착

1970년대에는 사회체계이론이 사회복지실천의 중요한 지식으로 급속하게 적용되었다. '환경 속의 인간(person in environment)'과 클라이언트-사회복지사의 상호작용 개념이 확장되었다.

모든 사회복지실천에 대한 통합적인 기반이 되었던 사고는 사실상 1920년대의 밀포드 회의에서 등장한 것이다(김연옥, 외, 1995). 그 후 사회복지실천의 통합화를 꾸준히 갈구해 왔다고 볼 수 있다.

바틀렛(Bartlett, 1970)의 '사회복지실천의 공통기반(The Common Base of Social Work Practice)'은 통합적 관점을 개념화하였다. 이 시기에 들어와서는 이론이 더 이상 개별사회사업, 집단사회사업, 지역사회조직이라는 방법론에 따라 각기 개발되는 것이 아니라 특정 문제와 욕구에 대응하기 위해 개발되었다. 이제 클라이언트의 복합적인 문제와 욕구에 대처하기 위해서는 일반사회복지실천(generic social work practice)이 더 적절한 것이 되었다(Johnson & Yanca, 2004).

이 시기에 통합방법론의 모델들이 활발하게 등장하여 정착되었다. 즉, 핀커스와 미나한(Pincus & Minahan, 1973)의 '4체계모델', 골드스타인(Goldstein, 1973)의 '단일화모델', 콤튼과 갤러웨이(Compton & Galaway, 1975)의 '문제해결과정모델', 저메인과 기터만(Germain & Gitteman, 1970)의 '생활모델' 등이다(김혜영 외, 2015).

3) 대표적 사회복지실천의 통합이론

(1) 핀커스와 미나한의 4체계모델

네 가지 체계를 통해서 포괄적인 관점에서 클라이언트 체계를 사정할 수 있는 기초를 제공한다. 사회복지사는 실천과정에서 변화매개체계, 클라이언트체계, 표적체계, 행동체계라는 네 가지의 체계들과 상호작용을 하게 된다. 복잡한 여러 수준에서의 체계들과 연결이 되어 있는 여러 사람들과 다 함께 실천에 임한다는 것을 강조한다.

(2) 골드스타인의 단일화모델

사회체계모델, 과정모델, 사회학습모델들을 결합한 모델로서 사회학습에 대한 사회복지사들의 기능과 활용능력 및 자원 확보를 통해 사회변화가 가능함을 강조하고 있다.

(3) 콤튼과 갤러웨이의 문제해결과정모델

핀커스와 미나한의 4체계모델에 전문가체계와 문제인식체계의 6체계모델로 문제의 해결자체보다 과정이나 단계에서의 활동에 보다 더 중점을 두고, 사회복지사는 클라이언트의 성장과정에 참여해 클라이언트의 능력을 강화해 삶에 보다 효과적인 대처를 해나갈 수 있도록 하는 것에 중점을 둔다.

(4) 저메인과 기터만(Germain & Gitterman)의 생활모델

개인과 환경의 상호작용, 즉 개인과 환경에 동시적으로 초점을 제공하며, 개인적 장애와 문제(스트레스)뿐만 아니라 생활과의 맥락 속에서 파악을 하는 통합적 관점을 취하는 환경 속의 인간이라는 이중초점을 취한다.

6. 복지국가의 성립기(1980년대~현재)

이 시기는 새로운 관점들이 등장하고 개입의 전략도 확장이 된 시기라고 할 수 있다. 개인의 책임성에 대해 강조하는 보수적인 관점이 뚜렷하게 나타나는 경향이 있다. 절대적인 진리나 절대적인 이론체계를 밝히는 연구들은 한계에 부딪히게 되므로 다중 관점의 필요성들이 새롭게 대두되게 된 시기이다. 다양한 이론적 관점들을 수용하고 이를 사회복지실천에 적용을 하였으며 아동, 청소년, 폭력, 복합가족집단, 보건단체 등 다양한 영역으로 확대가 되었다.

개별사회사업실천은 개인이나 가족과 치료적 대화를 나누는 이야기 치료법 등 독특한 실천개입방법이 개발되었고, 단기 문제해결 중심의 고유한 기법이 개발되었다.

집단사회사업실천은 집단의 구성원들로 하여금 자기 자신의 고유한 힘과 능력들을 개발하여 개인적인 문제뿐만 아니라 주변의 문제처리도 돕는 권한에 대한 강조를 함으로써 '권한부여(empowerment)'가 가장 중요한 요소로 등장하고 있다.

1980년대에는 NASW를 중심으로 공통적인 지식기반, 실천현장, 실천방법, 가치와 기술 등에 대한 합의들을 도출하려는 노력을 통하여 통합방법론과 일반사회사업실천이 등장하였다. 최근에는 다중 관점 및 다중 개입전략이 각광을 받고 있다.

이와 같이 발전한 사회복지실천 중 개인, 가족, 집단은 미시 또는 임상으로 분류되고 지역사회조직은 행정, 정책과 함께 거시로 편입되었고, 전문화에 대한 강조가 약화되기 시작하면서 일반적 실천(generalist practice)이 등장하였다.

결국 오늘날의 사회복지실천은 자선조직협회와 인보관운동의 영향, 지역사회조직운동 등의 영향이 통합되어 이루어진 것이라고 볼 수 있다(길기숙 외, 2011).

1990년대에 복지 분야는 복지예산의 삭감과 사회복지서비스 축소에 대한 압력 및 사회복지서비스의 민영화 등 보수주의적인 분위기에 영향을 받아왔다. 특히 1996년 보수당 의회에 의하여 실시된 복지개혁은 1945년 사회보장법이 제정된 이후 지속되어 오던 공공부조(AFDC : Aid to Families with Dependent Children) 원칙에 근본적인 변화를 가져왔다. TANF(Temporary Assistance to Needy Families)로 변화한 공공부조는 빈곤에 대한 개인의 책임성들을 강조하고, 근로의 의무에 대해 촉진하는 법률로 수급기간을 5년으로 제한을 하였을 뿐만 아니라, 출산을 포함하여 빈곤을 유발하는 행동들을 규제하였다.

민간영역에서는 매니지드 케어(managed care)가 보건, 정신보건, 약물남용치료에 적용되었다. 매니지드 케어의 목적은 비용의 통제와 서비스의 질을 보장한다는 것이지만, 실제로는 비용통제가 관심사이다. 대다수의 매니지드 케어 법인은 인두제(capitartion)로 운영하고 있고, 일정 기금을 서비스에 할당하고 있다. 클라이언트 개인이 제공받을 수 있는 서비스의 횟수는 제한되어 있다(Johnson & Yanca, 2004).

이러한 정책변화로 인해 사회복지사는 더 적은 자원으로 일해야 하는 압력을 받고 있다. 따라서 사회복지시설은 해결중심모델과 같은 단기개입에 좀 더 의존을 하고 있으며, 클라이언트에 대한 지속적인 지지의 제공을 위해서 자조

집단과 사회적 지지망을 점점 더 많이 활용을 하려는 경향이 나타나고 있다(김혜영 외, 2013).

제2절 한국 사회복지실천의 역사적 발달과정

1. 초기 사회사업의 발달

근대 사회복지사업이 우리나라에서 시작된 것은 조선 말엽인 1888년에 프랑스의 천주교회에 의해 고아원이 설립된 것이 최초이며, 갑오경장 후 인천의 교회 부속으로 고아원 설립, 1907년 평양의 맹아학교가 개교되었다.

한국 개별사회사업실천의 기원은 일제시대 방면위원제도에서 그 뿌리를 찾을 수 있다. 방면위원제도는 1927년 일제에 의해 인보관사업과 사회사업서비스를 원활히 한다는 명목으로 도입되었는데, 주로 빈민의 생활에 대한 상태를 조사하고 빈곤의 원인들을 판명하여 적절한 지도교화와 구제방법을 강구하는 데 있었다.

우리나라 최초의 지역사회복지관은 1921년 설립된 태화여자관(현 태화기독교사회관)이다. 태화기독교사회관은 저소득층 주민과 여성의 권익옹호에 힘썼으며 설립 초부터 여성을 대상으로 사회복지서비스를 제공하였고 1925년부터는 여자맹인학교를 설립하여 안마법, 한글, 일본어 등을 가르쳤다(나동석 외, 2010 : 69).

1947년에 이화여자대학교 기독교사회사업학과가 설립되었고 1948년 이화여자대학교에서 사회사업인력을 배출하였다(길귀숙 외, 2011).

2. 사회복지실천의 도입기(1950~1960년대)

사회복지실천의 도입은 1950년대의 개별사회사업이다. 이 시기는 한국전쟁 직후에 많은 외국 민간원조단체가 들어온 것이 계기가 되었으며 정치, 경제, 군사의 분야와 사회복지 분야에서도 일대 전환기를 마련하게 되었으며 세계기독교봉사회, 홀트아동복지회, 선명회 등과 같은 외원사회사업 기관과 한국외원단체협의회(KAVA : Korea Association of Voluntary Agencies)를 중심으로 기관들을 통한 개별사회사업실천이 행해졌다. KAVA는 전쟁 기간과 전후 상당 기간 동안 기본적인 생계문제, 여러 유형의 가족해체, 전쟁으로 인한 장애아동 및 성인들의 생활문제, 전쟁고아문제, 사회재활문제, 교육문제 등 중요한 문제를 지원했다(길귀숙 외, 2011).

이 가운데 세계기독교봉사회(Christian World Service)는 가정복지부를 통해 사회사업 프로그램을 전개하였다. 이 외에도 캐나다 유니테리언봉사회(USC : Uniterian Service Committee of Canada) 등도 사회사업을 시도하였다. 그러나 이와 같은 활동들이 우리나라의 사회사업을 발전시켰다고 볼 수가 없다. 이들 외국 민간원조단체들은 본래의 목적이 선교활동이었으므로 관련된 사람들이 사회사업의 전문직 교육이나 훈련을 받지 못한 비전문가들로 구성되어 있기 때문이다. 그리고 현존하는 많은 기관이나 시설은 수용보호의 전통적 방법에서 탈피하지 못한 상태이어서 인력의 수요, 공급 면에서 전문성이 부족하여 사회사업 발전에 저해요인이 되고 있었다. 또한 전문기관의 미성숙, 민주의식 결여, 이론 결핍 등도 사회사업 발전의 저해요인으로 작용하고 있었다(박귀영 외, 2010).

이러한 외원단체들이 한국에 들어오다 보니 외원기관들이 서로 난립하게 되고 비조직적・비체계적인 서비스들이 제공되어 수혜자가 중복되고 누락되는 등 사각지대가 발생하게 되었다. 이러한 혼선들을 예방하고 서비스 제공자들 간에 서로 협력하고 조정하는 기능을 강화하여 정보의 교환과 사업계획을 통일하고, 협력 체제들을 통한 사업의 원활한 추진을 위하여 1952년 3월에 7

개의 외원단체들이 피난지의 임시 수도가 되었던 부산에서 한국외원단체협의회(KAVA : Korea Association of Voluntary Agencies)를 결성하였다. 그 후 전세가 호전되어 서울이 수복되면서 1954년 4월에 총회를 개최하여 정관을 채택하였다. 이 당시에 등록된 외원단체 수는 33개였다.

1956년 이후로 이들 단체는 점차 일시적 지원이나 긴급구호에서 벗어나서 장기적 사업을 실시하였다. 고아원, 병원, 학교 등과 같은 시설들을 설립하여 직접 운영하거나 시설에 필요한 각종 후원물품, 장비, 기술 등을 제공하여 기관에서의 활동을 간접 지원하였다. 그 외에도 전쟁이재민을 위한 주택건설 등의 각종 정착사업, 농어촌개발 및 소득증대사업, 농・상공업을 위한 자립・자활사업, 지역사회조직 및 개발사업, 지도자 양성 및 기술자 훈련지도사업 등을 직접 전개하거나 지원하였다(카바 40년사 편찬위원회, 1995).

한국외원단체 및 그 회원단체의 활동들은 사회복지실천의 전문화에 어느 정도 기여하였다. 이들 단체의 본래 목적은 종교적 선교활동 및 구호활동이었기 때문에 사회복지전문성을 갖춘 활동이라고 볼 수 없으나 사회복지실천현장 측면에서는 외국에서 온 사회복지실천전문가가 활동하는 과정에서 구미의 전문사회복지실천의 개념과 실천방법이 전파되었다고 볼 수 있다(이종복 외, 2010).

이러한 외원단체활동은 한국의 사회사업발전에 다음과 같은 영향을 끼쳤다. 첫째, 한국의 사회사업이 종교(특히 기독교)와 밀접한 관련하에 전개되도록 하였고, 둘째, 한국에서 전문사회사업이 시작되도록 촉발하였으며, 셋째, 시설중심의 사회사업이 발전하게 된 계기를 만들었고, 넷째, 한국의 사회복지가 거시적 사회정책보다는 미시적 사회사업 위주로 발전하게끔 하였으며, 다섯째, 사회사업을 구호사업 또는 자선사업과 같은 것으로 한국인들이 인식하게 하는 데 기여하였고, 여섯째, 외원단체의 철수에 따라 외원에 크게 의존하던 한국의 민간사회사업 부문이 정부에 의존하게 됨으로써 민간사회사업 부문이 정부 통제하에 편입되게 하는 데 기여하였다(이상호 외, 2010).

1960년 후반부터 이러한 외원단체들이 한국을 떠나기 시작하여 사회복지실천이 자리 잡지 못해 수용보호의 전통적 방법에서 탈피하지 못한 채 대인서비스기술 개발보다는 아동, 부녀, 노인, 정신질환의 분야로 나뉘어 수용보호임무를 수행했다고 볼 수 있다.

1959년 의료사회사업이 시작되었고 '한국개별사회사업가협회'가 결성되었다.

이것은 한국 최초의 전문사회사업가 집단이라고 할 수 있으며 1967년에서야 모든 분야의 전문사회사업가를 총망라한 '한국사회사업가협회'가 조직되었고 이것은 후에 '한국사회복지사협회'로 발전하였다(길귀숙 외, 2011).

3. 사회복지제도의 확대기(1961~1987년)

1960년대는 사회복지의 제도적인 형성기로 공공부조와 사회보험, 사회복지서비스의 제도적인 기반을 구축하였다.

1970년대에는 제도적 접근의 필요성과 사회사업이라는 용어에 대하여 국민의 부정적인 이미지를 극복하기 위한 수단으로 사회사업과가 사회복지학과로 바뀌는 경향이 나타났고 현장에 근무하는 전문인력의 자격과 관련된 여러 가지의 사항들이 1970년에 제정된 사회복지사업법에 최초로 명시되었다. 이때는 '사회복지사업종사자' 자격제도를 두었다가 1983년 5월에 사회복지사업법이 전면 개정되면서 '사회복지사' 자격제도로 변경되었고(이종복 외, 2010) 일련의 입법조치와 복지행정의 확대가 이루어지기 시작하였다. 1987년 생활보호업무를 효과적으로 수행하기 위하여 '국민복지증진대책'의 일환으로 대도시 빈곤지역 동사무소에 7급 별정직으로 사회복지전문요원이 임용되기 시작하면서 민간뿐만 아니라 공공 서비스 전달체계에 투입되기 시작하여(박귀영 외, 2010) 문제를 가진 개인 및 가족에 대한 개별적 접근이 다양하게 이루어지게 되었다.

4. 사회복지실천의 확대기(1988년~현재)

1989년 사회복지관 설치·운영 규정으로 영구임대아파트단지에 사회복지관 설치가 권장되면서 전국적으로 사회복지관이 확대되고 전문적인 사회복지실천의 장이 마련되었다. 이 밖에 재가봉사센터(1991), 주간 및 단기노인보호시설(1992), 재가장애인서비스사업(1992) 등 재가복지사업이 활발하게 이루어졌다.

이와 함께 사회복지실천 분야에 있어서 1991년 영유아보육법, 1995년 정신보건법, 1999년 장애인복지법의 개정, 2000년 아동복지법의 개정 등 법적 기초가 재정립되었다.

1921년에 세워진 '태화여자관'을 시초로 사회복지관들이 꾸준히 설립 및 운영되었으며, 본격적인 정부의 개입에 의하여 설립되기 시작하였다. 국가 지역복지와 재가복지 사상이 도입되면서 전국적으로 종합사회복지관이 건립되어 전문가들이 역량과 기술을 발휘하게 되었다. 또한 공공영역에서의 사회복지실천은 사회복지전문요원들을 동사무소에 배치를 하여 정부에서의 복지정책을 실행하는 역할들을 수행함으로써 전문요원은 한국 사회복지실천의 중추적 역할을 하고 있었다.

1966년에는 사회복지사들의 전문성을 제고하고자 한국사회복지사협회에서 주관을 하여 실시되어 온 '임상사회복지사' 자격제도가 1998년부터 '전문사회복지사' 자격제도로 바뀌어 시행되었다.

1990년대에는 4대 사회보험이 구축되었다.

1997년에는 사회복지사업법이 대폭적으로 수정이 되었고 지역사회 주민의 정신건강을 향상시키기 위한 정신보건법의 시행으로 정신보건사회복지사 제도가 도입하게 되었다. 그러나 현재 전문적 개입의 필요성이 심각하게 요청되고 있는 폭력 및 학대와 관련된 영역, 학교사회복지, 교정사회복지, 군사회복지 등 다양한 분야에서의 사회복지실천 욕구를 만족시키기 위해서는 체계화된 전문적인 훈련과 국가 차원에서의 제도적인 장치가 마련되어야 할 것이다.

1998년 사회복지사업법 시행령, 시행규칙 등의 개정으로 사회복지사 자격 국가시험을 신설하였으며 1998년 임상사회복지사제도에 전문사회복지사제도로 명칭이 바뀌어 시행되고 있다. 사회복지사업법 개정과 함께 대학교육 교과목이 개별사회사업과 집단사회사업이 통합·분할되어 사회복지실천론과 사회복지실천기술론으로, 지역사회조직은 지역사회복지론으로 변경되었다(길귀숙 외, 2011).

공공영역에서는 1987년 사회복지전문요원(1999년 이후에는 전담공무원)이 탄생하였으며 1999년까지 지속적으로 성장을 하여 정부의 복지정책을 최일선에서 실행을 하는 법적이고 공식적인 영역으로 자리매김을 하였다. 2004년 7월부터 전국 9개 시·군·구에 사회복지사무소를 시범운영하면서 지역주민의 복지를 최우선시하는 공공 영역의 사회복지전문성 강화를 시도하고 있다. 그러나 우리나라의 자격제도는 아직 정립단계에 있다. 1997년 사회복지사업법을 개정하면서 사회복지사의 자격제도를 법에 명시해 놓은 것은 커다란 발전적 변화라 할 수 있다. 1997년 개정된 사회복지사업법에 따라 1999년 입학생부터 새로운 사회복지사 자격제도가 시행되어 이들이 졸업하는 2003년부터 국가자격시험이 부과되기 시작하였다. 따라서 모든 예비사회복지사와 2급, 3급의 사회복지사는 이 국가자격시험에 합격을 하여야 공인된 1급 사회복지사의 자격을 가지게 된다. 특히 국가시험 응시의 자격이 특정 학과를 졸업한 자가 아니라 필수지정과목을 이수한 자로 바뀐 것은 획기적인 일이다. 이런 사회복지사 자격증 제도는 대학, 사회복지사협회, 그리고 보건복지부에서의 공동적인 노력으로 실시되었다.

새로운 법에 의하면 사회복지사는 1, 2, 3등급으로 나누어진다. 사회복지사 1급은 정규대학교 및 대학원 졸업생으로 사회복지학 교육을 받고 졸업과 함께 국가 1급 자격시험에 응시하여 합격한 자이다. 또한 정규적으로 교육을 받고 그 자격증을 연장해야 자격이 유지된다.

이와 같이 다양한 영역에서 전문성을 발휘하고 있는 사회복지사의 공식적 모임인 한국사회복지사협회가 1967년 탄생하였으며 1997년 정식으로 공식적 법정단체로 등록되면서 사회복지사들은 명실공히 사회가 인정을 하는 전문가로서 사회적인 위치를 확보하게 되었다. 특히 2000년 법의 개정을 통해 매년 9월 7일 '사회복지사의 날'로 정한 것은 대단히 큰 성과이다(박귀영 외, 2010).

Chapter 3

사회복지전문직의 개념과 정체성

제1절 전문직의 개념

제2절 사회복지실천의 정체성과 전문적 기반

Chapter 03

사회복지전문직의 개념과 정체성

제1절 전문직의 개념

사회복지의 전문성 논의는 1915년 플렉스너(Flexner)가 사회복지사 전국대회에서 발표한 '사회복지실천이 전문직인가?'라는 논문에서 사회복지직은 아직 전문직이 아니라는 주장을 펼침으로써 본격적으로 시작되었다. 100여 년이 지난 지금도 사회복지학계에서는 사회복지의 전문적 정체성을 구축하려는 노력을 지속해 오고 있다(Morris, 2008; 김혜영 외, 2015).

전문직(profession)이란 전문적인 지식이나 기술이 필요한 직업을 의미하며 사회적으로 인정받는 전문직은 사회의 중심적 가치와 관련 있는 고도의 지식체계를 갖고 있고 이 체계적 지식을 응용한 능력에 기초하여 실천되는 직업을 뜻한다(terms.naver.com).

전문직(傳文織)은 전문성을 필요로 하는 직종이다. 전문성이란 특정 분야만 연구하거나 맡아, 해당 분야에 대해 상당한 지식과 경험을 가지고 있는 특성이나 성질을 말한다. 따라서 전문직이란 특정 분야에 대한 전문적인 지식이나 기술이 필요한 직업이나 직책을 말한다.

우리나라에서는 거의 모든 직종을 전문직이라고 하지만, 원래의 의미는 어원 자체, 즉 professional이 말하는 바와 같이 professor, 즉 대학 교수가 전문직의 표준이다. 그러므로 대학 교수에 상응하는 지식 및 명예, 수입을 모두 갖춰야 전문직이라고 할 수 있다(http://ko.wikipedia.org).

전통적으로 전문직은 성직자, 법조인, 의사, 교수 등 소수의 특정 직업을 지칭하는 말이었다. 즉, 고도의 지식과 기술뿐 아니라 윤리의식과 철학이 있고 직업에 대해 자부심이 있는 직업으로 사회에서 인정받았다(김정진 외, 2007).

플렉스너(Flexner)는 그의 논문 "사회사업은 전문직인가"라는 글에서 "사회복지는 전문직으로서의 특성이 빠져 있다"라고 주장하였고 이 결함의 근원에 대해 "사회복지의 범위가 너무 넓어서 경계를 정하기가 불가능하다"라고 하였다(Flexner, 1915).

그린우드(Greenwood)는 전문직은 전문직의 속성, 즉 ① 체계적인 이론, ② 전문적인 권위, ③ 사회적인 승인(재가), ④ 윤리강령, ⑤ 전문직 문화 등을 갖고 있다고 하였다. 사회복지는 이러한 전문직의 속성이 있는가? 그린우드는 그렇다고 하였다(Greewood, 1957).

제2절 사회복지실천의 정체성과 전문적 기반

1. 사회복지실천의 정체성

사회복지의 발달역사에서 전문직인가의 논의와 함께 정체성은 무엇인가가 그동안 끊임없이 제기되어 왔다. 사실 이러한 전문직과 정체성 논의는 사회복지직에서만 일어나는 현상은 아니다(Gibelman, 1999).

사회복지전문직에서 정체성이란 타 전문직으로부터의 분리와 사회복지전문직의 내적 일관성 내지 일치성을 말한다. 결국 사회복지학이 다른 학문으로부터 무엇으로 얼마나 구별되는가, 학문 구성요소들 간에 얼마나 유기적인 일관성과 일치성이 존재하는가 하는 질문과 관련이 있다. 그리고 궁극적으로는 한국 사회복지학의 역사적 특수성과 상호작용하게 된다. 사회복지학의 정체성은 그것이 속해 있는 사회의 사회・정치・경제・문화・역사적 맥락과 상호작용하지 않을 수 없으며 동시에 상당 부분 사회복지실천가와 연구자들에 의해 형성되는 것이다(이혜경, 1995).

현재 사회복지전문직은 정체성을 확립하기도 전에 변화하는 상황의 전문직이 되어가고 있다.

사회복지실천에서 전문직의 정체성에 대한 논의는 다음과 같은 요인에서 비롯된다(김혜영 외, 2015).

첫째, 사회복지직은 속성상 다양한 분야와 다양한 문제영역, 다양한 개입방법으로 인해 고유한 공통적인 이론체계가 없는 것이 전문직의 취약성이라면, 이 또한 사회복지직의 정체성을 확립하는 데 어려움이 되고 있다.

둘째, 사회복지실천이 정착된 것은 개별사회사업을 바탕으로 하여 일반주의적 접근에서 시작되었다. 그러나 전문성이 강조되고 전문분야 사회복지직이 등장하면서 세부 분야의 사회복지 영역 간에 사회복지실천의 내적 일관성과 일치성이 부족할 수 있다. 예를 들어, 학교사회복지와 정신보건사회복지 영역 간 실천의 일관성과 공유점이 많다고 할 수 없는 것이다.

셋째, 최근에 사회복지전문직의 경계가 확장되고 변화되고 있어 정체성을 유지하는 데 더 어려움이 되고 있다. 사회문제가 확장되고 사회적 관심이 변화하고 있고 사회복지전문직은 이러한 사회적 욕구에 대처하는 데 선두에 위치하고 있기 때문에 사회복지실천의 범주는 계속 확장되고 있다(Gibelman, 1999).

이러한 사회복지실천의 정체성의 요인으로 이은주(2003)는 ① 개인과 환경의 공유영역 혹은 상호작용에 개입하는 것, ② 사회가 사회복지직에 할당한 사회적 기능, 즉 의존자를 관리하는 기능으로 보았다.

첫째, 사회복지직의 정체성은 인간과 환경에 대한 이중초점을 둔 실천이며 이는 직접적 실천과 간접적 개입의 양상으로 강조한다. 사회복지실천의 전문성을 향상시키기 위해서는 치료적인 기법의 향상에만 치중을 하여서는 안 되며 환경에 개입을 하는 간접적인 개입방법이 중요하다는 것을 주장하였다. 그렇다고 치료적 개입이 중요하지 않다거나 무시되어야 한다는 주장은 결코 아니며 타 인접 전문직에 비하여 사회복지실천의 특성이자 강점인 간접적 개입 역시 직접적 개입과 함께 균형 있게 발전하여야 한다는 것을 주장한다. 즉, 사회복지실천의 전문성을 향상시키기 위하여 정체성이 약화되어서는 안 되며, 마찬가지로 정체성 확립을 위해 전문성이 약화되어서도 안 된다는 것이다. 이를 위하여 직접적 개입(주로 치료, 그리고 교육도 포함)과 함께 간접적 개입(사례관리, 옹호, 자원연결, 사회행동, 지역사회운동 등)의 전문성 제고를 위한 방안이 필요하다(이은주, 2003).

둘째, 사회복지직의 정체성은 의존자를 관리하는 사회적 사명을 통해 나타난다. 이는 사회복지직과 다른 직종을 구별시킴과 동시에 사회복지직 내에서 일관성을 주기 때문이다. 비록 사회복지전문직의 분야가 다양하지만, 다양한 분야의 공통점은 사회에서 독립된 성원으로 역할을 하는 데 능력이 손상된 사람들이 대상자이며 그 대상자들을 관리하는 것이 사회복지직의 정체성의 핵심으로 본다(Popple, 1985; 이은주, 2003).

김인숙(2005)은 사회복지실천의 정체성 요소를 ① 가치기반의 명료화, ② 지식기반의 체계화, ③ 정치사회적 구조에 대한 반응의 세 가지로 보고 있다. 가치기반과 지식기반이 정체성 논의의 학문 내적 측면이라면 정치사회적 구조는 학문 외적 측면인데 이들은 상호 영향을 주고받으면서 해당 사회에서 사회복지실천이 특정의 형태로 존재케 하는 데 결정적 역할을 한다고 보고 세 요소 중 정치사회적 구조에 대한 반응을 강조한다. 즉, 전문직을 규정하는 요소나 정의가 존재하는 것이 아니라 사회가 특정의 일에 대해 독점적 지위를 부여하게 되면 그것이 곧 전문직이 된다는 접근이다. 이에 따라 사회복지직이 의존자 관리라는 사회적 기능을 얼마나 독점적으로 유지하느냐에 따라 전문성과 정체성의 확립이 달려 있다고 본다(김인숙, 2005).

2. 사회복지실천의 전문적 기반

정치, 경제, 사회, 문화 전반에 걸쳐 변화가 빠르게 이루어지고 있는 현대사회에서 사회복지 영역은 점차 확장되고 다양화되고 있으며 그에 따라 사회복지의 고유 역할과 전문적 기반에 대한 논의가 계속되고 있다.

전문적 기반은 사회복지사의 실천에 본질적으로 포함되어야 하는 것으로 실천적 판단의 근거가 되는 지식을 기반으로 객관적이고 타당성 있게 개입하는 과학성과 클라이언트에 대한 관심과 전문직에 대한 헌신으로 클라이언트와 신뢰관계를 형성하고 클라이언트에 대한 신뢰, 희망을 가지고 창의적인 변화 노력과 어떠한 제약도 이겨내려는 열정을 가지고 임하는 사회복지사만이 만들어 낼 수 있는 예술성 모두를 요한다. 과학성에만 의존하는 실천은 기계적인 실천이 될 수 있고 예술성에만 의존하는 실천은 비효과적인 실천이 되기 쉽다. 따라서 사회복지사에게는 과학성과 예술성의 상호 보완적이고 통합적인 실천역량이 요구된다(김정진, 2008). 또한 사회복지사는 사회복지실천에서 다른 사람이 변화하도록 돕기 위해서 창의성, 직관적 감정, 개성, 관심, 애정 등이 있어야 하는 동시에 그것을 인간행동, 사회환경, 변화과정에 대한 지식과 기술이나 절차를 활용할 줄 아는 노련한 능력과 결합시킬 수 있어야 하며 그리고 변화와 노력을 위해 체계적인 지침을 제공하는 문제해결의 방법과 결합시킬 수 있어야만 한다(Pincus & Minahan, 1973). 그러므로 사회복지사는 지식과 기술로 문제를 이해하며 적절한 개입방법을 선택하는 동시에 그것을 적용시키는 데 창의성과 직관이 필요하다. 그 이유는 지식이 완전할 수 없으며 각 상황이 각기 독특한 면을 갖기 때문이다.

사회복지사는 자신의 지식과 기술(knowledge and skils) 이외에 그 자신의 성품, 가치관, 생활양식 그리고 다른 사람들에 대한 감정을 가지고 실천에 임하게 된다. 만약 사회복지사가 자신의 감정을 부인한다면 그는 기계적인 시술자와 같아질 것이고 다른 사람들을 문제 해결에 관여시키기가 어려울 것이다. 또 만약 그가 지식과 기술을 선택적으로 사용하지 않는다면 그 사회복지사는 관심 있는 초보자와 같은 수준에서 일할 수밖에 없을 것이다(전재일 외, 2016). 따라서 사회복지실천에 있어서 과학(science)과 예술(art)은 대립되는 상황으로 보기보다는 각기 서로를 강화시키는 것으로 인식해야 한다. 펄만은 이들 서로의 상호 보완성에 대한 그의 신념을 "예술가의 창의력은 그의 특수 활동의 기본구조와 형태를 확실히 파악했을 때 비로소 충분히 방출되어 감각, 지각, 반응 그리고 상상력에 영향을 주게 된다"라고 언급하고 있다(Perlman, 1957).

과학(science)과 예술(art)이 사회복지사의 특수한 스타일에 수렴되기는 하지만, 언제 지식(knowledge)을 기초로 일하고 언제 창의성(creativity)과 직관(intuition)으로 일할 것인가를 사회복지사 스스로 알 필요가 있다. 직관수준에서 일하는 사회복지사는 그 결과를 검토할 수 있고 다른 방법을 시도해야 하는가를 결정할 수 있으며 그의 지식기반을 넓힐 수 있다.

사회복지사는 효과적으로 실천하기 위해서 예술적 기반과 과학적 기반을 혼합하여야 한다. 사회복지사는 실천상황의 과정과 성과에 영향을 미치고 있는 보이지 않는 요인들에 대해서 알아야 한다. 예를 들면, 관계의 형성과 창의적인 사고, 희망과 에너지, 동정과 용기, 건전한 판단력의 사용, 그리고 적합한 가치를 위해 헌신하는 것들을 포함하는 예술적 요인이 있다. 동시에 사회복지사는 자신의 예술적인 능력을 전문적인 지식과 과학적 기반에 혼합시켜야 한다.

예술이 없는 지식기반은 거의 가치가 없다. 그러나 지식이 없다면 예술은 효과성에 한계가 있다(전재일 외, 2016). 과학적 기반과 예술적 기반의 특성은 다음과 같다.

1) 사회복지실천의 과학적 기반

과학은 현상에 대해 관찰하고 확인하고 기술하고 실험적으로 조사하며 이론적으로 설명하는 것이다. 사회복지실천에서의 과학적 기반은 효과적인 개입을 위해서 사회현상, 사회조건과 문제, 사회정책과 프로그램, 사회복지전문직, 다양한 실천이론과 관련된 지식에 바탕을 두고 이를 적용하며 활용하는 것을 뜻한다.

사회복지실천은 자선이나 박애, 개인의 선행보다는 전문영역으로서 기능하고 사회복지실천의 목적을 달성하기 위해서는 사회복지실천이 체계적인 이론과 과학적인 근거들이 뒷받침되는 활동이어야 한다(홍봉수 외, 2015). 또한 사회복지사는 변화의 과정을 촉진시키기 위하여 사회복지실천을 위한 전문영역의 폭넓은 다양한 지식을 필요로 한다.

사회복지실천의 핵심적인 요인 중의 하나는 그 자체를 뒷받침하고 있는 지식기초이다. 많은 지식기초가 사회과학과 행동과학의 다른 학문분야들로부터 차용되었지만 그 지식은 독특한 방식으로 종합되어 사회복지전문직의 많은 기본 개념들이 되었다. 전문직의 지식영역은 미국사회복지교육협의회(CAWE)가 사회복지교육에서 지도력을 제공하고 사회복지대학의 공식적인 인정기준으로 사용하는데, 핵심교과 영역으로 그 영역은 다음과 같다(Hepworth & Larsen, 1993; 전재일, 2016).

(1) 사회환경 속의 인간행동에 관한 지식

개인이 상이한 발달단계의 과정 동안 직면하게 되는 생활과업을 강조하는 인간의 성장과 발달에 관한 지식은 실천가들에게 매우 필수적이다. 인간의 문제를 사정(assesment)하고 다루기 위해서 실천가들은 각각의 발달단계와 관련된 욕구와 자원들을 알아야만 한다. 또한 인간의 사회적인 기능의 수행을 증진시키기 위한 임무 때문에 발달상의 어려움에 영향을 미치는 요인들에 관한 지식에 관심을 둔다. 보통 부적절한 정서적 · 물리적인 자원을 의미하는 요인들에 관한 지식은 효과적인 예방과 치료를 위한 프로그램을 계획하고 수행하는 데 필수적이다.

(2) 사회정책에 관한 지식

사회복지실천이 사회복지학과 관련된 학문들의 교과과정과 분명하게 구별되는 것은 사회정책에 대한 지식체계가 강조된다는 것이다. 이러한 광범위한 지식체계는 정부와 민간부문의 모든 수준에서 인간서비스 체계를 형성하고 계획수립을 안내하는 사회정책의 형성에 관련되는 복잡한 요인들을 포함한다. 사회복지사들은 전문직의 임무와 윤리가 일치된 실천을 수행하기 위하여 개인과 가족, 집단 및 지역사회의 사회적 기능 수행을 증진시키는 사회정책의 개발과 활용에 참여하는 책임을 가진다. 사회정의에 대한 사회복지의 책임성(commitment)으로 기회, 자원, 이익과 서비스를 분배함에 있어 불평등에 대한 지식과 취약계층에게 미치는 불평등성의 영향 및 취약계층 집단에 관한 지식은 사회복지사들에게는 필수적인 것이다.

(3) 사회적 현상에 관한 지식

사회복지사는 사람들 사이에서의 상호작용과 사람에게 사회적 프로그램을 전달하는 체계들 사이에서의 상호작용에 관심을 두어야 하므로 사회적인 현상과 다양한 수준의 환경 속에서의 인간의 상호작용에 관해 이해해야 한다.

또한 사회복지사는 한 사람으로서 개인을 이해하기 위해서 신체적 · 심리적 발달에 관한 지식을 알아야 하며 가족과 그 외 가족구성원에 관해서도 이해해야 한다. 가족은 사회복지사에게 중요한 개입대상이므로 가족역동성에 관한 지식은 매우 중요하다 할 수 있다.

사회복지사는 인종적 정체성, 문화적 상호작용 그리고 인종차별주의에 대해 영향을 미치는 것과 관련하여 문화적 · 종교적 차이와 개인적 · 사회적으로 다양한 이슈에 대해서도 이해를 해야 하며, 소집단의 행동과 과정을 이해해야 한다. 사람들은 자신이 살고 있는 이웃들과 지역사회의 영향을 받고 있기 때문에 사회복지사는 집단 간의 갈등과 지역사회의 변화에 대해 익숙해야 하며 지역사회의 보편적인 신념과 태도를 이해할 필요가 있다.

대부분의 사회복지실천은 사회기관, 학교, 병원 혹은 교정시설과 같은 공식조직에서 이루어진다. 사회복지사는 클라이언트와 지역사회의 다른 구성원들이 이러한 조직들을 어떻게 보고 있는지 그리고 사람들이 조직의 행동에 의하여 어떠한 영향을 받고 있는지에 대해 이해해야 한다. 또한 사회복지사는 기관이나 프로그램 내에서 효과적으로 활동을 수행하기 위하여 조직의 개발, 조직의 구조, 수행방법과 의사소통의 패턴에 대해 이해해야 한다. 즉, 사회복지사는 그들이 활동하는 사람과 조직에 관해 구체적인 지식을 소유할 필요가 있다(Sheafor, Horejsi, & Horejsi, 1997).

(4) 인간행동에 관한 지식

사회복지실천가들은 개인이 생애발달 동안 직면하게 되는 생활과업과 인간의 성장과 발달에 관한 지식을 알고 있어야만 한다. 즉, 인간이 겪는 생활상의 문제를 사정(assessment)하고 다루기 위하여 실천가들은 각 생애발달단계와 관련된 욕구들과 자원을 알아야만 한다. 그리고 그 욕구를 해결하지 못함으로써 발생되는 여러 가지 심리·행동상의 문제를 파악할 수 있어야 한다. 특히 발달상의 어려움에 영향을 미치는 요인들에 관한 지식에 관심을 두어야 하는데, 왜냐하면 이러한 지식은 효과적인 예방과 치료 프로그램을 계획하고 수행하는 데 필수적이기 때문이다(전재일 외, 2010).

(5) 사회복지전문직에 관한 지식

사회복지사는 전문직으로서 사회의 구조 속에서 수행하는 기능과 책임도 이해해야 한다. 사회가 전문직에게 그들의 영역 내에서 특정한 서비스를 제공하도록 권위를 주는 것은 그 전문직이 전문가 구성원의 질을 결정할 독점권을 부여하는 것으로 볼 수 있다. 즉, 전문가로서 받아야 할 교육과 경험적 전제조건을 결정할 독점권을 주는 것이므로 전문직은 대중을 보호하기 위해 전문가를 교육하고 점검하고 보증할 부담 또한 있다.

NASW에 의해 규정된 전문가 기준은 사회복지의 전문화에 의하여 출현하게 된 중요한 특성이다. 이러한 기준들은 사회복지실천에서 소비자(일반대중과 기관)와 전망 있는 사회복지사에게 도움이 된다. 이러한 분류체계(NASW, 1981)는 네 가지의 수준에서 교육과 경험적인 준비가 필요함을 확인하게 한다.

① 기본적 전문가(Basic Professional)

사회복지교육협의회(CSWE)가 인정을 하는 사회복지 교육과정 프로그램에서 학사학위를 취득한 사람

② 특정 전문가(Specialized Professional)

사회복지교육협의회(CSWE)에서 인정을 하는 사회복지 교육과정 프로그램에서 석사학위를 취득한 사람

③ 독립적 전문가(Independent Professional)

공인된 사회복지 석사학위를 취득하고, 취득 후 최소한 2년 동안 전문가로부터 슈퍼비전을 받은 경험이 있는 사람

④ 고급 전문가(Advanced Professional)

사회복지에서 보다 고급의 연구를 수행하는 데 필요한 전문적 이론, 실천, 행정적 혹은 정책적 능력이 필요하고 보통 사회복지 박사학위나 사회과학 공부를 한 사람

이러한 분류체계는 각각의 수준에서 사회복지사에게 필요한 지식과 기술, 적절하게 수행해야 할 책임성의 종류, 복잡한 상황의 어려움 속에서도 다양한 방법의 실천 활동 전개, 취약한 클라이언트의 취약성과 실천 활동에 대한 잠재적 결과를 정교화한다.

(6) 사회복지실천을 위한 지식

사회복지실천은 구체적으로 유형의 변화를 초래하기 위하여 지식을 활용하고 이론을 적용하는 과정으로 이론이 없는 실천은 반복적이고 단조로우며, 현실적인 실천이 없는 이론은 흥미 위주로 이루어지기 쉽다.

사회복지 문헌에서 논의되는 많은 이론, 모델, 관점은 모두 개념적인 준거틀로 고려될 수 있다. 개념적 준거틀은 개념, 신념, 가치, 명제, 가정, 가설 그리고 원리로 구성되었다. 이 준거틀은 사람을 이해하고 사람들이 어떻게 기능을 수행하며 어떻게 변화하는지를 이해할 수 있도록 돕는 개념이다. 이런 준거틀은 유용성이 있기 때문에 중요하며 그 예는 다음과 같다.

① 준거틀은 복잡하고 정서적인 인간문제와 상황을 분석하기 위한 구조를 제공한다.

② 준거틀은 정보, 신념 그리고 가정을 의미 있는 전체 속에 조직화한다.
③ 준거틀은 행동과 의사결정을 위한 합리성을 제공한다.
④ 준거틀은 사람들과 활동하는 데 체계적이고 질서정연하며 예측적인 접근을 촉진한다.
⑤ 준거틀은 전문가 사이의 의사소통을 촉진시킨다.

사회복지사는 사회복지실천에서 다양한 이론, 모델 그리고 관점을 활용한다. 비록 이런 용어들은 다소 다른 의미를 지니고 있지만, 이론과 같은 용어로 사용할 수 있다. 하우웨(Howe, 1987 : 166)는 폭넓게 말해서 사회복지의 이론과 사회복지를 위한 이론이 있다고 설명했다. 사회복지의 이론은 전문직에 초점을 두고 있는 반면에 사회복지를 위한 이론은 클라이언트와 원조활동에 초점을 둔다고 한다.

(7) 사회복지실천방법에 관한 지식

전문직의 임무와 목표를 달성하기 위하여 사회복지사들은 클라이언트들의 사회적 기능 수행을 증진시키도록 가능케 하는 지식과 기술을 필요로 한다. 인구집단의 수준에 따라 다양한 실천방법의 지식과 기술은 사회복지사들에 의하여 제공된다. 그 수준은 미시적(micro), 중간적(mezzo) 그리고 거시적(macro) 수준으로 구분하여 왔다. 효과적인 실천은 세 가지 모든 실천수준에 관련된 지식을 요구하지만, 보통 사회복지대학들은 미시적·거시적 실천에 집중하여 왔다. 최근 각 대학들은 교과과정이 다양하고 학부제를 도입하여 복수전공이 가능하도록 함에 따라 전공과목에 대한 이수단위가 낮아지게 되어 학생들에게 세 가지 모든 실천수준에 균형 있는 준비를 하도록 요구하기 어렵게 되었다.

학부수준은 모든 인구집단 수준에서 일하도록 학생들을 준비시키는 데 목적을 두어야 한다. 세 가지 실천수준에 따른 실천방법은 다음과 같다.

① 미시적 수준의 실천

미시적 수준에서 실천가들이 제공을 하게 되는 인구집단은 개인, 부부, 가족과 집단을 포함하는 다양한 클라이언트의 집단들이다. 이런 수준에서의 실천가들은 면대면(face to face)의 접촉을 통하여 클라이언트에게 직접적인 서비스들을 전달하기 때문에 직접실천(임상실천)이라고 한다. 그러나 직접실천은 이러한 면대면의 접촉에 의해서만 제한되는 것을 의미하지는 않으나 사회복지실천을 위한 가장 기본적인 지식이다.

② 중간 수준의 실천

직접실천과는 반대로 중간 수준과 거시적 수준은 일반적으로 클라이언트와 최소한의 면대면 접촉을 의미하며 간접실천이라고 부른다. 중간 수준의 실천은 이 사회의 법률과 가치에 따라 효과적인 서비스의 전달을 가능하게 하는 것을 지향하는 인간서비스의 조직에서 지도력을 발휘하는 행정의 과정을 의미한다.

직접실천가들은 반드시 행정적인 활동에 어느 정도 관여하게 된다. 더욱이 많은 직접실천가들은 전문적인 그들의 경력으로 이후에 행정가나 지도감독자가 된다. 그러므로 행정에 관한 지식은 직접실천가들에게 매우 중요하며 행정교과목은 사회복지학과에서 요구되는 기초교과목의 하나이다.

③ 거시적 수준의 실천

거시적 실천은 면대면의 서비스 전달에서 훨씬 벗어나 사회계획(social planning)과 지역사회조직(community organization)의 과정들을 의미한다. 이 수준에서 사회복지사들은 사회문제를 다루는 개인・집단 또는 단체들로 구성되는 지역사회 행동 체제를 돕는 전문적인 변화매개인(change agents)으로서 일한다. 이 수준에서 실천가들은 공공이나 정부조직, 시민집단 또는 민간과 일할 수 있다. 이 수준에서의 실천가들의 활동은 다음을 포함한다.

가. 지역사회 집단과 단체를 만들고 함께 일을 하는 것
나. 프로그램의 계획과 개발
다. 프로그램 수행

거시적 수준에서 활동하는 실천가들은 적고, 많은 직접실천가들은 거시적 수준에 거의 또는 전혀 관여하지 않는 경향이 있다. 그러나 실천가들이 적고 사회계획의 전문가들이 없는 지역에서 일하는 실천가들은 사회문제를 예방하고 해결하기 위하여 자원을 계획하고 개발함에 있어서 관심 있는 시민과 지역사회의 지도자들과 협조하면서 일할 수 있어야 한다.

(8) 연구에 관한 지식

사회복지실천가들에게 연구는 점점 필수적으로 주요한 차원에서의 지식기초로 강조되고 있으며, 이러한 연구의 지식은 학술적이고 과학적인 조사를 수행하기 위해서 없어서는 안 된다. 즉, 연구에 관한 지식은 정확한 지식의 발달을 가져오게 하는 것으로 시대흐름에 뒤떨어지지 않는 지식을 유지하기 위하여 실천가들은 조사연구에서 얻는 정보를 활용할 수 있어야만 한다. 이것은 연구의 설계와 경험적인 자료에 기초를 두고 있는 결론들과 주관적이며 정당성을 인정하기가 어려운 다른 것들에 대하여 구별을 할 수 있는 능력에 관한 어떠한 지식을 요구한다. 더 나아가 실천가들은 그들 자신의 실천에 대한 효과성을 평가할 수 있도록 단일대상에 대한 실험설계의 지식들을 요구한다.

2) 사회복지실천의 예술적 기반

사회복지실천에서의 예술적 기반은 사회복지사의 개인적인 특성이나 예술적 혹은 직관적 능력 등이 과학적 기반과 조화되어 적절히 활용하는 것을 말한다.

그리고 상황이나 클라이언트의 특성에 맞게 이론, 기술 등을 적절히 선택하

여 적용할 수 있어야 하며, 이 과정에서 사회복지사는 클라이언트를 충분히 이해하고 공감하며 원조관계를 형성·유지하고 클라이언트의 저항이나 양가감정을 다루고 클라이언트가 문제해결에 적극적으로 참여하여 변화를 일으킬 수 있도록 원조해야 한다(홍봉수 외, 2015).

예술성의 원천은 클라이언트에 대한 진정한 관심, 실천사례, 개인적 경험, 역사, 현재의 사건, 예술과 문화 등이며 세부적인 내용은 다음과 같다(서울대학교 사회실천복지연구회 역, 1998; 전재일 외, 2016).

(1) 동정과 용기

효과적인 사회복지실천의 필수조건은 사회복지사의 동정(compassion)이다. 동정이라는 단어는 다른 사람들과 함께 괴로워하는 것을 의미하며 비탄에 빠져 있거나 괴로움을 겪고 있는 사람들의 고통에 몰입을 하려고 하는 의지를 말한다. 동정이 없는 사회복지사는 자신과 클라이언트의 관심사 사이에서 거리를 두게 될 가능성이 있다. 또한 사회복지는 개인적인 용기가 필요하다. 용기(courage)는 일상적인 활동에서 발생하는 인간의 고통과 혼란, 그리고 인간의 파괴적이고 부정적인 행동에 대해서도 직면할 수 있어야 한다는 것을 의미한다. 사회복지사가 주의해야 할 인간행동의 측면들은 대부분의 사람들이 상상하거나 생각하지 못하는 것들이 많다.

언제 어디서나 사회복지사는 빈곤, 질병, 장애, 폭력, 성, 학대, 방임, 범죄적 착취, 약물중독, 이상행동과 사랑하는 사람과의 이별, 외로움, 혼란스러운 가족생활, 유기 그리고 다른 유형에서 고통을 받는 사람들에게 긍정적으로 반응할 수 있어야 한다.

(2) 전문적 관계

전문적인 관계는 개방적이며 솔직한 방식의 관계, 긍정적 관계, 돕는 관계, 감정이입, 온화함, 진실성을 기반으로 한 의미 있고 생산적인 관계를 수립하는 능력을 의미한다. 긍정적인 관계를 위해서는 사람들이 힘든 인간의 경험, 즉 변화의 과정 속에서 위험을 감수하려는 의지가 생기기 전에 우선 신뢰감이 형성되어야 한다. 그래서 협상에서 가장 기본적인 도구인 전문적인 관계(professional relationship)를 활용하여 변화의 가능성에 대해 개방적이 되도록 관계를 형성하고, 적극적으로 변화과정에 참여할 수 있도록 돕는 것이다. 따라서 긍정적 관계는 개인이나 가족, 또는 클라이언트 집단을 효과적으로 도와주기 위한 전재조건이 될 뿐만 아니라 조직이나 지역사회를 구성하는 사람들과의 활동 관계에도 중요하다. 또한 돕는 관계는 곤란을 겪고 있는 개인의 생활에 사회복지사가 개입하여 관계를 형성하여 활용할 수 있다.

감정이입(empathy)은 다른 사람과 관점을 받아들이는 능력으로 에너지가 투입되어야 한다. 다른 사람을 대신하여 그 사람의 세계 속에서 일시적으로 살기는 어렵다. 또한 여러 다른 사람들보다 어느 한 특정인을 위해 감정이입을 할 가능성이 많다. 이러한 이유로 사회복지사는 항상 동일한 클라이언트라고 할지라도 모든 클라이언트에게 똑같은 수준의 감정이입을 유지하는 것은 어렵다. 예를 들면, 스트레스와 피로로 인하여 사람의 감정이입 능력이 감소될 수 있기 때문이다.

온화함(nonpossessive warmth)은 감정에 치우치지 않고 다른 사람을 존중하고 수용하면서 의사소통하고, 다른 사람의 안녕에 관심을 갖게 되는 관계 특성을 말한다. 그러나 온화함은 단지 '나는 관심이 있다'라고 말하는 것 이상이며, 가끔씩이라도 그것은 중요하다. 온화함은 안심시키고자 하는 웃음에서부터 구체적이고 확실하게 도움을 주는 것에 이르기까지 다양한 형태의 의사소통을 통하여 사람에게 전달된다. 또한 온화함은 각 개인에 따라 다양한 형태로 표현되는 개인적인 특성이지만 본래 온화함을 나타내는 표현은 비심판적 태도와 수용이다.

온화함과 감정이입을 서로 연결하는 것은 진실성(genuiness)의 특성이다. 이러한 것을 기반으로 사회복지사는 '실제적'인 사람들처럼 행동을 해야 하고,

진실성을 갖고 사람들을 돌보고, 그들의 안녕에 관심을 갖고 보호해야만 한다. 사회복지사가 말을 하는 데 정확한 용어 혹은 적절한 행동을 알고 수행을 하여도 클라이언트는 사회복지사가 거짓으로 보이거나 진심으로 돌보는 것 같지 않으면, 그들을 가치 있게 여기지 않을 것이다.

(3) 창의성

창의성은 각 클라이언트가 처한 상황이 독특하고 항상 변화하고 다르기 때문에 중요하다. 이른바 교과서상에서 인간의 문제에 대한 해답은 이러한 독특성에 의하여 항상 제약을 받는다. 과도한 분화는 사회복지사의 시야를 좁게 하고 창의성을 상실하는 결과가 초래될 수 있다.

상상력(imagination)이 풍부한 사회복지사는 다양한 접근방법을 확인하고 어려운 문제를 해결할 수 있지만 상상력이 없는 사회복지사는 한두 가지의 선택만 하거나 전혀 선택을 하지 못할 수 있다. 사회복지사의 상상력 발휘가 필요한 또 다른 영역은 기관의 정책을 해석하고 수행을 하는 분야이다. 정책은 전형적으로 클라이언트에게 서비스 제공을 위하여 만들었지만, 다양한 특성들을 갖고 있는 클라이언트도 있으므로 사회복지사가 윤리적으로 또는 법적으로 기관정책을 전환시키거나 무시할 수 없지만, 독특한 특성을 갖고 있는 클라이언트의 욕구를 충족시키기 위해 정책을 전환시킬 방법을 찾아야 한다.

융통성(flexibility)도 사회복지실천을 위한 창의성의 차원이다. 다른 사람이 변화할 수 있도록 돕기 위해서는 영향을 받고 있는 모든 사람들의 관점에서 그 상황을 이해할 수 있는 능력이 필요하며 계획과 결정 전 지속적으로 수정하고 적용하는 융통성이 필요하다.

사회복지사는 사회복지실천에서 클라이언트와 관계를 맺는 방법에 융통성을 가질 필요가 있다. 어떠한 경우에는 클라이언트에게 지지적이 될 필요가 있고, 도전을 줄 필요도 있으며 어떤 때는 사회복지사가 강경한 어조로 말을 하거나 지시적이 되어야 할 경우도 있다. 그리고 정당하게 법적 또는 전문적 권위를 행사하여야 할 경우도 있다. 효과적인 실천을 위해 사회복지사는 한 가지 접근에서 또 다른 접근으로 이동을 할 수 있어야 하며 정확하게 적절한 시기에 그 이동에 대한 결정을 할 수 있어야 한다.

창의적인 사회복지사는 인내력(persistence) 또한 있어야 한다. 인내력은 어려움과 좌절을 겪음에도 불구하고 지속적으로 행동을 할 수 있는 능력을 말한다. 창의적인 아이디어의 실천을 행동으로 실천하기 위해서는 자기규율과 목표지향성이 필요하다.

이를 맥멀란(McMullan, 1976)은 융통성 있는 인내력이라는 용어로 설명하면서 신조어를 만들고 문제해결 과정에서 융통성과 인내력이 모두 필요함을 강조하였다.

(4) 희망과 에너지

클라이언트에게 동기를 증진시킬 수 있는 결정적으로 중요한 사회복지사로서의 특성은 희망과 에너지이다.

희망(hopefulness)은 사람들이 기본적으로 갖고 있는 선함과 긍정적인 방법으로 변화하는 능력, 그리고 공동의 선을 위해 다른 사람들과 협조적으로 활동하고자 하는 의지에 대한 확고한 신념과 믿음을 말한다. 클라이언트는 자신의 문제를 다른 방식으로 해결하지 못하고 실패하였거나 전문가의 도움을 받지 못했을 때 전문적 서비스에 대하여 회의적인 태도를 보이거나 절망감을 갖고 접근한다. 사회복지사 역시 실천에서 부딪히는 처리하기 힘든 심각한 상황에서 발생되는 실망감 때문에 상처 입게 된다. 사회복지사의 희망은 원조노력이 다른 활동들과 차별성을 가질 수 있도록 진실하게 각 실천상황에 접근하는 것이다.

에너지(energy)는 어떤 것이 진행되어 결과를 얻어 실수와 실패로부터 회복할 수 있는 능력으로 규정된다. 클라이언트 또는 클라이언트 집단이 활동을 할 수 있도록 만들고 클라이언트가 주저하는 것을 없애기 위하여 사회복지사의 에너지가 필요하다. 그러나 에너지를 전달하기 위해 활기 있는 응원단장의 자세나 낙관주의와 같은 잘못된 분위기의 조성은 안 된다. 변화과정을 위하여 시간을 투입하고 노력하는 의지가 있음을 보여주는 것만으로도 클라이언트가 변화과정 활동에 참여하고 노력할 수 있도록 격려하는 것이다.

(5) 판단

판단은 클라이언트의 상황에 대한 사정, 대안 제시, 계획 수립 등의 과정에 필요한 전문가적인 판단을 말한다. 전문가의 판단은 사회복지사의 날카롭고 명확한 사고력에 달려 있다.

자격을 갖춘 사람의 성숙도는 흔히 바람직한 사회복지사의 판단유형을 설명하는 데 사용된다. 성숙도에 대한 두 가지 개념규정은 흔히 우리의 사고 속에서 혼합된다. 하나의 개념규정은 진전된 단계로서 성숙에 도달하는 것과 관련된다. 두 번째 개념규정은 판단을 위한 조심스럽고 현명한 사고의 활용과 관련된다. 사회복지사는 오랜 기간의 인간서비스 제공의 경험을 통해 실천에서 현명하게 내리는 결정에 대한 능력을 검증할 기회를 갖는다. 그러나 사회복지사는 반복적인 경험을 통해서만 통찰력을 얻는 것만은 아니다. 실천의 지혜 속에서 성숙하기 위해서 사회복지사는 반성적이고 분석적이어야 하며 성공뿐만 아니라 실패에 대한 학습에도 개방적이어야 한다.

(6) 개인적 가치

가치는 어떻게 되어야 하고 어떠한 것이 옳고 가치 있는 것인지에 대한 신념이다.

사회복지사는 전문가로서 전문적 가치의 내면화를 통해 클라이언트의 기본적 권리에 대한 존중, 사회적 책임, 자율성에 대한 존중과 자기결정에 대한 개인적 가치(personal values)를 가지고 있다.

옳은 것에 대한 견해의 차이가 있을 때 딜레마가 발생하게 된다. '올바른' 결과나 적합한 행동과정에 대한 사회복지사가 생각하는 견해는 클라이언트의 견해와 차이가 있을 수 있고 양자의 견해는 사회복지사 채용을 한 기관 운영자나 재정을 지원하는 자도 다를 수 있다.

한 개인의 가치와 양심이 다른 모든 사람이 따라야 할 절대적인 지침이 될 수 없는 상황에서 사회복지사나 기관이 바람직하거나 올바르다고 보는 것을 클라이언트로 하여금 따르도록 하는 것이 적절한가? 논리상의 대답은 '아니요'이지만, 많은 클라이언트들이 기관이나 사회복지사의 기대에 따라야 한다는 압력을 느낄 수 있다. 만일 사회복지사가 클라이언트의 자기결정(self-determination)을 극대화하는 원리를 받아들인다면 클라이언트가 스스로 결정을 내리고 가장 바람직하다고 믿는 성과를 향해 움직이도록 허용해야 한다. 그리고 법령의 성문화된 가치와 보편적으로 인식을 하고 있는 도덕적인 원리에서 벗어나 사회복지사는 클라이언트가 결정하는 편에서 그들의 개인적인 신념과 가치를 지지해야 한다.

이것은 사회적으로 무책임하고 자기 파괴적이고 다른 사람에게 해를 끼치는 클라이언트의 행동이나 결정에 관해서 사회복지사가 항상 중립적 태도를 유지해야 한다는 것은 아니다. 만일 사회복지사가 클라이언트의 관심사와 관련된 도덕적 · 윤리적인 이슈를 논의하는 것을 회피한다면 클라이언트에게 거의 도움이 되지 않을 것이다. 그리고 법, 도덕적인 기본 원리 그리고 규칙은 사회복지사가 다루어야 할 문제이다.

사회복지사의 개인적 가치는 사회복지전문직에서의 가치와 양립이 가능해야 한다. 만일 이 두 가지의 가치체계가 갈등적이면 다음의 둘 중에서 한 가지가 발생하게 될 가능성이 있다. ① 사회복시자로서 임무는 완수하지만 그 속에 마음이 없어 클라이언트와 동료에 대한 진실성이 결핍되거나 ② 사회복지실천에 지침이 되는 전문직의 가치와 원리에 대하여 거부하고 클라이언트에게 전적으로 사회복지사의 개인적 가치와 신념에 기초하여 반응하게 된다. 이 모든 경우에 클라이언트와 기관은 사회복지 관점의 신념을 상실하게 된다.

(7) 전문가적 스타일

전문가적 스타일(professional style)은 사회복지사가 클라이언트와 관계를 맺는 방법이나 언어, 자세, 의상, 헤어스타일 그리고 그들이 누구이고 자신과 다른 사람에 대하여 어떠한 생각을 하고 있는가에 대한 메시지 전달의 방법이 여러 가지의 다른 선택과 행동으로 표현하는 상황과 서비스를 제공하는 클라이언트, 그리고 기관에 적합해야 한다.

자기 자신에 대하여 아는 것은 사회복지사에게 매우 중요한 사항이다. 자신에 대한 지속적인 성찰은 사회복지사가 자기의 스타일에 대한 영향을 검토하는 데 도움이 된다. 그러나 자기 자신을 아는 것은 결코 쉽지 않다. 사회복지사가 정기적으로 다른 사람들이 자신의 스타일을 어떻게 인식하는지 점검하는 것이 도움이 된다. 클라이언트, 가족, 친구, 동료 그리고 슈퍼바이저의 단서는 이런 사정을 하는 데 도움이 된다.

Chapter 4

사회복지실천의 가치 및 윤리

제1절 사회복지실천의 가치와 윤리

제2절 사회복지실천현장의 가치갈등과 윤리적 딜레마

Chapter 04

사회복지실천의 가치 및 윤리

제1절 사회복지실천의 가치와 윤리

사회복지는 인간이 존엄성을 기본 가치로 삼고 실천하는 학문으로 인간의 삶의 과정에 관심을 갖고, 그들을 도와주기 위해 과학적인 지식과 전문적인 기술을 활용한다. 따라서 사회복지사는 과학적이고 전문적인 지식을 갖추어야 할 뿐 아니라 사회복지실천의 가치와 윤리를 알아야 하고 자신의 개인적 가치관도 갖고 있어야 한다. 이는 사회복지실천과정에서 가치가 수반되는 문제를 만날 수 있기 때문이다. 이렇듯 인간을 대상으로 사회복지실천의 과정을 펼치는 사회복지사는 인간의 진정한 삶의 방법과 목적을 위한 역할과 기능을 수행하면서 가치관을 기초로 하여 윤리적인 결정을 해야만 하는 경우가 다른 전문직들보다 많다. 그렇기 때문에 오늘날 사회복지사들에게 변화하는 현대 사회에서의 과학기술 발달에 대한 윤리적·철학적인 사고의 올바른 확립이 윤리적 결정을 위한 중요한 과제로 등장하고 있다.

1. 가치와 윤리

가치와 윤리는 사회사업 초창기부터 핵심적 위치에 자리하고 있었으며 사회사업 임무의 기반이 되어 왔다(Reamer, 1995). 가치와 윤리에 대한 주제는 전문직 발전과정 내내 지속되어 왔으나 그것이 의미하는 바와 실천에의 함의는 시대에 따라 변화해 왔다. 19세기 후반 사회사업이 전문직으로 형성되는 시점에서 실무자들의 도덕성이나 윤리보다는 클라이언트의 도덕성에 대한 관심이 훨씬 강했다. 20세기 초반 인보관운동과 진보주의 시대에는 사회복지사들의 목표와 가치지향은 사회문제의 경감을 위한 사회개혁의 필요성으로 전환되었다. 1940년대 후반과 1950년대 초반에는 전문직과 실무자의 도덕성 혹은 윤리에 보다 많이 초점을 두었다. 1947년 NASW(미국사회사업가협회)에서 윤리강령이 채택되었고 이는 하나의 분수령을 이루었다. 1960년대에는 사회사업 가치와 윤리 발달이 시작되었으며 사회적 평등(social equality), 복지권(welfare rights), 인권(human rights), 차별(discrimination), 그리고 억압(oppression)에 초점을 둔 가치가 부각되었다(Reamer, 1995).

가치는 인간을 위하여 "바람직한 것과 좋은 것에 대한 가정"으로, 행동함에 있어 결정의 평가에 관여하여 사람들에게 좋고 나쁜 것, 옳고 그른 것을 평가하도록 한다. 가치는 또한 선과 악, 아름다움과 추함, 유쾌와 불쾌, 적절과 부적절 등 인생의 기본적이고 중요한 부분을 결정하는 지침(Ritzer et al., 1979 : 53)이며 무엇을 생각하고 판단하고 행위함에 있어 기준이 되는 관점을 말한다. 즉, 모든 사물과 현상을 해석하고 평가하며 의미를 부여하는 것으로 가치는 사람의 생각과 사고방식을 지배하며 인간의 모든 선택은 가치에 따른 평가에 의해 좌우된다. 따라서 가치는 사람들이 가지고 있는 '신념', 그리고 행동을 지배하는 중요한 '감정'체계라 할 수 있으며, 사람들의 행동을 방향 지우는 기본적인 힘이라 할 수 있다. 그렇기 때문에 올바른 가치관의 확립은 매우 중요하다. 이러한 가치에 대하여 옳고 그름의 규범적 기준을 부여하는 것이 바로 윤리이다. 그래서 로웬버그와 돌고프(Loewenberg & Dolgoff, 1996)는 윤리는 무엇이 "맞고 옳은가"에 대한 행동규범이며 가치는 무엇이 "좋고 바람직한가"에 관심을 가지며 윤리학은 올바른 행위에 대한 물음이라고 말했다. 다시 말해, 가치와 윤리의 차이점을 살펴보면 윤리는 무엇이 옳고 그른가를, 가치는 무엇이 좋고 싫은가를 다루는 데 있다. 즉, 가치란 하나의 가정적인 개념이어서 인간의 생각 속에 머물지만 윤리는 행동으로 나타나는 것이므로 윤리적 판단에 따른 행동수행에 있어서 규범적 기준이 필요하게 된다. 왜냐하면 윤리적 가치는 좋다는 사고로 그치는 것이 아니라 그 사고로 인해 행위가 실천될 때 비로소 그 의미가 있기 때문이다(이효선 · 정푸름, 2012). 가치와 윤리의 차이점에 대하여 정리하면 〈표 4-1〉과 같다.

〈표 4-1〉 **가치와 윤리의 차이**

구 분	가 치	윤 리
개 념	객관적으로 증명을 할 수는 없고 주관적인 선호를 하는 것으로 인간의 적절한 행동의 선택을 하는 것에 대한 지침이나 기준	가치에서 비롯되어 무엇이 옳고 그른지 판단하여 주는 도덕적인 지침
관 심	인간의 선하고 바람직한 것에 대한 관심	정확하고 올바른 것에 대한 관심
표 현	사람의 생각 속에서만 그치기도 함	사람의 행동으로 나타나는 것
기 준	신념의 하나로 과학적인 근거는 없으며 규범적인 기준은 필요하지 않음	행동의 사회적인 태도가 규범적인 것
개 입	인간관계의 개입은 되지 않기도 함	인간관계에서 상호작용할 때만 해당됨

출처 : 이영실 외(2014).

2. 사회복지전문직의 가치

전문직 가치는 기본적으로 해당 전문직의 독특한 실천 활동과 관련하여 요구되는 가치로서 전문직 구성원들이 행하는 업무의 목적을 분명하게 해주며 그 구성원들의 활동을 안내해 주게 되어(김기태 외, 2008) 전문직 활동의 평가와 책임소재의 근거가 된다. 전문직 가치는 어떠한 직업이 사회적 차원에서 전문직으로 인정받는 과정에서 주어지는 것으로 일반적으로 전문직이 속한 그 사회의 가치를 반영하게 된다. 그러나 전문직 가치가 반드시 그 사회의 사회적 가치와 일치하는 것은 아니다.

레비(Levy, 1973)는 사회복지 전문직의 가치를 사람, 결과, 수단의 세 가지 범주로 나누어 사회복지 가치들이 갖는 기능적인 측면을 기준으로 구분하여 다음과 같이 설명했다(Levy, 1973; 양옥경 외, 2005).

① 인간에 대한 개념적 가치

'사람 우선 가치'이다. 이것은 전문직으로서 수행할 대상인 사람 자체에 대하여 전문직이 갖추고 있어야 할 기본적인 가치관이다. 개인의 가치와 존엄성, 개인의 건설적 변화에 대처하는 능력과 욕구, 소속의 욕구, 상호 책임성, 공통적인 인간의 욕구, 개개인이 지닌 독특성에 대한 가치 등이 여기에 포함된다. 클라이언트를 개별화된 인간으로 보고 그의 능력을 인정해 주며 개별성에 따라 클라이언트의 권한을 인정해 주는 가치이다.

② 인간을 위한 결과적 가치

'결과 우선 가치'이다. 사람에게 서비스를 제공했을 때 초래하게 되는 결과에 대한 가치관으로 사회가 개개인의 발전을 위하여 사회참여에 대한 기회를 동등한 제공을 해야 한다는 사회책임에 대한 믿음이다. 또한 사회가 빈곤, 질병, 차별대우, 부적절한 주거환경 및 불공평한 교육의 기회 등에 대한 문제들을 해결하거나 사전에 방지해야 할 사회적인 책임에 대한 가치이며 이와 같은 욕구들을 충족시킬 수 있는 자원들을 제공해야 하는 사회적 책임에 대한 가치이다.

③ 인간을 다루는 수단적 가치

'수단 우선 가치'이다. 서비스를 수행하는 방법 및 수단과 도구에 대한 가치관이다. 이는 사람은 존경과 존엄으로 다루어져야 하며 자기결정권을 가져야 하고 사회변화에 참여하도록 도와주어야 하며 하나의 독특한 개인으로 인정되어야 한다는 믿음과 같은 가치이다.

로웬버그와 돌고프(Lowenberg & Dolgoff, 1985)는 사회복지 전문직의 중심 가치를 다음과 같이 제시하고 있다.

① 사회복지사의 전문적 관계는 개인존중과 인간존엄에 바탕을 두고 구축되며 클라이언트의 가치 존중 및 수용, 참여, 정직성, 비밀보장, 갈등을 다루는 책임성 등의 가치에 의하여 증진된다.

② 사회복지사는 전문적으로 클라이언트의 선택 권리, 서비스의 계약에 대한 권리, 서비스 개입을 인정하는 모든 권리를 존중한다.

③ 사회복지사는 사회의 제도가 인본주의에 입각하여 인간의 요구에 반응을 하는 제도가 되도록 하는 데 기여한다.

④ 사회복지사는 다양한 인구집단이 가진 고유한 특성을 존중하고 수용하는 데 솔선한다.

⑤ 사회복지사는 질 높은 실천을 위해서 전문적 지식과 기술을 끊임없이 연마하고 자신의 윤리적 행동에 책임을 진다(장수미 외, 2013).

사회복지의 실천은 가치를 기반으로 동기화되거나 기능화되기 때문에 사회복지에 있어 가치는 매우 중요한 의미를 갖는다.

재스트로(Zastrow, 1995)는 사회복지실천에서 일반적으로 중요시되는 주요 가치를 다음과 같이 제시하고 있다(박미진·황영희, 2011).

① 인간의 존엄성과 개인의 독특함을 존중한다

모든 인간은 신체적·정신적 특성에 있어 차이가 있으며 삶의 경험은 무한히 다양하다. 그러므로 사람들은 외모, 가치관, 생리적 기능, 관심사, 재능, 동기, 목표가치, 감정적·행동적 형태 그리고 많은 다른 요인들에서 다른 사람들과 차이가 있다.

사회복지사는 다양한 사람들의 독특한 특성에 대해 존중해야 한다. 개별성은 사회복지실천의 기본 가치이다. 클라이언트가 갖고 있는 가치와 목적, 행동양상, 특성, 성격이 사회복지사와 유사하다면 상대적으로 수용하기 쉽다. 그러나 사회복지사의 입장에서 클라이언트의 행동을 수용하기 어려울 때 개별성을 인정하기란 쉽지 않다.

② 클라이언트의 자기결정권을 존중한다

자기결정은 클라이언트가 사회복지실천과정의 참여 여부를 결정하는 것이다. 이것은 클라이언트가 자신의 의견을 표현하고 실행할 수 있는 권리가 있다는 것이다.

특히 클라이언트를 위해 사회복지사가 모든 결정을 한다면 클라이언트에게 의존성과 자기패배감을 안겨줄 수 있다. 자기결정의 의미는 클라리언트의 문제해결에 대한 책임이 클라이언트에 있다는 것이다.

③ 비밀보장을 한다

전문가와 클라이언트 관계에서 비밀보장은 전문가가 클라이언트에 대한 정보의 비밀을 보장한다는 뜻이다. 비밀보장의 원칙에 따르면 클라이언트의 동의 없이 비밀을 노출하거나 그에 따른 피해가 있을 경우 전문가는 법적 제재를 받을 수 있다.

사회복지실천현장에서 가치와 지식 그리고 기술을 적절하고 창조적으로 병합하기 위해서는 사회복지사 자신의 가치, 클라이언트의 가치, 기관의 가치도 고려해야 한다. 사회복지사들은 클라이언트의 참여, 자기결정권, 비밀보장과 같은 기본적인 사회복지실천의 가치에 동의하고 있다. 그러나 사회복지실천에 있어서 사회복지사들이 가치를 실천에 옮기는 과정에서 우선순위, 구체적인 목적 그리고 방법에 있어 차이를 보일 수 있다. 사회복지사는 이 가치를 잘 이해하여 특정한 클라이언트를 만날 때 어떤 지침 내용이 유용한지를 잘 파악할 수 있어야 한다(Zastrow, 1995).

사회복지사가 사회복지실천현장에서 갖추고 있어야 할 가치관에 관해 미국의 사회복지사협회는 다음과 같이 설명하고 있다(Bridland, 1977; 이종복 외, 2010).

① 이 사회에서 개인은 관심의 근원이다.
② 이 사회에서 개인들은 상호 의존적이다.
③ 이 사회에서 개인들은 서로 간에 사회적 책임을 갖는다.
④ 각 개인에게는 공통적 욕구도 있으나 독특한 욕구도 있다.
⑤ 민주적 사회의 본질적인 특성은 각 개개인의 잠재력을 발견하고 그 개인이 이 사회에서 능동적이고 활발한 참여를 통하여 사회적 책임을 갖는다는 것을 이 사회가 인정하는 것이다.
⑥ 사회는 개인의 자기발견, 즉 개인과 환경 사이에서의 불균형에 대한 방해요소를 극복하고 예방할 수 있는 방법들을 제공해야 할 의무가 있다.

또한 장인협(1989) 역시 사회복지전문직이 인간 존엄을 최고의 가치로 여겨야 함을 주장하며 사회복지사들이 이를 실행하기 위한 가치전제의 지침을 다음과 같이 언급하고 있다.

① 클라이언트의 존엄성에 관하여 의사소통하는 내용을 민감하게 인식해야 한다.
② 클라이언트를 고정관념으로 대하지 말아야 한다.
③ 클라이언트가 그들의 장점을 발견하여 활용하도록 도와주어야 한다.
④ 문제해결에 클라이언트의 참여를 기대한다.
⑤ 클라이언트의 요구(need)보다는 욕구(wants)에 초점을 둔다.

따라서 사회복지사는 사회복지실천의 전문인이기 전에 한 개인으로서 자신(self)의 삶에 대해 여러 가지 상황들에 대해 어떤 태도나 마음가짐을 갖고 있는지 스스로 점검해 볼 필요가 있다.

사회복지사의 가치에 따라 그가 관계하는 클라이언트, 동료, 다른 성원에게 영향을 줄 수 있기 때문에 중요하다.

3. 사회복지전문직의 윤리

일반적으로 윤리는 인간 행위와 도덕적인 의사결정에 관심을 갖고 있는 철학의 한 분야라고 정의된다. 윤리는 인간의 옳고 그름을 결정하는 원칙들을 발견하고자 한다. 가치와 윤리는 대부분 상호 교환적으로 사용이 되지만 이 두 용어는 동일하지 않다. 윤리는 가치로부터 파생되어 나오므로 가치와 조화되어야 한다. 이들 간의 차이점은 가치가 어떠한 것이 좋고 바람직한가에 관심을 갖고 있는 반면, 윤리는 어떠한 것이 옳고 그른가를 다루고 있다는 점이다.

사회복지전문직의 윤리는 사회복지사가 전문적인 가치를 전문적인 실천 활동으로 전환을 시키는 지침들을 제공한다. 전문직 윤리강령은 전문적 실무자에게 기대가 되는 윤리적인 행동을 규명하고 기술하고 있다.

전문적 윤리는 일반 사회의 윤리와 동일하지는 않지만 밀접한 관련을 가지고 있다. 사회사업 가치가 사회가 가지고 있는 가치에서 파생되어 나오지만 반드시 이들 가치와 동일한 것은 아닌 것처럼, 전문적 윤리도 사회적 윤리와는 차이가 있다. 예를 들어, 사회적 윤리와 전문적 윤리가 모두 평등의 원칙을 강조하지만 전문적 윤리는 클라이언트의 이익에 우선순위를 부여하고 사회복지사는 흔히 선택(의식하기도 하고 그렇지 않은 경우도 있지만)할 수밖에 없다는 점에서 전문적 윤리원칙이 사회복지사의 실천에 함의하는 바는 매우 크다 (Dolgoff et al., 1005; 이원숙, 2014).

사회복지실천은 실천의 목적과 추구하는 가치, 이론적 지식, 기술과 경험 등을 조화시켜 이루어진다. 하지만 사회복지사는 자신이 갖고 있는 가치, 지식, 기술 등을 사회복지실천현장에 옮기는 데 있어서 갈등적이며 모순된 상황에 종종 직면하게 된다. 이러한 가치관의 혼란이나 윤리적 딜레마가 사회복지 전문직으로 활동하는 사회복지사에게 영향을 미친다(김현호 외, 2015). 사회복지실천 가치에 의거한 윤리적 원칙은 〈표 4-2〉와 같다.

〈표 4-2〉 **사회복지실천의 핵심 가치에 의거한 윤리적 원칙**

핵심 가치	윤리적 원칙
서비스	사회복지사의 일차적 목적은 어려움에 처한 사람들을 돕고 사회문제를 다루는 것이다.
사회정의	사회복지사는 사회적 불의에도 도전한다.
개인의 존엄성과 가치	사회복지사는 개인의 내재적 존엄성과 가치를 존중한다.
인간관계의 중요성	사회복지사는 인간관계의 핵심적 중요성을 인정한다.
성실성	사회복지사는 신뢰할 수 있는 방식으로 행동한다.
역 량	사회복지사는 역량 범위 내에서 실천하고 전문성을 발달시키고 향상한다.

출처 : NASW(1999); 이원숙(2014).

리머(Reamer, 1995)는 미국의 사회복지사를 대상으로 사회복지전문직 윤리의 필요성에 대하여 다음과 같이 제시하였다(방미진 외, 2011).

첫째, 전문가가 갖고 있는 가치관과 다른 사람들(클라이언트, 동료전문가, 직장상사, 지역주민 등)의 가치관들 사이에 존재하는 어떠한 공통점과 차이점의 체계적인 확인을 위해 필요하다. 이러한 필요성은 전문가의 사적 가치가 각종 전문적 판단과 평가 등에 지대한 영향을 미친다는 가정을 솔직히 인정하는 것이라 할 수 있다. 사회복지 전문가는 사회적 공인으로서 필요한 경우에는 자신의 가치관을 공개할 수 있어야 한다.

둘째, 전문가는 윤리적 딜레마의 실태를 이해하고 대처할 수 있는 능력을 갖추어야 한다. 따라서 사회복지와 관련된 윤리적 딜레마에 대한 사전 대비를 해야 하는 것이다.

전문가는 특정 상황에서 개인의 변화를 목표로 하는 치료중심적 접근법을 채택할 것인지 아니면 구조적 결함을 치유하기 위한 공공복지 확대 전략을 채택할 것인지에 대해 결정을 내려야 한다.

셋째, 다수의 서로 다른 가치들 사이에서의 관계 정립 또는 위계의 설정을 위해 필요하다.

윤리를 뒷받침하는 가치나 덕목은 여러 가지가 존재할 뿐 아니라 경우에 따라서는 '자유와 평등'과 같이 두 개 이상의 가치가 상충할 수 있다. 사회복지에는 중심 가치나 주류사상이 존재하는 것으로 알려져 있다. 그러나 그것이 무엇인가에 대해 일목요연하게 정리하기는 쉽지 않다. 더욱이 그것은 사회특성의 변화에 따라 끊임없이 달라질 수 있는 개연성을 지니고 있다.

넷째, 사회복지의 주류 가치가 얼마나 정당한가를 반성하고 나아가 시대적인 조류에 맞는 가치의 정립을 위해 필요하다. 사회복지의 핵심 가치가 자리잡는 과정에서 어느 정도의 정치적 고려가 불가피하다는 사실을 뜻한다. 예컨대 자기결정이나 분배적 정의와 같은 사회복지 가치는 서구 자본주의와 민주주의라는 개인주의적 정치사상의 영향을 받은 것이다. 따라서 사회복지가 사회적 공인을 유지하려면 그러한 도전에 적절히 대응해야 한다.

다섯째, 사회복지실천 방법들을 개발하거나 전문가의 전문적인 경력을 발전시키기 위해 필요하다. 사회복지학은 사회복지의 전문지식과 기술을 지속적으로 개발해야 하며 사회복지 전문가는 그것을 꾸준히 습득하고 연마해야 한다.

4. 사회복지전문직의 윤리강령

1) 미국사회복지사협회(NASW) 윤리강령

(1) 윤리강령의 목적

사회복지의 임무는 핵심 가치를 기반으로 하며 사회복지전문직의 핵심 가치를 반영한 광의의 윤리적 원칙을 요약한 것으로서 사회복지실무에 대한 지침으로 사용되어야 할 구체적인 윤리적 기준들을 설정한 것이다. 전문가로서의 책무의 갈등이나 윤리적으로 불확실한 상황이 발생할 때 적절한 판단이 무엇인지 확인할 수 있도록 하며 일반대중이 사회복지실무를 신뢰할 만하다고 판단하도록 하는 윤리적 기준을 제공한다. 사회복지실무현장에 처음으로 입문한 초심 사회복지사들에게 이 일의 책무, 가치, 윤리적 원칙들과 윤리적 기준을 학습하게 하며 사회복지사들이 비윤리적 행위에 연관되었는지를 평가하기 위한 기준들을 명확하게 해준다.

NASW 윤리강령의 목적은 여섯 가지로 다음과 같다.

① 사회복지의 임무는 핵심 가치를 기반으로 한다.

② 사회복지전문직 핵심 가치의 반영과 사회복지실천을 위해 사용되는 일련의 특정 윤리기준을 확립하는 총괄적인 윤리의 원칙들을 요약한다.

③ 전문직의 의무에 갈등이나 윤리적으로 불확실성이 발생할 때 사회복지사가 적절하게 고려해야 할 사항들을 규정하는 것을 돕기 위해 제정되었다.

④ 일반사람들이 사회복지전문직의 책임에 대해 간주할 수 있는 윤리의 기준을 제공한다.

⑤ 사회복지의 임무 · 가치 · 윤리원칙 · 윤리기준에 생소한 사회복지사들에게 지침을 제공한다.

⑥ 사회복지전문직으로서 사회복지사의 비윤리적인 행위에 대한 여부를 사정하는 데 필요한 기준을 규정한다. NASW는 NASW의 구성원이 제기하는 윤리적 불만을 평가하는 공식적인 절차를 두고 있다. 사회복지사는 윤리강령을 실행할 때 서로 협조를 해야 하고 NASW의 소송 절차에 참여를 해야 하며 NASW의 규율에 따른 모든 규제에 수반된 제재를 준수해야 한다.

(2) 윤리강령의 핵심 가치와 윤리원칙

윤리원칙들은 사회복지서비스의 핵심 가치, 개인의 존엄성 및 가치, 사회정의, 성실성, 인간관계의 중요성의 능력을 바탕으로 한다. 이러한 모든 원칙들은 사회복지사들이 갈망하는 이상을 규정한다.

- 가치 : 서비스 욕구의 제공
- 윤리원칙 : 사회복지의 주요 목표는 욕구에 처해 있는 사람들을 돕고 사회문제를 해결하고자 하는 것이다.

사회복지사는 개인적인 이익을 초월하여 사람들에 대한 서비스를 고양시킨다. 욕구가 필요한 사람들을 돕고 사회의 문제를 해결하기 위하여 사회복지사는 자신이 지닌 지식과 가치 및 기술들을 활용한다. 사회복지사는 금전적 소득을 기대하지 않으면서 자신의 전문적 기술을 자발적으로 발휘하도록 권장한다.

- 가치 : 사회정의의 증진
- 윤리원칙 : 사회복지사는 사회적 불공평에 도전한다.

사회복지사는 유약하고 억압받는 사람들과 집단을 위한 사회적 변화를 추구한다. 사회복지가 추구하는 사회의 변화를 위한 노력은 실업, 빈곤, 차별, 기타 유형의 사회적으로 불공평함에 그 주된 초점을 맞추며, 억압과 문화적·인종적 차이의 다양성에 관한 지식의 민감성을 더욱더 증진시켜야 한다. 사회복지사는 필요한 정보, 기회의 균등, 서비스·자원에 대한 접근, 모든 사람들을 위한 의사결정에 매우 의미 있는 참여를 보장하고자 노력한다.

- 가치 : 개인의 존엄성 및 가치 존중
- 윤리원칙 : 사회복지사는 각 개인의 존엄성과 가치를 존중한다.

사회복지사는 사람의 개인적인 차이와 문화적 및 인종적 다양성에 염두를 두고 이들을 보호하고 존중하는 마음으로 모든 사람들을 대해야 한다. 사회복지사는 사회적으로 책임 있는 클라이언트의 자기결정을 위해 노력한다. 사회복지사는 클라이언트의 욕구를 변화시키고 해결하기 위하여 이들의 역량과 기회를 강화시키고자 한다. 사회복지사는 클라이언트와 더 넓은 사회에 대한 이중적인 책임을 인식한다. 사회복지사는 사회복지전문직의 가치·윤리원칙·윤리기준에 일관되는 사회적인 책임에 대한 의식을 하면서 클라이언트와 더 넓은 사회의 이해관계 사이에서의 갈등을 해결하기 위하여 노력한다.

- 가치 : 인간관계의 중요성 인식
- 윤리원칙 : 사회복지사는 인간관계의 본질적인 중요성을 인식한다.

사회복지사는 사람들 사이에서의 관계가 변화를 도모하기 위한 중요한 매개체라는 것을 인식하며, 지원 과정에서 클라이언트들을 파트너로서 대우한다. 또한 사회복지사는 개인, 가족, 조직, 사회집단, 지역사회의 복지를 증진·회복·유지시키기 위하여 사람들 사이에서의 인간관계를 강화시키고자 한다.

• 가치 : 성실성, 충실(신뢰성 확립)

• 윤리원칙 : 사회복지사는 신뢰성을 줄 수 있도록 행동한다.

사회복지사는 항상 사회복지전문직의 임무·가치·윤리원칙·윤리기준을 염두에 두며 이러한 것에 일관성 있게 실천에 임하며, 정직하고 책임성 있게 행동하고 자신이 속해 있는 조직의 입장에서 윤리적인 실천을 증진한다.

• 가치 : 능력증진

• 윤리원칙 : 사회복지사는 자신의 능력의 영향력 범위 안에서 실천을 하며 자기 자신의 전문기술들을 발전 및 강화시킨다.

사회복지사는 자기 자신의 전문지식과 기술을 확충하기 위하여 끊임없는 노력으로 이러한 지식과 기술을 실천에 적용하며, 사회복지 전문직의 지식기반에 이바지하고자 노력을 기울여야 한다.

(3) 윤리강령의 윤리기준

윤리기준은 광범위한 내용들을 다루고 있으며 여섯 가지의 주요 범주들 아래에 구체적 원칙들이 분류되어 있다.

윤리기준들은 모든 사회복지사의 사회복지전문직 활동과 관련된다.

① 사회복지사의 클라이언트에 대한 윤리적 책임

② 사회복지사의 동료에 대한 윤리적 책임

③ 사회복지사의 실천의 장에 대한 윤리적 책임

④ 사회복지사의 전문직으로서의 윤리적 책임

⑤ 사회복지전문직에 대한 윤리적 책임

⑥ 사회복지사의 더 넓은 사회에 대한 윤리적 책임을 고려한다.

2) 한국 사회복지사 윤리강령

우리나라의 윤리강령은 사회복지전문직으로서의 전문성 확보와 업무상의 윤리적 판단에서의 기준 마련, 즉 전문직에 대한 질서를 유지하기 위해 1970년부터 사회복지사 윤리강령 제정의 필요성이 논의되어 오다가 1988년 채택·공포되었고 1992년에 개정·공포되었으며 2001년 12월 15일에 재개정되었다. 한국 사회복지사 윤리강령의 내용은 다음과 같다.

한국 사회복지사 윤리강령

전문 : 기본 이념

사회복지사는 인본주의 · 평등주의 사상에 기초하여 모든 인간의 존엄성과 가치를 존중하고 천부의 자유권과 생존권의 보장활동에 헌신한다. 특히 사회적 · 경제적 약자들의 편에 서서 사회정의와 평등 · 자유와 민주주의 가치를 실현하는 데 앞장선다. 또한 도움을 필요로 하는 사람들의 사회적 지위와 기능을 향상시키기 위해 저들과 함께 일하며 사회제도 개선과 관련된 제반 활동에 주도적으로 참여한다.

사회복지사는 개인의 주체성과 자기결정권을 보장하는 데 최선을 다하고 어떠한 여건에서도 개인이 부당하게 희생되는 일이 없도록 한다. 이러한 사명을 실천하기 위하여 전문적 지식과 기술을 개발하고 사회적 가치를 실현하는 전문가로서의 능력과 품위를 유지하기 위해 노력한다. 이에 우리는 클라이언트 · 동료 · 기관 그리고, 지역사회 및 전체 사회와 관련된 사회복지사의 행위와 활동을 판단 · 평가하며 인도하는 윤리기준을 다음과 같이 선언하고 이를 준수할 것을 다짐한다.

Ⅰ. 사회복지사의 기본적 윤리기준

1. 전문가로서의 자세

1) 사회복지사는 전문가로서의 품위와 자질을 유지하고, 자신이 맡고 있는 업무에 대해 책임을 진다.

2) 사회복지사는 클라이언트의 종교 · 인종 · 성 · 연령 · 국적 · 결혼상태 · 성취향 · 경제적

지위 · 정치적 신념 · 정신, 신체적 장애 · 기타 개인적 선호, 특징, 조건, 지위를 이유로 차별대우를 하지 않는다.

3) 사회복지사는 전문가로서 성실하고 공정하게 업무를 수행하며 이 과정에서 어떠한 부당한 압력에도 타협하지 않는다.
4) 사회복지사는 사회정의 실현과 클라이언트의 복지증진에 헌신하며 이를 위한 환경조성을 국가와 사회에 요구해야 한다.
5) 사회복지사는 전문적 가치와 판단에 따라 업무를 수행함에 있어 기관 내외로부터 부당한 간섭이나 압력을 받지 않는다.
6) 사회복지사는 자신의 이익을 위해 사회복지전문직의 가치와 권위를 훼손해서는 안 된다.
7) 사회복지사는 한국사회복지사협회 등 전문가 단체 활동에 적극 참여하여 사회정의 실현과 사회복지사의 권익옹호를 위해 노력해야 한다.

2. 전문성 개발을 위한 노력

1) 사회복지사는 클라이언트에게 최상의 서비스를 제공하기 위해 지식과 기술을 개발하는 데 최선을 다하며 이를 활용하고 전파할 책임이 있다.
2) 클라이언트를 대상으로 연구하는 사회복지사는 저들의 권리를 보장하기 위해 자발적이고 고지된 동의를 얻어야 한다.
3) 연구과정에서 얻은 정보는 비밀보장의 원칙에서 다루어져야 하고 이 과정에서 클라이언트는 신체적 · 불편이나 위험 · 위해 등으로부터 보호되어야 한다.
4) 사회복지사는 전문성을 개발하기 위해 노력하되, 이를 이유로 서비스의 제공을 소홀히 해서는 안 된다.
5) 사회복지사는 한국사회복지사협회 등이 실시하는 제반 교육에 적극 참여하여야 한다.

3. 경제적 이득에 대한 태도

1) 사회복지사는 클라이언트의 지불능력에 상관없이 서비스를 제공해야 하며 이를 이유로 차별대우를 해서는 안 된다.
2) 사회복지사는 필요한 경우에 제공된 서비스에 대해 공정하고 합리적으로 이용료를 책정해야 한다.
3) 사회복지사는 업무와 관련하여 정당하지 않은 방법으로 경제적 이득을 취하여서는 안 된다.

Ⅱ. 사회복지사의 클라이언트에 대한 윤리기준

1. 클라이언트와의 관계

1) 사회복지사는 클라이언트의 권익옹호를 최우선의 가치로 삼고 행동한다.
2) 사회복지사는 클라이언트에 대하여 인간으로서의 존엄성을 존중해야 하며 전문적 기술과 능력을 최대한 발휘한다.
3) 사회복지사는 클라이언트가 자기결정권을 최대한 행사할 수 있도록 도와야 하며 저들의 이익을 최대한 대변해야 한다.
4) 사회복지사는 클라이언트의 사생활을 존중하고 보호하며 직무수행과정에서 얻은 정보에 대해 철저하게 비밀을 유지해야 한다.
5) 사회복지사는 클라이언트가 받는 서비스의 범위와 내용에 대해 정확하고 충분한 정보를 제공함으로써 알권리를 인정하고 존중해야 한다.
6) 사회복지사는 문서 · 사진 · 컴퓨터 파일 등의 형태로 된 클라이언트의 정보에 대해 비밀보장의 한계 · 정보를 얻어야 하는 목적 및 활용에 대해 구체적으로 알려야 하며 정보공개 시에는 동의를 얻어야 한다.
7) 사회복지사는 개인적 이익을 위해 클라이언트와의 전문적 관계를 이용하여서는 안 된다.
8) 사회복지사는 어떠한 상황에서도 클라이언트와 부적절한 성적 관계를 가져서는 안 된다.
9) 사회복지사는 사회복지증진을 위한 환경조성에 클라이언트를 동반자로 인정하고 함께 일해야 한다.

2. 동료의 클라이언트와의 관계

1) 사회복지사는 적법하고도 적절한 논의 없이 동료 혹은 다른 기관의 클라이언트와 전문적 관계를 맺어서는 안 된다.
2) 사회복지사는 긴급한 사정으로 인해 동료의 클라이언트를 맡게 된 경우 자신의 의뢰인처럼 관심을 갖고 서비스를 제공한다.

Ⅲ. 사회복지사의 동료에 대한 윤리기준

1. 동료

1) 사회복지사는 존중과 신뢰로써 동료를 대하며 전문가로서의 지위와 인격을 훼손하는 언행을 하지 않는다.
2) 사회복지사는 사회복지전문직의 이익과 권익을 증진시키기 위해 동료와 협력해야 한다.

3) 사회복지사는 동료의 윤리적이고 전문적인 행위를 촉진시켜야 하며 이에 반하는 경우에는 제반 법률규정이나 윤리기준에 따라 대처해야 한다.
4) 사회복지사가 전문적인 판단과 실천이 미흡하여 문제를 야기시켰을 때에는 적절한 조치를 취하여 클라이언트의 이익을 보호해야 한다.
5) 사회복지사는 전문직 내 다른 구성원이 행한 비윤리적 행위에 대해 제반 법률규정이나 윤리기준에 따라 조치를 취해야 한다.
6) 사회복지사는 동료 및 타 전문직 동료의 직무가치와 내용을 인정 · 이해하며 상호 간에 민주적인 직무관계를 이루도록 노력해야 한다.

2. 슈퍼바이저

1) 슈퍼바이저는 개인적인 이익의 추구를 위해 자신의 지위를 이용해서는 안 된다.
2) 슈퍼바이저는 전문적 기준에 의해 공정하게 책임을 수행하며 사회복지사 · 수련생 및 실습생에 대한 평가는 저들과 공유해야 한다.
3) 사회복지사는 슈퍼바이저의 전문적 지도와 조언을 존중해야 하며 슈퍼바이저는 사회복지사의 전문적 업무수행을 도와야 한다.
4) 슈퍼바이저는 사회복지사 · 수련생 및 실습생에 대해 인격적 · 성적으로 수치심을 주는 행위를 해서는 안 된다.

Ⅳ. 사회복지사의 사회에 대한 윤리기준

1) 사회복지사는 인권존중과 인간평등을 위해 헌신해야 하며 사회적 약자를 옹호하고 대변하는 일을 주도해야 한다.
2) 사회복지사는 필요한 사회서비스를 개발하기 위한 사회정책의 수립 · 발전 · 입법 · 집행에 적극적으로 참여하고 지원해야 한다.
3) 사회복지사는 사회 환경을 개선하고 사회정의를 증진시키기 위한 사회정책의 수립 · 발전 · 입법 · 집행을 요구하고 옹호해야 한다.
4) 사회복지사는 자신이 일하는 지역사회의 문제를 이해하고 그것을 해결하는 일에 적극적으로 참여해야 한다.

Ⅴ. 사회복지사의 기관에 대한 윤리기준

1) 사회복지사는 기관의 정책과 사업목표의 달성 · 서비스의 효율성과 효과성의 증진을

위해 노력함으로써 클라이언트에게 이익이 되도록 해야 한다.

2) 사회복지사는 기관의 부당한 정책이나 요구에 대하여 전문직의 가치와 지식을 근거로 이에 대응하고 즉시 사회복지윤리위원회에 보고해야 한다.

3) 사회복지사는 소속기관 활동에 적극 참여함으로써 기관의 성장발전을 위해 노력해야 한다.

Ⅵ. 사회복지윤리위원회의 구성과 운영

1) 한국사회복지사협회는 사회복지윤리위원회를 구성하여 사회복지윤리실천의 질적인 향상을 도모하여야 한다.

2) 사회복지윤리위원회는 윤리강령을 위배하거나 침해하는 행위를 접수받아 공식적인 절차를 통해 대처하여야 한다.

3) 사회복지사는 한국사회복지사협회의 윤리적 권고와 결정을 존중하여야 한다.

사회복지사 선서

나는 모든 사람들이 인간다운 삶을 누릴 수 있도록 인간존엄성과 사회정의의 신념을 바탕으로 개인 · 가족 · 집단 · 조직 · 지역사회 · 전체 사회와 함께 한다. 나는 언제나 소외되고 고통받는 사람들의 편에 서서 저들의 인권과 권익을 지키고 사회의 불의와 부정을 거부하면서 개인이익보다는 공공이익을 앞세운다. 나는 사회복지사 윤리강령을 준수함으로써 도덕성과 책임성을 갖춘 사회복지사로 헌신한다. 나는 나의 자유의지에 따라 명예를 걸고 이를 엄숙하게 선서합니다.

출처 : 구금섭 외(2013).

제2절 사회복지실천현장의 가치갈등과 윤리적 딜레마

사회복지실천에서 윤리문제를 말할 때 가치문제를 중요시하는 것은 윤리적 원칙을 가치기반으로 하기 때문이다. 따라서 사회복지실천현장에서 사회복지사는 종종 윤리적 결정을 내려야 하는 상황에 직면하게 되며 이러한 윤리적 결정은 사회복지사로 하여금 윤리적 딜레마에 빠지게 한다. 왜냐하면 각 체계는 개인의 특성 · 가치 · 주요 과제 · 체계수준 등이 각기 다르게 연계되어 있기 때문이다.

1. 사회복지실천에서의 가치갈등

사회복지실천을 행하는 사회복지사는 개인적인 가치, 전문적인 가치, 클라이언트와 클라이언트 집단의 가치, 사회적 가치에 의하여 영향을 받으며 이러한 가치들 사이의 갈등으로 인해 어려움을 경험하게 된다. 사회복지사가 겪게 되는 다양한 가치갈등의 유형은 다음과 같이 제시될 수 있다(양옥경 외, 1993).

1) 가치상충

가치상충은 윤리적 갈등이 가장 빈번하게 나타날 수 있는 상황으로 사회복지사가 두 가지 또는 그 이상의 경쟁적인 가치와 직면하게 되었을 때 윤리적 갈등에 빠지게 된다. 예를 들면, '클라이언트의 자기결정'이라는 가치와 '인간의 생명보호'라는 가치의 사이에서 어떠한 윤리적 결정을 내려야 하는 상황으로, 심각한 유전적 질병을 갖고 있는 남편이 부인에게 이러한 사실을 알리지 않고 자녀를 갖기를 원하는 경우에 사회복지사는 '클라이언트의 자기결정'이라는 가치와 '장애아 출산예방'이라는 가치와의 사이에서 윤리적인 갈등에 빠지게 된다.

2) 의무상충

사회복지사는 자신이 속한 기관에 대한 의무와 클라이언트와의 의무 사이에서 갈등하게 된다. 사회복지사는 기관의 정책과 목표가 클라이언트 이익에 위배되면 윤리적인 갈등에 부딪치게 된다. 클라이언트의 이익이 최우선이라는 가치에 불구하고 기관의 자원이 부족하여 클라이언트에게 최선의 서비스가 제공되지 못하는 사례가 드물지 않다. 예를 들면, 사회복지사는 자신이 속해 있는 기관의 정책을 따라야 하지만 기관의 목표가 클라이언트의 이익과 위배될 때에는 윤리적인 딜레마에 직면하게 된다.

3) 클라이언트 체계의 다중성

하나 이상의 복합성을 가진 클라이언트 체계와 일할 때 발생하는 갈등을 의미한다. 예를 들면, 심각한 부부갈등, 구타, 아동학대 문제 등의 복합적인 문제가 있는 이혼부부의 자녀문제에 대하여 다룰 때 사회복지사는 대상이 누구인지를 결정하는 데 어려움을 겪는다. 어떤 문제에 먼저 개입을 하고 누구의 이익을 최우선적으로 고려를 해야 하는가를 결정하는 것은 매우 어려운 일이다. 아동의 관점, 어머니의 관점, 판사의 관점, 사회의 관점에 따라 문제에 접근할 때 다양한 갈등을 겪게 된다.

4) 결과의 모호성

클라이언트가 자기결정을 스스로 할 수 없는 경우에 대신하여 어떠한 결정을 내려야 할 상황에 처하거나 클라이언트와 함께 어떠한 결정을 내려야 할 경우라도 장기적인 효과성에 대한 확신이 모호할 때 어떠한 결정이 최선책인지 선택의 딜레마에 봉착하게 된다. 특히 사회복지사는 클라이언트가 아동일 경우 어떻게 결정을 하는 것이 아이를 위한 최선인지, 앞으로 5~10년 후에도 최선일 수 있는지, 어떠한 권리로 사회복지사가 아동에 대한 결정을 해야 하며 올바른 윤리적 결정이 무엇인지가 모호한 상황에 종종 봉착하게 된다. 예를 들면, 해외입양이 아동을 위한 최선의 선택인지를 확신할 수 없기 때문에 해외입양을 담당하는 사회복지사는 종종 갈등을 겪게 된다.

5) 힘 또는 권력의 불균형

클라이언트와 사회복지사의 관계가 권력적으로 평등하지 않다는 사실이 윤리적 딜레마를 일으킨다. 항상 클라이언트는 도움을 구하는 위치에 있으므로 사회복지전문가에 의존하는 관계가 되기 쉽다. 따라서 사회복지사는 클라이언트 이익의 최우선권, 클라이언트의 자기결정권, 의사결정에서 클라이언트 참여 우선성 등에 높은 가치를 두고 있으나 사회복지실천 과정에서 이를 충분하게 반영하지 못하는 경우가 발생하게 된다. 특히 미성년자나 정신지체 등의 요인으로 인해 능력이 제한된 클라이언트의 경우 자신의 결정과 선택을 전문가에게 맡기고 의존할 수밖에 없는 상황에 처하게 되므로 클라이언트의 알권리와 자기결정권을 포기할 수가 있다.

2. 사회복지실천에서의 윤리적 딜레마

윤리적 딜레마는 두 가지 이상의 상충하는 갈림길에서 한 방향만을 선택해야 할 경우나 선택하고자 하는 대안이 한 사람 또는 여러 사람들에게 바람직하지 못한 결과가 초래될 때 발생한다. 윤리적 딜레마는 일반적으로 가치의 상충(competing values), 상충되는 충성심(competing loyalties)에 의해 발생한다(Lowenberg & Dolgoff, 1985). 예를 들어, 사생활 보호와 비밀보장이라는 두 가지 상충되는 가치로 인하여 사회복지사는 두 가지의 가치 모두에 대하여 책임을 느끼며 결정하는 데 어려움을 겪는다. 각기 상이한 요구들을 하는 기관이나 클라이언트들을 대표해야 할 경우 사회복지사는 상충되는 충성심으로 인하여 윤리적 딜레마를 경험한다. 즉, 사회복지실천을 수행해야 하는 상황에서 두 가지 이상의 윤리적 의무들이 있는데 한 가지를 지키기 위하여 다른 한 가지를 포기를 해야만 하는 상황이 발생하는 것이다.

사회복지실천과정에서 사회복지사가 경험하게 되는 다양한 윤리적 딜레마는 다음과 같다(박세정, 2008; 장수미 외, 2013).

① 클라이언트의 자기결정권

클라이언트가 너무 어리거나 정신연령이 낮은 경우 스스로 결정을 할 능력이 없을 때, 클라이언트가 결정을 한 것이 다른 사람이나 기관, 사회에 해를 입힐 가능성이 높을 경우에는 어느 범위까지 클라이언트의 자기결정권에 대하여 한정해야 할지 고민해야 한다.

② 비밀보장

법에 따라 법적인 판결과 관련된 정보를 관계 당국에 보고해야 하는 경우, 슈퍼비전할 때나 전문가 회의 등에서 전문적인 이유로 공개해야 하는 경우에는 클라이언트 개인의 권리를 충분히 존중하면서 동의를 받아야 한다.

③ 진실을 말할 의무

어떤 사람이 비밀로 클라이언트에 대하여 말이나 행동을 했을 때 그 사실에 대하여 클라이언트에게 알려주는 것이 좋은 선택인지 만약 알려준다면 클라이언트의 비밀보장은 어떻게 되는지 등과 관련된 것이다. 때로 진실을 모두 알리는 것이 최선이 아닐 수 있음을 고려해야 한다.

④ 제한된 자원의 공정한 분배

자원을 공평하게 분배해야 함을 의미한다. 그러나 한정된 자원을 똑같이 제공하는 형평성의 기준을 찾는다는 것은 매우 어려운 과제이다.

⑤ 상충되는 의무와 기대

클라이언트, 상사, 동료, 기관, 사회 등이 상충된 기대를 가질 때, 누구를 우선으로 하여 의무를 행사해야 할지 갈등하게 된다.

⑥ 클라이언트의 이익과 사회복지사의 이익

원조과정에서 자신의 이익을 위해서 행동해서는 안 된다. 그러나 자신을 위태롭게 하거나 자신의 희생을 강요당할 때는 클라이언트와의 이익 사이에서 갈등할 수 있다.

⑦ 전문적 동료관계

동료인 사회복지사가 전문가로서의 권위를 남용하여 클라이언트나 전문직에 해를 끼치게 되는 행동을 하였을 때 클라이언트를 보호해야 하는지 혹은 동료인 사회복지전문가를 보호해야 하는지 갈등을 하게 된다.

⑧ 규칙과 정책 준수

사회복지사가 고용되어 있는 기관의 정책과 규칙들을 준수해야 하지만 클라이언트의 문제를 해결하기 위하여 내린 결정이 기관정책에 어긋날 때 갈등상황에 놓이게 된다.

리머(Reamer, 1989)는 윤리적 딜레마의 상황에서 결정을 내려야 할 때 도움이 될 만한 일반적 가이드라인을 제시하였다. 이 중 몇 가지를 살펴보면 다음과 같다(이윤로, 2008).

① 삶, 보건, 행복 그리고 생활필수품에 대한 권리는 부, 교육, 여가와 같은 부수적인 재화에 대한 기회와 비밀보장에 대한 권리에 우선한다.

② 개인이 기본적인 행복을 누릴 권리는 다른 사람들의 사생활과 자유 또는 자기결정권에 대한 권리에 우선한다. 예를 들어, 아동이 의료적 처치를 받을 권리는 부모가 종교적인 신념으로 치료를 거부할 수 있는 권리에 우선한다. 자기결정에 관한 권리는 그들의 기본적인 행복권에 우선하며, 다른 사람의 안녕을 침해하지 않을 수 있다면 자기결정권이 받아들여진다.

③ 개인의 행복에 관한 권리는 조직의 정책이나 법보다 우선할 수도 있다. 일반적으로 사회복지사는 자신이 속해 있는 기관의 정책에 순응을 해야 하는 의무가 있지만 기관의 정책이나 절차가 클라이언트나 사회복지사의 안녕에 해가 되거나 부당하다면 정책, 법 또는 절차를 위반하게 되는 것이 정당화될 수도 있다.

④ 개인과 '협회나 단체'의 양자 간에 갈등이 발생할 경우, 단체의 규칙이나 정책보다는 개인의 행복권이 우선한다.

3. 가치갈등과 윤리적 딜레마의 해결책

사회복지실천현장에서 사회복지사는 클라이언트와의 복잡한 문제들을 해결하는 데 있어서 다양한 요인으로 인하여 가치갈등과 윤리적 딜레마가 발생하게 되는데 이를 해결하기 위한 방법들을 살펴보면 다음과 같다.

1) 일반적 지침

재스트로(Zastrow, 1995)는 사회복지사가 클라이언트의 문제를 해결하는 데 도움이 되는 지침을 다음과 같이 제시하였다.

① 가치갈등의 문제에 대응하는 첫째 단계는 가치갈등이 존재한다는 것에 대한 인식을 하는 것이다

윤리적인 문제는 종종 모호하며 가치갈등을 인식하는 것은 쉬운 일이 아니다. 그러나 어떤 전문직도 국가와 지역사회의 일반적 윤리기준에 위배되는 원칙을 세울 수 없다. 사회복지사는 사회의 법이나 사회규범, 도덕 등에 익숙해져 갈등이나 모순에 대하여 올바른 가치판단을 할 수 있어야 한다.

② 자신의 가치를 밝혀야 한다

사회복지사는 클라이언트를 위하여 자신의 가치를 밝혀야만 하고 클라이언트가 사회복지사와 평등한 입장에서 자신의 가치를 밝힐 수 있어야 한다 (Kelman, 1965). 이러한 접근은 혼외정사의 문제, 약물, 절도 등의 문제를 갖고 있는 클라이언트의 문제를 다루는 데 유용하다.

예를 들면, 낙태에 반대하는 가치를 갖고 있는 사회복지사는 자신이 의식을 하지 못하는 가운데 클라이언트가 낙태에 대하여 죄의식을 갖게 할 수 있다. 사회복지사는 자신의 가치에 대하여 어떻게 이야기를 하는 것이 클라이언트에게 가장 도움이 될 수 있는지를 전문적으로 판단해야 한다.

③ 자신의 가치에 맞는 해결책들을 모색할 수 있도록 도움을 주어야 한다

클라이언트는 자신의 가치관이 무엇인지 아는 것과 자신의 가치에 맞는 적절한 해결책을 모색할 수 있도록 전문가의 도움을 받아야 한다. 클라이언트는 자기 자신이 선택할 수 있는 자유를 침해당하지 않도록 보호받을 필요가 있다. 예를 들면, 낙태를 원하는 클라이언트는 이를 수용해 주는 사회복지사에게 의뢰할 필요가 있다.

④ 그들이 원하는 것을 하도록 허용한다

글래서(Glasser, 1965)가 제안한 보다 발전된 도덕적 지침은 클라이언트가 타인의 요구를 침해하지 않는 한 자신의 요구를 충족시키고 그들이 원하는 것을 하도록 허용한다. 이러한 방법은 낙태, 동성연애자, 근친강간, 아동학대, 혼전관계를 갖는 사람 등의 문제들을 해결하는 데 매우 유용하다. 즉, 사람들마다 생활의 방식과 목표, 개인적인 가치관들이 다르기 때문에 모든 사람에게 유용하게 적용할 수 있는 단일한 도덕적 지침은 존재하지 않는다.

⑤ 가치 딜레마를 갖고 있는지를 아는 것이 중요하다

사회복지사는 가치 딜레마를 누가 갖고 있는지를 아는 것이 매우 중요하다. 사회복지실천에서 중요한 점은 사회복지사가 자기 자신이 담당하고 있는 사례에 지나치게 정서적으로 개입을 하지 않아야 한다는 것이다. 만일 클라이언트의 문제들이 집에 있을 때도 생각이 나고 이것이 생활을 방해한다면 사회복지사가 지나치게 개입되어 있다는 것이다. 클라이언트가 이혼, 낙태, 가족성원의 시설입소 등의 문제에 대하여 딜레마에 빠져 있을 경우 그것이 사회복지사의 딜레마가 아니고 클라이언트의 딜레마가 되게 함으로써 사회복지사는 가장 객관적으로 클라이언트에게 도움을 줄 수 있는 사람이 될 수 있다.

2) 윤리원칙 준거틀

로웬버그와 돌고프(Loewenberg & Dolgoff, 1996)는 윤리적 의무들이 서로 갈등적인 상황에서 어떤 원칙이나 법적 의무를 우선시해야 하는지를 결정하는 것을 돕기 위해 '윤리원칙 준거틀'을 위계서열 형태로 〈표 4-3〉과 같이 제시하였다(엄명용 외, 2009).

〈표 4-3〉 윤리원칙 준거틀

윤리원칙 1	생명보호의 원칙	인간의 생명보호가 모든 것에 최우선된다.
윤리원칙 2	평등과 불평등의 원칙	능력 또는 권력이 같은 사람들은 '똑같이 취급을 받을 권리'가 있고 능력 또는 권력이 다른 사람들은 '다르게 취급을 받을 권리'가 있다.
윤리원칙 3	자율과 자유의 원칙	클라이언트의 자율성, 독립성, 자유는 중시되나 무제한적으로 중시되는 것은 아니라는 것으로, 자신이나 타인의 생명을 학대하거나 위협할 권리 등은 없다.
윤리원칙 4	해의 최소화 원칙	선택을 해야 할 대안이 다 유해할 때는 가장 최소한으로 유해하게 미치는 것을 선택해야 한다.
윤리원칙 5	삶의 질의 원칙	클라이언트 개인뿐 아니라 지역사회와 모든 사람들의 삶의 질을 증진시킬 수 있는 것들을 선택해야 한다.
윤리원칙 6	사생활 보호와 비밀보장의 원칙	사회복지사가 클라이언트에 대하여 알게 된 사실들을 다른 사람들에게 공개를 해서는 안 된다.
윤리원칙 7	진실성과 완전개방의 원칙	사회복지사는 오직 진실만을 이야기해야 하며 클라이언트 및 타인과 관련된 모든 정보에 대하여 충분하게 공개해야 한다.

출처 : 이은희 · 김남숙(2014).

윤리원칙 1 : 인간의 생명보호(protection of life)는 클라이언트를 비롯한 모든 사람들에게 적용된다. 이 원칙은 다른 여러 의무나 원칙들보다 우선하여 발생한다. "생명의 권리"란 쿠제와 싱어(Kuhse & Singer, 1985)에 의하면 "모든 권리 중에서 가장 기본적인 것이며 만약 생명의 권리가 침해되면 어느 누구도 다른 권리를 누릴 수 없다"고 하였다.

윤리원칙 2 : 평등(equality)과 불평등(inequality)의 원칙은 동등한 사람들의 처우는 평등해야 하는 권리를 가지며 동등하지 않은 사람들은 만약 그 동등하지 않은 이유가 문제가 되고 있는 사안 그 자체에 있다면 그에 따라 다르게 처우되어야 한다는 권리를 말한다. 이 원칙이 적용되는 대표적인 상황은 아동학대의 사례이다. 학대받는 아동은 성인과 "동등한" 위치에 있지 않기 때문에 학대 상황이 비록 생과 사의 심각한 경우가 아니어도 학대하는 성인에 대한 비밀보장과 자율성의 원칙은 아동을 보호하는 의무에 비해 더욱 낮은 순위를 차지한다.

윤리원칙 3 : 사회복지사는 개인의 자율성, 독립성과 자유를 신장시키는 실천적인 결정을 해야 한다. 그러나 자유가 비록 매우 중요한 가치이긴 해도 자신이나 다른 사람의 생명의 원칙 또는 생존의 원칙이 갖는 중요성보다 우선할 수 없다. '어떠한 결정을 하든지 그것은 자신의 자율적인 권리이므로 자신 혹은 다른 사람을 해칠 수도 있다'는 주장은 그 어느 누구에게도 설득력이 없다. 어떤 사람이 이러한 결정을 하려 할 때, 사회복지사는 이에 개입해야 할 의무가 있는데 그 이유는 원칙 3보다 원칙 1이 앞서기 때문이다.

윤리원칙 4 : 최소해악의 원칙은 클라이언트에게 해가 되는 윤리적 교착상태에 직면하게 되면 사회복지사는 위해가 되는 상황을 사전에 방지하거나 피하도록 해야 한다. 대안 중 어떤 것을 선택하더라도 누군가에게 위해가 될 수 있는 상황리라면 사회복지사는 클라이언트나 타인에게 최소한의 해가 되는 선택을 해야 한다.

윤리원칙 5 : 삶의 질 원칙은 사회복지사는 클라이언트 개인뿐 아니라 지역사회의 삶의 질을 촉진하기 위한 실천을 해야 한다는 것이다. 사회복지사는 지역에서부터 세계에 이르기까지 복지사회를 구현해야 하며 사람과 지역사회 그리고 환경의 발달을 촉진해야 한다.

윤리원칙 6 : 사회복지사는 모든 사람의 사생활 보호와 비밀보장의 권리를 강화하기 위해 노력을 해야 한다. 그러나 비밀보장을 하는 것이 오히려 위해가 될 경우 폭력이나 손해를 예방하는 것이 이 원칙보다 우선되어야 한다.

윤리원칙 7 : 정직과 완전공개의 원칙에 따라 사회복지사는 진실한 말을 해야 하며 자신의 클라이언트 및 타인과 관련된 모든 정보에 대해서 충분하게 공개해야 한다. 전문적인 관계가 원활하게 되기 위해서는 신뢰를 요하며 신뢰는 정직을 기본으로 한다.

Chapter 5

사회복지실천과 다양성

Chapter 05

사회복지실천과 다양성

제1절 다양성의 개념

글로벌 시대라는 시·공간적 배경에서 문화의 다양성(diversity)은 필연적으로 나타나는 사회적 현상이다. 인터넷이나 교통의 발달로 인한 시간적·공간적 거리감의 축소는 지구촌을 하나로 묶는 데 일조를 하였고 세계화는 각 나라 간의 교류를 더욱 활발하게 만들었다. 이는 사람들로 하여금 다양한 문화를 접할 기회를 더 많이 갖게 하였고 그를 통해 문화적 다양성에 대한 인식이 확대되었다.

사회복지실천현장 또한 더 이상 다른 문화를 가진 사람들과의 만남을 피할 수 없는 상황이다(Rothman, 2008). 사회복지실천 분야에서도 이념적 토대 확립과 함께 문화에 기반한 실천 행동을 함께 배양하는 것이 요구된다. 따라서 다문화 사회로 진입하는 한국사회가 문화적 요소를 고려한 사회복지실천을 해야 한다는 것은 사회적·시대적 요구라고 할 수 있으며 실천과정에서 문화적 요소를 고려하지 않은 실천은 윤리적 요소를 고려하지 않은 사회복지실천에 비유(최현미 외, 2008) 되기도 한다.

다양성이란 성별, 연령, 종교, 인종 및 종족, 계층, 사회경제적 수준, 신체 및 정신적 능력, 성적 지향과 기타 인간 특성에 대한 개인의 감정, 생각 또는 성향으로 말할 수 있으며(Grogan & Eshelman, 1998; Stanley, 1996, 김정화 외, 2010 재인용) 이는 인종, 성별, 장애 등 가시적 다양성과 종교와 교육수준 등 비가시적 다양성으로 나누어 볼 수 있다(Joplin & Daus, 1997; 김정화 외, 2010).

따라서 문화의 다양성은 지역별·민족별로 존재하는 문화의 다양한 양태(樣態)를 말한다. 문화의 어원은 경작 또는 재배를 뜻하는 라틴어의 'cultura'에서 유래된 상당히 포괄적인 개념으로서 인간이 만들어 낸 모든 지식, 신념, 행위 등을 모두 포함하는 개념이다.

문화란 학습으로 습득되고 전달되는 것이므로 후천적이다. 서로 다른 환경에서 다른 모습으로 적응한 결과 지단 혹은 민족은 문화의 다양성을 지니게 되었다. 따라서 문화적 다양성은 한 사회가 다양한 문화로 구성되어 있음을 이해하는 비교적 중립적인 표현이라 할 수 있으며(박윤경, 2007) 다민족·다문화 사회로의 변화를 긍정적인 것으로 받아들이고 다양한 민족과 인종의 공존이라는 사회적 가치를 지지하는 태도라고 정의할 수 있다(황정미 외, 2007). 즉, 문화적 다양성은 다문화 사회로의 변화와 서로 다른 인종과 문화적 배경을 가진 개인이나 집단을 한 사회의 구성원으로 받아들이는 정도를 말한다. 문화적 다양성이 타인에 대한 배려와 옹호, 이타적인 성격 등을 기반으로 한다는 측면에서 사회복지를 구성하는 중요한 요소라고 할 수 있으며(양정남 외, 2011), 다문화 인식, 문화적 유능감, 문화적 민감성이 개인의 심리기제에 중점을 둔 개념이라면 문화적 다양성은 보다 행동지향적으로 폭넓은 의미를 가졌다고 볼 수 있다.

UNESCO는 2001년 제31차 유네스코 총회에서 '문화다양성 선언'을 채택함으로써 문화다양성의 가치를 천명하였다. 이 선언에서는 인류사회에서 문화

다양성이 갖는 가치를 자연에서 생물다양성이 갖는 가치와 비교하여 설명하였다. 이에 기초하여 문화다양성을 인류 공동의 유산이자 현재와 미래 세대를 위한 해택으로 인식해야 한다고 선언하였다(UNESCO, 2001).

UNESCO는 문화적 표현의 다양성 보호와 증진 협약(CPD : Convention on the Protection and Promotion of the Diversity of Cultural Expression)에서 "문화는 시간과 공간을 넘어서 다양한 양식을 가지며 그 다양성은 인류를 구성하는 사람과 사회의 정체성과 문화적 표현의 독특성과 다원성에서 구현된다"라고 정의하고 있으며 구체적인 예들은 전통지식, 토착민 지식체계, 문화 콘텐츠를 포함한 문화적 표현의 다양성들을 예로 들고 있다.

또한 UNESCO는 문화적 다양성을 존중하기 위하여 사상, 표현, 정보의 자유를 재확인하고 전통적 문화 표현을 자유롭게 하고 그 문화적 표현들을 활용하는 데 있어서 특히 소수자와 토착민을 포함한 모든 사람들에게 문화가 갖는 힘의 중요성을 고려하고 문화적 표현을 육성하고 새롭게 하며 정보통신의 급속한 발전으로 촉진된 세계화의 과정이 문화 간 상호작용의 강화를 위한 전례 없는 여건을 제공하는 한편, 유네스코가 문화다양성에 대한 존중을 보장하고 언어와 이미지에 의한 생각의 자유로운 유통을 촉진하는 등을 그 내용으로 채택하였다UNESCO, 2007).

사회복지현장에서는 사회복지종사자와 클라이언트의 공감을 강조한다. 그런데 외국인을 이해하기에 앞서 문화적 차이를 이해하지 못한다면 공감은 있을 수 없는 것이다.

사람들 사이에 가족배경이나 개인적 경험뿐만 아니라 국적, 인종, 문화로부터 기본적인 차이점이 발생한다. 이러한 차이점이 서비스 제공자와 클라이언트 사이에 기대나 신념, 실천방법, 행동에 영향을 주기 때문에(Rothman, 2008) 사회복지실천과정은 개인 간의 차이에 집중하고 이러한 차이를 가치 있게 다루어야 한다. 모든 사람들의 기본권을 보장하고 종교적 · 문화적 · 인종적 차이에 따른 차별과 불평등 문제를 해결하는 제도적 장치의 마련과 함께 다인종

· 다문화 사회에서 여러 인종과 문화가 함께 공존할 수 있는 방안을 모색하는 것이다. 서로를 깊이 이해하고 문화와 가치관의 차이를 편견 없이 바라볼 수 있는 태도가 요구되며 문화적 차이와 다양성에 대한 인식과 존중, 자기성찰이 중요한 가치로 수용되고 다문화적 인식, 다문화 지식과 의사소통능력 배양, 다문화 환경에서의 문화적 개입을 위한 기술의 축적이 중요한 의미를 갖게 되는 것이다(Rothman, 2008).

미국의 사회복지교육협의회(CSWE, 2005)와 사회복지사협회(NASW, 1999)는 윤리강령에서 사회복지실천가들이 반드시 문화적·사회적 다양성에 대해 전문적으로 교육을 받고 그 다양성을 수용할 수 있어야 한다고 명시하고 있다. 또한 그라시아(Gracia, 1994)는 21세기의 사회복지실천의 역할을 사회정의, 인권향상, 억압에 적극적으로 대항하는 것이라고 하였다. 콜리와 폴(Kohli & Faul, 2005)은 사회복지실천은 전문직으로 세계의 사람들의 다름과 차이를 인정하고 이해하며 존중해야 한다고 하였다.

즉, 사회복지실천가치의 핵심적 가치인 평등(equity)이 실천되기 위해서 사회정의의 기본 심리적 기저로 인권향상, 소수자에 대한 억압에 저항이 필수이며 이는 다양성 수용이 전재되어야 한다는 것이다.

사회복지실천현장에서는 여성, 장애인, 인종적·성적 소수자, 사회로부터 터부시되는 병력·전과 소유자 등 우리사회의 소수자 집단에 대한 차별이나 편견을 버리고 그들의 다양성을 존중하고 다름을 인정하여야 한다.

인간의 존엄성 존중과 이타적 성격이 강한 사회복지실천가인 사회복지사는 피부색과 문화의 이질성, 국가별 이해관계, 역사 인식의 차이, 언어권의 구분 등 편견과 선입관에서 벗어나 이해와 원조, 옹호의 역할을 수행해야 할 것이다.

따라서 다문화 현장에서 장애 없이 제 기능을 다 할 수 있는 신념과 태도, 지식, 기술 등 문화적 역량을 갖춘 실천가로 활동하기 위해서는 문화적 다양성을 이해하여야 하며 자신과 다른 문화 출신의 클라이언트와 함께 일하는 것뿐만 아니라 두 개 이상의 문화를 다루는 데 숙련되어야 한다.

제2절 욕구와 인권

1. 욕구의 개념

사회복지는 일반적으로 인간의 사회적 욕구를 충족시켜 주기 위한 서비스이고 사회문제에 대한 일련의 대책으로 인식된다. 따라서 사회복지학에서 많이 쓰이고 있는 낱말이 욕구이다. 욕구(needs)의 의미에 대하여 사회사업사전은 "생존이나 안녕, 충족을 위한 신체적 · 심리적 · 경제적 · 사회적 필요"라고 간략하게 정의하고 있지만 욕구 사정, 욕구집단, 욕구의 위계 등 관련된 용어들에서 보는 바와 같이 매우 폭넓게 사용이 되고 있는 핵심 낱말이다.

칸(Kahn, 1979)은 "욕구란 주어진 한 지점에 개인이나 집단이 역할을 제대로 수행하고 사회적 요구에 적절히 대응하며 사회의 전반적 진행과정에 적절히 참여하고 적절한 수준의 활동력 및 생산력을 유지하기 위해 필요하여 구하는 것"이라 정의하였다. 또한 욕구는 대부분 어떤 목적을 위하여 필요한 것, 좋은 것, 필수적인 것을 의미한다. 즉, 목적을 위하여 필요한 것 또는 필수적인 것들이 결여된 상태를 지칭한다. 예를 들면, 목마른 나그네가 물이 마시고 싶다면 물을 마시고 싶어 하는 것이 '욕구'이고 물을 마신 후 갈증이 해소되었을 때 '욕구충족'이라고 볼 수가 있다. 물을 찾지 못한 나그네는 목마름 때문에 탈수의 증상을 일으킬 수 있듯이, 일상생활에서 욕구를 충족시키지 못한 사람은 어려움에 빠질 수 있다. 따라서 욕구는 무엇이 기준에 미달하여 그것을 필요로 하는 상태를 의미한다. 즉, 욕구는 현재 상태와 바라는 상태 사이에 존재하는 격차 또는 차이를 말하며 이러한 욕구를 개인이 가지고 있을 때는 개인적 욕구가 되고 사회구성원 다수가 가지게 되면 사회적 욕구가 된다.

개인의 기본적 욕구는 생존을 위해 필요한 최소한의 물질이 욕구를 규정하는 하나의 기준이라고 한다면 이 기준은 현실에 비추어 볼 때 너무 제한적일 수밖에 없으며 다음과 같은 특징이 있다.

첫째, 기본 욕구는 모든 사람들에게 공통적으로 존재하는 욕구로 인종, 성별, 종교, 교육수준과 사회경제적 지위에 관계없이 인간으로서 동일하게 지니고 있는 욕구를 말한다. 기본욕구의 이러한 특성들 때문에 무차별 평등의 원리로 표현되는데 의식주를 포함하여 건강, 가족, 직업 등이 포함될 수가 있다.

둘째, 기본 욕구는 모든 사람들에게 필수 불가결한 욕구이기 때문에 욕구가 확보되지 않으면 인간다운 생활이 보장될 수 없다. 현대 복지국가는 국가의 존립을 위한 핵심적 근거로서 국민의 생존권에 대한 보장을 설정하여 국민의 기본 욕구 충족을 국가의 책임으로 규정을 하고 있다.

셋째, 기본 욕구는 사람들에게 최소한의 수준이 되는 욕구이다. 그러나 한 사회에서 인간의 욕구가 기본적인 욕구로 채택된다 하더라도 그 사회에서 인간다운 생활을 영위할 수 있는 수준이지만 동시에 그 최소한에 그친다는 점이다. 만약에 기본 욕구의 설정을 높게 하더라도 그 욕구를 충족시킬 수 있는 자원들을 동원하지 못한다면 기본 욕구의 의미는 퇴색이 될 것이다.

이러한 기본 욕구는 고정적인 것이 아니라 시대와 장소에 따라 그리고 한 사회의 지향하는 이념과 사회경제적 수준에 따라서 변화되는 특성이 있다. 대체로 현대사회는 경제가 발전되며 복지국가 및 복지사회를 지향할수록 기본 욕구는 다양해지고 수준이 상향되는 경향이 있다. 따라서 기본 욕구가 무엇인지가 늘 논쟁의 대상이 되며, 이러한 기본 욕구를 어떻게 충족시킬 것인가는 사회복지에서 주된 관심사가 되고 있다.

사회적 욕구는 여러 가지의 사회적 위험 때문에 각 개인의 기본 욕구를 충족시키지 못하는 사회구성원들이 상당히 많을 때 이들이 처해 있는 사회적 위험으로부터 탈피하려고 하는 집단적 욕구이다.

특정의 구체적인 욕구를 사회적 욕구로 규정지을 수 있는가 없는가에 관한 결정은 궁극적으로 특정 사회에서의 정치, 경제, 사회, 문화적인 특성과 시대적인 변천, 그리고 개인의 가치판단에 따라서 차이가 날 수 있지만 사회적 욕구는 두 가지의 중요한 의미를 가진다. 첫째, 사회적 욕구충족의 해결방법은 사회적이고 공통적이라는 의미이다. 둘째, 욕구해결의 주동기가 이윤의 추구가 되어서는 안 된다는 것이다(김상균, 1987 : 21-22).

2. 인권의 개념과 불가분성

1) 인권의 개념

사람은 누구나 소중하게 다뤄지고 대접받고 싶어 한다. 이는 누구나 자유로운 존재로 세상에 태어났고 어떠한 상황에서도 어떠한 힘에 의해서도 빼앗을 수 없는 인권을 갖고 있기 때문이다. 인권이란 무엇인가? 인권은 시대와 사회적인 조건에 따라 항상 변화되고 풍부해지는 역동적인 개념이다. 그러나 "사람이기 때문에 당연히 갖는 권리, 사람이 사람답게 살아가기 위해서라면 반드시 누구에게나 보장되어야 하는 권리가 인권이다"라는 개념에는 변화가 없다.

인권(人權, human rights)은 인간이 인간답게 존재하기 위한 보편적이고 절대적인 인간의 권리 및 지위와 자격을 의미하는 개념이다.

사람이 사람답게 살아갈 수 있는 권리가 인권이고 법령이나 민족, 국적 등 지역적인 변수, 나이에 관계없이 적용되는 것으로 정의된다.

인권의 본질과 정당성 그리고 인권의 내용 그 자체는 오늘날 철학과 정치학에서 열띤 논쟁의 대상이 되고 있다. 인권은 보편적으로 국제법과 국제규약에 정의가 되어 있으며 수많은 국가들의 국내법에도 규정되어 있다. 인간 사회의 특수한 배경 속에서 인권이 정의되는 구체적 표현은 다양하며 문명권에 따라 다르게 나타날 수도 있다(위키백과, 2017).

인권의 정의에 대한 인류의 합의들을 문서로 기록한 것을 보면 다음과 같다.

'모든 인류는 타고난 존엄성이 평등하고 타인에게 넘겨줄 수 없는 권리를 갖고 있다. 이 권리를 인정하는 것이야말로 세계의 자유와 정의와 평화의 기본이 되는 것이다. 인권에 대한 무시와 멸시는 인류가 품고 있는 양심을 짓밟는 행위로, 모든 인류가 가장 바라는 것은 인간이 언론의 양심과 자유를 누리고 공포와 결핍으로부터 자유로운 세상을 만드는 것이다.'('세계인권선언' 머리말, 1948)

'인류사회의 모든 사람은 태어나면서부터 갖고 있는 존엄성과 남에게 줄 수 없는 평등한 권리는 인간의 고유한 존엄성에서 나온다는 것임을 인정한다.'(유엔 '경제·사회·문화적 권리에 관한 국제조약' 머리말, 1966)

'모든 국민은 인간으로서 존엄함과 가치를 갖고 있으며 행복을 추구할 권리를 갖는다. 국가는 개인이 가지는 불가침의 기본적 인권을 확인하고 이를 보장할 의무를 진다.'('대한민국 헌법' 제2장 제10조, 1987)

그러나 인권은 법에 따라 보장되는 권리만으로 한정하지는 않는다. 현재의 법이 보장하고 있지는 않더라도 인간의 존엄성을 보장하는 데 반드시 필요한 권리라면 인권으로 인정될 수도 있다. 이것은 인권의 다음과 같은 성격에 나타나 있다. ① 인권은 가장 기본적이고 필수적인 권리이다. ② 인권은 보편적이다. ③ 인권은 국가의 권력에 대한 정당성을 판단하고 국가의 권력을 제한한다. ④ 인권은 법으로 보장하는 권리 이상의 것이다.

21세기의 인권은 우리에게 인류 보편의 언어로 일컬어지고 있으며 국가와 국경을 넘어서는 문제가 되었다. 1945년 창설된 유엔은 '인권 및 기본적 자유의 보편적인 존중'과 '국제평화 유지'를 목적으로 하며 '세계인권선언(1948년)'

을 제정하였다. 세계인권선언은 정치와 경제, 문화와 종교의 차이에도 불구하고 '모든 국민과 모든 국가가 달성해야 할 공통적인 기준'으로서 보장을 해야 할 인권에 대한 내용을 전 세계에 선포한 것이다. 유엔은 세계인권선언 제정 이후에도 보편적인 인권의 기준으로 '선언, 협약, 조약' 들을 많이 만들었고 이를 실천할 수 있는 기구와 제도를 발전시켜 왔다.

짐 아이프(Jim Ife)는 인권의 개념을 제1세대, 제2세대, 제3세대 인권으로 구분하고 인권 범주의 확대과정을 다음과 같이 설명한다(김형식 · 여지영, 2001; 박주현 · 최덕경, 2011).

① 제1세대 인권 – 자유권 또는 시민 · 정치적 권리

근대시민혁명을 통하여 등장하게 된 '자유권'은 정치권력의 남용과 오용으로부터 사람들을 보호하기 위한 것이며, 국가가 개인에게 간섭하지 말 것을 요구하는 성격을 갖는다.

세계인권선언에 포함된 권리들은 다음과 같다.

- 차별로부터의 자유(제2조)
- 인간의 생명과 자유 그리고 안전에 대해 보장받을 권리(제3조)
- 노예나 기타 자발적이 아닌 귀속의 상태로부터의 자유(제4조)
- 고문, 비인간적인 처우 그리고 처벌로부터의 자유(제5조)
- 체포 · 구금 그리고 추방으로부터의 자유(제9조)
- 공평하고 공개적인 재판을 받을 수 있는 권리(제10조)
- 사생활 및 통신에 대하여 간섭을 받지 않을 권리(제12조)
- 재산의 소유 및 자의적으로 박탈을 당하지 않을 자유(제17조)
- 사상 · 양심 · 종교의 자유(제17조)
- 의견 · 표현의 자유(제19조)

- 평화적인 집회와 결사의 자유(제20조)
- 자유로운 선거를 통하여 정부에 참여할 권리(제21조) 등

② 제2세대 인권 - 사회권 또는 경제·사회·문화적 권리

근대시민혁명을 통해 모든 인간에 대한 인권을 선언하고 찬란한 신기원을 열었지만 사회·경제적 불평등에 대하여 적극적으로 고치려고 하지는 않았다. 여성, 노동자에 대한 차별과 아동노동과 저임금·장시간 노동의 현실은 매우 열악했다. 노동자들은 투쟁을 통하여 사회·경제적 약자의 권리 보장과 노동의 조건에 대한 개선 등 실질적인 평등을 요구했다. 이러한 노동자들의 투쟁과 지배세력의 수용을 통하여 인권에 대해 등장하게 된 권리가 '사회권'이다.

사회권에 해당하는 권리를 세계인권선언에서 살펴보면 다음과 같다.

- 사회보장을 받을 수 있는 권리(제22조)
- 일을 할 수 있는 권리, 실업으로부터 보호를 받을 권리 등(제23조)
- 유급휴가 등 휴식과 여가를 가질 수 있는 권리(제24조)
- 행복 및 건강에 필요한 생활수준을 누릴 수 있는 권리(제25조)
- 교육을 받을 수 있는 권리(제26조)
- 문화생활의 참여와 과학의 혜택을 누릴 수 있는 권리(제27조) 등이다.

③ 제3세대 인권 - 집단권 또는 연대의 권리

제1, 2세대의 권리가 국가와 개인과의 관계를 중심으로 각 개인에게 보장해야 할 권리라면 제3세대 인권은 집단 간의 권리라고 할 수 있다. 오늘날 인류가 직면하고 있는 많은 인권의 문제들은 한 국가의 힘만으로는 대처할 수 없으며, 국경을 초월한 단결과 국가 간의 연대를 필요로 한다. 이러한 배경에서 제3세대 인권은 '집단권' 또는 '연대의 권리'로 20세기에 들어서 인권으로 인식되기 시작하였다.

2) 인권의 보편성과 불가분성

(1) 인권의 보편성

보편성은 인권의 버팀목이 되는 개념이다. 모든 사람은 그가 사는 지역과 상관없이 인권을 누릴 권리를 가지고 있다. 인권에는 모든 사람들이 충분한 의료적인 서비스와 식량을 공급받아야 한다는 내용이 포함되어 있다. 어떤 국가에서는 자원이 부족하여 모든 사람들에게 충분한 의료적 서비스와 식량을 공급하지 못할 수도 있다. 그러나 의료적인 서비스와 식량은 인권의 필수적인 구성요소이므로 정부는 그 권리를 보장하기 위한 뼈대(framework)를 제공해야 할 의무가 있다. 어떤 경우에는 자원이 부족하다는 것이 실제로는 이러한 인권의 권리를 무시하기 위한 핑계에 불과한 예도 있을 것이다. 어떤 권리와 자유를 인권으로 정의함으로써 국가는 그것을 보장하기 위한 여건을 조성하기 위하여 노력해야 할 것이다.

모든 인권이 앞에 예시한 것처럼 명확한 인권으로 분류되는 것이 아니기 때문에 어떤 인권을 증진시키기 위한 노력을 주저하게 할 수도 있다. 따라서 보편성의 개념은 문제가 되는 인권과 배치되는 특정한 문화, 정책, 법률, 도덕과 기타 제도 등과 충돌을 할 수가 있다. 어떤 국가에서는 문화적 또는 종교적인 규범에 따라 동성애자에 대한 차별에 대하여 인정을 한다. 그러나 인권이 문화나 종교에 대하여 민감성을 요구한다 하더라도 그러한 차별은 인권침해에 해당한다.

그렇다면 문화적·종교적 규범과 인권 중에 어느 것을 우선으로 고려해야 할까? 만약 인권이 모든 사람들에게 적용이 되는 것이라면 인권의 이념이 먼저 우선되어야 한다. 물론 이 문제는 그렇게 간단한 문제는 아니다. 왜냐하면 누가 인권에 대하여 정의하는가, 누가 그 정의로부터 이익을 보게 되고 누가 손해를 보는가, 인권에 대한 실천을 할 때 누구의 목소리가 크게 반영이 되고 있는가, 누가 문화에 대하여 정의하는가, 어떤 나라가 다른 나라 정부의 정책들이 인권을 침해하는 것이라고 주장을 할 수 있는가, 인권에 대한 해석에 이견(異見)이 있을 경우 누가 결정을 하는가 등과 직접 연결되어 있기 때문이다. 이처럼 보편성과 관련한 이슈는 인권을 실천에 옮기는 데 있어 논란을 일으키게 될 수 있다.

보편성의 원리는 인권에 대한 법체계나 지침에 독특한 특성들을 부여한다. 인권에 대한 이념은 매우 강력하지만 인권이 보편적으로 인정이 되어야 한다는 주장은 제국주의적이라는 비판을 받아 왔다. 그러나 이러한 비판은 다음과 같은 중요한 질문들을 던져 왔다. 인권규범은 과연 그것이 갖고 있는 권위에 합당한 가치들을 갖고 있는가? 혹시 서구에서의 도덕적 제국주의의 또 다른 교묘한 술책이 아닌가?(Ignatieff. 2001)

보편성이란 모든 것이 비슷해져야 한다거나 모두 똑같은 방식으로 발전을 해야 한다는 것을 의미하는 것만은 아니다. 또한 보편성은 개인과 집단 간에서의 모든 형태의 다양성과 차이를 인정한다. 따라서 보편성 이해의 핵심은 그것이 목표가 다른 문화를 똑같은 것으로 만들고자 하는 것이 아니라는 사실을 받아들이는 것이다. 보편성은 개인과 집단이 그들의 존재에 적합한 기본적인 권리에 대한 보장을 하고자 하는 것이며, 모든 사람이 똑같은 형태로 존재를 해야만 한다는 것을 의미하는 것은 아니다(국가인권위원회. 2003).

(2) 인권의 불가분성

불가분성 원칙은 정부와 개인이 개개의 인권을 인정하되 선별적으로 어떤 인권을 더 중요하게 취급해서는 안 된다는 것이다. 미국의 의료정책에 대한 권리는 모든 국민에게 보장하고 있지 않아 인권의 불가분성과 관련하여 많은 논란을 일으키고 있다. 의료에 대한 권리를 적절하게 보장하지 않으면 개인은 생명에 대한 위협을 받거나 건강을 해치게 되는 질병에 노출될 수 있다. 사람은 건강을 잃게 되면 가정이나 직장에서 누릴 수 있는 다양한 또 다른 인권을 누리는 것에도 어려움에 부닥칠 수 있다. 또한 선거라든가 기타 인권으로 야기되는 다른 활동에 참여하고자 하는 개인의 의지나 능력에도 영향을 미칠 수가 있다.

결과적으로 어떤 인권에 대하여 부인하는 것은 다른 인권의 향유에 영향을 미칠 수도 있으며 직간접적으로 다른 인권에 대하여 부인을 하는 결과를 낳게 된다. 따라서 인권의 불가분성에 대한 개념은 인권의 실천에 있어서 매우 중요한 역할을 하고 있다. 그러나 인권의 불가분성 원칙은 어느 정도 논란의 소지가 있다. 쉽게 인정할 수 있는 바와 같이 모든 국가가 인권으로 승인된 모든 경제적 권리를 충족시켜 줄 수는 없다.

이러한 상황을 절대로 용인하지 않는 것이 인권의 원칙적 실천인가? 어느 국가가 국민에게 특정한 인권이 적절치 않다고 하면서 그 인권 자체의 승인을 거부할 수 있을까? 인권 담론에서 불가분성 원칙이 핵심적 위치를 차지하고 있지만 이 기본적 개념을 둘러싸고 있는 쟁점에 답하는 것은 그리 간단한 문제가 아니다. 이처럼 인권에 관한 많은 개념은 실질적이지 않고 낯설고 심지어 단지 이상적인 관념으로만 보일 수 있다.

제3절 민감성 향상과 권리증진을 위한 접근

다문화 사회에서 인권의 문제는 중요한 사회적인 이슈가 되고 있으며 그와 관련된 실천 활동의 중요성도 커지고 있다. 왜냐하면 이주노동자, 결혼이민자와 그 자녀들은 인종이나 피부색 등으로 인해 우리 사회의 소수자이며 약자로 차별받기 쉽기 때문이다. 특히 다른 인종과 민족에 대한 배타의식이 매우 강한 우리 사회에서는 결혼이민자와 이주노동자의 가족 등 우리 사회에서 소수자와 관련된 인권의 문제가 발생할 가능성이 더욱 크다(박주현・최덕경, 2011).

다문화 사회에서 인권의 문제는 문화적 차이로 인하여 발생할 수도 있다.

다문화 사회는 다수의 문화와 소수의 문화가 공존을 하는 사회인데 소수자에게 다수 문화를 일방적으로 수용하도록 강요를 함으로써 갈등과 인권침해가 발생할 수 있다. 예컨대 우리 사회에서 각 개인의 자유와 권리보다 가족구성원으로서의 희생과 의무를 우선시하는 문화적인 전통이 강한데, 우리와 다른 사회의 문화에서 성장한 외국인들은 이를 수용하는 것이 어려울 것이다.

이러한 문화적인 전통을 결혼이민자에게 강요하고 그러한 전통을 이해하지 못한다고 무시함으로써 서로의 갈등과 인권침해를 일으킬 수가 있다. 또한 다문화 사회에서 인권의 문제는 소수의 문화 내에서도 발생이 될 수 있다. 소수문화의 전통적인 생활양식이 보편적인 인권과 맞지 않을 경우 소수문화 내에서도 구성원에 대한 인권침해가 발생될 수 있다. 이런 인권침해의 문제는 다수자의 문화 내에서 발생할 수도 있는 문제이다.

다문화 사회에서 인권에 대하여 논할 때, 주의할 점들은 인권의 범주로 언급이 되고 있는 모든 권리가 우리 사회에 거주하고 있는 모든 외국인에게 적용되지는 않는다는 것이다. 다시 말해, 우리나라의 국적을 취득하고 있는 결혼이민자 등은 내국인과 같은 권리가 보장이 되고 있지만, 국적을 취득하지 못하고 거주하는 이주노동자 등에게는 내국인에게 적용이 되고 있는 일부의 권리가 제한될 수 있다는 점이다. 제1세대 인권 중 공민적 요소는 대체로 내국인과 같게 외국인에게도 적용된다. 국내에 거주하는 모든 외국인에게도 평등권, 자유권 등은 대체로 보장이 되고 있으며 인간으로서의 존엄과 가치, 행복 추구권도 보장된다. 그러나 정치적인 권리는 일반적으로 내국인에게만 적용되며 외국인에게는 적용이 되지 않는다. 즉, 국적을 취득하지 못한 이주노동자 등은 선거권, 피선거권, 국민투표권 등에 대한 정치적인 권리를 제한받게 된다.

제2세대 인권인 복지권 또는 사회권도 원칙적으로 자국의 영토 안에 속해 있는 모든 사람들을 보장해야 할 성질의 것이기는 하지만 자국민들의 인간다운 생활을 보장하기 위한 국가의 내적 설정권인 목적이 많아 그 제한의 폭을 광범위하게 인정을 하고 있다. 자국 내 체류하고 있는 외국인에게 이러한 제한을 두게 되는 경향은 서구의 선진복지국가에서도 복지국가 위기 이후 강화되고 있는 추세이다. 그러나 제3세대 인권은 개인적인 권리가 아니고 집단적 권리이므로 외국인에게 이러한 것을 제한할 근거는 없다(설동훈, 2005; 평택대학교 다문화가족센터, 2007; 박주현 외, 2015).

Chapter 6

사회복지실천현장에 대한 이해

제1절 사회복지실천의 장

제2절 사회복지실천 대상과 문제

제3절 사회복지사의 자질과 역할

Chapter 06

사회복지실천현장에 대한 이해

제1절 사회복지실천의 장

사회복지서비스를 직간접적으로 제공하는 장으로 점차 세분화되고 있는 사회복지 분야에서 전문지식과 기술을 습득하고 전문성을 높이기 위해서는 사회복지실천현장의 개념과 특성을 이해하고 각 현장에 적합한 역할과 기능을 수행하는 것이 필요하다.

1. 사회복지실천현장의 개념

사회복지실천현장은 넓은 의미에서 분야 또는 영역을, 좁은 의미에서는 클라이언트의 문제 해결을 위해 사회복지사들이 활동하는 장소를 뜻한다. 넓은 의미에서의 실천현장은 사회복지실천 분야(fields of practice) 또는 서비스의 초점이 되는 문제영역(problem area)을 포괄하는 개념으로서 클라이언트에게 서비스를 제공하기 위해 직접적·간접적으로 관련되는 모든 현장을 뜻한다. 이때의 실천현장은 물리적 '장소'의 개념을 넘어서 사회복지실천이 이루어지고 있는 전문 분야를 일컫는다. 특정 서비스 대상이나 사회문제에 초점을 두고 서비스를 제공하는 사회복지기관들이 늘어나면서 사회복지실천현장은 점차 세분화되고 있다. 분야중심의 실천현장에 대한 이해를 높이는 것은 특정 클라이언트 집단이나 유사한 형태의 사회적 문제에 관해 구체적이고 전문적인 지식과 기술을 갖추게 함으로써 보다 효과적인 서비스 전달을 가능하게 한다.

실천분야를 기준으로 사회복지실천현장을 분류하는 경우, 일반적으로 장애인, 아동, 노인, 청소년, 여성과 같은 대상별 분야나 약물남용, 의료정신보건, 교정 분야 등의 문제영역별 분야가 포함된다. 또한 교정이나 의료, 학교, 산업복지와 같은 분야는 주로 교도소, 병원, 학교, 기업과 같이 특정 현장에 국한되어 서비스가 제공되는 특성 때문에 장(setting)에 따라 분류되기도 한다.

한편 좁은 의미에서 실천현장은 클라이언트에게 사회복지서비스를 직접 또는 간접적으로 제공하는 사회복지기관을 의미한다. 사회복지사는 기관에 대하여 클라이언트의 문제해결 과정에 중요한 영향력을 미치며 사회복지사들의 활동을 규정하는 환경으로 이해하는 것이 필요하다. 특히 기관의 조직적 특성과 맥락을 이해하는 것은 사회복지사가 기관을 이용하는 클라이언트를 위해 정확하고 구체적인 정보를 토대로 개입계획을 세우고 업무수행에 필요한 자원을 활용하여 효과적 개입을 가능하게 함으로써 인접 기관이나 환경변화에도 적절히 대처할 수 있도록 해준다(이영실 외, 2014).

2. 사회복지실천현장의 분류

사회복지실천현장의 분류를 살펴보면 기관의 기능 또는 목적에 따른 분류, 기관 설립주체 및 재원 조달 방식, 서비스 제공 방식, 주거서비스 제공 여부, 개별사회복지실천현장 분류 등으로 나누어 설명할 수 있는데 그 내용은 다음과 같다.

1) 기관의 기능 또는 목적에 따른 분류

(1) 1차 현장

사회복지기관의 주된 기능과 목적은 사회복지서비스를 제공하는 것이다. 일반적으로 사회복지사들이 중심이 되어 활동한다. 지역사회의 종합사회복지관, 장애인종합복지관, 노인복지관, 사회복귀시설, 아동양육시설 등이 있다.

(2) 2차 현장

사회복지기관의 일차적인 기능은 따로 있으며 필요에 의하여 사회복지서비스를 제공하며, 사회복지서비스가 기관의 목적 및 목표달성과 서비스의 효과성에 미치는 긍정적인 영향이 인정되어 사회복지실천이 부분적으로 수행되는 실천현장을 말한다. 학교, 병원, 교정시설, 기업, 의료기관, 보육시설, 보건소, 읍・면・동사무소 등이 있다.

2) 기관 설립주체 및 재원 조달 방식

(1) 공공기관

정부의 지원에 의해 운영되며 사회복지사의 업무는 정부 규정이나 지침에 의해 규정되고 서비스를 계획하고 관리, 지원하는 행정체계와 서비스를 직접적으로 제공하는 집행체계로 나뉜다. 읍・면・동사무소 등이 있다.

(2) 민간기관

순수 자원봉사적인 활동과 공공과 민간이 파트너십을 통해 행해지는 활동을 목적으로 하는 기관으로서 후원금이나 기부금, 재단전입금, 기타 서비스의 이용료 등을 주요 재원으로 하며 서비스를 직접 제공하는 사회서비스 기관과 간접서비스나 행정지원을 위해 조직된 협의체로 나뉜다. 시민사회단체, 종교계, 사회복지법인 및 재단을 통해 이루어지는 다양한 사회복지 활동들이 포함된다.

3) 서비스 제공 방식

(1) 행정기관 : 간접서비스

행정기관은 사회복지서비스의 전달체계에 대한 효율적인 운영을 위해 행정 업무를 수행하고 기관과의 연계 및 협의 업무를 담당하며, 업무상 사회복지사의 개입과 사회복지실천현장과의 교류가 필요하기 때문에 사회복지실천현장에서 매우 중요하다. 중앙정부의 사회복지행정기관으로는 보건복지부, 노동부, 여성가족부, 문화체육관광부 등이 있고 민간 행정조직기관으로는 한국사회복지협의체 등이 있다.

(2) 서비스기관 : 직접서비스

서비스의 주요 대상이나 문제영역에 따라서 서비스의 기관이 분류되며 클라이언트에게 직접서비스를 제공하여 주는 것을 목적으로 한다. 아동상담소, 지역사회복지관, 보육시설 등이 있다.

4) 주거서비스 제공 여부

(1) 생활시설

사회복지실천현장에서 생활시설은 클라이언트가 개인적으로 활동을 할 수 없거나 부양가족의 능력이 부족하여 주거를 포함하여 제반 사회복지서비스를 제공하는 기관을 말한다. 장애인생활시설, 보육시설, 청소년쉼터, 노인전문요양시설, 그룹홈 등이 있다.

(2) 이용시설

사회복지실천현장에서 이용시설은 주거서비스는 제공하지 않으며 지역사회에 거주하는 클라이언트를 대상으로 사회복지서비스를 제공하는 기관을 말한다. 종합사회복지관, 장애인복지관, 노인복지관, 재가복지센터, 청소년상담센터, 치매주간보호센터, 영유아보육시설 등이 있다.

5) 개별사회복지실천현장 분류

바틀렛(Bartlett, 1971)은 개별사회복지실천현장을 서비스체계, 관심문제, 클라이언트, 지식・가치・기술 등으로 다음과 같이 분류하였다.

(1) 서비스체계

개별사회복지실천현장에서의 서비스체계에는 사회복지 정책・프로그램, 공공・민간기관, 정부・비정부기관, 이용・생활시설 등이 있다.

(2) 관심문제

개별사회복지실천현장에서의 관심문제는 학대, 빈곤, 비행, 가족갈등, 물질남용, 노숙 등이 있다.

(3) 클라이언트

개별사회복지실천현장에서의 클라이언트는 주로 아동, 청소년, 노인, 여성, 장애인 등이다.

(4) 지식 · 가치 · 기술

개별사회복지실천현장에서의 사회복지사의 지식・가치・기술은 접근방법, 관점의 차이, 모델 등에 의해서 구축되고 있다.

3. 우리나라 사회복지실천현장의 분류 및 인력

1) 사회복지실천현장의 분류

우리나라 사회복지실천현장에서의 분류는 크게 행정기관(공공기관, 민간기관)과 서비스기관(지역사회복지관, 노인복지시설, 장애인복지시설 등)으로 나누고 있는데 그 주된 내용은 다음과 같다.

(1) 행정기관

① 공공기관

공공기관은 정부의 지원에 의해 운영되며 사회복지전담공무원의 업무는 정부 규정이나 지침에 의해 규정되는데 서비스를 계획하고 관리 및 지원하는 행정체계와 서비스를 직접적으로 제공하는 집행체계로 나누어진다. 중앙부처인 보건복지부는 국가의 예산을 광역자치단체인 서울특별시・광역시・도로 하달하고 시・도는 다시 지방에 배정된 예산을 기초자치단체인 시・군・구로 하달한다. 다시 시・군・구는 보다 구체적인 집행을 배정된 예산에 의하여 최일선 기관인 읍・면・동과 사회복지기관에 하달을 하여 사회복지전담공무원에 의해 이어지는 사회복지전달체계를 형성하고 있으며 사회복지서비스의 지원기관으로서 간접서비스를 제공하고 있다.

② 민간기관

민간기관은 사회복지 관련 사업을 목적으로 하는 기관으로서 사회복지 법인이나 재단, 시민사회단체, 종교단체 등이 운영하는 비영리기관을 말한다. 민간기관은 서비스를 직접 제공하는 사회서비스 기관과 간접서비스나 행정지원을 위해 조직된 협의체로 구분된다. 대표적 민간기관으로는 한국사회복지협의회, 사회복지공동모금회 등이 있다. 이 밖에도 한국사회복지협의체는 한국사회복지사협회, 한국사회복지관협회 등이 있고 직능별 단체로는 노인복지시설협회, 장애인복지관협회, 재가노인복지협회, 아동복지협회 등이 있다.

가. 한국사회복지협의회

한국사회복지협의회는 비영리법인으로 한국의 사회복지사업기관들의 협의체를 말한다. 1952년 2월 한국사회사업연합회를 발기 창립하고, 1954년 2월에 사단법인으로 인가를 받았다. 그 후 1961년 사단법인 한국사회복지사업연합회로 개칭을 하고 1970년 5월에 한국사회복지협의회로 명칭을 변경하였다. 주요 사업으로는 사회복지사업법에 의거하여 사회복지를 주목적으로 하는 각종 사업과 활동들을 돕고 이를 위해 국민의 참여를 도모하여 한국사회복지의 향상과 발전에 기여하기 위한 회원 및 관련 단체들 간의 연락 · 협의 · 조정 · 협동을 하도록 하여 사회복지사업을 촉진하고 지도하는 것을 주 업무로 하며, 정부에는 사회보장제도의 확립과 사회복지 시책의 시행 · 개선 등을 건의한다. 또한 국제사회복지회의(ICSW : International Conference of Social Welfare)의 회원국가로서 국제기구와의 교류를 통하여 민간외교를 전개하고 최신 기술 · 지식의 도입을 도모한다.

나. 사회복지공동모금회

사회복지공동모금회는 국민의 성금으로 마련된 재원들을 효율적이고 공정하게 관리 · 운영하기 위하여 설립된 단체를 말한다. 1994년 지방자치단체에서 잘못된 성금의 모금과 사용을 막기 위하여 공무원 모금행위의 금지와 성금의 용도를 불우이웃사업에 한정하는 내용의 조례가 제정되었으며, 사회복지공동모금회법이 개정됨에 따라 1998년 11월 중앙과 전국의 16개 시 · 도 지회의 통합된 모금단체로 설립이 되었으며 보건복지부장관의 지도와 감독을 받는다. 주요 활동은 사회복지공동모금활동과 공동모금재원의 배분 · 운용 ·

관리, 사회복지공동모금에 관한 조사·연구·홍보 및 교육훈련, 국제교류 및 협력증진, 다른 기부금품 모집자들과의 협력 등이 있다.

다. 직능단체

사회복지관협회, 노인복지시설협회, 장애인복지관협회, 자활후견기관협회, 재가노인복지협회, 아동복지협회 등이 있다. 이러한 단체들은 서비스 대상자들에게 직접적인 서비스를 제공하기보다는 민간사회복지행정조직체로서 사회복지기관의 운영을 지원하고 이를 통해 사회복지서비스 대상자들을 간접적으로 지원하는 역할을 담당하고 있다.

③ 서비스기관

우리나라의 사회복지 관련 서비스기관을 살펴보면 지역사회복지관, 노인복지시설, 장애인복지시설, 아동·청소년복지시설, 정신보건시설, 지역자활센터, 학교사회복지, 교정사회복지 등으로 주된 내용은 다음과 같다.

가. 지역사회복지관

지역사회복지관은 사회복지사업법 개정으로 사회복지관 운영국고보조 지원 근거를 마련했고 1985년부터 시·도 단위로 종합사회복지관이 설립되었다. 1989년 주택건설촉진법 등에 의해 저소득층 영구임대아파트 건립 시 일정 규모의 사회복지관 건립을 의무화했다. 사회복지관은 사회복지서비스 욕구가 있는 지역사회의 모든 주민을 대상으로 하여 보호서비스와 재가복지서비스, 자립생활능력 배양을 위한 교육훈련 등 그들이 필요한 복지서비스를 제공하고 가족의 기능 강화 및 지역주민 상호 간 연대감을 조성하여 각종 지역사회의 문제를 예방·치료하는 종합적인 복지서비스의 전달기구로서 지역주민의 복지증진을 위한 중심적인 역할을 수행한다. 그리고 사회복지관 사업내용을 보면 가족복지사업, 지역사회보호사업, 지역사회조직사업, 재가복지 봉사서비스, 교육·문화사업, 자활사업 등이 있으며 〈표 6-1〉과 같다.

〈표 6-1〉 지역사회복지관 사업 내용

분 야	단위사업	주요 사업내용
가족복지 사업	• 가족관계 증진사업 • 가족기능 보완사업 • 가정문제 해결·치료사업 • 부양가족 지원 사업	– 가족의 능력을 개발·강화-방과 후 아동보호 및 보육 – 문제가 발생한 가족에 대한 진단·치료·사회복귀 지원 – 보호대상 가족을 돌보는 가족구성원의 부양부담을 줄여주고 관련 정보를 공유하는 등 부양가족 대상 지원
지역사회 보호사업	• 보건의료서비스 • 급식서비스 • 경제적 지원 • 일상생활 지원 • 정서지원 서비스 • 일시보호 서비스	– 대상은 지역사회에 거주하는 보호대상 노인이나 결식아동, 장애인, 저소득층, 경제적으로 어려운 지역사회 주민, 자립생활능력이 부족한 대상자 – 사업은 식사제공사업, 보건·의료 관련 사업, 생활에 필요한 현금 및 물품 등을 지원하는 사업, 기초적인 일상생활 지원
지역사회 조직사업	• 지역사회복지를 위한 주민조직 강화 및 교육 • 복지네트워크 구축 • 주민복지증진사업 • 자원봉사자 양성 및 후원자 발굴	– 주민이 지역사회문제에 스스로 참여하고 공동체 의식을 갖도록 주민조직의 육성 지원 및 주민협력 강화에 필요한 주민의식교육 – 지역 내 복지기관·시설들과 네트워크 구축을 통한 복지서비스 공급의 효율성 제고 – 사회복지관이 지역복지의 중심으로서의 역할 강화 – 지역단위 행사 또는 주민편의시설 운영을 통한 주민복지증진 및 공동체 의식고취 – 지역사회 내에서 취약계층을 돕고자 하는 자원봉사자 모집·양성 – 지역사회에서 복지사업에 관심이 있는 주민 또는 기업 등 후원자로 개발·조직 사업

교육 · 문화 사업	• 아동 · 청소년 기능교육 • 성인기능교실 • 노인 여가 · 문화사업 • 문화복지사업	– 아동 및 청소년 대상의 기능교실 운영 – 기능습득 목적으로 한 성인사회교육사업 – 노인을 대상으로 제공되는 각종 사회교육 및 취미교실 운영 – 일반주민을 위한 여가 · 오락 프로그램 – 문화 소외집단을 위한 문화 프로그램 – 그 밖에 각종 지역 문화행사사업
자활 사업	• 직업기능훈련 • 취업알선 • 직업능력 개발 • 자활공동체 육성	– 저소득층의 자립능력 배양과 가계소득에 기여할 수 있는 기능훈련을 실시하여 창업 또는 취업 지원 – 직업훈련 이수자, 기타 취업희망자들을 대상으로 취업에 관한 정보제공 및 알선 – 근로의욕 및 동기가 낮은 주민의 취업욕구 증대와 재취업을 위한 심리 · 사회적인 지원 프로그램 실시 – 비슷한 경험과 능력을 소지한 저소득층이 공동창업 방식을 통하여 서비스 또는 제품의 생산으로 자립할 수 있도록 지원하는 사업
재가복지 봉사 서비스	• 조사 · 진단 • 서비스 제공 • 지역사회 자원 동원 및 활용 • 사업평가 • 교육기관의 역할 • 지역사회 연대의식 고취	– 재가복지봉사서비스 대상자 및 가정의 욕구조사와 문제의 진단 등 필요한 서비스 종류 선정 – 측정된 욕구와 문제의 진단내용에 따라 직간접적 서비스 제공 – 재가복지봉사서비스의 내실화와 대상자 및 가정의 욕구와 문제 해결을 위해 지역사회 인적 · 물적 자원 동원 및 활용 – 재가복지봉사서비스사업 평가하기 위한 서비스 기능 – 분야별 효과, 자원 동원 및 활용효과 등에 관하여 자체 평가하고 그 결과의 사업 활용 – 자원봉사자 및 지역사회 주민들에게 재가복지봉사서비스사업 실시 – 사회복지사업 및 취미 · 교양 등 교육 제공 – 지역사회 내 인적 · 물적 자원 연계를 통한 계층 간의 연대감 고취 사업

출처 : 보건복지부(2016).

나. 노인복지시설

노인복지란 노화로 인하여 야기되는 사회생활상의 곤란에 대한 사회복지의 원조라고 할 수 있으며, 노인이 인간다운 생활을 영위하고, 가족과 사회에 적응하고 통합될 수 있는 기반 마련을 위한 자원과 서비스를 제공하는 데 필요한 공적·사적 차원에서의 조직적 제반 활동이다. 노인복지시설이란 노인의 삶의 질을 향상시키기 위해 필요한 서비스 및 프로그램을 제공하는 시설로, 노인주거복지시설(양로시설, 노인공동생활가정, 노인복지주택), 노인의료복지시설(노인요양시설, 노인요양공동생활가정), 노인여가복지시설(노인복지관, 경로당, 노인교실), 재가노인복지시설(방문요양서비스, 주·야간 보호서비스, 단기보호서비스, 방문목욕서비스), 노인보호전문기관 등이 있으며 〈표 6-2〉와 같다.

〈표 6-2〉 **노인복지시설 종류 및 내용**

종 류	시 설	설치목적
노인주거 복지시설	양로시설	노인을 입소시켜 급식과 그 밖에 일상생활에 필요한 편의를 제공
	노인공동 생활가정	노인들에게 가정과 같은 주거 여건과 급식, 그 밖에 일상생활에 필요한 편의를 제공
	노인복지주택	노인에게 주거시설을 분양 또는 임대하여 주거의 편의·생활지도·상담 및 안전관리 등 일상생활에 필요한 편의를 제공
노인의료 복지시설	노인요양시설	치매·중풍 등 노인성 질환 등으로 심신에 상당한 장애가 발생하여 도움을 필요로 하는 노인을 입소시켜 급식·요양과 그 밖에 일상생활에 필요한 편의를 제공
	노인요양 공동생활가정	치매·중풍 등 노인성 질환 등으로 심신에 상당한 장애가 발생하여 도움을 필요로 하는 노인에게 가정과 같은 주거 여건과 급식·요양, 그 밖에 일상생활에 필요한 편의를 제공
노인여가 복지시설	노인복지관	노인의 교약·취미생활 및 사회참여활동 등에 대한 각종 정보와 서비스를 제공하고 건강증진 및 질병예방과 소득보장·재가복지, 그 밖에 노인의 복지증진에 필요한 서비스를 제공

	경로당	지역 노인들이 자율적으로 친목도모·취미활동·공동작업장 운영 및 각종 정보 교환과 기타 여가활동을 할 수 있도록 하는 장소를 제공
	노인교실	노인들에 대하여 사회활동 참여욕구를 충족시키기 위하여 건전한 취미생활·노인건강유지·소득보장 기타 일상생활과 관련한 학습 프로그램을 제공
재가노인 복지시설	방문요양 서비스	가정에서 일상생활을 영위하면서 신체적·정신적 장애로 인하여 어려움을 겪고 있는 노인들에게 필요한 각종 편의를 제공하여 지역사회 안에서 건전하고 안정된 노후를 영위하도록 하는 서비스
	주·야간보호 서비스	부득이한 사유로 가족의 보호를 받을 수 없는 심신이 허약한 노인과 장애노인을 주간 또는 야간 동안 보호시설에 입소시켜 필요한 각종 편의를 제공하여 이들의 생활안정과 심신기능의 유지·향상을 도모하고 그 가족의 신체적·정신적 부담을 덜어주기 위한 서비스
	단기보호 서비스	부득이한 사유로 가족의 보호를 받을 수 없어 일시적으로 보호가 필요한 심신이 허약한 노인과 장애노인을 보호시설에 단기간 입소시켜 보호함으로써 노인 및 노인가정의 복지증진을 도모하기 위한 서비스
	방문 목욕서비스	목욕 장비를 갖추고 재가노인을 방문하여 목욕을 제공하는 서비스
노인보호 전문기관	노인보호 전문기관	시·도지사가 노인보호전문기관을 지정·운영하고 노인 학대신고, 상담, 보호, 예방 및 홍보 사업과 24시간 신고·상담용 긴급전화(1577-1389) 설치 및 운영
노인 일자리 지원기관	노인인력개발 기관	노인일자리 개발·보급 및 조사, 교육·홍보 및 협력사업, 프로그램 인증 평가사업 등 지원
	노인일자리 지원기관	지역사회 등에서 노인일자리 개발·지원, 창업·육성 및 노인에 의한 재화의 생산·판매 등 지원
	노인취업 알선기관	노인에게 취업·상담 및 정보제공, 노인일자리 알선 등 지원
학대피해 노인전용 쉼터	학대피해노인 전용쉼터	노인학대로 인하여 피해를 입은 노인을 일정기간 보호하고 심신치유 프로그램 제공

출처 : 노인복지법(법률 제14596호, 2017. 3. 14. 일부개정).

다. 장애인복지시설

장애인복지는 장애인을 대상으로 사고 예방과 의료, 보호, 훈련, 교육, 고용의 증진 등 장애인의 자립생활을 도모하여 생활안정에 기여하기 위한 활동을 의미한다. 우리나라 '장애인복지법'에서의 장애인복지는 "장애인의 완전한 사회참여를 통한 사회통합을 주 목적으로 심신의 결함으로 인해 가정생활과 사회생활에서 겪게 되는 곤란을 국가나 민간의 사회복지기관이 의료적・직업적・교육적・사회적인 문제들을 원조하는 정책적・제도적 서비스의 조직적인 활동과 노력이다"라고 규정되어 있다.

장애인복지시설은 장애인이 시설에 입소하거나 통원하여 재활에 필요한 상담, 치료, 교육, 훈련 및 요양 등의 장애인복지서비스를 제공받을 수 있는 사회복지시설로 장애인거주시설, 장애인지역사회재활시설, 장애인직업재활시설이 있으며 〈표 6-3〉과 같다.

〈표 6-3〉 **장애인복지시설 종류 및 내용**

종 류	시 설	내 용
장애인 거주시설	장애유형별 거주시설	장애유형이 같거나 유사한 장애를 갖고 있는 사람들을 입소 또는 통원을 하게 하여 장애유형에 적합한 교육・의료・직업・심리・사회 등의 재활서비스와 주거서비스를 제공하는 시설
	중증장애인 거주시설	장애가 심하여 항상 도움이 필요한 경우에 입소를 하게 하여 상담・치료 또는 요양서비스를 제공하는 시설
	장애영유아 거주시설	6세 미만의 장애영유아를 입소시키거나 통원하게 하여 보호함과 동시에 재활에 필요한 교육・의료・심리・사회 등의 재활서비스를 제공하는 시설
	장애인 단기거주시설	장애인을 일정 기간 동안 보호하여 장애인에게 다양한 재활서비스를 제공하는 시설
	장애인 공동생활가정	스스로 사회적응이 어려운 장애인이 지역사회 안에서 가정과 같은 주거환경에 거주하면서 독립적인 생활에 필요한 서비스를 받으며 공동으로 생활하는 소규모 거주시설

장애인 지역사회 재활시설	장애인 복지관	상담 및 사회심리 재활·교육·직업·의료재활 등 장애인의 지역사회생활에 필요한 종합적인 재활서비스를 제공하고, 장애인의 사회통합 및 장애인 인식 개선 사업을 수행하는 시설
	장애인 주간보호시설	일상생활 및 사회생활을 영위하는 데 지원이 필요한 장애인에게 낮시간 동안 교육 및 재활 프로그램을 제공하는 시설
	장애인 체육시설	장애인의 체력증진과 신체적인 기능의 회복을 위한 활동을 지원하고 이와 관련된 편의들을 제공하는 시설
	장애인 수련시설	문화·취미·오락 활동 등을 통하여 장애인의 심신수련을 조장·지원하고 이와 관련된 편의들을 제공하는 시설
	장애인 심부름센터	이동이 심히 불편한 장애인에게 차량 운행을 통하여 직장 출퇴근 및 외출 시 보조나 이동서비스를 제공하는 시설
	수화 통역센터	청각·언어장애인들에게 수화통역 및 상담서비스를 제공하는 시설
	점자도서관	시각장애인들이 점자간행물 및 녹음서를 열람할 수 있는 시설
	점자도서 및 녹음서 출판시설	시각장애인들을 위한 점자간행물 및 녹음서를 출판하는 시설
	장애인의료 재활시설	장애의 진단 및 포괄적이고 전문적인 재활치료와 의료재활상담, 장애인보조기구 제작, 판매 및 수리, 장애인재활 및 재발 방지에 관한 교육 등 의료재활사업을 효율적으로 수행하는 시설
	발달장애인 평생교육센터	고도비만, 중복장애 등으로 집중지원이 필요하다고 인정되는 중증발달장애인에 대한 평생교육을 지원하는 시설
장애인 직업재활 시설	장애인 보호작업장	직업의 능력이 낮은 장애인들에게 직업적응능력과 직무기능 향상훈련 등 직업재활훈련 프로그램들을 제공하고, 근로의 기회를 제공하여 노동의 대가로 임금을 지급하며, 장애인 근로사업장이나 그 밖의 경쟁고용시장으로 옮겨갈 수 있도록 도와주는 역할을 하는 시설
	장애인 근로사업장	직업의 능력은 있으나 이동과 접근성 및 사회적 제약 등으로 취업에 어려움이 있는 장애인에게 근로의 기회를 제공하고, 노동의 대가로 최저임금 이상의 임금을 지급하며, 경쟁고용시장으로 옮겨갈 수 있도록 도와주는 역할을 하는 시설
	장애인 생산품 판매시설	장애인직업재활시설 등이 생산하는 장애인생산품과 서비스·용역의 판매를 촉진하기 위하여 생산시설 등의 판매활동과 유통 대행, 생산품과 서비스·용역 관련 상담·관리, 홍보, 판로 개척 및 관련 정보를 제공하는 등 마케팅을 지원하는 시설

출처 : 보건복지부(2017). 2017년 장애인복지 사업안내.

라. 아동 · 청소년복지시설

아동복지는 협의의 아동복지와 광의의 아동복지로 나누어진다. 협의의 아동복지는 요보호아동을 중심으로 하는 복지활동으로 빈곤가정과 폭력 및 해체가정의 아동, 선천적 또는 후천적 장애를 가진 아동들을 대상으로 한다. 그리고 청소년복지는 청소년이 정상적인 삶을 영위할 수 있는 기본적인 여건을 조성하고 조화롭게 성장 · 발달할 수 있도록 제공되는 사회적 · 경제적 지원을 말한다.

아동복지시설 종류로는 아동양육시설, 아동일시보호시설, 아동보호치료시설, 자립지원시설, 아동복지시설로는 아동상담소, 공동생활가정, 아동전용시설, 지역아동센터 등이 있다. 그리고 청소년복지시설 종류로는 청소년수련관, 청소년수련원, 청소년특화시설, 청소년문화의집, 청소년야영장, 청소년이용시설, 유스호스텔 등이 있으며 그 종류와 내용은 〈표 6-4〉와 같다.

〈표 6-4〉 **아동 · 청소년복지시설 종류 및 내용**

종 류	시 설	내 용
아동복지시설	아동양육시설	보호대상아동을 입소시켜 보호, 양육 및 취업훈련, 자립지원 서비스 등을 제공하는 것을 목적으로 하는 시설
	아동일시보호시설	보호대상아동을 일시보호하고 아동에 대한 향후의 양육 대책 수립 및 보호조치를 행하는 것을 목적으로 하는 시설
	아동보호치료시설	불량행위를 하거나 불량행위를 할 우려가 있는 아동으로서 보호자가 없거나 친권자나 후견인이 입소를 신청한 아동 또는 가정법원, 지방법원소년부지원에서 보호 위탁된 19세 미만인 사람을 입소시켜 치료와 선도를 통하여 건전한 사회인으로 육성하는 것을 목적으로 하는 시설, 정서적 행동적 장애로 인하여 어려움을 겪고 있는 아동 또는 학대로 인하여 부모로부터 일시 격리되어 치료받을 필요가 있는 아동을 보호 · 치료하는 시설
	공동생활가정	보호대상아동에게 가정과 같은 주거 여건과 보호, 양육, 자립지원 서비스를 제공하는 것을 목적으로 하는 시설
	자립지원시설	아동복지시설에서 퇴소한 사람에게 취업 준비 기간 또는 취업 후 일정기간 보호함으로써 자립을 지원하는 것을 목적으로 하는 시설

	아동상담소	아동과 그 가족의 문제에 관한 상담, 치료, 예방 및 연구 등을 목적으로 하는 시설
	아동전용 시설	어린이공원, 어린이놀이터, 아동회관, 체육·연극·영화·과학실험전시 시설, 아동 휴게·숙박시설, 야영장 등 아동에게 건전한 놀이·오락, 그 밖의 각종 편의를 제공하여 심신의 건강 유지와 복지증진에 필요한 서비스를 제공하는 것을 목적으로 하는 시설
	지역아동 센터	지역사회 아동의 보호·교육, 건전한 놀이와 오락의 제공, 보호자와 지역사회의 연계 등 아동의 건전 육성을 위하여 종합적인 아동복지서비스를 제공하는 시설
	아동보호전문기관	
	가정위탁지원센터	
청소년 복지 시설	청소년 수련관	다양한 청소년 수련 거리를 실시할 수 있는 각종 시설 및 설비를 갖춘 종합수련시설
	청소년 수련원	숙박 기능을 갖춘 생활관과 다양한 수련 거리를 실시할 수 있는 각종 시설과 설비를 갖춘 종합수련시설
	청소년 문화의집	간단한 청소년 수련활동을 실시할 수 있는 시설 및 설비를 갖춘 정보·문화·예술 중심의 수련시설
	청소년 특화시설	청소년의 직업체험·문화예술·과학정보·환경 등 특정 목적의 청소년 활동을 전문적으로 실시할 수 있는 시설과 설비를 갖춘 수련시설
	청소년 야영장	야영에 적합한 시설 및 설비를 갖추고 청소년 수련 거리 또는 야영편의를 제공하는 수련시설
	유스호스텔	청소년의 숙박 및 체류에 적합한 시설·설비와 부대·편익시설을 갖추고 숙식편의 제공, 여행 청소년의 활동지원 등을 주된 기능으로 하는 시설
	청소년 이용시설	수련시설이 아닌 시설로서 그 설치 목적의 범위에서 청소년활동의 실시와 청소년의 건전한 이용 등에 제공할 수 있는 시설

출처 : 아동복지법(법률 제14887호, 2017. 9. 19. 일부개정, 2017. 12. 20. 시행); 청소년활동진흥법(법률 제14705호, 2017. 3. 21. 일부개정, 2017. 9. 22. 시행).

마. 한부모가족 복지시설

한부모가족의 생활안정과 복지증진에 이바지하는 것을 목적으로 한다. 한부모가족 복지시설의 종류와 내용은 〈표 6-5〉와 같다.

〈표 6-5〉 **한부모가족 복지시설 종류 및 내용**

종 류	내 용	
모자가족 복지시설	모자가족에게 다음 중 어느 하나 이상의 편의를 제공하는 시설	
	기본생활지원	생계가 어려운 모자가족에게 일정 기간 동안 주거와 생계를 지원
	공동생활지원	독립적인 생활이 어려운 모자가족에게 일정 기간 동안 공동생활을 통하여 자립을 준비할 수 있도록 주거 등을 지원
	자립생활지원	자립욕구가 강한 모자가족에게 일정 기간 동안 주거를 지원
부자가족 복지시설	부자가족에게 다음 중 어느 하나 이상의 편의를 제공하는 시설	
	기본생활지원	생계가 어려운 부자가족에게 일정 기간 동안 주거와 생계를 지원
	공동생활지원	독립적인 생활이 어려운 부자가족에게 일정 기간 동안 공동생활을 통하여 자립을 준비할 수 있도록 주거 등을 지원
	자립생활지원	자립욕구가 강한 부자가족에게 일정 기간 동안 주거를 지원
미혼모자가족 복지시설	미혼모자가족과 출산 미혼모 등에게 다음 중 어느 하나 이상의 편의를 제공하는 시설	
	기본생활지원	미혼 여성의 임신·출산 시 안전 분만 및 심신의 건강 회복과 출산 후의 아동의 양육 지원을 위하여 일정 기간 동안 주거와 생계를 지원
	공동생활지원	출산 후 해당 아동을 양육하지 아니하는 미혼모 또는 미혼모와 그 출산 아동으로 구성된 미혼모자가족에게 일정 기간 동안 공동생활을 통하여 자립을 준비할 수 있도록 주거 등을 지원
일시지원 복지시설	배우자(사실혼 관계에 있는 사람을 포함한다)가 있으나 배우자의 물리적·정신적 학대로 아동의 건전한 양육이나 모의 건강에 지장을 초래할 우려가 있을 경우 일시적 또는 일정 기간 동안 모와 아동 또는 모에게 주거와 생계를 지원하는 시설	
한부모가족복지 상담소	한부모가족에 대한 위기·자립 상담 또는 문제해결 지원 등을 목적으로 하는 시설	

출처 : 한부모가족지원법(법률 제14448호, 2016. 12. 20. 일부개정).

바. 정신건강증진시설

정신장애인과 그 가족의 욕구에 기초하여 정신장애인의 지역사회에서 생존과 적응에 필요한 다양한 재활서비스와 복지서비스를 개발·연결·제공하며, 정신장애인들의 능력고취와 기능수준 향상을 통하여 사회복귀에 도움을 주기 위해 설립된 시설을 말한다.

정신건강증진시설은 정신의료기관, 정신요양시설, 정신재활시설이 있으며 〈표 6-6〉과 같다.

〈표 6-6〉 **정신건강증진시설 종류 및 내용**

종 류	내 용
정신의료기관	정신질환자를 치료할 목적으로 설치된 의료법에 따른 병원(정신병원) 또는 의원, 병원급 의료기관에 설치된 정신건강의학과
정신요양시설	정신질환자를 입소시켜 요양서비스를 제공하는 시설
정신재활시설	정신질환자 또는 정신건강상 문제가 있는 사람 중 대통령령으로 정하는 사람(정신질환자 등)의 사회적응을 위한 각종 훈련과 생활지도를 하는 시설

출처 : 정신건강증진 및 정신질환자 복지서비스 지원에 관한 법률(법률 제14224호, 2016. 5. 29. 전부개정).

사. 노숙인복지시설

노숙인의 발생 예방과 노숙인들이 심신장애를 극복하여 정상적인 사회생활로 복귀를 할 수 있도록 신체적·심리적인 치료의 재활기능을 담당하고, 노숙인들에게 숙식서비스를 제공하여 생활안정을 도모하며, 입소자들에게 취업할 수 있는 기회를 제공하는 시설을 말한다. 노숙인복지시설에는 노숙인 일시보호시설, 자활시설, 재활시설, 요양시설, 급식시설, 진료시설, 그 밖에 보건복지부령으로 정하는 시설(쪽방상담소)이 있으며 〈표 6-7〉과 같다.

〈표 6-7〉 노숙인복지시설 종류 및 내용

종 류	내 용
노숙인일시보호시설	노숙인 등에게 일시보호 및 복지서비스 연계 등을 제공하는 시설
노숙인자활시설	노숙인 등의 자립을 지원하기 위하여 전문적인 직업상담·훈련 등의 복지서비스를 제공하는 시설
노숙인재활시설	신체 및 정신장애 등으로 자립이 어려운 노숙인 등에게 치료 및 재활서비스를 제공하는 시설
노숙인요양시설	건강상의 문제 등으로 단기간 내 가정 및 사회복귀가 어려운 노숙인 등에게 요양서비스를 제공하는 시설
노숙인급식시설	
노숙인진료시설	
그 밖에 보건복지부령으로 정하는 시설(쪽방상담소)	

출처 : 노숙인 등의 복지 및 자립지원에 관한 법률(법률 제14882호, 2017. 9. 19. 일부개정).

아. 지역자활센터

국민기초생활보장법에 의해 저소득층의 근로능력이 있는 사람이 스스로의 힘으로 자립할 수 있도록 안정된 일자리의 제공 및 자활능력의 향상을 지원하기 위하여 설립된 보건복지부 지정 사업기관을 말한다.

지역자활센터는 저소득층의 일자리를 창출하고 주민의 경제적 자립지원과 사회적 일자리 창출을 통한 지역사회 연대 및 지역공동체를 만들어가는 기능을 수행하고 있다.

자. 학교사회복지

1987년 문교부에서 학교사회사업 시범연구 사업을 시작하면서 공식적인 학교사회복지사 활동을 시작했으나 공식적인 학교사회복지 법제화는 이루어지지 않았다. 현재 학교사회복지사가 학교에 계약직이나 정규직으로 채용이 되어 활동을 하거나 지역사회기관에 소속된 채로 학교에 파견되는 형태로 운영되고 있다.

학교사회복지사는 학생들과 학생을 둘러싼 환경에서 교육적 주체인 학교와 가정, 그리고 지역사회와의 관계를 증진시키고 상호 보완·협력할 수 있도록 중재하고 서로 연계하는 방법들을 통하여 학생들의 다양한 욕구들을 충족시키는 서비스를 제공한다.

차. 교정사회복지

교정기관과 시설은 법무부의 교정국과 보호국 산하의 기관과 시설을 모두 포함해야 한다(최옥채, 1998). 즉, 교도소와 지방교정청 등을 포함하는 교정기관과 시설, 소년원과 보호관찰소 등의 보호시설로 구분을 하고 있는 교정사회복지현장은 주요 사회복지실천현장이 되어야 한다.

이들 기관과 시설에서 사회복지사는 범죄자나 비행청소년들의 재활과 사회복귀에 도움을 주고 범죄의 처벌 대신 사회에 적응할 수 있도록 도움으로써 지역사회에서의 범죄예방 및 문제해결을 도모하는 역할을 수행한다. 실천대상은 범죄자 및 비행청소년과 피해자 및 그들의 가족들과 범죄가 발생한 지역사회 등이며 1987년 정부에서 교정시설에 전공자를 특별 채용한 적이 있으나 아직까지 법제화되지는 않고 있다.

제2절 사회복지실천 대상과 문제

사회복지실천에서 클라이언트에 대한 개입의 단위에 따라 문제를 파악하고 어떻게 하는가는 매우 중요한 과업이다. 클라이언트의 단위를 어떻게 하느냐에 따라 사회복지실천현장에서의 개입방법이 달라지기 때문이다. 흔히 클라이언트는 개인으로만 생각하지만 개인 이외에 가족, 집단, 지역사회 자체가 사회복지실천의 대상이 될 수 있다.

1. 개인 문제

개입의 단위 중 개인을 대상으로 하는 사회복지실천은 과거의 개별사회사업, 개별실천과 맥을 같이한다. casework라 불리는 개별사회사업은 사회복지실천방법 중 가장 역사가 오래된 실천방법으로 집단사회사업, 지역사회사업은 지역사회조직과 함께 3대 방법론으로 분류되어 그 중요도는 매우 높았다. 사회적응에 어려움을 겪게 되는 클라이언트를 전문가가 일대일, 면대면 방식을 통해 그가 가진 특정 욕구를 해결하거나 원조를 하는 활동이라 할 수 있다(이은희 · 김남숙, 2014).

이러한 개인대상 실천을 통해 클라이언트는 생활상의 문제를 자각하여 정서적 · 관계적 · 행동적으로 대처할 수 있게 된다. 개인체계에 대한 문제는 개인의 내적인 면, 개인 간, 그리고 환경체계가 상호작용한 결과이다. 즉, 한 체계에서 발생하는 기능적 불균형은 대부분 다른 체계의 불균형을 가져오기 때문에 문제가 한 체계에만 제한되는 경우는 드물다. 개인적 어려움은 다른 사람과의 관계에 영향을 주게 되고 개인 간의 어려움은 개인의 기능에 영향을 주게 되며 주택 등 환경적 자원의 부족은 개인의 기능에 영향을 미친다는 것이다(이영실 외, 2014).

이러한 관점에서 보는 개인대상 사회복지실천의 특징은 다음과 같다.

첫째, 개인을 일대일 방식으로 도와줌으로써 개인의 문제와 사회의 문제를 해결하는 것을 목표로 한다. 둘째, 예방보다는 치료적 입장에서 문제해결을 중시한다. 셋째, 개인이 환경에 적응하도록 돕고 개인에게 불리한 사회경제적 상황을 변화시키도록 돕는다. 넷째, 클라이언트의 문제를 해결하기 위해 클라이언트와 사회복지사 간의 관계를 중요시한다. 다섯째, 다양한 모델과 개입방법을 적용하여 개인의 적응과 변화, 개인과 환경과의 상호작용을 변화시킨다(박봉점 외, 2008; 이영실 외, 2014).

펄만(Perlman)은 개별 클라이언트를 대상으로 직접적인 개입이 이루어지는 개별사회사업의 구성요소를 "문제를 가진 사람이 사회복지기관을 찾아오면 사회복지기관의 전문가는 전문적 문제해결과정을 통해 이를 원조한다"고 설명하면서 개인과의 사회복지실천을 구성하는 기본 요소를 4P로 제시하고 있다. 4P를 구체적으로 살펴보면 다음과 같다(방미진 · 황영희, 2011).

① **사람**(Person) : 사회적 측면이나 감정적 측면에 있어서 원조를 필요로 하는 사람을 말하며 일반적으로 클라이언트라 부른다. 이러한 클라이언트는 현재 도움을 필요로 하거나 도움을 받고 있는 실제적 클라이언트와 현재는 별 문제가 없어 도움이 필요하지 않거나 문제가 있어도 도움을 청하지 않는 잠재적 클라이언트가 있다.

② **문제**(Problem) : 문제는 사회 환경 사이에 있어서 충족되지 못한 욕구나 부적응 등으로 사회복지사의 전문적 조정 노력이 필요한 사람의 문제를 의미한다. 해밀턴(Hamilton)에 의하면 문제란 개인의 바람직한 생활에 지장을 초래하거나 방해가 되는 충족되지 못한 욕구불만 또는 개인이 사회적 역할을 수행하는 데 있어서 비효율적이거나 방해가 되는 긴장, 사회적 상호작용 속에서 받게 되는 스트레스 등이다.

③ **장소**(Place) : 문제를 가진 개인이 도움을 받기 위해 찾아오는 곳으로서 사회복지기관 및 대인서비스를 하는 기관을 말한다. 사회복지기관에서는 물질적 원조, 환경조정, 상담, 심리적 원조 등을 제공한다.

④ **과정**(Process) : 개별사회사업가와 클라이언트 간의 전문적 대인관계를 매개로 하여 원조하는 문제해결의 과정이다. 이러한 과정은 사회복지사의 전문적 원조지식과 기술에 근거하여 사회복지기관의 사명에 따라 수행되는 것으로 사회복지사와 클라이언트 간의 관계를 기반으로 수행된다.

우리나라의 개인 문제를 해결하기 위한 개별실천은 시・군・구・읍・면・동에서의 사회복지전담공무원, 각종 사회복지기관의 사회복지사, 학교의 사회복지사, 종합병원의 의료사회사업가, 정신병원・정신건강증진센터의 정신건강사회복지사, 보육원과 양로원 등 각종 시설 및 사회복지단체에서 근무하는 사회복지사들이 클라이언트에게 직접서비스를 제공하고 있다.

개별실천의 활동은 국민기초생활보장 업무, 저소득층 자활보호대상의 자활과 관련된 업무, 재가복지 업무, 독거노인과의 상담, 실직자를 위한 구직활동, 직업훈련을 원조하는 활동, 미혼모 상담, 입양상담, 아동을 위한 가정사업과 관련한 조사 및 상담, 학대 피해 아동을 보호하고 가정에 개입하는 활동, 환자들의 의료비 문제 및 퇴원 후 생활에 대한 상담, 학교부적응 학생에 대한 상담, 정신보건센터에서 정신장애인들과의 상담 등을 들 수 있다(이종복 외, 2006). 이러한 개별실천은 크게 직접실천과 간접실천으로 나누고 있다.

직접실천은 문제를 가진 사람과 직접적으로 만나고 문제해결을 위한 도움을 주고 서비스를 제공하는 것을 말하며 임상사회사업 분야에서 클라이언트와의 면접이나 상담을 주로 활용하여 접근한다.

간접실천은 사회복지정책, 행정 등으로 사회복지에 필요한 분위기, 즉 기반이 되는 여건을 조성하는 방법으로 자원연계나 환경적 조정과 같은 개입을 말한다. 주로 지역사회 복지기관과 같은 곳에서 클라이언트의 주변 체계에 개입하여 사회복지체계나 관련 자원들을 활용하는 방법이다(김혜영 외, 2013).

따라서 개별실천은 사회복지사가 직접 상대하는 클라이언트가 개인이라는 것을 의미하는 것일 뿐이지 사회복지사가 개인만을 상대하여 개인의 문제를 해결하고 원조하는 것을 의미하지는 않는다. 개별실천에서 클라이언트의 문제해결을 위해 필요하다고 판단될 경우 사회복지사는 클라이언트 자신의 생각, 감정, 행동, 동기, 자세 등을 수정할 뿐만 아니라 클라이언트를 둘러싸고 있으며 클라이언트의 문제에 직간접적으로 영향을 미치고 있는 주변 체계들에 개입하여 그들의 변화를 시도한다(엄명용 외, 2009).

2. 가족 문제

가족구성원들 간의 관계나 가족구성원들 중에 한 사람의 행동 또는 정서·심리적인 문제에 개입을 하여 문제들을 해결하거나 경감시키기 위한 노력들이 가족과의 실천이다. 개인을 단위로 개입을 하는 것보다 가족을 단위로 하여 개입을 할 때 개입효과가 더 크다고 판단될 경우나 클라이언트의 문제해결을 위해서는 가족들의 협조와 노력이 요구된다고 판단될 경우 가족과의 실천을 택하게 된다. 가족실천모델은 일반체계이론의 영향을 받아 가족을 역동적인 체계의 하나로 간주한다. 따라서 개인에게 나타나는 문제의 원인을 개인적인 요인에서 찾아내는 것이 아니라 가족구성원들 간에 나타나는 상호작용 패턴, 즉 관계양상에서 원인을 찾고자 한다. 문제의 해결도 개인적인 변화에 초점을 두기보다는 가족구성원들끼리 서로 상호작용을 하는 방법의 변화에 초점을 둔다. 가족 중 한 명의 행동이 가족구성원 전체에 영향을 미치기도 하고 반대로 가족구성원 전체의 균형을 위하여 가족구성원의 일부가 희생이 될 수도 있다고 본다. 따라서 가족구성원 한 명의 변화가 가족 전체의 문제를 해결할 수도 있고 A라는 가족구성원의 행동변화를 위해 B라는 가족구성원의 행동을 먼저 변화시킬 수도 있다(엄명용 외, 2009).

이러한 다양한 세팅에서 다양한 문제를 가진 가족과 일하게 되는 사회복지사는 가족과의 실천에서 다음과 같은 특징을 염두에 두어야 한다(Boyle et al., 2006; 이은희·김남숙, 2014).

첫째, 사회복지사는 한 번에 여러 사람과 관계를 형성해야 한다. 처음 두 회기 동안 각각의 가족성원과 관계를 형성할 필요가 있다. 이러한 관계형성의 과정은 시간이 걸리며 노력을 요하는 일이다. 전체 가족과 관계를 맺는 능력을 배우기는 어렵지만 엄청난 이득을 가져다준다. 그러기 위해서는 각 성원의 인식을 가치 있는 것으로 보아야 하며 이는 각 성원의 말을 경청하고 이해함으로써 가능하다. 가족과 관계형성을 위해서는 그들의 감정과 생각을 이해하는 기술과 공감적 이해 기술의 통합이 필요하다.

둘째, 사회복지사들은 가족으로부터 필요한 모든 자료를 수집하기 위해 광범위한 사정기술이 필요하다. 사정은 모든 실천의 주요 부분으로서 심리사회적 관점에서 개인에 대한 이해를 할 수 있게 해준다. 가족의 경우에는 가족 내 개인을 사정해야 할 뿐 아니라 가족 자체의 특성에 대해 사정해야 한다. 가족은 생애주기를 갖고 있으므로 각 주기의 단계에 따른 다른 이슈들을 다루어야 한다. 나아가 가족에 대한 사정은 하위체계, 상호작용, 의사소통 및 역할 면에서 이루어야 한다.

셋째, 사회복지사들은 가족성원들의 의사소통 문제를 다룰 수 있어야 한다. 가족성원들 간의 의사소통이 가능해야 지금 혹은 장래에 대두하는 문제를 해결할 수 있다. 물론 사회복지사가 한 회기 내에 일어나는 모든 의사소통을 책임질 수는 없지만 가족성원들이 서로 문제를 해결해 나가기 시작할 때 이러한 지식은 매우 중요하기 때문에 가족의 의사소통 방식을 사정할 필요가 있다. 나아가 사회복지사는 효과적 의사소통 기술을 가르칠 수 있어야 한다. 또한 경우에 따라서는 이러한 상호작용 바깥에 머물면서 방향을 제시할 필요가 있다.

넷째, 사회복지사는 중립성을 유지해야 한다. 사회복지사는 클라이언트 가족성원들과 관계를 형성하면서 독특한 개인으로서 이들을 알아가게 된다. 그러나 여러 명의 가족성원과 함께 있을 때 사회복지사는 그들 모두와 관계를 형성해야 하는데 이때 한 사람의 편에서 이야기를 듣거나 지지하지 않도록 유의해야 한다. 물론 가족 중 한 클라이언트에게 좀 더 지지적이어야 할 필요가 있을 때도 있지만 중요한 것은 어느 경우에도 편향적이어서는 안 된다는 것이다.

현대사회에 들어 가족의 형태는 매우 다양해지고 가족의 기능이 변화되었다. 가족의 구조상 변화로는 가족 규모가 축소되고 맞벌이가족, 한부모가족, 독신가족 등 다양한 형태의 가족이 늘어나고 있는 추세이다. 또한 출산율 저하와 무자녀가족이이 증가하고 있으며 이혼율의 증가로 인한 한부모가족의 증가와 재혼으로 인한 복합가족의 증가 및 국제결혼으로 이루어진 다문화가족이 늘어나고 있다.

가족의 기능에 있어서도 많은 변화가 일어났다. 사회가 변화함에 따라 사람들의 의식도 변화하고 여성의 사회 참여도 활발해지면서 전통적 가족의 기능이 상당 부분 약화되거나 축소되고 있다. 이러한 변화는 가족 내에서 가사와 자녀양육 등에 관한 역할분담이나 권력의 균형 문제 등으로 인한 새로운 갈등요인이 되고 있다(방미진 · 황영희, 2011).

이와 같이 다양한 문제에 대하여 적절한 서비스를 제공하기 위해 사회복지사는 다양한 가족에 대한 가치를 점검하고 필요한 지식을 확장하여 클라이언트의 문제해결과 욕구를 충족시킬 수 있도록 도와야 한다.

3. 집단 문제

집단실천은 유사한 목표를 갖고 있는 각각의 개별 구성원들을 하나의 집단으로 구성하여 그 집단을 대상으로 사회복지사가 집단이라는 환경에 집단 내의 역동성을 활용하여 집단구성원들의 개별목표와 집단의 공동목표를 성취하기 위하여 노력하는 실천 방법이다.

클라이언트와 사회복지사 간 일대일 실천은 클라이언트를 개별화하여 접근할 수 있다는 점에서 효과적이지만 비용과 시간, 노력이 보다 많이 요구되는 문제가 있다. 반면 같은 문제를 경험하는 사람들의 모임, 즉 집단은 그 자체로 서로의 문제를 공유하고 스스로의 문제를 이해하는 효과가 있으며 개입을 통한 변화가 보다 실생활의 환경에 가까울 수 있다는 장점이 있어 사회복지실천현장에서 집단을 이용한 사회복지실천이 널리 활용되고 있다. 따라서 사회복지사는 집단에 대한 지식과 기술을 반드시 익혀야 한다. 점차 사회복지사들은 집단을 다양한 목적으로 활용하고 있다. 집단사회사업은 "유사한 관심이나 공통의 문제를 안고 있는 사람들이 규칙적으로 모여 특정 목표를 달성하기 위한 활동에 참여할" 때 일어나는 것으로 정의된다(Barker, 2003).

집단에 대한 사회복지실천은 목표지향적이며 그 초점은 크게 두 가지로 나뉜다. 첫째, 사회기술이나 교육 및 치료를 제공하여 성원들의 사회정서적 복지를 증진시킴으로써 개개인이 변화하도록 돕는 것이다. 이러한 집단의 예로는 약물의존자들이나 우울증을 앓고 있는 사람들이 회복할 수 있도록 도와주거나 아동이 부모의 이혼에 대처하도록 원조하고 위탁부모에게 분리와 재배치가 위탁아동에게 미치는 영향에 대해 가르치며 가족성원들이 많은 문제영역을 다룰 수 있도록 원조하는 것 등을 들 수 있다. 둘째, 변화의 단위로서 집단 전체에 초점을 두거나 환경에 영향을 미치는 요소로서 집단에 초점을 두는 경우로 과업집단이 여기에 속한다(이은희 · 김남숙, 2014).

사회복지사들은 클라이언트에 대한 직접적 활동뿐 아니라 클라이언트에 대한 정보를 수집하고 개입계획을 세우기 위해 집단을 활용하기도 한다. 또한 병원에서의 사례회의와 같이 다른 학문분야의 동료로부터 특정 클라이언트에 대한 정보를 공유하는 회의에 참석하기도 하고 새로운 정책이나 직원연수, 기관문제를 다루는 직원회의에도 참석한다(Hepworth et al., 2006). 슈퍼바이저 영역에서도 개별적인 슈퍼비전을 실시하는 경우와 두 명 이상의 슈퍼바이저를 모아 슈퍼비전을 행하는 집단지도감독의 영역까지 집단의 활용은 다양하다.

4. 지역사회 문제

지역사회실천은 사회복지사가 지역사회 수준에 개입하여 지역사회에 존재하는 각종 제도에 영향을 주고 지역사회의 문제를 예방하고 해결하고자 하는 일체의 사회적 노력을 의미하며 이러한 사회복지사에게 요구되는 중요한 역할은 지역주민 스스로가 상호 협동 노력에 의해 지역사회 문제를 해결할 수 있도록 돕는 것이다(김혜영 외, 2013). 즉, 지역사회실천은 지역에 속한 주민들이 자기 자신들의 사회적 기능 향상을 위하여 필요한 의식개혁, 지역사회 조직화, 환경개선 등을 자발적・주체적・협력적으로 수행해 나갈 수 있도록 사회복지사가 안내자, 전문가, 조정자, 조력자, 운동가 등의 역할을 수행하는 것들을 말한다. 이러한 활동들을 수행하기 위하여 사회복지사는 지역사회 주민들의 욕구 충족을 위한 자원들의 확인 및 발굴, 지역사회 자원의 조직화 및 조정, 지역사회 주민의 조직화, 필요한 경우에는 지역사회 자원 개발 등의 활동들을 한다. 지역사회실천에서 사회복지사에게 요구되는 중요한 역할들은 지역주민 스스로가 상호 협동 노력에 의하여 지역사회의 문제들을 해결할 수 있도록 돕는 것이다. 현재 우리나라에서 지역사회에 위치한 종합사회복지관을 중심으로 실제로 이루어지고 있는 지역사회실천 개념에는 지역사회보호활동과 지역사회조직활동이 혼합되어 있다고 볼 수 있다(엄명용 외, 2009).

우리나라의 지역사회 문제를 해결하기 위한 지역사회복지실천에는 지역사회보호활동과 지역사회조직활동이 혼합되어 있다. 지역사회보호 활동은 지역사회 안에 존재하는 후원자원을 발굴・동원하여 지역사회의 요보호 대상자들을 시설보호가 아닌 지역사회가 중심이 되어 문제예방과 경제적・정서적인 안정을 도모할 수 있도록 보호하는 활동이다.

후원자원으로는 결연 후원금이나 후원물품 등이 이에 해당되며, 지역 내 요보호 대상자들은 독거노인, 소년・소녀가장, 장애인 가정, 빈곤한 한부모 가정 등이 포함되며, 지역사회 자원과 빈곤한 가정을 정기적으로 연결시켜 줌으로써 요보호 대상자들의 경제적인 어려움을 경감시키고 심리적인 안정을 도모하는 것에 지역사회 보호의 목적이 있다. 후원의 유형으로는 기업이나 동호회 등 후원을 원하는 기관에 결연 대상자를 추천하는 기관 연계 후원과 개인 결연 후원자를 발굴하여 연결하는 일대일 결연 후원 등이 있다. 후원 대상자별로 개별 통장을 지급하기도 하고 생필품, 식품, 기타 물품을 지급하기도 한다(엄명용 외, 2009). 또한 지역사회 복지자원에 대한 정보의 부족과 서비스 요청에 서투른 독거노인・빈곤가정・장애인 등을 대상으로 사례관리 활동과 결원을 하여 지역사회 복지자원의 정보망을 형성하고 연계를 하는 활동과 지역사회 내 변호사와 연계하여 취약계층에 대한 법률상담서비스, 지역사회 자원과 연계하여 실시하는 재가복지사업 등이 지역사회 보호활동에 해당한다. 재가복지사업에서는 국민기초생활 수급자나 저소득 가정(노인, 장애인, 한부모세대 등)에 무료급식, 도시락배달서비스, 밑반찬서비스, 김장·김치서비스, 영양식서비스, 가사지원, 한방진료, 수지침, 물리치료, 이미용서비스, 차량지원, 주거환경개선서비스 등이 실시된다.

지역사회조직활동은 지역사회의 문제를 해결하기 위하여 주민의 협력 아래 계획을 세우고 지역사회의 자원을 서로 연결하고 조정하는 과정을 총괄하는 사회복지사의 활동이다.

이를 위해 사회복지사는 지역사회와 함께 공동사업을 추진하기도 하고 지역사회 주민들이 서로 조직화될 수 있는 장소와 기회를 제공하기도 한다. 지역사회에서 바자회를 열어 지역사회의 다양한 자원들을 동원·배분하는 과정에서 지역주민과의 유대감을 조성하고 공동체 의식을 강화하는 활동이 여기에 해당된다. 바자회를 통하여 지역주민이 제공한 생활용품, 의류, 문구류, 도서 등의 판매수익금으로 소외된 어려운 이웃들을 지원한다. 그 밖에 지역주민 어울림 축제 개최, 살기 좋은 동네 만들기 운동, 주민편의시설(강당, 식당, 회의실, 프로그램실 등) 제공, 노숙자를 위한 쉼터 운영, 지역주민 도서관 제공, 지역 자원봉사자의 발굴 및 관리, 주민동아리의 조직 및 관리, 노인들을 위한 일거리 마련사업 추진, 복지 하부구조의 점검 및 구축사업, 복지연계를 위한 활성화사업 등이 지역사회조직활동에 포함된다.

제3절 사회복지사의 자질과 역할

사회복지실천을 위한 여러 가지 요인들 중 사회복지사의 자질과 역할은 매우 중요시된다.

사회복지사는 기본적으로 사회복지실천에 대한 지식과 정보를 바탕으로 클라이언트를 이해하고자 하는 노력이 필요하다.

1. 사회복지사의 자질

사회복지실천가인 사회복지사는 사회복지실천의 기초지식과 전문지식 외에 전문가로서 클라이언트에게 도움을 주기 위한 감정이입, 존중, 진실성이 있어야 하는데 이러한 사회복지사의 자질에 대하여 살펴보면 다음과 같다(Coumoyer, 2002).

① **감정이입** : 다른 사람의 주관적 경험에 의식적이고 의도적으로 참여하는 것이다. 즉, 감정이입은 다른 사람이 무엇을 어떻게 느끼고 있는지 그러한 타인의 느낌에 적극적으로 참여하는 것이다. 사회복지사는 감정이입을 통해 클라이언트와 관계를 발전시킬 수 있고 생산적으로 만들 수 있다.

② **존중** : 타인을 조건 없이 긍정적으로 바라본다는 뜻이며 타인을 통제하지 않으면서 따뜻함과 보호를 느끼게 하는 사회복지사의 태도이다. 만약 사회복지사가 클라이언트를 비판하거나 부정적 태도로 대한다면 효과적인 의사소통이 이루어질 수 없고 긍정적 원조관계 형성이 불가능할 것이다.

③ **진실성** : 인간관계에서의 성실성을 말한다. 진실한 사회복지사는 정직하며 방어적이지 않고 열린 마음을 가지고 생각과 느낌을 나누는 데 솔직하다. 사회복지사가 클라이언트를 진실하고 솔직하게 대할 때 클라이언

트는 사회복지사를 신뢰하게 되고 이를 바탕으로 효과적인 원조관계가 형성될 것이다.

또한 사회복지사가 전문적 통합성을 갖기 위한 자질로 정직성, 전문적 지식, 평생학습, 비판적 사고, 윤리적 의사결정, 자기이해, 타인에 대한 수용, 자기통제 등을 들 수 있으며 이를 구체적으로 살펴보면 다음과 같다(Coumoyer, 2002; 양정남 외, 2014).

① **정직성** : NASW(1996)에서는 '사회복지사는 부정직하거나 기만하거나 속임수를 써서는 안 된다'라고 윤리적 지침에 명시되어 사회복지사의 정직성을 강조하고 있다. 사회복지서비스를 전달함에 있어 정직성은 사회복지사의 신뢰성, 성실성, 공평성을 의미한다.

② **전문적 지식** : 전문적 지식은 전문직 사회복지사로서 갖추어야 할 기본적 자질이다. 우리나라에서도 대학교육협의회(2010)에서 사회복지를 전공하는 모든 학생들이 이수해야 하는 공통과목과 선택과목, 사회복지현장실습 등을 명시하였다.

③ **평생학습** : 사회복지현장은 빠른 속도로 변화하고 있으며 사회복지서비스에 적용하는 이론과 지식도 확장되고 있다. 이러한 정보와 기술의 변화는 사회복지사와 클라이언트에게 지대한 영향을 미친다. 따라서 사회복지사는 평생학습을 통해 전문직을 수행하여야 할 것이다.

④ **비판적 사고** : 사회복지사는 다양한 사람과 이슈, 다양한 사회복지현장에 적응하기 위해 명료하고 논리적·창의적인 사고가 필요하다. 미국대학교육협의회(CSWE, 1992)에서는 전문사회복지사로서 서비스를 제공할 때 비판적 사고기술을 적용하는 공인된 프로그램을 대학원 과정에 설치할 것을 권유하고 있다. 이처럼 사회복지사는 어려움에 직면해 있는 사람들을 원조하기 위해서 고도의 비판적 사고와 기술을 발전시켜야 하며 비

판적 사고와 기술은 실천에 필요한 정보의 신뢰성, 타당성, 관련성을 검증하는 데도 필수적이다.

⑤ 윤리적 의사결정 : 사회복지사는 전달하는 서비스의 법적·윤리적·도덕적 함의를 잘 고려하여야 한다. 즉, 사회복지사는 사회복지 윤리강령에 대해 잘 알고 있어야 하며 그 적용의 원칙에 대해서도 익숙해야 할 것이다. 또한 적용되는 원칙이 서로 상반되는 경우에도 윤리적 딜레마에 대해 대안을 예측할 수 있는 능력이 필요하다. 사회복지사는 전문가로서 전문가의 윤리와 가치, 의무에 대해 관심을 기울여야 한다.

⑥ 자기이해 : 다른 사람을 원조하는 데 있어 자신을 효과적으로 활용하기 위해서는 자기 자신에 대한 이해를 증진시켜야 한다. 사회복지실천은 자기 자신을 의식적이고 신중하게 활용하는 것을 포함하기 때문에 사회복지사는 사회복지의 지식, 태도, 기술이 전달되는 매개체가 되는 것이다. 즉, 사회복지실천은 의식적이며 의도적으로 사회복지사 자기 자신을 도구로 활용하여 클라이언트의 삶에 변화를 주는 활동이다. 만약 사회복지사가 자기인식이 부족하다면 자신의 미해결된 문제를 동료나 클라이언트에게 드러낼 수도 있다. 이러한 과정 속에서 사회복지사는 자신도 모르는 사이 해가 될 수도 있는 정서적·행동적 패턴을 보일 수 있다. 자기이해는 일생을 통해 지속되는 과정이다. 따라서 사회복지사가 자기이해를 증진하기 위해서는 상담, 슈퍼비전, 워크숍, 훈련강좌 등에 참여하여야 한다. 이러한 훈련과정을 통해 자기에 대한 인식과 이해를 개발하도록 연습하여야 한다.

⑦ 타인에 대한 수용 : 사회복지실천에서 타인에 대한 수용은 절대적으로 중요하다. 타인을 수용하는 능력은 그 사람이 가지고 있는 편견이나 차별과 관계가 있다. 사회복지사는 우리 사회의 편견적 태도나 차별적 행동을 초래하고 유지시키는 심리적이고 사회적인 힘을 초월해야 한다. 또한 외모나 배경, 태도, 행동 등의 차이점에 대해 관대해야 하며 타인이 가지고 있는 조건을 그대로 수용할 수 있어야 한다.

⑧ 자기통제 : 자기통제는 전문가로서 가져야 할 중요한 자질 중의 하나이다. 사회복지사는 클라이언트와 함께 또는 클라이언트를 대신하여 업무를 수행할 때 자신의 행동과 언어적·비언어적 표현을 적절히 통제해야 한다.

그 외 사회복지사는 교육, 주택, 건강, 여가선용에 대한 서비스, 소외된 청소년, 사회·경제적 조정, 노동관계, 소수집단의 고용, 그리고 아동보호 등을 포함한 여러 가지 사회적 행동에 중점을 두어야 한다. 이러한 차원에서 맥밀렌(McMillen)은 사회복지사의 자격요건으로 ① 좋은 인격을 갖추어야 하고, ② 사회복지욕구 및 추진방법을 결정하는 데 적용할 사실에 대한 지식을 갖추어야 하며, ③ 조사방법과 해석방법 및 사회사업의 각 분야에서 발달의 기준을 잘 알아야 하고, ④ 집단토의를 자극하고 집단행동을 유발시키는 기술을 갖추어야 한다고 하였다(McMillen, 1965; 표갑수, 2005). 언급된 사항을 토대로 사회복지실천을 위한 사회복지사가 갖추어야 할 기본적 요소 일곱 가지를 살펴보면 다음과 같다(표갑수, 2005; 김현호, 2015).

① 사회복지사는 사회·경제적 환경에서 클라이언트와 함께 일하며 이해할 수 있는 능력이 있어야 한다.
② 사회복지사는 사회복지 분야, 사회복지 자원, 그리고 지방 및 국가적 수준의 사회정책에 대한 지식이 있어야 한다.
③ 사회복지사는 사회복지실천, 사회조사 및 사회복지행정과 같은 여러 복지사업에 대한 이해가 있어야 한다.
④ 사회복지사는 클라이언트의 사회적 상호작용에 따른 기술적 이해가 필요하다.
⑤ 사회복지사는 사회복지를 실천하는 기술을 습득해야 한다.
⑥ 사회복지사는 성실성, 용기, 감정적 균형과 조정, 객관성, 자기훈련, 건전한 판단, 재치, 민감도, 융통성, 상상력, 차분함을 가져야 한다.

⑦ 사회복지사는 개인의 가치와 존엄성을 인정하면서 사회문제와 관련된 사실을 발견하고 욕구의 우선순위를 결정하며, 사회행동을 위한 방법 등에 대해서 지원해야 한다.

2. 사회복지사의 역할

1) 기능수준에 따른 사회복지사의 역할

사회복지실천의 변화에 호응할 수 있는 사회복지사의 역할은 현실적으로 중요하게 요구된다. 무엇보다도 전문사회복지사는 사회복지의 실천모델에 따라 강조하는 역할이 조금씩 상이한데 이는 여러 가지 사회적 조건에 의해서 영향을 받을 수 있기 때문이다.

헵워스, 루니와 라슨(Hepworth, Rooney & Larsen, 1997)은 업무의 특성에 따라 ① 직접서비스 제공자, ② 체계를 연결하는 역할, ③ 연구자・조사활용자, ④ 체계유지 및 강화역할, ⑤ 체계개발 역할로 나누어 분류하였다.

이를 정리하면 〈표 6-8〉과 같다.

〈표 6-8〉 **사회복지사의 업무 특성에 따른 역할**

기 능	주요 역할	역할의 예
직접서비스 제공하기	클라이언트에게 직접서비스 제공	상담가, 가족치료사, 집단사회복지사, 정보제공 및 교육자
체계와 연결	클라이언트를 다른 체계와 연결하는 역할	중개자(연결자), 사례관리자/ 조정자, 중재자(조정자), 클라이언트 옹호자(대변자, 변호자)
연구 및 조사하기	개입의 방법을 선택하고 효과성을 평가하기 위하여 연구 및 조사를 수행하는 역할	프로그램 평가자, 조사연구자

체계유지 및 강화하기	서비스 전달 시 효율성을 떨어뜨리는 기관의 정책, 기능적 관계기관 평가	조직분석가, 팀성원 촉진자, 자문가
체계개발하기	기관의 서비스를 확대·개선하기 위해 체계 개발에 관련된 역할 수행	프로그램 개발자, 옹호자, 정책과 절차 개발자, 기획가

출처 : 구금섭 외(2013).

또한 개인수준에 따라 ① 미시적 차원의 역할(개인/ 가족), ② 중범위 차원의 역할(조직/ 공식적 집단), ③ 거시적 차원의 역할(지역사회/ 사회), ④ 전문가 차원의 역할(사회복지전문가 집단)로 분류할 수 있으며 이를 정리하면 〈표 6-9〉와 같다.

〈표 6-9〉 **사회복지사의 개입수준에 따른 역할**

기 능	주요 역할	역할의 예
미시적 차원의 역할 (개인/ 가족)	클라이언트가 처한 문제를 잘 극복할 수 있도록 도움	조력자, 중개자, 옹호자, 교사, 서비스 제공자, 행동변화유발자, 상담가/ 임상자, 사례관리자, 현장활동가, 평가자, 보호제공자, 교육자
중범위 차원의 역할 (조직/ 공식적 집단)	기관 내부의 상호작용이나 조직 차원에서의 전문성을 개발	촉진자, 중재자, 훈련가, 조정행정가, 자문가, 업무량관리자, 직원개발자, 정보관리자, 행정가, 조정자/ 통합자, 관리자, 협상가
거시적 차원의 역할 (지역사회/ 사회)	지역사회 문제를 해결하고 사회적 불평등을 줄이기 위한 역할	계획가, 행동가, 현장개입가, 사회변화 대행자, 자원동원가
전문가 차원의 역할 (사회복지전문가 집단)	이론과 실천을 바탕으로 전문직이 제공하는 서비스를 발전시키는 역할	동료, 촉매자, 연구자/ 학자, 자료수집가/ 자료관리자, 평가자/ 분석가

출처 : 구금섭 외(2013).

이상의 사회복지의 역할 중 일반적인 역할에 대하여 자세히 살펴보면 다음과 같다(김현호 외, 2015).

① **안내자(guide)의 역할** : 클라이언트의 문제를 인식하게 하고 문제해결에 따른 올바른 목표를 설정하고 목표에 도달하도록 도와주는 역할이다. 문제해결을 위한 방향과 방법을 선택하는 것은 클라이언트 자체의 노력이어야 하며 이러한 경우 사회복지사는 자기의 목적을 위해 클라이언트를 이용하거나 조정하거나 조치를 강요해서는 안 된다(표갑수, 2005). 안내자로서의 사회복지사는 객관적인 입장을 견지해야 한다.

② **조력자(enabler)의 역할** : 클라이언트 사회 내에 있는 사회조직의 과정을 용이하게 하는 역할이다. 조력자는 개인, 가족, 또는 집단이 자신들의 욕구와 문제를 규명하고 해결방안을 강구 및 적용하고 문제를 보다 효과적으로 다루는 능력을 개발하도록 원조하고, 그리고 환경의 변화를 위해 직간접적으로 지원한다.

③ **전문가(expert)의 역할** : 전문가로서 자신의 권위를 지니고 객관적인 자료를 제공하며 직접적인 충고와 조언을 하는 역할이다. 전문가는 사회단체가 사업을 운영하는 데 필요한 조사자료, 기술적인 경험, 자원에 관한 자료, 그리고 방법상의 조언 등을 제공한다(표갑수, 2005).

④ **치료자(therapist)의 역할** : 사회 내의 진단을 통해 성격과 특성을 제시하여 클라이언트의 문제에 대한 성격을 이해시키고 해소할 수 있도록 치료하는 역할이다.

⑤ **분석가(analyst)의 역할** : 사회문제에 대한 자료를 수집 및 분석하고 가장 합리적인 대처방안에 대한 의사결정을 할 수 있도록 분석하는 역할이다. 분석가는 사회의 문제와 욕구에 대한 정확한 조사를 근거로 분석가의 역할을 수행한다. 분석 영역은 사회문제에 영향을 미치는 요인 분석, 프로그램의 과정 분석, 계획수립 과정의 분석, 그리고 성과에 대한 평가를 위한 기초조사 분석 등이 있을 수 있다.

⑥ 중재자(mediator)의 역할 : 견해가 다른 개인 또는 집단 사이의 의사소통을 향상하고 타협할 수 있도록 돕는 역할로 클라이언트와 서비스 제공자 사이에 일어날 수 있는 논쟁 관리, 중립을 유지하며 논쟁에서 어느 한쪽의 편을 들지 않고 서비스 전달과정에 존재하는 장애물을 제거한다. 중재자는 위치를 분명히 하고 양측의 입장을 명확히 확인한다.

⑦ 사례관리자(case manager)의 역할 : 클라이언트의 욕구를 평가하고 서비스를 연결·조정해 클라이언트가 서비스를 제공받을 수 있도록 개입하는 역할로 옹호나 조정 가능성을 파악하는 일에서부터 기술적으로 지원을 하거나 서비스를 연계하고 수행하기 위하여 직접 개입을 하는 일까지 다양한 방법으로 가능하다. 클라이언트를 다른 체계에 의뢰할 때 클라이언트의 욕구사정, 서비스 전달조정, 서비스를 제공·보장한다.

⑧ 계획가(planner)의 역할 : 사회의 사실발견과 분석의 결과를 토대로 계획을 수립하게 되는데 이러한 과정에서 누가, 무엇을, 어떻게 접근할 것인지 체계적인 계획을 수립하는 역할이다. 계획가는 법적·공간적·재정적, 그리고 인적·물적 등의 기술적인 면을 고려해서 계획을 세워야 하며 윤리적인 면도 중시된 계획을 세워야 한다.

⑨ 조직가(organizer)의 역할 : 실천과정에서 단체나 모임에 조직의 틀을 만들어 주며 행동체계를 적절히 참여시키는 역할이다. 조직가는 사회 내에 있는 집단이나 단체들을 계획의 수립과 추진과정에 참여시키기 위해서 그들의 역할을 분명히 해주어야 한다. 또한 역할을 효과적이고 효율적으로 수행할 수 있도록 훈련시키는 역할도 조직가의 역할이다.

⑩ 행정가(administrator)의 역할 : 사회복지 프로그램을 계획부터 목표 달성까지 효율적이고 효과적으로 하기 위해 인적·물적 자원을 관리하는 역할이다. 특히 행정가가 유의할 점은 프로그램을 운영하는 규칙과 절차상에 있어서 항상 목표를 유념해야 하고 지나치게 형식적인 면을 강조하지 않고 융통성을 발휘해야 한다는 것이다. 또한 프로그램을 진행하다

보면 예상치 못하는 여러 가지 행정적 문제가 발생할 수 있으므로 문제에 대해서 능동적으로 대처할 수 있는 통찰력과 기술력이 있어야 한다.

⑪ 중개자(broker)의 역할 : 복지욕구가 필요한 대상자와 사회자원을 연결하는 역할이다. 중개자는 자원의 공정한 배분이 이루어지도록 노력하고 대상자가 인간의 존엄성을 유지할 수 있도록 지원한다. 따라서 사회자원체계에 대한 이해가 필요하고 대상자와의 관계형성이 이루어지도록 지원한다.

⑫ 옹호자(advocator)의 역할 : 필요한 정보를 도출하여 클라이언트의 입장에서 정당성을 주장하면서 기관의 입장에 도전할 목적으로 지도력과 자원을 제공하는 역할이다. 옹호자는 개인, 집단, 그리고 지역사회 수준에서 그들의 입장을 대변하여 권리와 존엄성을 위해 노력한다.

⑬ 행동자(activist)의 역할 : 사회정의와 평등에 입각해서 모든 인간이 인간으로서의 기본적인 권리를 행사할 수 있도록 행동중심의 활동을 하는 역할이다. 즉, 지역단체와 함께 지역사회의 환경의 개선하고 서비스를 요구하기 위해 집단행동에 있어서 리더십을 발휘하여 행동에 동참하는 것이다.

⑭ 교육자(educator)의 역할 : 대상자에게 정보를 제공하고 적용기술을 가르치는 역할이다. 교육자는 부모역할기술, 스트레스 관리 방법, 그리고 집단토의 방법 등 사업의 목표를 어떻게 달성할 것인가를 교육한다.

⑮ 협상자(negotiator)의 역할 : 특정인이나 단체의 편에 서서 관계 당사자 사이의 이견과 논란을 해결하는 역할이다. 협상자의 역할을 수행할 때 유의할 점은 자신이 대상자의 위임을 받은 사실을 확실히 하고 객관적인 입장에 서서 협상에 임해야 하는 것이다.

2) 사회복지실천현장에서의 사회복지사의 역할

일반적으로 사회복지실천현장에서의 사회복지사의 역할은 사회적 문제 유형의 대상을 중심으로 형성된 실천분야와 기관의 형태에 따라 특성화된다.

(1) 사회복지조직에서의 사회복지사의 역할

① **조직에 대한 이해와 효율적 기관운영을 위한 업무** : 사회복지사는 자신이 속한 기관의 목적, 조직체계, 서비스 전달 방식 등 기관의 조직적 특성을 이해해 필요할 때 클라이언트에게 이를 정확하게 전달할 수 있어야 한다.

② **업무량 관리 및 자기개발** : 제한된 시간에 많은 양의 업무처리를 위해 효율적인 업무관리가 필요함과 동시에 전문가로서 전문지식과 기술을 개발하기 위한 계속적인 노력 및 업무와 관련된 부정적 스트레스에 효과적으로 대처할 수 있는 대처기술을 익혀야 한다.

③ **프로그램 개발과 모금** : 사회복지사는 클라이언트에게 필요한 프로그램을 보완・개발해 한정된 자원을 효율적으로 사용하고 정부보조금 신청 및 기금조성, 후원자 개발을 위한 마케팅 전략의 업무도 필요하다.

④ **기관들 간의 협조와 연계업무 및 지역사회와 협조업무** : 지역사회복지기관들 사이에 서로 자원과 정보를 공유해 서비스의 중복을 줄이고 부족한 서비스 개발에 힘써야 한다. 또한 지역의 환경적 맥락을 고려하고 주민들의 관심사와 의식, 지역문제 등 지역사회 조사업무를 수행함으로써 지역사회의 복지에 힘써야 하며 지역사회 구성원이 자원봉사자나 후원자로서 기관과 협조적 관계를 유지할 수 있도록 해야 한다.

(2) 실천현장별 사회복지사의 역할

① 공공기관에서의 역할 : 사회복지 전문요원의 업무

일반 공무원으로서 사회복지 행정업무를 담당하고 있는 행정적 사회복지 공무원을 제외한 공공영역의 사회복지 인력으로는 생활보장업무를 주로 담당하는 사회복지 전문 요원과 공공복지 서비스를 담당하는 아동복지 지도원, 노인복지 상담원, 장애인복지 지도원, 모자복지 상담원 등이 있다. 공공기관에서 사회복지 전문 요원의 업무를 정리하면 〈표 6-10〉과 같다.

〈표 6-10〉 **공공기관에서의 사회복지 전문 요원의 업무**

업무분야	수행업무
생활보호	생활보호 대상자의 조사와 보호의 결정에 관한 사항, 보호금품의 지급 등 생활보호 대상자의 생계보호를 위한 업무 직업훈련・생업자금융자・위업알선 등 생활보호 대상자의 자립지원을 위한 업무, 생활보호대상자에 대한 개별 상담과 사후관리, 기타 생활보호 대상자를 위한 후원금품의 모집과 후원자의 알선
아동복지	요보호아동에 대한 조사와 보호의 결정에 관한 사항, 아동상담지도 등/ 후원자 개발 등을 위한 업무
노인복지	요보호노인에 대한 조사와 보호의 결정에 관한 사항, 재가노인복지사업/ 노인시설보호조치
장애인복지	장애인 실태조사 등록 및 보호의 결정에 관한 사항/ 장애인에 대한 지원, 장애인에 대한 상담지도와 장애인 시설입소, 직업훈련, 취업 등 알선
모자복지	모자가정 실태조사/ 모자가정의 상담지도/ 모자가정보호에 관한 지원

출처 : 구금섭 외(2013).

② 사회복지서비스 기관에서의 역할

가. 생활시설에서의 역할

생활시설에 거주하고 있는 클라이언트는 시설 보호를 필요로 하는 특수한 욕구를 가진 경우가 많기 때문에 생활시설의 사회복지사는 단순한 시설 내 보호 수준에서 벗어나 클라이언트의 치료, 재활, 사회복귀 과정에 필요한 개별화된 서비스를 제공하는 역할을 수행해야 한다. 이를 위해 클라이언트의 개별적 욕구를 파악하며 클라이언트의 기능에 적합한 서비스와 활동을 체계적으로 관리하는 서비스를 제공하기 위해 사회복지사는 대상의 특성과 문제유형에 적합한 다양한 생활 훈련 및 사회 적응 프로그램 또는 재활 및 사회 복귀 서비스를 개발하고 필요한 인적·물적 자원을 확보하는 역할도 담당한다.

나. 이용시설에서의 역할

지역사회 내 개인이나 가족을 대상으로 직접적인 서비스를 제공하거나 서비스를 연결하고 교육하는 역할을 수행한다. 그리고 프로그램의 효율적 운영과 관리를 위한 방안이나 운영 구조개선 등을 통해 조직의 기능을 활성화시키는 역할과 서비스 제공의 질을 향상시키기 위한 직원 교육과 슈퍼비전, 자원봉사자 교육과 같은 기관 내 인적 자원의 개발과 관리를 위한 기능을 수행한다.

다. 분야별 역할

• 아동복지 분야

아동복지 분야에서 일하는 사회복지사가 효과적인 조력자의 역할을 수행하기 위해서는 아동의 욕구에 적합한 태도와 기술이 요구된다. 즉, 아동의 발달단계의 적합한 언어와 행동을 이해하고 아동에게 효과적인 면접기술과 놀이를 통한 의사소통 방법을 개발하고 필요한 도구를 준비해야 한다. 이때 사회복지사는 아동기의 핵심적 특성인 안정감을 줄 수 있는 지지자로서 부모와의 정상적인 관계를 맺을 수 있도록 중개하는 역할이 필요하다.

• 청소년 복지 분야

청소년과 함께 일하는 사회복지사는 불안정하며 다양한 변화를 체험하는 청소년기의 특성을 이해하는 것이 중요하다. 청소년의 특성과 욕구를 파악하고 이를 기초로 청소년의 개인적 성장과 사회적응 과정을 도울 수 있는 프로그램을 개발하는 것이 매우 중요하다. 특히 활동적인 청소년의 특성을 살린 체험 프로그램이나 또래집단을 활용한 집단 프로그램이 유용할 수 있다.

• 노인복지 분야

노인이 인간다운 생활을 영위하면서 자기 자신이 속한 가족과 사회에 적응하고 통합할 수 있도록 필요한 자원과 서비스를 제공하는 역할을 수행하며 이를 위해 이용 가능한 인적·물적 자원을 지원하고 사회적응에서 나타난 문제를 해결해 주며 나아가 개인의 발전을 위한 공적·사적 차원에서의 전문적 활동을 수행한다.

• 여성복지 분야

여성복지 분야에서 사회복지사는 공공 혹은 민간복지기관에서 정책과 프로그램 개발, 서비스 전달, 상담, 자원연결, 옹호 등의 활동을 하게 된다. 기존의 여성복지 서비스는 요보호 여성을 주 대상으로 하였기 때문에 여성복지 기관의 사회복지사도 요보호 여성을 위한 활동에 치우쳐 있었다. 하지만 여성복지의 대상 범위가 확대됨에 따라 일반 여성의 삶의 질 향상에 기여할 수 있는 다양한 정책 및 프로그램의 개발과 서비스 전달의 업무를 담당하게 된다.

• 장애인복지 분야

장애인의 지역 내 보호와 적응능력을 준비시켜 지역사회에 참여하며 함께 살아갈 수 있도록 하는 역할이 주 기능이다. 지역의 아동부터 노인까지 생애주기별로 각각 요구되는 필요에 따라 재활서비스의 제공과 제반 여건을 만들어 가는 일들을 담당한다. 이는 교육, 의료, 직업, 사회심리, 지역사회 재가복지 프로그램의 재활서비스와 사회교육, 홍보, 인식개선, 자원동원가로서의 역할을 수행한다.

③ 이차현장에서의 사회복지사의 역할

사회복지전문기관은 아니지만 기관의 활동이 사회복지서비스에 긍정적인 영향을 미치는 기관이므로 사회복지사의 역할이 보조적으로 제한되는 경우가 일반적이며 다 학문 간 팀 협력을 위한 기술과 훈련이 중요하다.

가. 학교사회복지

학교에서 개별 심리상담이나 집단 활동 프로그램으로 학생들의 심리적·사회적 기능을 향상하는 조력자의 역할과 학교와 가정, 지역사회와의 연계를 통한 다양한 인적·물적·제도적 자원을 활용하도록 돕는 중개자 역할을 한다.

나. 정신건강사회복지

보건 및 병원에서 정신적·정서적 장애로 어려움이 있는 클라이언트와 가족에게 치료와 재활에 필요한 정보를 제공하고 서비스에 대한 교육을 담당하는 활동과 치료환경을 개선하기 위한 가족상담 및 후원개발들의 활동, 퇴원 이후 사회복귀문제나 경제적 문제를 해결하기 위한 조력자의 활동 등을 한다. 또한 정신질환문제가 발생했을 때 조기에 개입해 도와주며 예방활동을 하면서 국민 정신건강을 증진하는 사회복지실천 활동을 한다.

다. 교정사회복지

클라이언트가 저지른 비행행위에 대한 원인을 밝히고 문제의 요인을 제거하기 위한 상담과 교육을 실시하고 사회에 적응할 수 있도록 필요한 자원을 연결해 주는 등의 활동을 한다.

라. 의료사회복지

의료시설에서 환자와 그 가족의 심리적·정신적·사회적·경제적 제반 문제들에 관심을 갖고 의료진과 협력하에 치료 과정에 개입함으로써 의료서비스가 보다 효과적으로 제공되도록 돕는 역할과 클라이언트 개인의 심리사회적 적응이나 사회복구의 문제 또는 경제적인 문제를 해결하기 위한 조정자 및 중개자의 역할과 클라이언트와 가족에게 치료 및 재활을 위해 필요한 정보와 서비스에 대하여 교육을 담당하는 교사로서의 역할을 수행한다.

마. 산업(기업)사회복지

기업의 직간접적인 지원을 통해 근로자와 그 가족의 물질적이고 정신적인 복지를 증진하기 위하여 근로자의 생활 및 심리적 안정을 도모하고 노동력의 안정적 확보/ 유지, 근로의욕 증대 및 생산성 향상, 노사관계의 안정 도모, 기업의 사회적 이미지 제고를 위한 사회복지실천 활동을 한다.

바. 군사회복지

군대 내의 의무직에 속하며 혼자의 상담과 복귀의 복지업무를 담당한다. 병과분류 764 의무병과 의무행정사회사업으로 분류된다.

Chapter 7

사회복지실천의 관점–환경 속의 인간 관점

제1절 사회체계이론

제2절 생태체계적 관점

제3절 강점관점

Chapter 07

사회복지실천의 관점-환경 속의 인간 관점

사회복지실천의 관점은 클라이언트체계의 문제를 명료화하고 효과적으로 해결할 수 있는 접근방법을 조망하는 분석틀로서 다양한 상황분석에 사용된다. 이러한 관점을 토대로 사회복지사는 클라이언트와 사회문제를 설명하고, 문제를 해결하는 행동이나 변화를 위한 지침, 개입의 결과를 예측할 수 있다. 실제로 사회복지사는 클라이언트의 문제를 해결하기 위해 현장에서 사회복지실천에 활용할 수 있는 다양한 이론과 관점, 모델 및 접근들 중에 어떠한 이론적인 틀을 적용시켜야 할지를 결정해야 한다(Miley, O'Melia & Dubois, 1998; 전재일 외, 2016).

사회복지실천은 사회적인 상황의 변화에 따르는 다양한 이론들과 경험적 실천에 입각하여 유지되어 왔으며, 사회복지사들은 주로 심리적, 사회체계이론, 정신분석, 행동주의, 인본주의 및 생태체계적 관점 등에서 나온 원칙들을 적용하고 있고, 최근에는 사회체계이론, 생태체계적 관점, 강점관점에 관한 관심이 높아지고 있다.

제1절 사회체계이론

1. 사회체계의 개념

사회체계론적 접근방법은 통합적 사회복지의 한 방법론으로서 다양한 이론 중 일반체계이론의 기반 위에 시도되고 있다. 일반체계이론은 1937년 루드비히 폰 베르탈란피(Ludwig Von Bertalanffy)에 의해 개발되었다. 베르탈란피는 물리학의 폐쇄체계(closed system) 개념에 대하여 연속선상의 여러 체계형태 중 한 극단적 형태에 불과하며, 보다 더 복합적이고 발달한 수준의 형태로서 개방체계(open system) 개념의 우월성을 주장하였다(이종복 외, 2010).

사회복지에 있어서 사회체계론적 접근방법은 사회를 하나의 체계로 생각하는 체계이론을 사용하여 사회복지의 전통적 모형, 즉 개인, 가족, 소집단 및 지역사회 등을 크기가 서로 다른 체계로 보아 과거 전통적 방법들의 기초가 되는 지식, 기술 및 가치관의 유사성을 알게 됨으로써 세 가지 방법에 모두 타당한 일반적 원리와 실천모형을 제시하려는 것이다(전재일 외, 2016).

외부로부터 단절되어 있는 폐쇄체계의 개념을 인간에게 적용을 하면 유전자나 육체적 특질과 과거의 경험 등이 인간의 행동들을 결정한다고 보게 되지만, 개방체계의 개념으로 적용해 볼 때는 외부세계와의 끊임없는 에너지와 자원들의 교환에 의하여 안정된 상태(steady state)를 유지하게 되는 동시에 변화와 발전이 가능성 있는 존재로서 인간을 보게 된다(Meyer, 1983; 이종복 외, 2010).

이러한 사회체계에는 가족, 지역사회, 조직, 사회 및 문화가 포함될 수 있으며, 그 체계의 하위단위들과 비교적으로 안정이 된 사회계층의 모형들 내에서 부분적으로 관련이 되어 있다. 즉, 어떤 사회체계는 단일한 실체들을 함께 구성하여 상호 연관된 활동들의 어떤 한정된 장이다. 사회복지에 보통 기여하게 되는 실체들, 즉 개인, 가족과 단체를 포함한 소집단, 그리고 이웃(neighborhood)과 지역사회와 같은 복잡한 체계들은 모두 어떤 공통적 성질을 가진 체계로 간주할 수 있다(전재일 외, 2016).

사회체계(social system)에 대한 기능주의의 이론에 의하면 사회는 하나의 전체이고, 그 전체는 여러 가지의 부분 혹은 요소(parts of elements)로 구성이 되어 있다고 본다. 사회체계이론은 처음 베르탈란피에 의하여 1940년대에 제시되었으나 1960년에 와서야 주목을 받기 시작했다. 이 이론에서 체계(system)는 상호의존적이고 상호작용하는 부분들로 구성된 전체, 즉 '부분 간에 관계를 맺고 있는 일련의 단위들'로 정의된다(양옥경 외, 2005; 이종복 외, 2010).

즉, 사회체계는 가족과 소집단, 지역사회를 포함하며, 학교와 교회 그리고 사회기관과 같은 다양한 사회단체들을 포함한다. 그러므로 모든 사람들은 가끔 갈등적인 요구를 가진 여러 가지 큰 체계에 속해 있다. 이러한 체계들은 각 개인의 환경의 일부가 되며, 사회복지사들은 이러한 체계의 요구를 환경적 요구라고 한다(Johnson & Yanca, 2001). 사회체계이론은 이러한 체계를 이해하고 체계의 욕구를 확인하는 수단을 제공한다(전재일 외, 2016). 따라서 사회체계는 개개인의 집단 혹은 집합체가 여러 가지 요소 간의 균형관계에 의하여 성립하는 체계로서 사회복지에 보다 적합한 접근방법이라 할 수 있다.

2. 사회체계의 특성

체계의 정의에 대하여 버클리(Buckley)는 "상호작용하는 요소들의 총체" 또는 "구성요소들의 역동적인 상호 연관성"이라고 하였고, 라포포트(Rapoport)는 "부분 간의 상호 의존성에 의해 전체로서 기능하는 전체"라고 했다. 이 정의에서는 '총체성(wholeness)'과 '상호 연관성(interrelatedness)'의 개념을 도출할 수 있다(이종복 외, 2010).

이들 정의에서 체계이론의 두 가지 특성들이 나타나 있는데, 즉 전체와 상호 의존성에 대한 관심이다(Leighninger, 1978). 첫째, 관심으로 규정된 한계의 문제이다. 즉, 무엇이 체계의 부분이고 무엇이 부분이 아닌가의 문제이다. 여기서 체계의 한계 밖에 있는 것이 '환경'이다. 둘째, 관심과 관련된 상호 의존성으로 나타난 항상성의 문제이다. 특히 체계의 구성요소들의 관련성을 특징짓는 중요한 과정은 '항상성'이다(전재일 외, 2016).

상호성의 원칙은 일반체계이론 개념 중에서 사회복지실천에서 가장 많이 활용되는 원칙으로 '항상성(homeostasis)'의 개념과도 연관되어 있다. 체계는 외부 환경과의 상호작용하는 과정에서 체계의 유지에 필요한 에너지의 투입(input)을 받아 변환(through-put)시키고, 환류작용(feed back)에 의한 자체의 '동적 균형상태(dynamic equilibrium)'가 유지되도록 하는 목적지향성을 갖는다. 이러한 동적 균형상태가 항상성의 개념이고, 이와 같은 상태를 유지하게 하는 체계의 원칙이 바로 상호성이다. 특히 체계가 변화해 나가는 경로의 원칙으로서 동일결과성(equifinality)과 다원적 결과성(multifinality)의 개념이 있는데, 동일결과성은 시작 상태가 다르고 상이한 경로를 거치더라도 결과적으로 동일한 상태에 이를 수 있다는 원칙이고, 다원적 결과성은 유사한 상황으로부터 시작하더라도 상이한 결과를 낳을 수 있다는 개념이다(김융일 외, 1995 : 84).

사회체계이론은 인간을 통합된 하나의 전체로 간주하는 전체적 인간관을 갖고 있으며, 인간행동은 환경과의 역동적 상호작용의 산물로 본다(양옥경 외, 2005; 이종복 외, 2010).

사회체계의 모든 체계는 에너지와 에너지의 교류로 구성되어 있으며, 한 체계를 이루는 구성요소 간의 균형을 유지하는 특성이 있다.

① **교류** : 사회체계의 모든 체계는 에너지와 에너지로 구성되어 있다. 이들 에너지의 과정이 보다 천천히 장기간 교류하고 비교적 정적인 것으로 나타날 때 구조적인 것이라고 하며 비교적 빠른 속도와 짧은 기간의 과정들은 동적인 것이라 한다. 그러므로 체계의 기본적 개념은 전체와 부분, 한계의 중요한 과정을 추진시키는 정보교환의 문제에 관심을 기울이게 된다.

② **균형** : 사회체계는 한 체계를 이루고 있는 구성요소 간의 상호 의존관계로 인하여 한 부분에 변화가 일어나며 체계의 다른 부분에서도 변화를 일으키게 된다. 이러한 부분요소의 변화 때문에 체계자체의 존속이 위협을 받지 않도록 하기 위해서는 어느 한 부분의 변화가 요소의 다른 부분의 변화로 발전됨으로써 평형을 유지하게 된다.

제2절 생태체계적 관점

생태체계관점이란 흔히 생태체계론(ecosystems), 생태적 체계론(ecological systems), 생태적 관점(ecological perspective) 등과 호환되어 사용되는 용어로, 체계이론(Bertalanffy, 1967)과 생태이론(Auerswald, 1968)이 결합된 것이라 할 수 있다. 브론펜브레너(Bronfenbrenner, 1979)는 인간발달과정을 분석하는 가운데 체계론적 관점을 확대하여 '생태적 체계(ecological system)'라는 용어를 사용하였고, 이 용어는 저메인과 기터만(Germain & Gitterman, 1980)이 생활모델이라는 사회복지실천모델을 제시하는 가운데 생태체계모델(eco-systemic model)을 도입하면서 사회복지실천에 자리잡게 되었다(엄명용 외, 2009; 김혜영 외, 2015).

따라서 인간과 그들 환경과의 적합성과 그로 인해 발생하는 인간의 다양성들을 이해하는 것이 사회복지사의 핵심적인 지식체계가 된다(Miley, O'Melia & Dubois, 1998). 최근 사회복지사는 인간의 행동, 환경 및 그 다양성을 이해하여 클라이언트에게 도움을 주기 위해 생태체계적 관점들을 활용하고 있다(전재일 외, 2016).

1. 생태체계적 관점의 개념

생태체계관점은 사회복지실천에서 1980년대에 주목을 받았다. 생태체계관점은 개인을 하나의 체계로 보고, 사회환경을 또 다른 하나의 체계로 보며 관점을 생태학적으로 인간과 사회환경 사이의 적응과 상호작용으로 바라봄으로써 사회체계적인 관점과 생태학적인 관점을 통합한 것이다. 이 관점은 인간과 환경의 공유영역에서 일어나는 상호작용과 상호관계를 강조함으로써 환경 속의 인간을 강조한다(양옥경 외, 2005; 이종복 외, 2010).

생태체계적 관점은 인간의 반응과 환경 사이에 불균형이 발생할 때 욕구는 충족되지 않는다. 인간이 이용할 수 있는 자원이 불충분하거나 또는 환경과 부적합한 상태가 되는 것은 사람과 환경 사이에 동의와 조화가 결여되기 때문이다(전재일 외, 2016). 생태체계관점을 반영하여 사회복지실천에서 유용하게 사용될 수 있는 도구가 생태도인데 동일한 삶의 공간 내에 존재하는 상호 관련되어 있는 체계들을 찾아내어 그 체계들끼리 영향을 주고받는 양상들을 그린 실천도구이다. 생태도에는 개인 또는 가족체계와 주변 관련 체계들 사이에 발생하는 자원과 에너지의 유입 및 유출상황, 갈등상황, 관계상황 등이 기록되는데 하나의 생태체계 내에 함께 존재하며 상호작용하는 개인과 주변 환경체계의 관계를 보여준다. 생태체계 내의 역사적·문화적 배경 속에서 개인을 중심으로 영향을 미치는 각종 체계들을 그리면 |그림 7-1|과 같다.

|그림 7-1|은 하나의 생태체계 내에 함께 존재하며 상호작용하는 개인과 주변 환경체계의 관계를 간략하게 보여주는 생태도이다.

문화적 배경 속에 개인을 중심으로 개인생활에 영향을 미치는 가족상황은 중앙에 원으로 표시하고 그 안에 가족구성원을 그려 넣는다. 개인에게 가장 큰 영향을 미치는 가족 주변에는 각종 크기의 원들이 그려지고 가족 주변의 작은 원에는 학교, 친구, 사회복지시설, 여가시설, 종교기관, 부모의 직장 등이 표기될 수 있다. 이렇게 상호작용하는 요소들이 확인되면, 이 요소들 사이의 관계

양상이 선으로 연결된다. 이 선들은 체계들 사이의 연결 여부와 연결의 성격을 동시에 나타낸다.

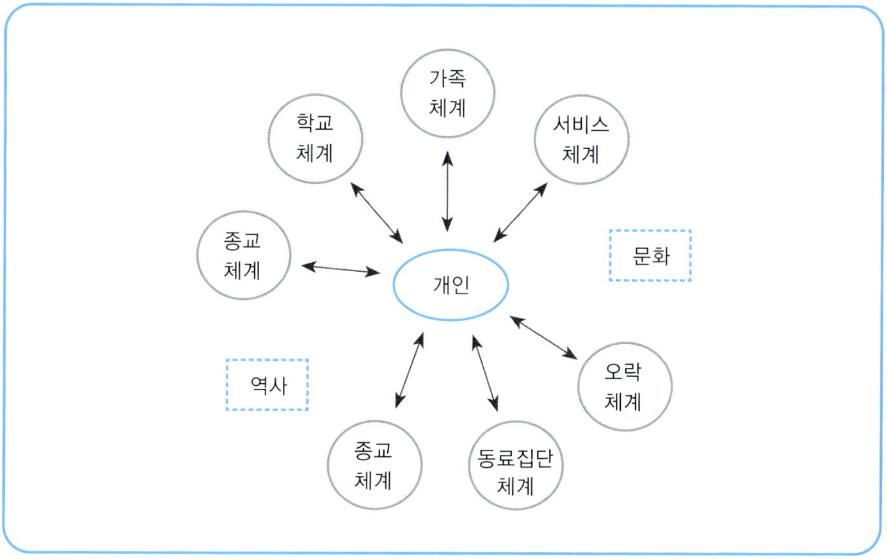

|그림 7-1| **생태체계의 관점**

출처 : 엄명용 외(2009).

대개 직선 또는 굵은 실선으로 연결되어 있는 경우 체계들 사이의 관계가 중요하고, 강하며 긍정적임을 나타낸다. 점선으로 연결되어 있는 경우는 관계가 미미하고 약함을 나타낸다. 실선 위에 톱니 모양의 선을 추가하거나 실선 위에 작은 사선들을 평행으로 그려 넣은 것은 충돌관계 또는 긴장이 많은 관계를 나타낸다. 각 선을 따라서 에너지나 정보의 이동 방향을 화살표로 그려 넣을 수 있다. 이러한 과정을 거쳐 완성된 생태 지도를 살펴보면서 사회복지사는 개인, 또는 개인이 속한 가족과 주변 환경 체계들 간의 상호작용, 상호의존성, 적응성, 개인 대 환경 간의 적합도를 높이기 위해 변화되어야 할 체계 및 변화의 방향 등에 대해서 검토해 볼 수 있다(엄명용 외, 2009).

사회복지실천에 있어서 생태체계적 관점은 사정을 위한 통합된 관점으로 보는 모델로서 환경이 인간에게 미치는 영향을 보는 방식과 인간이 환경에 미치는 영향의 방식들을 보는 준거틀을 제공하며 포괄적인 방법으로 적용된다. 이러한 준거틀의 보편성과 유용성을 나타내면 |그림 7-2|와 같다.

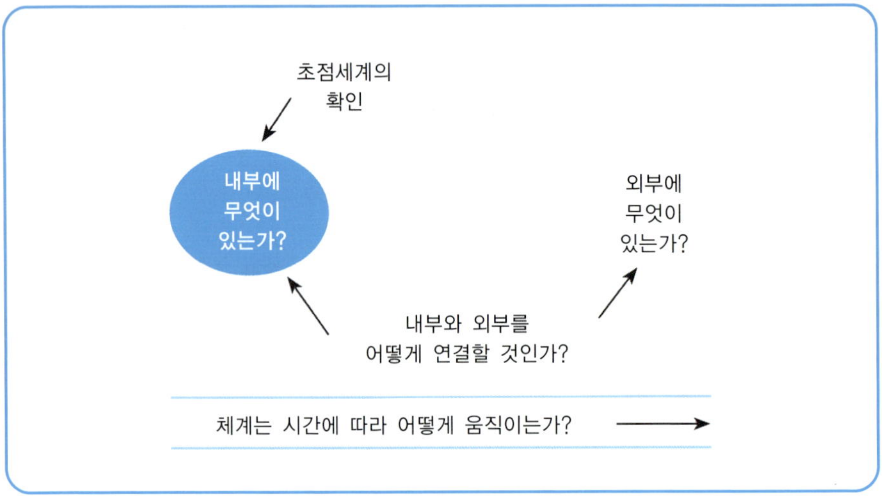

|그림 7-2| 생태체계의 준거틀

출처 : 전재일 외(2016).

2. 생태체계적 관점의 특성

사회복지사의 활동이 인간과 그들의 상황에서 얼마만큼 논리적으로 일을 하고 있는가는 인간행동을 어떻게 인식을 하고 있는가에 따라 다를 것이다. 만약 사회복지사가 인간이 갖고 있는 강점들과 취약점들을 발전시키는 생태체계모델을 지지한다면, 클라이언트의 성장과 변화를 지지하는 방향으로 개입을 할 것이다. 이와 같이 생태체계관점은 클라이언트와 환경체계 둘 다의 변화와 유지를 위하여 인간행동에 관한 지식을 적용한다(전재일 외, 2016).

생태학적 관점에서는 '환경 속의 인간'이라는 전체적 인간관을 가지고 있으며, 인간은 사고, 감정, 행동을 가진 생물학적·심리학적·영적·사회적·문화적 존재로서 환경을 구성할 뿐 아니라 환경에 의해 영향을 받는 상호 교환적인 위치에 있다(Meyer, 1983). 생태학적 관점에서는 사람들이 가족, 친구, 직장, 종교 등 그들 주변의 다양한 체계와 끊임없이 상호작용함을 전제하고 있고, 인간과 환경은 지속적인 상호작용과 상호 교환을 통해 서로에게 영향을 미치고 상호적응하는 호혜적 관계를 유지한다고 보는 시각을 가지고 있다(김혜영 외, 2015).

인간행동을 기술하고 실천에 접근을 하게 되는 하나의 방법으로서 생태체계적 관점은 첫째, 이 관점이 가지고 있는 통합적인 특성 때문에 복잡한 인간행동들을 설명하기 위하여 다른 유용한 이론들의 강점들을 활용한다. 둘째, 개인, 가족, 지역사회, 집단, 조직체 및 그들의 상호관계성에 따른 행동을 고려하기 때문에 일반사회복지실천을 할 수 있도록 지원하는 이상적인 관점을 제공한다. 셋째, 생태체계적 관점은 사람과 그들 환경이 어떻게 적응상태를 이루는가에 초점을 두고 있기 때문에, 사회복지사는 발생한 문제들에 대한 책임을 한쪽으로 전가시키지 않는다(Germain & Gitterman, 1996). 즉, 사회복지사는 클라이언트가 본질적으로 결함을 갖고 있다고 가정하기보다는 클라이언트와 함께 클라이언트와 상황 사이의 적합성에 관심을 기울이게 된다(전재일 외, 2016).

지금까지 소개된 생태체계적 관점의 특성에서 사회복지사의 개입활동을 통합하면 | 그림 7-3 | 과 같다(엄명용 외, 2008).

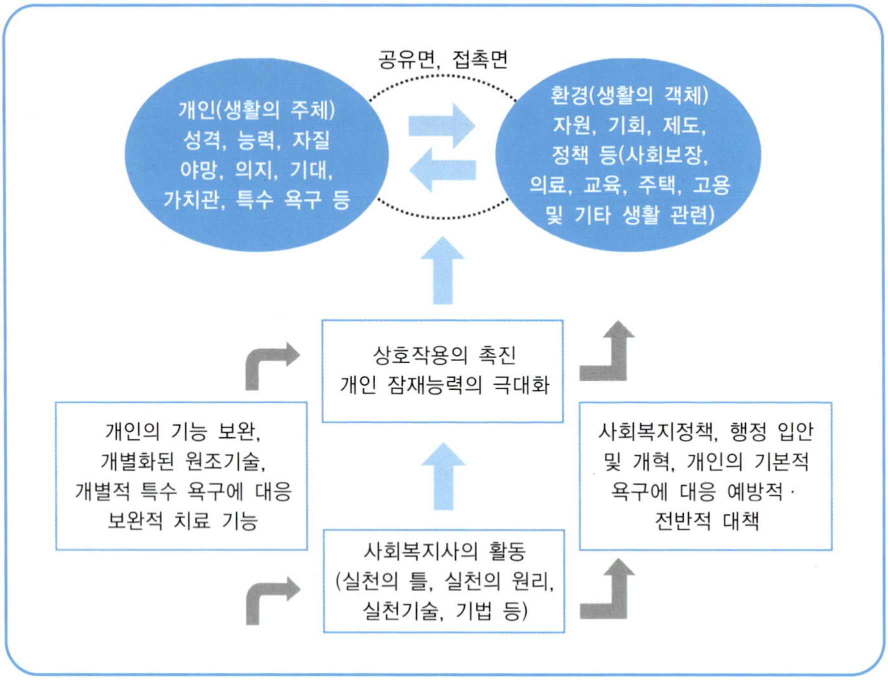

|그림 7-3| **개인-환경 상호작용에 대한 사회복지사의 개입활동**

출처 : 남연희 외(2012).

생태체계적 관점에서 인간과 환경은 서로 분리되어 있는 것이 아니라 상호간의 관계에서 지속적으로 교류를 하면서 존재한다고 본다. 사회복지실천에서 단순하게 환경에 대한 이해 속에 인간에 대한 이해를 첨가하는 것으로는 충분하지 않으므로 두 체계 사이의 교환적인 상호작용 또는 교류를 고려해야 한다. 사회복지실천의 대상이 되는 클라이언트를 포함해서 모든 사람들은 그들의 환경에 대처해 나갈 수 있는 자신들만이 갖고 있는 독특한 생태적 적합성을 유지시켜 나간다. 생태체계적 관점의 특성은 다음과 같다.

① 상황 속에서 인간의 다양한 변화 가능성을 제시

② 클라이언트체계의 강점을 강조

③ 현재 행동을 '상황 속의 개인'의 편안한 적합성으로 설명
④ 역기능을 상황 속에서 적응적이거나 합리적인 것으로 개념화
⑤ 개인, 개인의 사회집단 및 사회적 · 물리적 환경 안에서 변화를 위한 여러 가지 대안들을 탐색한다(전재일 외, 2016).

1) 다양한 변화 가능성

상황 속에서 인간의 다양한 변화 가능성을 제시한다. 생태체계이론의 근본적 원칙은 체계의 일부 변화는 그 체계의 다른 부분을 변화시키고 다음에 전체 체계의 기능수행을 변화시킨다는 것이다(Von Bertalanffy, 1968; 이종복 외, 2010).

2) 클라이언트의 강점을 강조

생태체계적 관점에서 사회복지사들은 클라이언트가 변화를 일으키기 위해 신중하게 개입하며 다소 상황에 적응적이거나 기능적인 상황의 변화를 도모할 수 있다. 생태체계적 실천원칙은 사회복지사들이 "사람과 환경이 부적응하는 교류 패턴들을 개선하려고 시도하는 동안" 서로의 욕구에 적응해 온 균형과 과정을 존중하도록 하는 것이다(Siporin, 1980). 이것은 사회복지사로 하여금 클라이언트가 갖고 있는 강점과 능력을 구축하도록 한다.

3) 적합성

현재의 행동을 '상황 속의 개인'에서의 편안한 적합성으로 설명한다. 생태체계관점은 현재의 행동이 인간과 상황에 상호 이익을 줄 수 있는 안정된 균형을 찾고 유지하려는 것으로 본다. 인간은 어떻든지 간에 자신의 상황에 가장 적합한 방법들로 행동을 하려고 한다. 저메인(Germain, 1979)은 '적합성'을 환경과의 적응적 균형에 도달하려는 사람들의 적극적인 노력으로 설명하고 있다.

적합성은 한 개인 환경과의 상호 의존적으로 존재하는 편안하고 특별한 장소인 '적합한 장소(niche)'를 만드는 환경과 인간의 순응성이라고 할 수 있다(Brower, 1988). 적합성은 일반적으로 긍정적 인간-환경의 계속적 교류를 반영하며 고정되어 있지 않고 상호 교류의 변화에 따라 변화한다(이종복 외, 2010).

4) 역기능에 대한 견해

생태체계적 관점에서는 '역기능적'이고 '부적응적'인 용어들을 사용하지 않으며, 전통적인 개념들과는 다르게 사회복지실천에서 클라이언트의 변화를 주기 위한 방법들을 바꾸어 놓는다. 클라이언트의 행동을 역기능적이고 부적응적인 것으로 설명하는 것은 클라이언트가 "일탈이나, 정서장애 또는 행동상의 문제"를 가진 사람으로 남게 하는 것이다(Pardeck, 1988). 이러한 전통적인 관점은 클라이언트의 개인적인 책임을 강조하고 인간행동에 대한 환경적인 책임에 대하여 무시하는 경향이 있다. 그러나 생태체계관점에서는 개인의 역기능이 병리적인 것이 아닌 또 다른 가능성으로 본다. 역기능은 인간과 생태체계 간에 작용하는 일련의 역동적이고 상호작용적인 힘에서 나오게 되는 것으로서 클라이언트의 사회적 기능수행상의 문제로 보고 상호작용에서의 부적응적 패턴으로 고려하게 된다. 이와 같이 생태체계적 관점은 클라이언트의 역기능적인 부분을 교류적인 것과 상황에서의 적합성으로 설명하고 있다(전재일 외, 2016).

3. 생태체계적 관점의 인간관

1) 환경 속의 인간

생태체계관점은 인간이 매우 복잡하다고 간주한다. 인간은 생각, 감정 그리고 관찰 가능한 행동을 지닌 생물학적, 심리학적, 영성적, 사회적 및 문화적 존재다. 인간은 환경에서 주도적인 역할을 하기도 하고 동일한 환경에서 반응하기도 한다. 인간은 문화적·민족적 유산을 전승받기도 하지만 전통과 유산을 창조하기도 한다. 생태체계관점에서 인간은 전능하지도 않고 무력하지도 않다. 대신 인간은 그들의 삶을 형성하는 사건에서 적극적인 역할-환경적 힘과 조건에 의해 조절된 역할-을 수행한다(이원숙, 2012).

2) 상호교류에 초점

인간과 환경은 서로 지속적으로 적응적 반응을 하고 있는 가운데 발전을 하게 된다. 즉, 인간이 지속적으로 그들의 환경을 형성하게 되고 시간이 지남에 따라 환경에 의하여 인간이 형성된다. 인간과 환경은 상호관계를 상징하며 인간의 사회적·물리적 환경과의 교류에 있어서 그들의 역동성과 상호관계성을 강조한다(Germain & Gitterman, 1995).

체계와 환경 사이의 상호작용은 자원과 요구의 역동적 상호 교환으로, 인간이 그들의 환경에 영향을 주고 있는 것과 같이 사회적·물리적 환경 또한 인간에게 영향을 준다. 교류(transaction)의 개념은 사회적 기능 수행에 따른 사회복지의 초점을 재인식시켜 주었다. 사회적 기능 수행은 인간이 사회환경의 요구와 인간의 대처노력 간의 균형이나 생활상황을 다루는 것이다(Bartlett, 1970). 이 정의는 사람이 요구하는 환경에 잘 적응하는 융통성 있는 사람에 대하여 설명하고 있다. 교류는 권한부여적 관점의 시각에서 본다면 사회적 기능 수행에 따른 상호교류적인 영역, 즉 인간과 환경 모두가 변화할 수 있다는 개념에 대해 강조하는 의미이다. 인간은 환경적인 요구에 따라 반응할 뿐만 아니라 환경은 인간의 모든 요구에도 적응해 나가야 한다. 이러한 환경과 체계 간의 교류의 상황은 |그림 7-4|와 같다.

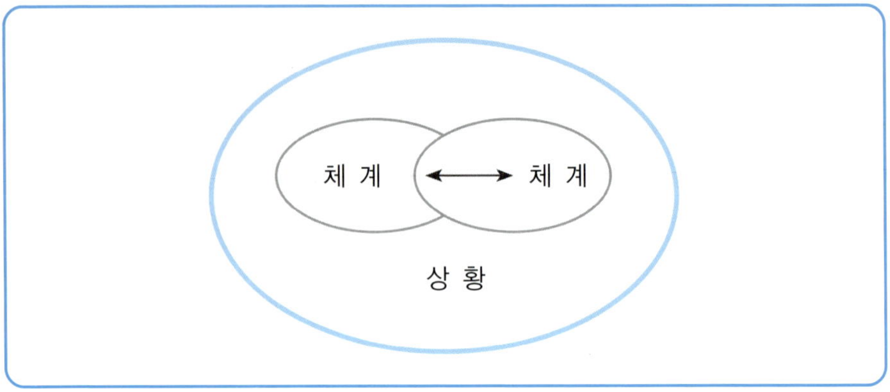

|그림 7-4| **체계 간의 교류**

출처 : 전재일 외(2016).

이와 같이 사회구조와 문화의 상황 속에서 이루어지는 교류는 체계와 체계 간의 상호교환이다. 또한 교류는 사람과 환경의 단순한 연결보다 훨씬 복잡하다. 교류는 상황에 내재된 상호작용을 포함하고 상황에서의 다른 상호작용에 의해서 영향을 받는다(Johnson, 1995). 예를 들면, 우리가 관찰할 수 있는 어떤 사람의 행동은 환경적인 사건들 사이의 지속적인 상호작용과 결부된 개인 내적 삶의 지속적인 상호작용으로부터 일어난다(전재일 외, 2016).

3) 진화적 변화로서의 발달

생태체계적 관점은 인간발달의 과정을 진화론적인 것으로 보고, 개인과 또 다른 인간체계가 내·외부적 힘들에 대하여 반응을 해서 어떻게 변화하고 안정을 하고 있는가를 설명한다. 인간이 신체적·정신적·지적으로 성장해 감에 따라 그들의 행동은 이러한 내적인 변화에 반응을 하여 나타난다. 그러나 체계 내에서의 변화는 인간의 행동들을 결정지을 수 있는 유일한 요인들이 되지 못한다. 반면 이러한 내적 경험들 그 자체는 인간을 둘러싸고 있는 환경적 사건에 의해 영향을 주고받는다(전재일 외, 2016).

제3절 강점관점

사회복지실천에서 강점관점을 적용하는 것은 클라이언트의 다양한 자원들을 강조하고 클라이언트의 강점들을 활성화하여 사회복지사가 클라이언트가 지닌 잠재능력, 자질, 재능을 강화시켜 줌으로써 사회적 적응을 보다 더 가능하게 하도록 클라이언트체계의 변화과정에 초점을 두도록 하는 것이다.

1. 강점관점의 개념

강점관점은 다른 인본주의 접근과 마찬가지로 기본적으로 클라이언트의 강점(strength)중심으로 접근을 한다. 즉, 모든 인간은 성장하고 변화를 할 능력들을 가지고 있고, 클라이언트는 문제를 갖고 있는 측면과 실제로 해결할 수 있는 지식과 능력을 함께 가지고 있다는 데서 출발한다.

강점관점은 사회복지실천 원조의 과정에서 사람들의 문제와 병리보다는 그들이 갖고 있는 자원, 강점 및 환경에 초점을 두고 있으며, 사회복지사의 기본적 가치들과 일치한다. 실제로 사회복지 전문적 가치기반은 본질적으로 클라이언트의 강점에 초점을 두고 있으며 절대적으로 클라이언트의 타고난 잠재력, 능력 그리고 강점을 인정한다(Cowger, 1992; 전재일 외, 2004).

사회복지실천에서 강점관점은 라프(Rapp), 웨이크(Weik) 등에 의하여 개발되었다. 이 이론은 총체적 건강개념으로부터 발달되어 왔다. 이 관점은 중증의 정신질환자에 대한 실천 모델로서 가장 잘 개발되어 왔는데, 병리보다는 강점, 자기결정을 강조하며, 정신질환자도 학습하고 성장하고 변화할 수 있다(Saleebey, 1992). 사회복지사가 클라이언트의 내재된 힘을 지지하게 될 때, 그들의 긍정적인 성장 가능성을 고양시킬 수 있다. 이와 같이 강점관점은 사람들에게 아직 개발되지 않은 정신적, 신체적, 정서적, 사회적 및 영성적 능력의 저장소가 있다는 개념에 동의한다. 이런 능력이 존재한다는 사실은 사람들이 이에 합당한 존경을 받아야 함을 의미한다. 이 능력은 현재의 삶 그리고 앞으로 살아갈 삶의 양상 모두를 인정한다(Weik et al., 1989; Miley et al., 2007).

강점관점은 사회복지실천의 기본적 가치와 일치한다(김융일 외, 1995; 이종복 외, 2010).

나아가서 강점관점은 우리 사회에 널리 퍼져 있는 결합모델에 대한 상쇄작용을 할 뿐 아니라 분배적 정의, 평등, 개인의 존엄성에 대한 존중, 관용성과 다양성 그리고 지역사회에서의 최대한의 자율성 추구를 포함한 사회사업의 핵심 가치와 부합되며, 민주적이며 정의롭고 다원적인 사회를 운영하는 데 필수적이다(Saleebey, 2002: Miley et al., 2007; 이원숙, 2014).

살리베이(Saleebey)는 강점관점의 본질을 |그림 7-5| 와 같이 CPR로 설명하고 있다.

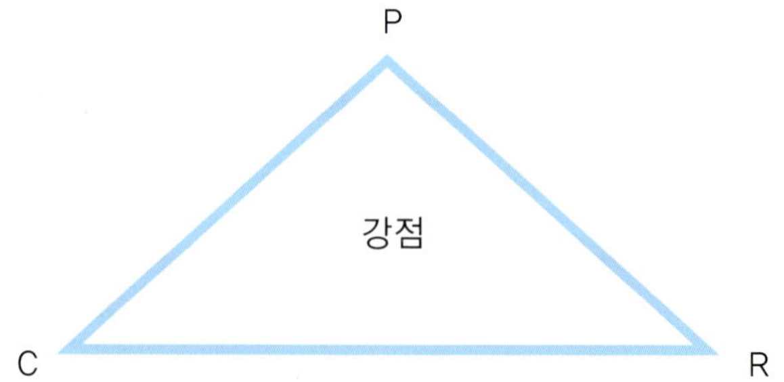

C는 역량, 능력, 용기를 대변한다.
P는 약속, 가능성, 긍정적 기대를 상징한다.
R은 탄력성, 보유, 자원을 의미한다.

|그림 7-5| **살리베이의 강점관점의 본질(CPR)**

출처 : 이원숙(2014).

위의 그림에서 보는 바와 같이 강점관점의 본질 중 C는 역량(competence), 능력(capacities), 용기(courage)를 대변한다. P는 약속(promise), 가능성(possibility), 긍정적 기대(positive expectations)를 상징한다. 그리고 R은 탄력성(resilience), 보유(reserve), 자원(resource)을 의미한다(Saleebey, 2006a; 이원숙, 2012).

이러한 시각에 기초한 강점관점은 클라이언트의 문제에 대한 관심보다는 해결점을 발견하고 강점을 강화시키는 데 초점을 두며, 클라이언트를 독특한 존재로서 그 다양성을 존중하여 클라이언트의 역량을 실현해 나가도록 돕는 것이다(전재일 외, 2016).

2. 강점관점의 특성

강점관점의 중요한 특성은 사회복지사가 클라이언트의 결점들을 보기보다는 그들의 능력과 장점을 보는 것이다. 이 관점은 ① 모든 개인, 집단, 가족 그리고 지역사회는 강점들을 가지고 있다(Saleeby, 1997). ② 모든 환경은 자원으로 가득 차 있다는 것을 기본 전제로 하고 있다(Saleeby, 1997). 강점관점에서 사회복지사는 클라이언트가 자신의 강점과 능력을 확인하고 개발하도록 도와주며, 자신의 자원과 환경을 이용하여 욕구를 적절하게 충족하도록 원조하는 역할을 한다.

강점관점의 특성을 김융일 등(1995)은 다음과 같이 정리했다.

첫째, 문제가 아닌 도전을 강조한다. 문제는 사회복지실천 개입에서 클라이언트로 하여금 수치감, 죄책감, 비난, 낙인을 수반하며, 부정적인 전제를 불러냈다. 그러나 강점지향적인 사회복지사들은 사회복지실천의 손상모델에서 도전모델로 이동을 한다. 사회복지사가 클라이언트의 문제들을 전환점, 도전, 성장의 기회로 바라볼 때, 그들은 자기 자신의 관점을 의미 있게 변화를 시킨다.

둘째, 병리보다는 강점을 강조한다. 병리에 초점을 두면 강점으로 드러낼 클라이언트와 사회복지실천가의 능력을 덮어버리고, 병리로 진단을 하게 되어 개인의 강점을 덮어버리게 된다.

셋째, 과거보다는 미래를 중시한다. 의료모델에 초점을 둔 개입의 과정은 언제, 왜, 어떻게 클라이언트체계가 잘못되기 시작을 하였는지 과거를 탐색한다. 그러나 강점지향적 사회복지실천은 미래의 성장을 위해 이용될 수 있는 자원을 발견하기 위해 현재를 탐색한다(이종복 외, 2010).

사회복지사가 강점관점에서 실천하는 것은 세 가지 주요 특성, ① 문제에서 도전으로, ② 병리에서 강점으로, ③ 과거에 대한 몰두에서 미래로의 지향이 있으며 다음과 같다(전재일 외, 2016).

1) 도전 강조

문제는 오랫동안 사회복지 중재의 초점이었다. 전형적으로 클라이언트는 사회복지서비스 전달체계에서 그들이나 또는 다른 사람들이 문제라고(problematic) 또는 손상된 것이라고(damaging) 생각하는 문제를 가지고 있기 때문이다. 그러므로 문제해결의 초점은 사회복지 중재를 위한 준거틀이었다. 그러나 '문제'에 몰두하는 것은 강점관점과는 거리가 멀다. 과연 문제에 초점을 둔 용어가 클라이언트의 해결을 강화할 것인가 아니면 방해하는가를 생각해 보자.

만일 당신 생활에서의 '문제'에 대해 생각해 보라. 문제가 발생한 데 대하여 초점을 두는 것의 생각과 느낌은 어떠한가? 자칫하면 실패를 확인하게 하고, 불가능으로 압도당하고, 절망에 빠뜨리고, 정체성을 침해하기가 쉽다. 문제에만 초점을 둔 사회복지실천과정은 클라이언트에게 이와 같은 영향을 미친다. 기본적으로 문제를 발견하는 데 몰두하는 사회복지사는 "문제에 권한을 부여하고 사람에게는 권한을 부여하지 않는"(Graber & Nce, 1991 : 3) 경향이 있다. 문제에 초점을 둘 때 클라이언트에게 부끄러움, 비난 그리고 죄의식을 느끼게 한다. 그리고 문제를 과다하게 강조하는 사회복지사들은 클라이언트가 문제를 극복하는 데 있어 어려움을 증가시킬 수 있다.

역으로 '도전'이라는 단어를 생각해 보자. 당신이 '도전에 직면하거나', '도전을 극복하는 것'을 상상할 수 있는가? 당신은 기분이 상쾌해지고, 그러한 목표를 성취하려고 노력하고, 당신의 자원과 강점을 통합하려고 노력하게 될 것이다. 이처럼 도전으로 문제들을 재개념화하는 것은 어떠한 변화의 전환 그 이상일 것이다. 이것은 사회복지를 새롭게 수행하는(doing) 방향으로 이끄는 새로운 사고(thinking) 방법이다.

2) 강점에 초점

클라이언트의 문제는 원조과정의 일부분이지 초점은 아니다. 강점에 초점을 둔 사회복지사는 클라이언트가 가지고 온 어려움을 무시하지는 않는다. 그러나 사회복지사가 클라이언트에 대한 관점이 강점으로 향할 때라도, 그들은 병리에 구심점을 둔 질문을 할 수 있다. 문제와 병리에 편협하게 초점을 두는 것은 강점을 펼치는 능력을 차단한다. 부정적인 준거들은 클라이언트체계의 독특한 능력들을 가릴 수가 있다(Pray, 1991).

사회복지가 병리에 오랫동안 초점을 둔 것에는 이유가 있었다. 1차 세계대전 이후, 사회복지전문직은 일차적으로 정신분석적 관점과 의료모델에 기초한 실천의 시기에 활발하게 발전되었다. 의료모델은 현재의 문제를 '병리'로 보고, 사회복지 '전문가'에 의한 '진단'에 의해 적합한 '치료'의 과정을 수행하는 것이다. 의료모델은 비록 실천을 위한 준거틀을 조직화하는 데는 유용할지라도, 환경적 상황 안에서 인간의 상호작용의 상호적인 속성을 인식하는 데는 부족하다. 의료모델은 오히려 개인의 단점, 실패, 인간적인 무능함 그리고 결핍이라고 여긴다(Weick, 1983).

결국 병리적인 정형화(stereotype)는 범주적인 의미를 할당하고, 잠재력에 대한 비전을 차단하고, 서비스 전달과 사회정책을 위한 계획을 제한한다. 사회복지사가 강점으로 실천의 방향을 바꿀 때, 그들은 병리에 대해 초점을 두는 많은 함정에서 빠져나올 수 있다.

살리베이(Saleebey, 1996)는 이러한 병리적 관점과 강점관점의 차이를 〈표 7-1〉과 같이 구체적으로 제시하고 있다.

〈표 7-1〉 병리적 관점과 강점관점의 차이

구 분	병리적 관점	강점관점
개 인	개인을 진단에 따라 증상을 가진 '사례(case)'로 규정한다.	개인을 독특한 존재로 보고 강점, 재능, 기질, 자원을 가진 유일한 존재로 규정한다.
치료의 초점	치료는 클라이언트의 문제에 초점을 둔다	치료는 해결 가능성에 초점을 둔다.
클라이언트의 진술	전문가에 의해 재해석되어 진단에 활용된다.	그 사람을 알고, 올바르게 인식할 수 있는 중요한 방법 중의 하나다.
사회복지사의 태도	클라이언트에게 회의적이다.	클라이언트의 본성을 안다.
외상경험	아동기의 외상은 성인기의 병리에 대해 예측할 수 있는 전조이다.	아동기의 외상은 개인을 약하게 만들 수도 있고, 강하게 만들 수도 있다.
주된 치료활동	전문가의 치료계획이다.	개인, 가족, 지역사회의 열망이다.
전문가	사회복지사는 클라이언트 인생의 전문가이다.	개인, 가족, 지역사회가 클라이언트 인생의 전문가이다.
개인적 발전	가능성은 병리에 의해 제한된다.	항상 가능성이 있다.
변화를 위한 자원	전문가의 기술과 지식이다.	개인, 가족, 지역사회의 강점, 능력, 적응기술이다.
돕는 목적	부정적인 행동, 감정, 사고, 관계의 개인적이고 사회적인 결과와 증상의 영향을 감소하는 것이다.	클라이언트의 삶을 인정하고 가치를 개발하고 확인하도록 하는 것이다.

출처 : 전재일 외(2016).

3) 미래지향적

문제에서 도전으로 관점을 바꾸는 것은 또한 과거의 관점에서 미래에 초점을 맞추는 것이다. 의료모델에 기초한 중재 과정은 언제, 왜, 어떻게 클라이언트체계가 나쁘게 되었는지 발견하기 위해 과거를 조사한다. 대조적으로, 강점지향적 사회복지사는 현재 클라이언트가 미래에 이용할 수 있는 자원을 발견하도록 현재를 탐색한다. 이러한 변화-과거에서 미래로-에 주의 깊게 관심을 가져야 한다. 무엇이었는가(what was)로부터 무엇을 할 수 있고 무엇이 될 것인가(what can and will be)에로의 변화는 사회실천의 전체적인 과정에 대한 새로운 방향을 제시한다.

3. 강점관점의 인간관과 강점 찾기

강점관점에서 인간은 정신적, 신체적, 정서적, 사회적 그리고 영적인 능력이 개발되지 않고, 확인되지 않은 무한한 저장고를 가지고 있다(Weick, Rapp, Sullivan & Kisthardt, 1989).

모든 사람들은 이러한 강점을 가지고 있고 문제를 해결할 수 있는 자연적인 힘이 있다고 본다. 사회복지사가 클라이언트의 이러한 힘을 지지할 때 그들은 긍정적으로 성장할 수 있고 다양한 잠재력, 전문적 기술, 자기실현의 개발을 향하여 노력하게 만든다(Weick, 1992).

클라이언트의 강점은 그들의 장점, 능력, 강점, 그의 가족, 이웃 그리고 지역사회 등 어디에서나 찾을 수 있다. 이러한 관점에서 사회복지사는 쉽게 클라이언트의 성장·변화를 도모하고, 욕구에 대한 반응으로서의 문제해결 과정으로 나아갈 수 있다. 즉, 클라이언트와 환경과의 상호작용에서 그들의 욕구에 초점을 두는 것이다. 사회복지사는 환경 안에서 개인을 이해하며, 클라이언트의 욕구 충족을 수행하고 발달하는 것을 원조한다.

이러한 강점관점의 인간관에서 과연 사회복지사는 서비스를 필요로 하는 클라이언트의 강점을 얼마만큼 찾을 수 있는가 하는 의문을 가질 수 있다. 살리베이(Saleebey)는 어떤 것이라도 특정 조건하에 강점이 될 수 있지만 특정 능력, 자원, 자질은 강점 목록에서 자주 거론된다고 지적했다(Saleebey, 2006b). 보다 구체적으로 살펴보면 다음과 같다(이원숙, 2014).

① 사람들이 배운 것

사람들은 학대, 외상, 질병, 혼란, 억압 그리고 심지어는 그들 자신의 실수와 씨름하고 대처하고 전쟁을 하면서 그들 자신, 다른 사람들 그리고 세상에 대해 배운다. 사람들은 시행착오로 "설사 그들 스스로가 잘못한 것일지라도"를 통해서 학습한다. 사람들은 성공한 경험을 통해서만 학습하는 것이 아니고 어려움과 실망을 통해서도 배운다.

② 개인적 자질, 특성 및 미덕

사람들마다의 개인적 자질, 특성 및 미덕은 강점이다. 이런 것들은 때로 외상과 재앙을 통하여 연마되며 여기에는 유머감각, 돌봄, 창의성, 충성심, 통찰력, 자립심, 영성, 도덕적 상상력, 인내 등 어떤 것이라도 포함될 수 있다.

③ 사람들이 주변 세상에 대해 알고 있는 것

지적이나 교육적으로 배운 것에서부터 삶의 경험을 통해 분별해 내고 추출해 낸 것에 이르기까지 사람들이 그들 주변의 세상에 대해 알고 있는 것은 강점이다. 어떤 사람은 대인 간 갈등을 포착해 내는 능력을 가졌을 수 있고 어떤 사람은 고통받는 사람을 위로하는 능력을 발달시켰을 수 있다. 그리고 삶은 어린 아동이나 노인을 돌보는 능력을 부여하였을 수 있다. 또한 어떤 사람은 개인적 경험이 계기가 되어 애도과정에 있는 다른 사람을 돕는 놀라운 능력을 습득하였을 수 있다.

④ 사람들이 가지고 있는 재능

사람들이 가지고 있는 재능은 놀랍다. 때로 잠자는 재능은 당사자도 오랫동안 모르고 있는 경우도 있다. 악기 연주, 이야기 들려주기, 요리, 집수리, 글쓰기, 목공 등은 개인이나 집단이 그들의 목적을 달성하는 데 도움이 되는 부수적인 도구와 자원을 제공할 수 있다. 덧붙여 이것들은 결속력, 멘토링 관계, 우정을 강화시키기 위해 공유되거나 다른 사람들에게 줄 수 있는 자산이 될 수 있다.

⑤ 문화적 및 개인적 스토리

문화적 및 개인적 스토리와 전설에서는 흔히 강점, 지침, 안정성, 위안 혹은 새롭게 변한 모습을 발견할 수 있다. 오늘날 지배문화에 가려져 있던 여성들의 스토리가 재발견되고 널리 알려진 강점과 지혜의 출처가 되는 것을 보게 된다.

⑥ 사람들이 가지고 있는 자부심

사람들은 자부심을 가지고 있다. 어려움을 극복한 사람들, 불운과 고난을 딛고 일어선 사람들은 흔히 '생존자의 자부심'을 가지고 있다. 흔히 이런 자기존중(self-regard)은 비난, 수치심 그리고 낙인 아래 숨겨져서 발굴되기를 기다리고 있다.

⑦ 지역사회

지역사회에는 개발할 수 있는 물리적, 대인 간 및 제도적 영역의 자원이 풍요롭게 존재하고 있으나 이는 흔히 간과되고 있다. 지역사회에는 지원 요청을 받는다면 기꺼이 자신이 가진 재능과 지식을 제공하고자 하는 많은 사람과 조직이 있다.

⑧ 영성

영성은 의미를 구축하는 데 기여할 수 있다. 첫째, 영성은 단순히 생물학적, 심리적, 사회적, 정치적 혹은 문화적인 것을 초월하여 이 모든 것을 통합하는 존재의 본질적이며 총체적인 특성을 의미한다. 둘째, 영성은 의미, 도덕적 감수성 그리고 이기적 관심을 초월한 목적을 발견하려는 고투를 반영한다. 셋째, 영성은 자기(자아경계)를 넘어서서 우리 자신을 확장하고 생명의 신비함과 복잡성에 동참하고 이를 존중하도록 허용한다. 마지막으로 이는 미래를 보다 희망적인 방향으로 설정할 수 있는 초월감이다(Saleebey, 2006b).

Chapter 8

사회복지실천의 관점-통합적 접근

Chapter 08

사회복지실천의 관점-통합적 접근

사회복지실천 관점은 클라이언트의 문제를 명료화하고 효과적으로 해결할 수 있는 접근방법을 조망하고, 분석하고, 클라이언트의 사회문제를 설명하고 문제를 해결하는 행동, 변화를 위한 지침, 개입의 결과를 예측하기 등 다양한 상황분석에 사용될 수 있다(이종복 외, 2010).

사회복지실천에서의 통합적 접근은 사회복지사가 클라이언트의 서비스체계에서 제기되는 문제에 활용할 수 있는 하나의 공통된 원리나 개념을 제공하는 방법을 통합하는 것을 의미한다. 즉, 전통적인 사회복지실천 방법을 전부 또는 일부를 최소한 두 가지 이상 조합해서 교육함으로써 사회복지사 한 명이 두 가지 이상의 방법들을 통합적으로 사용하여 클라이언트에게 개입할 수 있도록 하는 것이다.

이러한 전통적 방법을 통합하고자 하는 시도가 많은 학자들에 의해 이루어졌다. 대표적 사회복지실천모델로는 핀커스(Pincus)와 미나한(Minahan)의 4체계 모델, 여기에 콤톤(Compton)과 갤러웨이(Galaway)가 2체계를 추가하여 그 개념을 발전시켜 개발한 6체계모델, 펄만(Perlman)에 의해 개발된 문제해결모델 등이 있다. 여기에 솔로몬(Solomon)의 저서인 『흑인의 임파워먼트–억압되어 있는 지역사회에서의 사회사업』에서 처음 등장한 임파워먼트 모델이 새롭게 등장하여 최근에는 임파워먼트 접근의 사회복지실천이 사회복지실천에서 강조 되면서 통합적 접근과 결합되고 있는 추세인데 커스트(Kirst)와 애시먼과 헐(Ashman & Hull)은 임파워먼트를 일반사회복지실천의 주요 구성요소로 포함 시켰으며 마일리 등(Miley et al., 2007)은 임파워먼트 접근 일반사회복지실천을 제안하고, 전통적인 사회복지실천에서 벗어나 다양한 인간체계에 개입하여 사회복지실천 영역을 통합화하였다.

제1절 통합적 접근 모델–문제해결모델, 4체계와 6체계 모델

역사적으로 살펴볼 때 사회복지는 사회문제에 대하여 다양한 접근방법들을 제시하였다. 1920~1930년대는 개별사회사업과 집단지도, 1930년대는 지역사회조직이 발달하였고, 1950년대는 사회복지행정과 사회복지조사가 발달되었다.

사회복지실천의 발달과정에서 개별사회사업의 실천과 이론의 발달은 사회복지전문직에 대하여 정립하는 계기가 되었으나 개인의 심리문제에 대한 지나친 집착으로 사회복지 내에 과도하게 분화된 전문화를 야기시켰다. 또한 하나의 기술이나 실천영역을 강조하는 사회복지전문직 내의 동향은 다양한 요인이 복합적으로 작용하는 실천영역에 대해서는 효과적으로 대처하지 못하는 한계를 낳게 되었다(이은희 · 김남숙, 2014).

이러한 전통적 방법의 한계들을 보완하고자 분화 및 전문화가 되어 있는 사회복지실천방법을 통합하려는 시도들이 나타나기 시작하였는데 1958년 미국사회복지사협회(NASW)가 제출한 “사회사업실천의 직업 정의”라는 보고서가 그것이다. 이후 바틀렛(Bartlett)이 1970년 출간한 『사회복지실천의 공통기반(The common Base of Social Work Practice)』이라는 책에서 공통된 사회복지실천방법의 지식과 가치가 각종 다양한 방법을 규정하고 있음을 강조하면서 그 공통된 기초를 묶어 내었다(Bartlett, 1970; 이종복 외, 2010).

이후 1973년도에는 핀커스와 미나한(Pincus & Minahan), 골드스타인(Goldstein)이, 1975년도에는 콤튼과 갤러웨이(Compton & Galaway) 등 많은 학자들이 사회복지실천을 통합하기 위한 단일방법론의 모델화를 시도하였다. 여러 학자들이 전통적인 방법에 대응한 통합적인 방법을 구축하는 기본 가정은 사회복지실천에서 행하고 있는 여러 형태의 전문 분화된 방법들과는 관계없이 사회복지실천의 기본적 개념, 기술, 과업 및 활동에 공통적 핵심이 있다는 것이다(Pincus & Minahan, 1973; Cohen, 1958; 이종복 외 2010).

1. 문제해결모델

1) 이론적 배경

문제해결모델(problem-solving model)은 1957년 시카고 대학의 펄만에 의해 처음 소개된 이론으로 교육학자인 듀이(Dewey)의 반성적 사고(reflective thinking)에서 많은 영향을 받았다. 반성적 사고는 인간이 외부환경이나 자기 자신의 행위를 판단하고 결정할 수 있도록 만드는 인지적 과정을 의미하는 것으로 보았으며, 교육이나 학습은 문제해결의 과정을 습득할 수 있도록 하는 것이라고 보았다.

펄만은 사회복지실천이란 클라이언트가 자신의 문제들을 올바르게 평가하고 판단할 수 있도록 자신의 문제를 인식하게 하고 주어진 문제들을 해결할 수 있는 능력을 증진시켜 주는 교육과 치료의 중간과정이라고 보았다. 펄만은 듀이의 이론적 배경에 영향을 받았지만 이 모델은 진단주의 학파와 기능주의 학파의 이론을 모두 절충한 통합주의 모델이다(남연희 외, 2012). 이 모델은 클라이언트의 문제해결능력과 대처능력을 향상시키는 것을 목적으로 하는 사회복지실천방법으로 정신분석이론의 영향을 받는 진단주의 학파와 자아의 의지를 강조하고 있는 기능주의 학파의 오랜 논쟁을 종식시킨 통합적 · 실천적 모델로 각광을 받게 되었으며 이후의 체계이론의 영향을 받은 콤튼과 갤러웨이의 문제해결모델이나 핀커스와 미나한의 4체계모델의 기초가 되었다.

문제해결모델에서 인간의 삶은 문제를 해결해 가는 연속과정이라고 본다. 그러므로 사람들은 매일의 삶에서 다양한 문제를 경험하고 해결하는데 특정 문제에 고통을 받고 어려움을 느끼는 것은 그 문제 때문이 아니라 그 문제를 해결하는 태도나 능력이 부족하기 때문이라고 본다.

펄만의 문제해결모델은 사회복지실천의 문제(Problem)를 갖고 있는 사람(Person)이 사회복지기관(Place)에 와서 문제를 해결해가는 과정(Process)으로 정의하면서 4P를 강조하였다. 펄만의 4P모델은 이후에 사회복지사의 전문적인 역할을 강조하는 전문가(Professional person)와 자원, 기회의 제공을 강조하는 제공(Provision)의 개념을 추가하여 사회복지실천의 6P로 확대되었다(전남련 외, 2007; 남연희 외, 2012).

2) 문제해결모델의 특성

문제해결모델은 자아개념을 중시하면서 클라이언트 자신이 문제해결자임을 강조하고 인간은 누구나 안전을 유지 · 회복하며 문제해결에 의식적 · 무의식적으로 관여하는 존재라고 본다. 이 모델은 자아심리학, 실용주의철학, 역할이론 혹은 사회심리학, 문화인류학의 영향을 받았으며 사회복지 분야에서는 진단주의나 기능주의의 영향을 강하게 받고 있는 절충주의의 대표작이라 할 수 있다(이은희 · 김남숙, 2014). 이러한 문제해결모델은 초기단계부터 사회복지사와 클라이언트가 함게 적절한 과정을 거쳐 단계적으로 실천 가능한 것으로부터 최종적 목표에 도달하는 특징이 있다(방미진 · 황영희, 2011).

① 인간에 대한 관점은 종래의 병리적 인간관에서 벗어나 인간의 능력과 강점을 강조한다.
② 정신내면적 혹은 클라이언트 자체에서 존재하는 문제보다는 클라이언트의 일상생활을 저해하는 것을 문제로 본다. 문제해결과정은 이러한 일상문제를 풀어가는 일종의 도구로서 인식된다.
③ '지금-여기'의 강조로서 이것은 클라이언트가 현재 위기를 느낄 때에만 도움을 구한다는 신념 때문이다.
④ 문제해결 접근에서는 기관이 클라이언트에게 기대하는 것과 클라이언트 자신이 기관에 기대하는 것을 미리 정확하게 아는 것이 중요하다.
⑤ 계약에서 역할과 책임에 대한 내용을 명확히 하며 종결단계는 강조하지 않는다.

3) 문제해결모델의 구성원(4P이론)

펄만(Perlman, 1957; 1986)은 "문제로 인해 괴로움을 당하는 사람이 도움을 제공하기 위한 장소로 나와서 주어진 가정에 의해 도움을 받는다"고 설명하였다. 이러한 정의에 포함된 네 가지의 구성요소를 4PS라고 한다.

펄만(Perlman, 1986)은 추후에 두 가지 요소 2Ps-전문가와 제공물을 추가하였다. 각각의 구성요소에 대한 세부적인 설명은 다음과 같다(길귀숙 외, 2011).

(1) 사람

문제로 인해서 도움을 요청하는 사람, 즉 클라이언트를 의미한다. 여기서 말하는 클라이언트란 주로 개인을 의미하는데 가족도 중요하게 다루어진다. 사람과 관련한 특징을 제시하면 다음과 같다(장인협, 2005).

- 인간의 행동에는 목적과 의미가 포함되어 있다. 사람은 행동에 의하여 만족을 얻거나 욕구불만의 해소로 균형을 취하게 된다.

- 행동이 그 사람에게 행복을 주고 있는지 아닌지는 그의 퍼스낼리티의 구조와 관계가 있다.
- 퍼스낼리티의 구조와 기능은 그가 경험을 하게 되는 신체적 · 심리적 · 사회적 환경과의 지속적인 상호작용에 생기는 유전적인 능력의 산물이다.
- 사람은 인생의 어떠한 단계에 있어서도 생태적이며 양육적인 하나의 산물인 뿐 아니라 현재와 미래에 걸쳐서 연속하여 일어나는 과정 속의 존재이다.
- 사람들의 행동은 인간과 문화가 그 사람이 지닌 지위와 사회적 역할에 대하여 갖는 기대에 따라서 형성 · 평가된다.

(2) 문제

문제란 개선이나 조정을 필요로 하는 어려움을 말한다. 클라이언트가 호소하는 어려움은 개인과 환경 사이의 상호작용 과정에서 나타나게 되는 불충족된 욕구, 사회적 기능상의 문제, 대인관계상의 문제 등이 있다. 문제와 관련한 특징을 정리하면 다음과 같다(장인협, 2005).

① 케이스워크의 범주 내에 있는 문제들은 개인의 사회적 기능에 민감하게 영향을 주고받는 것들이다.

② 클라이언트의 문제가 가지고 있는 다면적이고 역동적인 성질 때문에 워커와 클라이언트는 다양한 문제들의 어떤 부분에 대한 선택이 필요하다.

③ 인간이 지닌 모든 문제는 연쇄반응을 일으키게 되는 경향이 있다.

④ 사람이 당면하는 문제에는 객관적이고, 주관적인 의미가 있다.

⑤ 문제에는 내 · 외적 의미가 공존하고 있지만 그 한편이 다른 것의 원인이 되기도 한다.

⑥ 사람이 사회사업기관에 갖고 오는 문제의 본질이 무엇이든지 간에 항상 자신이 클라이언트가 된다는 문제를 수반하게 되며, 그로 인하여 종종 복잡한 감정에 사로잡히게 된다.

(3) 장소

장소란 도움을 필요한 클라이언트에게 서비스를 제공해 주는 공간을 말한다. 일반적으로 사회복지기관은 사회복지실천과 기술적인 발전으로 인해 지역사회, 클라이언트의 가정, 온라인을 통한 가상의 공간까지도 실천의 장소로 이해할 수 있다. 장소와 관련된 특징을 살펴보면 다음과 같다.

① 사회복지기관은 사회와 사회집단이 인간의 복지를 원하고 있는 의지에 의하여 형성된 것이다.
② 사회복지기관은 클라이언트의 특정한 욕구를 충족시키기 위하여 프로그램을 개발한다.
③ 사회복지기관은 그 책임과 역할을 조직화하고, 수행하기 위한 기구를 갖는다.
④ 이 일을 위하여 일정한 지침과 절차를 갖고 체계적으로 운영된다.
⑤ 사회복지기관은 다른 생명력이 있는 유기체와 같이 이해의 변화를 받아들이는 적응적인 유기체이다.
⑥ 기관에서 모든 직원들은 그 기관 기능의 일부를 이해하고 행동하며, 워커는 개별적인 문제 해결의 원조에서 그 기관을 대표한다.
⑦ 케이스워커는 그 기관의 대표자인 동시에 그 전문적 직업을 대표하지 않으면 안 된다.

(4) 과정

과정이란 클라이언트가 호소하는 문제들을 해결하기 위한 체계적인 연결고리를 의미한다. 문제의 해결과정은 학자마다 다른 견해를 갖고 있으나 일반적으로 사정, 계획, 개입, 평가로 단계가 이루어진다. 문제해결과정과 관련된 특징을 제시하면 다음과 같다(장인협, 2005).

- 케이스워커 과정에서 문제해결에 무엇을 내포해야 하는가를 이해하기 위해서는 일반적인 문제해결과정에서 일어나는 장애요인들에 대한 검토가

우선되어야 한다.

- 케이스워커의 과정들은 클라이언트가 문제에 관여하여 대처함으로써 현재의 생활과 장래의 생활에도 안정성을 갖게 된다.
- 문제의 해결을 위해서는 그것을 필요로 하는 사람들에게 물질이나 기회가 주어져야 한다.

4) 문제해결 과정

문제해결모델에서 가장 효과적으로 문제를 해결하는 과정은 다섯 단계를 거치는데 ① 문제에 대한 지향, ② 문제의 규정과 형성, ③ 해결대안의 창출, ④ 의사결정, ⑤ 해결책의 실행과 검증 단계이다(전남련 외, 2007).

(1) 문제지향

문제에 적응적으로 대처하는 사람들은 문제를 정상적이고 일상적이며 피할 수 없는 인생사건으로 인식한다. 또한 문제를 환경과 상황에 기인했다고 보고 문제가 자신으로 인해 발생한 경우에도 자신의 경험부족 등에 의하여 기인한 것으로 이해를 하고, 인간이 완벽할 수는 없기 때문에 실수를 통하여 배우는 것이라고 자신에 대하여 관대한 입장을 취한다.

적응적인 사람들은 문제를 도전이나 성장의 기회로 삼으며, 문제를 해결하려는 시도를 전혀 하지 않는 것보다는 실패를 하더라도 시도해 보는 것이 훨씬 낫다고 생각한다. 문제에는 해결책이 있으며 자신이 해결책을 찾아낼 생각을 가지고 계획을 세워 실행한다. 문제를 해결하기 위해 최선을 다했는데도 불구하고 성공을 하지 못한 경우에는 문제를 받아들이거나 다른 시각으로 문제에 대하여 이해한다.

클라이언트가 문제지향의 단계에서 부적응적 사고를 하게 되는 경우에 사회복지사는 인지적 재구조화를 통하여 문제를 과장된 위협이 아닌 도전으로 받아들일 수 있도록 원조하거나 왜곡되거나 비현실적인 기대를 현실적으로 수정할 수 있도록 원조한다. 또한 클라이언트가 적응적 사고를 갖기 위해 긍정적 자기진술(self-talk)을 하도록 교육한다.

(2) 문제규정과 형성

사회복지사는 문제와 관련된 객관적인 정보를 수집하고 수집된 정보들을 이해하는 데 있어 인지적인 왜곡이 없도록 클라이언트를 교육한다. 또한 클라이언트가 문제를 현재 상황과 바람직한 상황 사이의 차이로 이해하고 이 차이를 극복하는 과정에서 방해가 되는 장애원인을 찾아내도록 원조한다. 문제해결의 목표를 구체적이고 현실적으로 설정하고 문제해결에 대한 비용분석을 통해 문제에 대해 재평가하도록 원조한다.

(3) 해결대안들의 창출

해결대안들을 창출하는 단계에서 사회복지사는 클라이언트에게 다음의 세 가지 원칙을 교육한다. 첫째, 대안들이 많을수록 바람직한 대안이 많이 나올 수가 있다는 양의 원칙, 둘째, 대안들을 현실성, 유용성, 적절성 등의 기준으로 평가하기 전에 상상력을 동원해 가능한 한 많은 대안들을 창출하고 의사가 결정될 때까지 판단에 대한 유보를 할 때 바람직한 해결책이 나올 수가 있다는 판단유보의 원칙, 셋째, 문제에 대한 다양한 대안들이 창출될 경우 바람직한 해결책이 나올 수 있다는 다양성의 원칙에 대하여 교육한다.

(4) 의사결정

해결대안들을 객관적으로 평가하고 가장 바람직한 대안에 대한 선정을 하는 단계로서 사회복지사는 클라이언트가 전 단계에서 창출하게 된 대안들 가운데 적절한 대안들을 일차적으로 선택하여 선택한 대안 각각에 대하여 예상

되는 결과를 평가하도록 교육한다. 바람직한 해결책이 선택되면 실행계획을 세우고 준비한다.

(5) 해결책 실행과 검증

사회복지사는 문제해결의 마지막 단계에서 클라이언트가 해결계획을 실행할 수 있도록 하고 실행과정을 클라이언트 스스로 모니터링하고 평가, 강화하도록 교육한다. 해결책의 결과가 예측한 결과와 다를 경우에는 문제해결책을 모색하거나 이전의 단계들로 돌아간다.

2. 4체계모델

핀커스(Pincus)와 미나한(Minahan)은 포괄적이고 전체적인 관점에서 클라이언트체계에 대하여 사정할 수 있는 기초를 제공하고 사회복지사가 인간과 그의 공식적 · 비공식적인 자원체계 간의 연결에 초점을 두도록 한다. 이 모델은 복잡한 여러 수준의 체계들과 연결되어 있는 상태로 사람들과 일한다는 점을 강조하고 있다(이종복 외, 2010).

이 모델에서의 사회복지실천의 초점은 사람의 문제나 자원체계가 아닌 사람과 자원체계, 자원체계 간의 상호작용에 있다고 본다. 핀커스와 미나한이 제시한 4체계는 다음과 같다.

1) 변화매개체계

변화매개체계(change agent system)는 목적을 가지고 변화를 계획하는 원조자이며, 변화를 위한 실천에서 주요한 책임을 맡고 있는 체계를 지칭한다. 변화매개체계는 보통 체계의 변화를 위해 전략을 계획하고 개입 및 변화 활동을 벌이는 사회복지사들이라 할 수 있다. 체계의 변화를 주도하기 위해 사회복지사의 도움과 전문적 활동은 그들이 속한 기관과 조직의 범주 안에서 이루어지며, 때문에 기관들도 변화매개체계에 포함된다. 기관이 추구하는 사회복지실천의 목적과 전문가로서의 가치 그리고 사회체계의 구조적 특징 등은 변화매개체계의 실천 활동이 커다란 영향을 미친다.

2) 클라이언트체계

클라이언트체계(client system)란 서비스를 요청하거나 서비스 제공을 받아들이는 사람(체계)으로, 실천과정의 결과로 혜택을 받게 되는 개인, 가족, 집단, 지역사회이며, 변화과정에 명시적으로든 묵시적으로든 참여 동의가 이루어진 체계를 말한다. 사회복지사는 클라이언트체계와 결과 목표에 대한 합의에 이르지 못하게 되면 목적을 명확히 할 수가 없다. 이 목적은 사회복지사와 클라이언트 사이의 합의된 계약으로 구체화될 수 있으며 변화할 수 있다.

3) 표적체계

표적체계(target system)란 변화매개인이 목표달성을 위해 직접 또는 간접적 영향을 주거나 변화시키는 것이 필요한 사람들로 클라이언트체계와 일치할 수도 있고 일치하지 않을 수도 있다. 즉, 목표달성을 위해 직간접적으로 영향을 줄 수 있는 사람이다. 사회복지사의 중요한 사정과업은 클라이언트체계와 협조를 하여 변화의 목표를 설정하고 목표를 달성하기 위한 변화가 있어야 하는 특수한 사람들, 즉 표적체계를 결정하는 것이다.

4) 행동체계

행동체계(action system)란 변화매개인이 변화노력을 달성하기 위하여 상호작용하는 사람을 말하는데 이웃, 가족, 전문가 등이 포함된다. 계획적 변화노력에서 사회복지사가 함께 일하고 있는 사람들로 구성된 행동체계가 클라이언트 이외의 사람들을 포함할 때 그들의 결과목표가 고려되어야 한다. 행동체계의 구성원들이 클라이언트체계에서의 결과목표에 찬성을 한다면 그들의 협력은 좀 더 쉽게 확고해질 수 있지만 그들은 나름대로의 개인적 이익을 위하여 변화노력에 참여할 수 있다. 클라이언트 체계와 행동체계의 목표가 서로 갈등적이고 행동체계의 구성원들이 클라이언트체계에서의 결과목표를 희생시키면서 행동체계의 결과목표를 성취하려고 한다면 사회복지사는 클라이언트체계를 지원하며 행동체계에 영향을 미쳐야 할 것이다.

〈표 8-1〉 **핀커스와 미나한의 4체계**

체 계	대 상	비 고
변화매개체계	사회복지사와 자신이 소속되어 일하는 조직이나 기관	때때로 목표체계가 되기도 한다.
클라이언트체계	도움을 원하면서 변화매개체계와 협력하는 개인, 집단, 가족, 지역사회	실제적 클라이언트와 잠재적 클라이언트로 구분된다.
표적체계	변화매개체계가 목적을 성취하기 위해 변화시키고자 하는 대상, 즉 개인이나 집단, 조직	때때로 클라이언트와 목표체계가 같을 수도 있고 다를 수도 있다.
행동체계	변화매개체계가 목적을 위해 공동으로 노력하는 모든 체계, 즉 가족, 친척, 이웃, 집단, 조직	클라이언트, 목표체계, 행동체계가 서로 같을 수도 있고 다를 수도 있다.

출처 : 남연희 외(2012).

3. 6체계모델

콤튼과 갤러웨이(Compton & Gallaway, 1999)의 6체계모델은 핀커스와 미나한의 4체계에 2체계(전문가체계, 응답-의뢰체계)를 추가한 것으로 체계이론으로 설명함에 따라 클라이언트의 문제를 클라이언트의 인성의 문제에서 클라이언트체계 혹은 환경과의 상호작용 안에서 발생하는 것으로 전환하게 되었다. 이러한 체계들은 항상 명확히 구분될 수 있는 것들이 아니고 각 체계들이 사회복지사 체계와 만나게 되는 목적 그리고 만남을 통해 맺게 되는 관계양상에 따라 변할 수 있다(남연희 외, 2012 재인용).

① 변화매개체계(Change Agent System)

② 클라이언트체계(Client System)

③ 표적체계(Target System)

④ 행동체계(Action System)

⑤ 전문가체계(Prefessional System)

전문가체계란 전문성을 강화하고 전문직의 위상을 높이기 위해 노력하는 전문가단체, 전문가를 육성하는 협의체, 전문직들이 일하는 기관의 연합으로 구성된 체계 등을 말한다. 전문가체계는 사회복지사들의 활동에 정당성을 부여하고 사회복지사들이 갖추어야 할 가치체계와 윤리체계를 마련하여 실천하게 하며, 사회복지사가 자신이 속한 기관에서 자신의 영향력을 증대시키거나 사회변화 활동을 할 때 전문가체계의 지원을 받을 수 있다(김혜영 외, 2015).

⑥ 문제인식체계(Problem-identification System)

문제인식체계는 아직 클라이언트는 아니지만 잠재성을 가지고 있는 클라이언트를 변화매개체의 관심 영역으로 포함시키기 위한 행동체계라 할 수 있다(이효선 · 정푸름, 2012). 클라이언트가 다른 사람의 요청에 의하거나 법원, 경찰 등에 의해 강제로 오게 되는 경우 일반 클라이언트체계와 구별하기 위하여 사용된다. 서비스를 요청한 사람이 의뢰체계이고 강요에 의해서 오거나 보내진 사람은 응답체계이다.

제2절 임파워먼트 모델

최근 강점관점과 임파워먼트 접근이 사회복지실천에서 강조되면서 통합적 접근과 결합되고 있는 추세인데, 존슨과 얀카(Johnson & Yanca, 2007)는 문제해결과정과 강점관점의 결합을 시도하였고, 커스트-애시먼과 헐(Kirst-Ashman & Hull, 2009)은 임파워먼트를 일반사회복지실천의 주요 구성요소로 포함시켰으며, 마일리 등(Miley et al., 2007)은 임파워먼트 접근 일반사회복지실천을 제안하였다(김혜영 외, 2015).

1. 등장배경

임파워먼트 모델은 솔로몬(Solomon, 1976)의 저서 『흑인의 임파워먼트-억압되어 있는 지역사회에서의 사회사업』에서 처음 등장하였다. 미국에서 1950년대에서 1960년대에 흑인혁명시대를 배경으로 대중운동이나 흑인 파워 운동을 펼쳐서 흑인문제에 대응하는 사회사업의 실천의 시각과 지침을 표시하는 기본적인 준거틀로 발전시켰다.

임파워먼트 모델은 빈곤자, 여성, 흑인, 청소년, 노인 등 불리한 상태에 처하거나 억압받는 사람, 신체적 · 정신적 문제 등의 실체를 연구 가능하게 하여 계급, 인종 등으로의 장애물에 대항하게끔 원조하는 것이다.

1970년대에는 일반체계이론과 생태이론이 사회복지의 주요 이론의 틀로 활용되면서 생태체계관점에서 근거한 강점지향 또는 해결중심 접근의 중요성이 대두되게 되었고 이는 학자들에 의해 1970년대 중반 임파워먼트 모델로 새롭게 나타나게 되었다. 클라이언트를 문제중심 아니라 강점중심으로 봄으로써 클라이언트의 잠재력 및 자원을 인정하고 클라이언트가 건강한 삶을 결정할 수 있도록 권한 혹은 힘을 부여하고자 하는 것이다(방미진 · 황영희, 2011).

2. 임파워먼트의 개념

임파워먼트는 클라이언트의 역량을 강화하고 그들에게 권한을 부여해야 하는 사회복지실천의 움직임이 힘의 불균형과 수직관계에 의해 개인의 권리와 결정권이 충분히 보장받지 못하는 현실의 문제를 인식하면서 출발하였다. 불평등과 억압 속의 개인은 그들의 개인적·도덕적 강점과 자원이 없는 것이 아니라 사회적·경제적·정치적 힘과 자원에 의해 불합리한 위치에 놓이게 된다(Berton, 1994; Parsons, 1991; 이효선·정푸름, 2013). 이러한 관점에서 임파워먼트 모델은 클라이언트를 문제중심으로 보는 것이 아니라 강점중심(strength perspective)으로 봄으로써 클라이언트의 잠재능력 및 자원을 인정하고 클라이언트의 회복력을 전제로, 클라이언트가 스스로 삶을 결정할 수 있도록 능력을 부여하는 것이다(구금섭 외, 2013). 따라서 임파워먼트 모델은 개입과정에서 클라이언트의 자기결정권(self-determination) 존중을 최대화하는 관점으로 클라이언트가 도움의 방향과 지신의 삶의 중요한 전환적 결정을 스스로 만들 수 있도록 지지를 제공받는 것이다(Cowger, 1994 재인용; 이효선·정푸름, 2012).

임파워먼트의 실천은 개인, 가족, 집단 그리고 지역사회가 자체의 역량 또는 힘을 획득할 수 있는 능력을 개발하기 위해 노력하는 과정을 도와주는 것이다. 성장과 힘을 이루고자 하는 개인적 욕구의 충족을 넘어서, 지역사회의 임파워먼트를 이루고 강인한 사람들로 발전시키는 것을 궁극적 목표로 한다(길귀숙 외, 2011).

3. 주요 개념

사회복지실천에서 임파워먼트를 어떻게 활용해야 하는지 이해하기 위해서는 강점관점, 임파워먼트 과정, 역량강화에 대하여 충분한 이해가 있어야 하며 이들은 서로 분리된 것이 아니고 연속적인 일련의 과정으로서 서로 밀접한 연관성이 있다. 이러한 세 차원을 역동적인 상호작용의 관계 안에서 살펴볼 경우 강점관점은 임파워먼트 과정을 활용하여 클라이언트의 역량을 향상시키려고 하는 사회복지사에게 중요한 준거틀이 된다(양옥경, 2010; 김혜영 외, 2015).

1) 임파워먼트 : 권한부여

임파워먼트는 전통적인 힘, 통제력 소유 또는 사람에 대한 영향력, 법적 또는 행정적 권위, 능력 또는 권위, 물리적인 힘에 대한 개념인 권한부여로 정의할 수 있다. 다른 사람들에 대한 통제력, 권위, 영향력의 소유일 뿐 아니라 스스로의 삶에 대한 통제력을 갖는 것을 의미한다(Browne, 1995). 특히 개인의 자기확신과 변화의 가능성 향상 그리고 개인의 진전과 같은 심리학적인 경험 등을 강조하고 클라이언트의 상황들을 환경 안에서 이해하며 자원과 강점들을 찾고자 하는 것이다. 임파워먼트 실천에서는 클라이언트의 욕구를 하나의 도전으로 보며 전인적인 관점, 임파워먼트를 기반으로 해결책을 찾아내는 데 역점을 둔다(방미진 · 황영희, 2011).

클라이언트에게 임파워먼트를 하고자 하는 사회복지사는 클라이언트의 낮은 지능수준이 문제가 아니라 자원의 부족, 자원에 대한 정보의 부족, 사회구조의 문제에 불과하다는 인식이 필요하다(양옥경 · 김미옥, 1999; 김혜영 외, 2015).

2) 전문적 관계에 대한 시각 : 협력과 파트너십

임파워먼트 모델에서는 클라이언트를 경험과 역량을 가진 원조과정의 파트너로 본다. 클라이언트를 파트너로 보는 것은 클라이언트의 참여를 중시하고 변화노력 전 과정에서 클라이언트의 자기결정권을 강조한다는 것이다(Miley et al., 1995; Solomon, 1976). 이는 사회복지사와 클라이언트 사이의 상호 협력적인 파트너십을 갖게 한다. 이러한 상호 협력은 클라이언트와 전문가가 서로의 자원을 서로 협력하여 활용하기 때문에 문제해결에 대한 자원의 범위가 넓어지며 변화의 책임에 대한 전문가의 부담을 약화시키면서 성장을 촉진시킨다.

3) 클라이언트에 대한 시각 : 소비자

클라이언트를 소비자로 보는 개념에 대하여 가장 잘 반영한 것이 바로 임파워먼트 접근이다. 클라이언트를 동등한 파트너로서 상호 협력적인 관계로 규정을 한 것은 사회복지의 오랜 가치인 자기결정권에 대한 신념의 실천이다. 클라이언트를 개입의 객체가 아닌 주체로 보기 때문에 자기결정권은 가장 잘 보호되고 반영될 수 있다. 따라서 임파워먼트 접근은 클라이언트를 보는 시각을 변화시킨다. 즉, 클라이언트가 기존의 수혜자와 환자 그리고 도움을 받는 사람들이라는 낙인으로부터 소비자라는 개념으로 전환이 된다(Miley et al., 1995; 방미진 · 황영희, 2011).

4) 역 량

역량은 인간체계의 구성원을 돌보는 기능을 수행할 수 있으며 다른 체계와 효율적으로 상호작용하고 개인적 특성, 대인상호관계, 사회적 · 물리적 환경의 자원체계에 기여할 수 있는 능력으로 이러한 세 가지의 차원이 잘 기능할수록 각 개인이 환경에 대처할 수 있는 역량은 더욱 향상된다(Miley et al., 1995).

임파워먼트는 우리의 삶 속에서 역동적으로 발생하게 되는 것으로 사회복지사와 클라이언트 사이의 파트너십을 형성하여 협력을 통하여 이루어져야 하며 클라이언트의 역량이 강화되어 일상생활에서의 대처기술 향상으로 연결되어야 한다.

임파워먼트 모델에 근거한 사회복지사는 개인의적인 문제를 클라이언트체계의 결점으로 보기보다는 개인적인 역량과 환경적인 요구 사이의 불일치로 인하여 발생하게 된다고 본다. 이때 필요한 것은 자원들에 대한 정확한 사정과 활용이다.

4. 임파워먼트 모델의 특성

임파워먼트 모델의 특성을 살펴보면 전통적인 실천 모델과 구별되는 점을 발견할 수 있다(Miley & Dubois, 1999; 양미진 · 황영희, 2011).

① 임파워먼트는 자원에 대한 접근성과 자원을 효과적으로 사용하는 능력을 포함한다.
② 임파워먼트 모델은 클라이언트체계가 자원들과 기회에 대한 접근성이 확보되면 능력을 발휘하게 되는 것으로 본다.
③ 인간은 자기 스스로 임파워먼트 과정에 반드시 참여를 하여야 하며 수단, 목적, 결과는 자기 스스로 결정을 한다.
④ 인식의 수준은 임파워먼트 모델에 매우 중요하며 정보는 변화를 위해서 반드시 필요하다.
⑤ 임파워먼트는 클라이언트의 변화에 커다란 영향을 미칠 수 있다고 자기 스스로 인식하며, 능력은 생활의 경험에서 획득되고 강화된다.
⑥ 임파워먼트는 협동의 과정으로 보고 클라이언트와 실천가는 파트너로 함께 일을 한다.
⑦ 임파워먼트는 개인의 능력에 대한 강화와 사회경제적 발전이 동시에 이루어지게 될 때 달성된다.

5. 임파워먼트 모델의 실천과정

임파워먼트모델에서 사회복지사는 생태체계관점과 강점지향적 실천을 적용한다. 먼저 사회복지사가 클라이언트의 상황과 환경을 고려하고 클라이언트의 강점과 환경적 자원을 찾고 그들의 고정된 문제보다 일시적으로 변화되는 욕구를 표현하도록 한다. 그리고 사회복지사는 여러 다양한 체계수준의 해결을 위한 기술을 이끌어 내어 상호 관련시켜야 한다. 또한 사회복지사는 변화과정의 동반자로서 클라이언트와 협력하여야 한다. 임파워먼트는 개인, 가족, 그리고 지역사회가 그들의 상황을 개선하는 행동을 수행함으로써 개인, 개인 상호 간, 또는 정치적인 힘을 증가시키는 과정을 포함한다. 그러므로 클라이언트는 사회복지사와 협력적 관계를 가지면서 목표나 방향 설정에 있어서도 스스로 통제력을 가지게 된다. 이러한 임파워먼트 모델의 실천과정은 대화단계, 발견단계, 발전단계로 구성되었으며 〈표 8-2〉와 같다(Miley, K. K., O' Melia, M., & Dubois, B., 2001; 김혜영 외, 2015).

〈표 8-2〉 **임파워먼트 모델의 실천단계와 과정 및 활동내용**

단 계	과 정	활동내용
대화단계 (dialogue phase)	파트너십 형성	• 역량강화의 관계 수립 • 클라이언트의 고유능력 인식 • 사회복지사와 클라이언트 각각의 독창성 존중
	현재 상황의 명확화	• 클라이언트가 겪고 있는 도전적 상황 확인 • 여러 교류적 차원 추가 • 목적 탐색
	방향 설정	• 관계형성을 위한 예비목적 결정 • 클라이언트의 동기 활성화 • 적절한 자원 탐색의 지도
발견단계 (discovery phase)	강점의 확인	• 클라이언트의 강점 탐색 • 도전적 상황과 문화적 정체성에 대처 • 역경의 극복
	자원의 역량 사정	클라이언트의 다양한 교류관계(환경, 가족과 사회집단, 조직, 지역사회제도)의 지원 탐색
	해결방안 수립	클라이언트와 환경자원을 활용하고 원하는 목적으로 이끌어 줄 달성 가능한 행동계획 수립

발전단계 (development phase)	자원 활성화	자문, 자원 운영과 교육을 통하여 이용 가능한 자원을 기동함으로써 행동계획 이행
	동맹관계 창출	클라이언트의 본래 원조망과 서비스 전달체계 내부에서 클라이언트 상호 간 역량강화적 동맹관계 수립
	기회의 확대	프로그램 개발과 지역사회조직, 사회행동을 통한 새로운 기회와 자원 개발
	성공의 확인	성취를 확인하고 지속되는 행위를 알리기 위한 변화노력의 성공 평가
	성과의 집대성	성공을 축하하고 긍정적 변호를 정착시키는 방식으로 변화과정 종결

출처 : Miley et al.(2001); 김혜영 외(2015).

6. 임파워먼트 모델의 평가

임파워먼트 모델의 접근은 다양한 인구집단에 매우 효과적인 것으로 나타나고 있는데, 최근의 연구에서는 청소년 집단, 에이즈 집단, 수용시설 거주자 등에 효과적인 것으로 나타나고 있으며, 특히 여성들에게 매우 효과적인 전략으로 제시가 되기도 하는데, 이혼여성, 학대받는 여성, 재취업 여성, 인종차별에 처해 있는 여성들의 집단에 매우 유용한 것으로 나타났다. 최근에는 노인집단, 장애인 집단, 노숙자 등에까지 접근의 폭을 더욱 넓히는 추세여서 임상사회복지실천에 매우 유용한 접근방법으로서 활용되고 있다(Miley et al., 1995; 김혜영 외, 2015).

제3절 사회복지실천의 통합적 접근

사회복지의 오랜 역사 속에서 여러 학자들이 독특한 실천방법을 구축하기 위하여 많은 노력을 기울여 왔다. 1970년대 이후 스텀프(Stumpf, 1970), 바틀렛(Bartlett, 1970), 골드스타인(Goldstein, 1973), 핀커스와 미나한(Pincus & Minahan, 1973), 콤튼과 갤러웨이(Compton & Galaway, 1975) 등 여러 학자들은 특정 문제에 집중하거나 지나친 세분화로 적절한 서비스를 제공하지 못하는 한계를 극복하기 위해 인간을 상황과의 상호작용 속에서 파악하는 관점을 활용하여 공통기반을 정의하고 여러 체계에 다양하게 개입하는 사회복지실천현장에서 공통적으로 적용될 수 있는 기반과 핵심, 전제 등의 확립에 대한 관심이 높아지면서 통합적 접근이 등장하게 되었다(이영실 외, 2014).

전통적 방법에 대하여 대응한 통합적 방법을 구축하는 기본 과정은 사회복지실천에서 행해지는 여러 가지 형태의 전문 분화된 방법과는 관계없이 사회복지실천의 기본적 개념, 기술, 과업 및 활동에 공통적 핵심이 있다. 이러한 통합적 방법론이 사회복지 외부환경에 사회체계이론, 생태체계이론 등의 다양한 이론들이 사회복지실천으로 활용되면서 복잡한 문제들에 대한 접근이 이루어져 사회복지전문직에 중요한 방법론으로 대두되었다.

1. 통합적 접근의 개념 및 특징

1) 통합적 접근의 개념

사회복지실천에서 통합적 접근이란 사회복지사가 개인과 집단 및 지역사회에서 제기가 되고 있는 사회문제에 활용할 수 있는 공통이 되는 원리나 개념을 제공하는 것으로 방법들을 통합하는 것을 의미한다. 즉, 전통적인 사회복지실천의 방법을 전부 또는 일부, 최소한 두 가지 이상을 조합해서 교육함으로써 사회복지사 한 명이 두 가지 이상의 방법을 통해 통합적으로 클라이언트에게 개입할 수 있도록 하는 것이다.

밀레이(Miley, 1995)는 "통합적 방법이란 사회복지실천의 목적을 달성하기 위한 현재적 접근방법이며 이러한 관점은 개별적 접근의 한계를 넘어 다양한 인간체계에 대한 개입으로 사회복지실천 영역의 확장"이라고 주장하였다. 이러한 접근은 다양한 인간 시스템, 즉 사회, 공동체, 이웃, 복잡한 조직, 가족, 개인 등을 변화시켜 사회적 기능을 최대화시키는 것을 말한다(Skidmore et al., 2000; 방미진・황영희, 2011).

통합적 관점을 통하여 사회복지직은 전문직으로서의 정체성을 확보함과 동시에 개인을 환경 속에서 바라보게 되는 고유한 관점을 확립하게 되었다. 다시 말하면, 사회복지실천에서 통합적 접근은 전통적인 사회복지실천의 3대 방법론(개별사회사업, 집단사회사업, 지역사회조직)에서 벗어나 1960년대와 1970년대부터 개인과 집단, 지역사회에 대한 구분을 하지 않고 실천 방법을 총괄하여 개입을 할 수 있는 방법론이라고 할 수 있다.

2) 통합적 접근의 특징

통합적 접근의 방법은 사회복지실천에 본질적인 개념, 기술, 과업, 활동 등에 공통적인 기반이 있음을 전제로 클라이언트의 잠재성을 인정하는 미래지향적인 접근을 강조하면서 사회복지의 지식은 과거의 심리적・내적인 정신역동적인 측면으로부터 상황 속에서의 인간을 이해하고자 하는 일반체계이론까지 확대가 된 개념을 사용한다. 따라서 통합적 접근의 방법은 이 양면적 상호작용에 초점을 두게 됨으로써 인간과 환경의 공유영역, 즉 사회적인 기능 수행영역에 사회복지사가 개입을 해야 함을 강조한다. 또한 클라이언트의 존엄성을 인정하고, 클라이언트의 참여와 자기결정 및 개별화를 극대화할 것을 강조하며 사회복지실천과정의 계속적인 평가를 주장하는 특징이 있다(김융일 외, 1995; 김혜영 외, 2015).

톨손 등(Tolson et al.)은 통합적 방법의 특징을 다음과 같이 제시하였다(Tolson et al., 1994; 방미진・황영희, 2011).

① 사회복지사들이 개인, 집단, 지역사회에서 나타나는 모든 문제들을 해결하는 데 사용할 수 있도록 공통의 원칙, 개념, 기술을 제공해 주는 방법이다.

② 클라이언트의 문제를 인간과 환경과의 전체 관련성에 입각해 복합적으로 접근한다.

③ 과거의 심리내적인 정신역동적인 측면에 초점을 둔 것으로부터 문화와 사회, 즉 상황 속에서의 인간(person in situation)에 대하여 이해하고 설명을 하는 것까지 확대된 개념을 사용한다.

④ 과거의 사회복지 개입은 주로 인간에게 초점을 두었으나 통합적 방법은 인간과 환경의 상호작용에 초점을 두게 됨으로써 인간과 환경의 공유영역, 즉 사회적인 기능의 수행영역에 사회복지사가 개입을 해야 함을 강조한다.

⑤ 클라이언트의 존엄성을 인정하고, 강점지향, 클라이언트의 자기결정, 개별화를 극대화하고 실천과정의 계속적 평가를 강조한다.

그리고 김융일은 통합적 방법의 특징을 다음의 다섯 가지로 제시하였다(김융일 외, 2005).

① 사회복지실천의 본질적인 개념, 기술, 과업, 활동 등에 어떤 공통적 기반이 있다는 것을 전제로 한다.

② 통합적 접근이 갖고 있는 가치관은 클라이언트의 잠재성에 대하여 인정하고 지속적인 성장을 통해 그의 잠재성들을 개발할 수 있으며, 성장과 잠재성들은 미래지향적임을 강조한다.

③ 과거의 심리내적인 정신역동적인 측면에 초점을 두고 있는 것으로부터

사회와 문화, 즉 상황 속에서의 인간을 이해하고 설명을 하는 것까지 확대된 개념을 사용한다.

④ 과거 사회복지의 개입은 주로 인간에게 초점을 두었으나 통합적 방법은 인간과 환경의 상호작용에 초점을 둠으로써 인간과 환경 사이의 공유영역, 즉 사회적 기능의 수행영역에 사회복지사가 개입을 해야 함을 강조한다.

⑤ 클라이언트의 존엄성을 인정하고 강점지향, 클라이언트의 자기결정, 개별화를 극대화하고 실천과정의 지속적 평가를 강조한다.

이원숙(2008)은 통합적 접근으로서 일반사회복지실천에 대해 여러 학자들의 견해와 최근의 동향을 반영하여 그 특징을 잘 정리하고 있는데, 그 내용을 소개하면 다음과 같다.

첫째, 체계이론, 생태학 이론 혹은 생태체계이론 등 체계이론을 바탕으로 할 절충주의적 지식기반을 가지고 있다.

둘째, 사회복지전문직의 전문적 가치를 준수하고 윤리적 원칙을 적용한다.

셋째, 다차원적 접근, 즉 마이크로(개인, 가족, 소집단), 메조(조직체, 공식적 집단), 매크로(지역사회, 사회체계)한 다양한 규모의 체계에 개입하고 이를 위해 광범위한 기술을 적용한다.

넷째, 조직구조 속에서 슈퍼비전을 받으면서 일한다(김혜영 외, 2015).

다섯째, 다차원적 개입에 따라 다양한 사회복지사의 역할(상담자, 교육자, 중개자, 사례관리자, 동원가, 중재자, 촉진자, 옹호자)을 수행한다.

여섯째, 계획된 변화가정을 가지고 있다. 과정이 핵심적 요소이지만 학자에 따라 문제해결과정이나 계획된 변화과정, 임파워먼트 접근법에서와 같이 대안적 과정으로 제시되기도 한다.

일곱째, 다양성, 인권과 사회정의가 점차 강조되고 있다.

여덟째, 조사기반의 실천과 실천기반의 조사 등 조사와 실천의 연계성이 강화되고 있다.

2. 통합적 접근의 사회복지실천 구성요소

핀커스와 미나한(Pincus & Minahan, 1973)에 의하면 사회복지실천의 통합적 접근을 구성하는 사회복지실천의 구성요소를 다음과 같이 제시하였다.

① 생태체계관점을 토대로 한다.
② 문제에 대해 광범위하고 포괄적으로 접근하다.
③ 개인, 가족, 집단, 지역사회 등 다양한 수준에서 접근한다.
④ 체계와 체계를 둘러싼 환경 간의 관계를 중시한다.
⑤ 특정 이론에 얽매이지 않고 다양한 이론과 모델을 개방적으로 선택하여 개입에 활용한다.
⑥ 사회복지실천과정을 점진적 문제해결과정으로 본다.

3. 통합적 접근의 형태

통합적 접근의 형태에 대해서는 여러 논의가 있지만 통합의 형태를 결합적 접근방법, 다중적 접근방법, 단일화 접근방법 세 가지로 나누어 구분할 수 있다(박주현 외, 2015).

1) 결합적 접근방법(Combination Approach)

클라이언의 문제와 상황에 따라 전문 분화된 각종 방법들을 단독 또는 복수의 형태로 임기응변식으로 사용한다는 것을 말한다.

2) 다중적 접근방법(Multi-method Approach)

다중적 접근은 방법상의 원리와 기술에 대한 비교를 하여 공통성, 유사성,

차이성, 다양성에 대한 확인을 하고 이들 방법 간의 상호 관련성들을 조합하여 사용하는 것을 말한다.

이 접근방법은 어떠한 조합이 가능할 것인지에 대한 문제가 제기된다.

3) 단일화 접근방법(Unitary Approach)

전문직으로서 사회복지실천의 공통된 기반을 재확립하고 방법을 특정짓는 총체적 관점 틀을 확정하여 방법의 재편성을 도모해 나가는 것을 말한다. 이 접근방법은 일반주의적 접근방법이라고 불리기도 하며 실제로 통합적 접근과 혼용된 용어로 사용되기도 한다.

이러한 접근방법에 대해 양옥경 등(2000; 2005)은 "단일화 접근방법은 1970년대에 통합적 방법을 지향하는 학자들에 의해 강조되어 3측면의 통합형태 중 사회복지실천에서 가장 실용적으로 활용되고 있다"고 하였다. 또 김융일 등도 결합적 접근방법은 사회복지사에게 현재보다도 더 많은 교육훈련을 시키지 않는 한 실시가 가능하지 않고 다중적 접근방법은 다른 현실적 상황에서 어떠한 조합이 실천을 가장 잘 할 수 있게 할 것인가 하는 것이 의문이기 때문에 결국 사회복지실천에 활용하는 방법은 단일화 접근방법이라고 하였다.

4. 통합적 실천으로서 일반주의 실천접근

사회가 점점 복잡해짐에 따라 사람들이 경험을 하게 되는 문제들은 더욱더 복잡해지고 있을 뿐만 아니라 상호 연관성들이 높아지게 되면서 사회복지전문가들은 일반주의 실천관점을 선호하는 경향들이 나타나고 있다.

1) 일반주의 실천접근의 개념 및 특성

마일리, 오멜리아와 두보이스(Miley, O'Melia & Dubois, 1995)에 의하면 일반주의 실천은 "사회복지의 목적을 충족시켜주는 현대적인 접근방법으로서 개인에게 초점을 두던 실천의 한계를 넘어 다양한 체계에 개입함으로써 개입의 범주를 확장하도록 하고 있다". 일반주의실천은 개인적인 상호작용과 집합적인 문제를 고려하고 클라이언트의 사회적 기능을 극대화하기 위하여 다양한 인간 시스템-사회, 지역사회, 이웃, 복잡한 조직, 공식적 집단, 비공식적 집단, 가족 그리고 개인-과 함께 일한다(길귀숙 외, 2011).

헐(Hull, 1990)은 "일반주의 실천방법은 학사 수준의 사회복지사가 개인, 가족, 집단, 조직 그리고 지역사회 등 다양한 크기의 체계에 개입해서 문제해결과정에 활용할 수 있는 방법"이라고 정의하고 있다(Zastrow, 2004).

일반주의 실천가는 기본적인 상태를 다루기 위해 폭넓은 상황의 기술을 가지고 있는 의료 분야의 일반 실천가와 같은 개념이다(Brieland, Costin, & Atherton, 1985).

사회복지사전(Barker, 1995)은 일반주의 실천가를 "광범위한 영역을 포괄할 수 있는 지식과 기술을 가지고 있고 문제와 그 해결책을 포괄적으로 사정하는 사회복지실천가이다. 이들은 전문주의 실천가들과의 의사소통을 촉진함으로써 전문가들의 개입을 조정하고 보호의 연속성을 촉진"한다(Maguire, 2002; 배태순 외, 2007). 이들은 체계와 환경 속에 인간이라는 준거틀 속에서 활동하며 한 체계 이상의 체계에 개입하게 된다(Hull, 1990). 따라서 일반주의 사회복지사들은 문제를 맥락 속에서 바라보고 다양한 체계에 개입하기 위한 기술을 가지고 있으며 특별한 상황에 필요한 방법들을 통합적으로 활용한다(Miley et al., 1995). 일반주의 실천가들은 개인, 가족, 소집단, 그리고 사람과 환경 사이에 최상의 관계를 증진하는 데 필요한 변화에 영향을 미치는 더 큰 사회체계를 사정하고(Brown, 1982), 직접적인 서비스 제공과 관리, 사회정책의 개발, 사회변화의 촉진과 관련된 폭넓은 범주의 과업을 수행한다(Brieland, Costin, & Atherton. 1985). 이러한 과업을 수행하면서 일반주의 실천가들은 클라이언트의 욕구에 따라 동시에 또는 연속적으로 여러 가지 역할–촉진자, 옹호자, 교육자, 중개자, 가능케 하는 자–을 수행한다(Hull, 1990).

역사적으로 일반주의 사회복지실천은 체계와 환경 속의 인간관점을 가지고 일하는 학부졸업 수준의 사회복지사들을 위한 주요 접근법으로 인정되어 왔다. 미국 사회복지교육협의회(2001)는 비록 일부 저자들에 의해 '입문 수준'으로 언급되고 있지만(Bridland, Costin, & Atherton, 1985), 석사 수준의 사회복지실무자들도 일반주의 사회복지사로 훈련 받는 것을 필수화했다. 한편 모랄레스와 쉐퍼(Morales & Sheafor, 1995)는 일반주의 실천가를 초급 일반주의 실천가(initial generalist level)와 전문 일반주의 실천가(advanceed generalist level)로 구분하고 전문 일반주의 실천가는 보다 심화되고 확장된 지식과 기술을 습득해야 한다고 설명하고 있다.

맥마흔(McMahon, 1996)에 의하면 "일반주의 사회복지실천 전반에 확산되어 있는 이론적인 관점은 일반체계, 사회체계, 생태학적 이론을 통합하고 있다"고 설명하고 있으며 일반주의 사회복지실천의 특징을 다음과 같이 제시하고 있다(Maguire, 2002; 배태순 외 역, 2007).

① 생태학적 관점
② 문제에 대한 초점
③ 다단계 접근
④ 이론과 개입에 대한 개방적 선택
⑤ 문제해결의 과정

앤더슨(Anderson, 1981)은 일반주의 실천 사회복지사들의 특징을 다음과 같이 제시하고 있다(길귀숙 외, 2011).

- 일반주의 실천 사회복지사들은 클라이언트가 사회복지 시스템으로 들어왔을 때 만나게 되는 첫 번째 전문가들이다.

- 그러므로 일반주의 실천 사회복지사는 클라이언트의 욕구를 사정하고 클라이언트의 스트레스에 대한 요소와 문제들을 확인할 수 있는 능력을 가지고 있어야 한다.
- 일반주의 실천 사회복지사는 클라이언트를 돕는 다양한 방법과 기술들을 활용해야 한다.

2) 일반주의 실천의 개입수준

일반주의 실천은 맥락 속에서 문제를 바라보고 사람과 그들을 둘러싸고 있는 환경과의 상호작용 속에서 해결책을 발견한다. 일반주의 실천의 관점은 카메라의 광각렌즈를 통하여 바라보는 것과 같다. 일반주의 실천 사회복지사들은 개인에게 초점을 두었을 때에도 클라이언트의 배경에 있는 사람들까지 사정을 한다. 마일리 등(Miley et al., 1995)은 일반주의 실천에서의 개입 수준을 미시수준 체계 개입과 중간수준 체계 개입, 그리고 거시수준 체계 개입, 사회복지전문가와 함께 실천하는 개입으로 분류하였는데 그 내용들은 다음과 같다(Skidmore, Thackeray, Farley, Smith, & Boyle, 2000; 길귀숙 외, 2011).

① **미시수준 체계 개입** : 개인, 가족, 소집단과 함께 하는 실천에 초점을 맞추고 있으며 개인과 관계의 변화를 촉진한다. 사회복지사는 위기개입과 치료, 집단과정의 사용 등과 같은 전략들을 포함하는 임상적인 실천지식과 기술들을 활용한다.

② **중간수준 체계 개입** : 조직의 구조와 조직의 목적 및 기능을 포함하고 있는 조직과 공식적인 집단을 대상으로 하는 개입이다. 이 수준의 개입에서는 팀, 과업집단, 조직적인 구조 그리고 서비스 전달의 과정에 있어서 변화를 추구한다.

③ **거시수준 체계 개입** : 이웃과 지역사회 그리고 사회 전체와 함께 활동을 하면서 사회적인 변화를 촉진한다. 이 수준에서의 일반주의 실천가들은 이웃

주민 조직, 지역사회개발, 지역사회기획 그리고 사회행동을 통하여 사회의 변화를 성취한다. 사회정책들의 개발은 거시체계의 변화를 인도한다.

④ **사회복지전문가들과 함께 하는 개입** : 이 개입은 사회복지전문직 체계 내의 이슈들을 다루는 실천이다. 이러한 실천은 전문직으로서 사회복지 내부 또는 서비스 전달에서의 전문적인 시스템 내에서의 변화에 영향을 미치고 있는 사회복지와 많은 학문적 동료들과의 전문적인 관계에 대한 정의를 한다. 표준의 설정과 전문적 책임성은 사회복지전문직의 체계 내에서 사회복지사들의 적극적인 관여를 요청하고 있다.

3) 일반주의 실천의 과정

사회복지사들은 개인, 가족, 집단, 조직과 지역사회를 포함하는 클라이언트의 문제를 해결하기 위해 변화과정을 활용한다. 일반주의 실천에서 클라이언트체계의 문제해결을 위해 활용하는 과정을 살펴보면 다음과 같다(Zastrow, 2004; 길귀숙 외, 2011).

① 1단계 : 적절한 활동관계 속에서 클라이언트에게 관여하기

변화과정의 첫 번째 단계는 적절한 관계로 클라이언트에게 관여하는 것이다. 일반주의 실천에 대한 효과적인 수행을 위해서는 잠재적인 클라이언트와 적절하고 전문적인 관계에 대한 수립을 하기 위해서 노력해야 한다. 일반주의 실천 사회복지사는 감정이입, 따스함, 진실함을 보여줌으로써 활동관계를 촉진할 수 있다.

② 2단계 : 이슈, 문제, 욕구, 자원, 자산 확인하기

이슈, 문제, 욕구, 자원, 자산에 대한 확인을 하는 것은 변화과정에서의 두 번째 단계이다. 이 과정에서는 복잡성을 나타내게 된다.

③ 3단계 : 정보수집과 사정

정보의 수집과 사정의 단계에는 1단계에서 제기된 이슈와 문제들에 대한 해답을 찾기 위하여 사회복지사에게 제공되는 자료들을 심층적으로 수집하고 분석(사정)하는 것에 초점을 두고 있다.

이슈에 대한 유용한 정보들은 클라이언트로부터 직접 얻어지거나 다른 중요한 정보원들을 통해서 얻어지기도 한다.

④ 4단계 : 서비스 전달을 위한 기획

정보 수집과 사정이 완료가 된 후 서비스를 어떻게 전달을 해야 할 것인지 계획을 수립한다.

⑤ 5단계 : 의사소통 기술, 슈퍼비전 그리고 자문 활용하기

사회복지사로서의 효과성은 사회복지사의 의사소통 기술인 말하기와 글쓰기의 기술에 달려 있다. 사회복지사에게 중요한 능력은 프레젠테이션이다. 슈퍼비전을 위하여 기관 행정가들은 대부분 '팀 선수(team player)'와 부정적이고 비판적인 의견이나 제안이 주어졌을 경우 긍정적인 방식으로 슈퍼비전에 반응을 하는 사회복지사들을 선호한다. 그리고 사회복지사는 자문이 매우 유용하다는 것을 인식하고 기꺼이 활용을 하는 것이 필요하다.

⑥ 6단계 : 클라이언트의 목적 성취를 위해 설계된 개입에 기반하여 확인, 분석하고 실행하기

사회복지사는 클라이언트가 갖고 있는 목표 성취를 위하여 설계된 서비스의 계획을 토대로 하여 클라이언트에게 가장 도움이 되는 대안들을 확인하고 분석하고 실행한다. 잠재적인 수많은 대안들이 있지만 실제의 사례에서는 시간과 자원의 한계로 인하여 모두를 활용할 수 있는 것은 아니다. 따라서 사회복지사는 슈퍼바이저가 주는 자문을 활용하면서 최적의 대안들을 발견하고 실행을 한다.

⑦ 7단계 : 경험적인 지식들과 기술적인 진보 적용하기

사회복지실천에서의 프로그램 내용의 적절성과 운영의 방법에 대한 타당성 등에 대한 많은 이슈들이 발생할 수 있다. 이러한 경우 경험적으로 확인된 정보나 인터넷 또는 전산 소프트웨어 등과 같은 기술적으로 발전한 사항들을 활용하도록 한다.

⑧ 8단계 : 프로그램의 성과와 실천의 효과성에 대하여 평가하기

사회복지사는 조사연구를 통하여 프로그램의 성과들을 모니터링하고 평가를 해야 하며, 이를 통해서 개입의 효과성에 대한 입증을 할 수 있다.

Chapter 9

사회복지실천과 관계

Chapter 09

사회복지실천과 관계

제1절 관계형성의 중요성

사회복지실천에 있어 클라이언트와 사회복지사와의 관계는 매우 중요하다. 두 사람 간 상호작용의 산물인 관계는 사회복지실천에 있어 역사적으로 중요하게 인식되어 온 용어이다. 사회복지사와 클라이언트가 바람직하고 좋은 관계를 발전시키는 것은 사회복지사의 실천노력에서 필수적인 요소이다(Johnson, 1995; 길귀숙 외, 2011).

1. 관계의 개념 및 의의

1) 관계의 정의

사회복지사가 클라이언트와 좋은 관계를 발전시키는 것은 실천노력에서 필수적 요소이다(Johnson, 1995 : 167). 사회복지사와 클라이언트 두 사람 사이에 정서적 움직임이 있을 때 한 사람의 정서가 다른 사람에게 전달된다. 두 사람이 정서가 동일한 종류의 감정을 표현하기도 하고, 서로 다른 감정을 표현하기도 하고, 전혀 다른 반대의 감정을 표현하기도 한다. 어떤 경우이든 간에 감정의 충만함과 감정의 흐름이 두 사람 간에 체험되어야 하는데, 상호작용이 두 사람 간에 연대감을 조성하든 적대감을 조성하든지 간에 두 사람은 당분간 서로 연결 또는 관계되어 있다고 한다(Perlman, 1979; 이종복 외, 2010).

일반적으로 관계란 공통된 이해관계를 갖고 있는 두 사람 사이에서의 정기적 또는 일시적으로 일어나는 감정의 상호작용의 조건이다. 관계란 하나의 촉매제로 문제해결과 도움을 향한 인간의 에너지와 동기를 지지하고 양성하며 자유롭게 하는 원동력이 된다(길귀숙 외, 2011).

사회복지실천에서의 관계는 사회복지사와 클라이언트 간의 감정이나 태도의 역동적인 상호작용을 말하며 긍정적인 목적은 클라이언트가 자신과 사회환경 간에 보다 효율적으로 적응을 하도록 도와주는 데 있다.

사회복지실천의 관계는 행동체계의 성질, 행동가의 특성 그리고 상호작용이 일어나는 상황에 관계없이 두 사람의 관계는 함께 활동해서 희망하는 결과를 모색하는 데 미치는 중요한 요인으로 서로 관계에 도움이 되고 방해가 될 수 있는 많은 요인을 행동체계에 가지고 오는데 사회복지사는 이들 요인들을 알아야 하고 다른 사람들과의 기능적인 업무관계를 발전시키면서 활동하기 위해서 이들 요인들을 활용하여야 한다(Johson & Yanca, 2001; Brammer, 1979; 전재일 외, 2016). 행동체계에서 사회복지사와 클라이언트 간에 이루어지게 되는 태도와 정서에서 상호작용이 일어나는 상황은 |그림 9-1|과 같다.

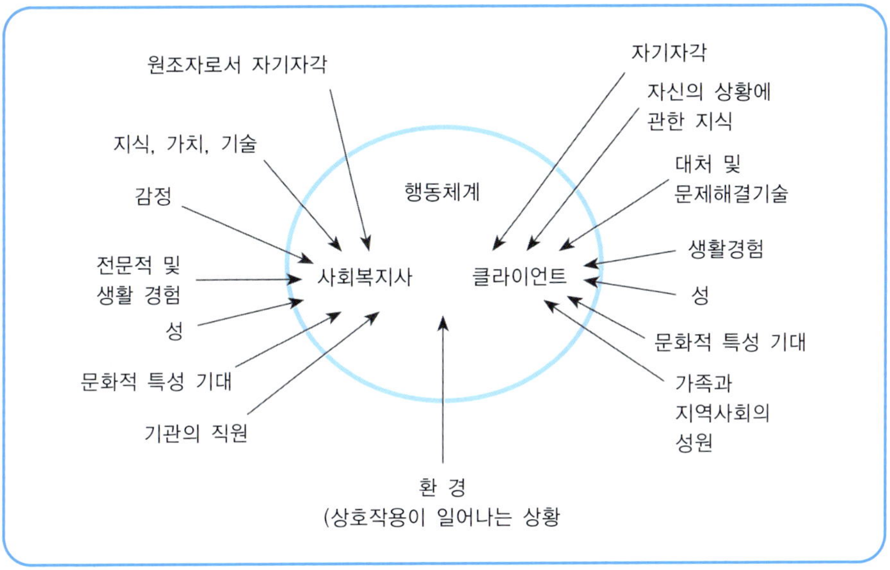

|그림 9-1| **사회복지실천의 관계**

출처 : 전재일 외(2016).

사회복지실천에서 관계의 개념에 대하여 비에스텍(Biestek, 1957)은 "클라이언트와 사회복지사 간에 혹은 사회자원들과의 교류를 가능하게 하는 연결통로로 클라이언트와 그를 둘러싸고 있는 환경 간의 보다 나은 적응을 가져오도록 개인의 능력과 지역사회 자원을 적절히 동원하고 활용할 수 있도록 돕는 것"이라고 정의하였으며 펄만(Perlman, 1957)은 "공통된 이해관계를 지닌 두 사람 간의 정기적 또는 한시적으로 감정의 상호작용이 일어나는 조건"이라고 했는데 사회복지실천에서는 인간 상호작용의 중요성을 인식하고 관계의 개념을 의식적이고 의도적으로 사용하려고 시도해 왔다. 노던(Northen, 1969)은 집단 내에서의 관계란 "인간의 행동이 각기 다른 정서적인 반응을 불러일으키는 것처럼, 관계란 일차적으로 한 사람으로부터 다른 사람에게로 흘러가는 감정적인 반응으로 구성된다". 즉 집단의 전체적인 역동성보다는 집단을 구성하고 있는 각 개인에게 초점이 맞추어져 있다고 했다.

관계는 비단 개별사회사업이나 집단사회사업과 같은 작은 단위의 개인적 대인관계뿐 아니라 체계와의 관계도 중요하게 여겨 왔다. 체계이론을 활용한 통합방법론을 창조해 낸 핀커스와 미나한(Pincus & Minahan, 1973)은 "관계란 사회복지사와 그가 관계하는 다른 체계 간의 정서적 유대로 볼 수 있으며 이들 관계에는 협력, 협상 또는 갈등의 분위기가 포함될 수 있다"라고 주장하였다.

이 정의에 따르면 사회복지사는 클라이언트를 포함하여 그와 관련된 생태체계 내에서 사람들의 감정, 사고, 행동, 그리고 그들 간의 상호교류와 그것의 영향들에 대해 이해하고자 노력할 필요가 있다(김혜영 외, 2015).

이상과 같이 사회복지 분야에서의 관계에 대한 개념은 초창기부터 여러 학자들에 의해 강조되고 발전되어 왔지만 하나의 공통된 개념으로 의견을 모으지는 못하였다. 그러나 분명한 것은 사회복지실천에서 사회복지사와 클라이언트의 관계는 실천의 결과에 영향을 미치는 중요한 요소로 여겨져 왔다는 점이다.

결론적으로 사회복지실천에서의 관계란 사회복지사와 클라이언트 사이의 감정과 태도의 역동적인 상호작용으로서 클라이언트의 문제해결과 그들을 둘러싸고 있는 환경과의 사이에 보다 더 나은 적응을 위하여 협력, 협상하는 것뿐만 아니라 개인과 가족, 집단, 지역사회의 자원들을 적절히 동원하고 활용할 수 있게 하도록 돕는 활동의 총체로 볼 수가 있다.

2. 사회복지실천에서 관계의 목적 및 중요성

사회복지실천에서 사회복지사와 클라이언트가 관계를 형성하는 목적은 사회복지사와 클라이언트 사이의 감정과 태도의 역동적 상호작용으로서 심리사회적 문제를 가진 클라이언트를 돕거나 클라이언트가 자신과 사회환경 간에 보다 효율적으로 적응할 수 있도록 도와주는 데 있다.

사회복지실천에서 사회복지사와 클라이언트 간 형성되는 관계의 중요성은 일반적인 사적 관계가 아니라 전문적인 관계로서 특별히 클라이언트를 돕는 과정을 촉진하는 매개물이라 할 수 있다. 펄만(Perlman, 1957)은 관계의 중요성에 대해 다음과 같이 기술하고 있다. "관계는 촉매제로서 원조에 활력을 주고 문제해결과 원조의 활용에 대하여 사람들이 에너지와 동기를 갖도록 한다. 또한 좋은 관계는 타인의 자아를 존중하고 육성하며 안정감과 일치감을 제공한다"고 하였으며, 노던(Northen, 1969)은 "인간의 행동이 각기 다른 정서적 반응을 불러일으키는 것처럼, 관계란 일차적으로 한 사람으로부터 다른 사람에게로 흘러가는 감정적 반응으로 구성된다"고 하며 집단 내의 관계의 중요성을 피력하였다. 따라서 관계는 개별사회사업이나 집단사회사업 모두 다에서 중요하게 받아들여지고 있다는 것을 알 수 있다. 관계의 중요성은 사회복지사와 클라이언트의 관계의 질에 영향을 받는다. 즉, 사회복지사의 영향 및 개입에 대한 클라이언트의 수용 정도, 클라이언트를 돕는 전문적 과정 등이 관계의 질이라고 할 수 있다(이영실 외, 2014).

따라서 사회복지실천에서의 관계는 사회복지사와 클라이언트 간의 상호작용의 산물이고, '좋은 관계(good rapport)'로 발전시켜 실천과정에서 이것을 활용하는 것이 매우 중요하다

제2절 관계형성의 구성요소

사회복지실천에서 관계형성의 구성요소에 대한 논의는 학자들마다 다양하게 제시되고 있다. 콤튼 등은 관계의 구성요소로서 ① 타인에 대한 관심, ② 헌신과 의무, ③ 수용, ④ 기대, ⑤ 공감, ⑥ 권위와 파워, ⑦ 진솔성과 일관성을 제시하고 있다(Compton et al., 2005). 그리고 커스트-애시먼과 헐은 ① 따뜻함, ② 공감 및 진솔성이 관계를 향상하는 특성이라고 제시하였다(Kirst-Ashman & Hull, 2009: 51-55).

파트너십의 구성요소로서 ① 진솔성, ② 수용과 존중, ③ 신뢰성, ④ 공감, ⑤ 문화적 민감성을 제시하였다(Miley et al., 2007; 이원숙, 2014).

클라이언트와 사회복지사와의 관계는 일차적 관계가 아닌 전문적 관계이며 도움을 요청한 특정 개인의 행동과 환경에 초점을 둔다. 전문적 관계는 클라이언트의 문제해결 및 적응이라는 분명한 목적을 갖고 그 목적의 달성을 위해 제한된 시간 동안에 이루어지는 특수한 관계로 언제나 클라이언트의 입장에서 출발을 해야 하며 사회복지사는 관계에 대한 전반적인 과정에 대한 책임을 지게 된다. 이러한 전문적 책임을 위한 전문적 관계형성의 구성요소로는 클라이언트에 대한 관심과 원조의지, 헌신과 의무, 권위와 권한, 진실성과 일치성, 수용성, 정서, 감정이입, 전문가로서의 사회복지사의 자질 등으로 구분되어 설명되는데 그 내용은 다음과 같다(이영실 외, 2014).

1. 클라이언트에 대한 관심과 원조의지

클라이언트에 대한 관심이란 책임감, 타인에 대한 이해 등을 포함하고 클라이언트의 삶과 욕구에 대한 조건 없는 긍정적 인정을 의미한다. 클라이언트를 도우려는 원조의지는 원조관계에서 필수적인 자질인데 클라이언트가 자신의 삶을 스스로 선택을 하고 통제를 할 수 있는 능력들을 향상시킬 수 있도록 원조를 하는 자세나 태도이다.

2. 헌신과 의무

헌신과 의무는 원조의 과정에서 책임감을 의미하는 것으로 일관성이 포함되는 개념이다. 전문적 관계에서 관계의 목적들을 달성하기 위해서는 사회복지사뿐 아니라 클라이언트도 관계에 대한 의무와 헌신을 가져야 한다. 사회복지사의 헌신과 의무로는 관계를 맺을 때 필수적인 절차상의 조건들을 유지시키는 것을 말한다. 그 내용으로는 시간약속, 클라이언트의 문제에 대한 초점을 유지하는 것과 성장과 변화를 가져오는 관계를 유지하는 것이다. 그리고 클라이언트의 헌신과 의무로는 자신의 문제에 대하여 정직하고 개방적으로 제시하고 전문적인 관계에서 요구되는 시간약속 등을 지키는 것 등을 들 수 있다.

3. 권위와 권한

권위(authority)란 사회복지사가 전문적인 지식과 경험들을 갖추고 지위를 얻음으로써 클라이언트에게 영향력을 행사하는 것을 말한다. 권위는 클라이언트와 기관에 의하여 사회복지사에게 위임된 권한(power)으로 사회복지사는 전문적 지식과 경험을 보유함으로써 또한 일정한 지위에 있게 됨으로써 영향력을 미칠 수 있는 권한을 갖게 된다. 권위는 제도적 측면과 심리적 측면으로 나눌 수 있다. 제도적 측면에서의 권위는 사회복지기관 내에서 사회복지사의 위치와 기능에서 비롯된 권위를 말하고 심리적 측면에서의 권위는 전문가인 사회복지사에게 정보와 조언들을 구함으로써 클라이언트가 사회복지사에게 부여하게 되는 권위를 말한다.

권위와 권한을 잘못 사용하는 경우 클라이언트가 사회복지사에게 불신과 반감을 표현하거나 저항을 할 수 있으므로 사회복지사는 자신이 갖고 있는 권위와 권한의 내용, 범위 및 사용방법 등을 클라이언트에게 설명하여 클라이언트가 안전과 보호의 느낌을 갖도록 해야 한다.

4. 진실성과 일치성

진실성이란 클라이언트와의 관계 속에서 실제적이고 순수해질 수 있는 능력을 의미한 것으로서 사실적으로 가슴으로부터 말을 하는 것이다. 즉, 관계의 형성에서 진실하다(genuine)는 의미는 정직하고 위선되지 않는 것을 의미한다.

일치성(congruence)은 사회복지사가 클라이언트와 관계형성 시 일관성이 있고 정직한 개방성에 대해 유지를 하며 대화의 내용과 행동이 항상 일치하면서도 전문가로서의 자아와 가치체계에 부합하여야 함을 의미한다.

5. 수용성

수용성(receptivity)이란 관계의 기초를 이룰 경우 생존의 중요성과 가치에 대하여 개인의 권리를 수용하는 것이다. 수용은 비심판적인 것 이상으로 클라이언트의 모든 능력과 가치를 존중하고 동시에 클라이언트의 성장과 성숙을 신뢰로 받아들이는 것을 의미한다. 비심판적인 태도를 전달하고 동시에 능동적으로 이해를 하는 것이며, 클라이언트는 기쁨, 공포, 분노, 성장, 발전, 변화들을 자유롭게 표현할 수 있는 존재로서 받아들여야 함을 의미한다.

6. 정 서

정서(emotion)란 태도나 감정을 주고받는 가운데 관계가 발생하게 되며, 이러한 정서적인 관계에서 생각을 서로 나누고 결정을 내리게 된다. 관계형성의 초기에는 언어보다는 비언어적·정서적 상호작용이 빈번하게 일어나기 때문에 정서가 중요하다.

7. 감정이입

감정이입(empathy)이란 원조관계에서 중요한 것은 클라이언트가 처한 상황에서 클라이언트가 가질 수 있는 감정을 이해하면서 클라이언트를 원조할 수 있는 사회복지사의 능력이다. 클라이언트의 감정을 파악한 후에 사회복지사는 그 감정에 대하여 이해했다는 것을 전달해야 하는데 이것을 '감정이입적인 반응(empathic responding)'이라고 한다. 감정이입적 이해를 하게 된다는 것은 사회복지사가 클라이언트와 '감정을 함께 공유'한다는 것이다. 즉, 감정이입은 다른 사람들의 감정을 깊이 느낄 수 있는 능력으로 동시에 그 감정에서 분리되어 객관적 지식을 활용할 수 있는 능력이다. 사회복지사는 클라이언트에게 감정이입을 하게 되면서도 문제 자체와 그 해결 가능성에 대해 객관적으로 분석하고 이성적으로 행동해야 한다. 감정이입을 하기 위해서는 적극적 경청과 지속적으로 주의를 기울이며 비언어적 표현에 대한 민감성이 필요하다.

8. 구체성

구체성(concreteness)이란 클라이언트가 자신의 행동, 사고, 감정을 자신의 독자적인 방법으로 표현할 수 있도록 도와주는 능력을 말한다. 즉, 클라이언트로 하여금 자기 자신의 경험과 감정들을 정확하고 구체적으로 표현할 수 있도록 하여 자신의 문제에 대한 개별화된 인식들을 촉진할 수 있으며, 사회복지사의 공감을 촉진할 수도 있고 문제해결의 구체적인 계획을 세우는 데 근거가 되는 정보들을 얻을 수 있다.

9. 직접성

직접성(immediacy)이란 사회복지사와 클라이언트가 현재의 상황에서 일어나고 있는 상호작용 속에서 경험하는 행동, 감정 그리고 사고에 현실을 정확히 묘사하고 명확히 하며 진지하게 토의하면서 바로 그 장면에서 현실을 직접 수정할 수 있는 능력이다. 즉, 사회복지사와 클라이언트가 현재 경험을 하고 있는 감정이나 사고에 대하여 이를 명확히 묘사하고 토론하는 것을 말한다. 다시 말해, 사회복지사와 클라이언트가 상호작용하는 그 순간에 발생하게 되는 감정이나 경험의 차이를 이해하도록 돕기 위해 현재 사회복지사가 클라이언트에 대하여 어떻게 느끼고 있는지에 대하여 바로 표현하면서 피드백을 주는 것이다.

10. 자기노출

자기노출(self disclosure)이란 사회복지사가 원조과정에서 클라이언트와 관계형성을 하기 위하여 먼저 사회복지사 자신의 경험을 클라이언트와 함께 나누는 것이다. 이러한 사회복지사의 자기노출은 클라이언트로 하여금 사회복지사에게 정서적 공감을 개방하는 데 동기부여를 줄 수 있다.

11. 자아인식

자아인식(self-awareness)이란 사회복지사가 클라이언트와의 좋은 관계형성과 발전적인 변화를 이루기 위하여 '자아의 활용(use of self)'에 의존을 하게 되므로 자신의 자아인식이 기본 전제조건이 된다. 특히 자신의 가치나 태도에 대한 인식이 매우 중요한데 사회복지사는 클라이언트에게 특별한 반응을 보이고,

특별한 감정을 가지고 생각하며, 왜 어떤 특별한 방법으로 클라이언트를 다루게 되는지를 알 수 있게 하기 위해서다.

12. 전문가로서의 사회복지사의 자질

전문가로서의 사회복지사의 자질은 성숙함, 창조성, 자기를 관찰하는 능력, 용기, 민감성 등으로 나누어진다.

① 성숙함 : 변화와 성장에 대하여 두려움 없이 수용하고 그 과정에서 자신이 성장하며 발전하는 인간으로 키워가는 것이다.

② 창조성 : 클라이언트의 문제 상황에 대한 해결책에 대해 개방성을 유지하며 최선의 해결책을 찾기 위해 자신을 개방하는 것이다.

③ 자기를 관찰하는 능력 : 자신의 목표에 대해 신중하게 생각하고, 자기 자신을 신뢰하며, 자신을 복잡한 개입활동에서 하나의 부분으로 관찰할 수 있는 능력이다.

④ 용기 : 실패나 어려운 상황에 휘말리게 되는 일, 통제할 수 없는 상황에서 감정적으로 비난과 학대를 받는 일, 예측할 수가 없는 상황에 지속적으로 연관되는 일, 신체적으로 위협을 받는 일 등을 받아들일 수 있는 힘을 말한다.

⑤ 민감성 : 특정한 단서가 없어도 클라이언트의 내면세계를 느끼고 감지를 할 수 있는 능력으로 사회복지사가 클라이언트의 새로운 상황에 대하여 개방성과 변화에 대한 준비의 자세를 갖추고 있는지에 대한 여부와 밀접하게 관련되어 있다.

제3절 관계형성의 실천원칙

비에스텍(Biestek, 1957)은 도움을 구하는 모든 사람들에게 공통적인 기본 감정 및 태도 유형이 존재한다고 보았으며, 사회복지실천관계의 기본을 사회복지사와 클라이언트와의 태도 및 감정의 상호작용으로 간주하여 그의 저서 『개별사회사업관계(Casework Relationship)』에서 7대 원칙이라 부르는 '관계론'을 정립하였고 도움을 구하는 모든 사람에게는 공통적인 기본 욕구와 태도 유형이 존재한다고 하였다. 사회복지실천 관계의 7원칙은 다음과 같으며, 클라이언트의 욕구와 관계의 원리는 〈표 9-1〉과 같다.

원칙 1 : 클라이언트는 개별적인 욕구를 가지고 있는 존재로 개별화해야 한다(개별화).

원칙 2 : 클라이언트가 감정을 자유롭게 표현하도록 해야 한다(의도적 감정표현).

원칙 3 : 클라이언트의 감정에 대해 민감성과 이해로 반응해야 한다(통제된 정서적 관여).

원칙 4 : 클라이언트를 있는 그대로 인정하고 받아들여야 한다(수용).

원칙 5 : 클라이언트를 심판하거나 비난을 하지 말아야 한다(비심판적 태도).

원칙 6 : 클라이언트의 자기결정을 최대한 존중해야 한다(클라이언트의 자기결정).

원칙 7 : 클라이언트의 비밀을 보장해야 한다(비밀보장).

〈표 9-1〉 클라이언트의 욕구와 사회복지실천관계의 원리

클라이언트의 욕구	관계의 원리
독특한 특성을 가진 한 개인으로 처우받기 바라는 욕구	개별화
자신의 감정에 대한 자유로운 표현을 하고자 하는 욕구	의도적인 감정표현
문제에 대한 공감적 반응을 얻으려는 욕구	통제된 정서적 관여
가치 있는 인간으로서 인정을 받고자 하는 욕구	수용
판단 받고 싶지 않은 욕구	비심판적 태도
자기 스스로 결정하고자 하는 욕구	클라이언트의 자기결정
자기비밀을 간직하고 싶은 욕구	비밀보장

출처 : 길귀숙 외(2011).

1. 개별화(Individualization)

클라이언트는 다른 사람들과 다르며 각 클라이언트의 감정과 사고, 행동 및 독특한 생활양식, 경험 등은 각각 존중이 되어야 하기 때문에 인간은 각각 개별적이고 개인차를 갖고 있는 인간으로 취급을 해야 된다는 인간의 권리에 기초를 두고 있다. 클라이언트를 개별화(individualization)하기 위해 사회복지사는 다음과 같은 역할을 해야 한다(김만두 역, 1992; 이종복 외, 2010).

첫째, 사회복지사는 자기 자신의 편견이나 선입관에서 탈피를 해야 한다. 클라이언트의 개별화를 위해 사회복지사는 클라이언트의 욕구와 권리를 이해하며 특정 클라이언트 집단, 개별 클라이언트의 성별, 외모, 교육 정도 등에 대한 편견이나 선입관으로부터 벗어나야 한다.

둘째, 사회복지사는 인간의 행동과 발달에 대한 전문적인 지식을 가지고 활용을 할 수 있어야 한다. 개인을 이해하고 돕기 위해서는 인간행동의 양식에 대한 지식이 필요하기 때문에 사회복지사는 인간행동에 관한 전문적 지식과 경험을 많이 습득하고 활용할 수 있어야 한다.

셋째, 사회복지사는 클라이언트의 말을 경청해야 한다.

넷째, 사회복지사는 클라이언트의 진행 속도에 맞춰 진행해 나가는 능력을 갖춘다.

다섯째, 클라이언트의 감정에 대해 민감하게 반응하고, 클라이언트에게 감정이입을 한다.

여섯째, 사회복지사는 클라이언트가 속해 있는 환경을 포함한 클라이언트 전체의 상황을 이해하고 관여를 할 수 있어야 한다.

일곱째, 클라이언트를 개별화하기 위해 필요한 여러 가지 수단과 방법을 활용한다.

- 세심한 배려–면접시간과 장소를 가급적 클라이언트의 편의에 맞추도록 배려한다. 면접내용은 비밀보장이 된다는 것을 알려줌으로써 개별적으로 존중받는다는 느낌을 갖게 한다.
- 면접을 위한 사전 준비–클라이언트에 관한 기본 정보에 관한 자료나 지난 면접 시의 기록을 미리 살펴보고 현재의 면접을 준비를 통해 클라이언트에 대한 관심을 집중한다.
- 면접시간 준수–사회복지사도 면접시간을 엄수해야 하고, 클라이언트에게도 시간 준수를 강조한다. 만일 면접시간을 못 지키게 되는 경우 취해야 할 조치에 대해서 약속해 둔다. 또한 약속된 면접시간을 오직 한 클라이언트만을 위해 준비된 것으로 개별적인 대우를 한다.

2. 의도적인 감정표현(Purposive Expression of Feeling)

클라이언트가 자기 자신의 감정을 자유롭게 표현 할 수 있도록 하는 것으로 자신이 비판받게 될지도 모른다는 감정을 자유롭게 표현할 수 있도록 하는 것이다. 사회복지사는 이러한 감정들의 표현을 조정하거나 저지하지 않고 사회복지서비스의 일부로 치료상 유용할 경우에는 클라이언트의 감정을 적극적으로 자극을 하거나 격려를 하면서 의도적으로 경청한다(Biestek, 1973 : 35 재인용, 이종복 외, 2010). 사회복지사는 클라이언트가 자신의 감정을 표현할 때 의도적으로 귀를 기울이고 비난하거나 실망하지 않아야 한다. 클라이언트가 자신의 감정을 자유롭게 표현할 수 있도록 하기 위해 사회복지사는 다음과 같은 역할을 해야 한다(이종복 외, 2010).

첫째, 클라이언트가 자기 자신의 감정을 자유롭게 표현할 수 있는 안정된 환경을 조성한다.

둘째, 클라이언트가 자유롭게 자신의 감정을 표현할 수 있도록 허용적 태도와 편안한 분위기를 마련해 주어야 한다. 사회복지사는 클라이언트의 감정을 중요하게 생각하며 클라이언트에게 비현실적 보장을 하거나 클라이언트가 표현한 내용에 대해 너무 성급한 해석을 하거나 너무 많은 해석을 해서 클라이언트의 감정이 혼란스럽지 않게 해야 한다. 그리고 사회복지사가 클라이언트의 부정적 생각과 감정들에 대해 비난하지 않는다는 것을 클라이언트가 느낄 수 있도록 해야 한다.

셋째, 자유로운 감정의 표현을 위해서 클라이언트의 감정과 행동의 차이점들을 인식할 수 있어야 하고 감정들을 표현하기 가장 좋은 시간과 장소를 선택하도록 해야 한다.

넷째, 자유로운 감정표현을 위해 클라이언트에게 정서적 지지(emotional support)를 제공해야 한다. 사회복지사의 지지는 클라이언트가 가지고 있는 불만이나 의심을 제거하는 효과가 있다. 지지를 통해 초기저항을 감소시킬 수 있으며 클라이언트와 사회복지사 사이를 편안하게 만들 수 있는 장점이 있다.

다섯째, 클라이언트가 가진 감정의 환기를 위한 노력이 필요하다. 사회복지사는 클라이언트가 감정을 환기시킬 수 있도록 도움을 주는 사람으로서 클라이언트의 감정 상태를 파악해야 한다. 특히 분노와 같은 적의적 감정은 다른 사람들에게 표현하기 어렵지만 환기를 통해서 가능하기 때문이다.

3. 통제된 정서적 관여(Controlled Emotional Response)

클라이언트가 갖고 있는 감정에 대한 사회복지사의 민감성과 그 감정이 의미하는 것에 대한 이해와 클라이언트의 감정에 대하여 의도적이고 적절하게 반응을 하는 것을 말한다. 면접은 주로 정서적인 면과 관계되고 있기 때문에 사회복지사는 클라이언트에게 자기의 감정을 말로써 표현하도록 권고해야 한다. 사회복지사는 관계를 통해 클라이언트의 감정에 반응을 보임으로써 정서적으로 관여(involvement)하게 된다. 클라이언트의 감정에 대한 사회복지사의 반응은 사회복지실천의 관계에서 가장 중요한 심리적 요소이며, 고도의 기술이 필요한 부분이다(이종복 외, 2010).

통제된 정서적 관여를 위한 사회복지사는 다음과 같은 역할을 해야 한다.

첫째, 클라이언트의 감정에 대한 사회복지사의 민감성을 들 수 있다. 클라이언트가 자기의 감정을 직접 말로써 표현하지 않더라도 태도에서 드러나는 그의 감정을 잘 파악해야 한다(이영실 외, 2014).

둘째, 전문가로서 사회복지사는 클라이언트의 감정의 의미를 그의 문제와 관련시켜 이해하여야 한다. 매 회기의 면접과정을 통하여 클라이언트의 생활과 그의 세계에 대한 전체적인 이해를 폭넓혀 나가는 노력이 필요하다. 사회복지사는 클라이언트의 경험이 그 자신에게 어떠한 영향을 미치고 있는지를 민감하고 정확하게 인식하여야 한다. 이와 함께 클라이언트의 입장에서 감정이입적 이해를 할 수 있어야 하겠다.

셋째, 의도적 반응이란 사회복지사는 관계를 통해 클라이언트의 감정에 반응을 보임으로써 정서적으로 관여하게 된다. 클라이언트의 감정에 대한 사회복지사의 반응은 사회복지실천에서 가장 중요한 심리적인 요소이며 고도의 기술이 필요한 부분이다(길귀숙 외, 2011).

4. 수용(Acceptance)

사회복지사가 클라이언트의 감정과 약점, 긍정적 감정과 부정적 감정, 바람직한 성격과 바람직하지 못한 성격, 건설적이거나 파괴적인 태도와 행동 등을 있는 그대로 인정하고 존중을 해주는 것을 말한다. 수용을 한다는 것이 클라이언트의 일탈적인 태도나 행동들을 그대로 허용하고 부도덕적이고 반사회적인 행동들을 받아들이겠는 의미는 아니다. 수용이란 여러 가지 약점들을 갖고 있는 개인을 존재하는 그대로 아무 편견 없이 받아들이는 것을 뜻한다. 사회복지실천관계에 있어서 효과적 수용을 위한 사회복지사의 역할은 다음과 같다(엄명용 외, 2006; 이종복 외, 2010).

첫째, 클라이언트를 수용하기 위해 사회복지사가 갖추어야 할 기본적 태도는 클라이언트에 대한 완전한 이해이다.

둘째, 수용을 위해 사회복지사는 클라이언트와 가치관의 차이를 극복해야 한다. 클라이언트를 수용하는 것에 사회복지사의 가치관이 작용해서는 안 된다.

셋째, 수용하는(acceptance) 것과 동의(agrement)하는 것과의 차이를 인식하고 있어야 한다. 인간과 그의 사고, 감정을 수용하는 것과 클라이언트의 사회적 문제가 발생하여 유지하도록 하는 행동에 반응을 하는 것 사이에는 명확한 구별이 있어야 한다.

넷째, 수용과 비심판적 태도는 기본적으로는 같은 태도이지만 각각 다른 특징들을 나타낸다. 사회복지사는 클라이언트가 바람직하고 수용을 할 수 있는 상황으로 발전을 할 수 있도록 돕고 클라이언트에 대한 관심과 따뜻한 마음, 정중한 태도, 경청하는 자세 등을 가지고 중립성을 유지해야 한다. 사회복지사의 수용은 클라이언트로 하여금 현재 존재하는 그대로의 자신을 표현하고 안정감을 느끼게 해주며 자신의 문제와 자기 자신을 더욱 현실적인 방법으로 대처해 나갈 수 있도록 도와준다(양옥경 외, 2005).

수용의 장애요인으로는 ① 인간행동 양식에 관한 불충분한 지식, ② 사회복지사로서 어떠한 면을 받아들이지 못하는 태도, ③ 자기 자신의 감정을 클라이언트에게 맡겨버리려는 것, ④ 편견과 선입견, ⑤ 보장할 수 없으면서 말로만 안심시키는 태도, ⑥ 수용과 허용의 혼돈, ⑦ 클라이언트에 대한 존경의 결여를 들 수 있다(이영실 외, 2014).

5. 비심판적 태도(Non-judgemental Attitude)

비심판적 태도는 클라이언트가 심판받지 않으려는 욕구에 대한 것이다. 클라이언트가 갖고 있는 문제나 욕구가 발생하게 된 원인에 대해서 클라이언트의 잘못 때문인지 클라이언트에게 책임이 있는지 등에 대한 심판을 하지 않으며 클라이언트의 특성 및 가치관에 대한 비난을 하지 않는다는 원칙이다. 클라이언트는 자신의 무능력, 실패, 부도덕성에 관한 사회복지사의 심판 가능성에 두려움을 가지고 있으므로 심판이 아닌 분석적·객관적 판단을 한다는 것이 클라이언트에게 전달되어야 한다.

사회복지실천관계에서 비심판적인 태도와 관련한 사회복지사의 역할은 다음과 같다(길귀숙 외, 2011).

첫째, 사회복지사의 비심판적인 태도가 클라이언트에게 전달되도록 해야 한다. 사회복지사는 클라이언트로 하여금 사회복지사가 클라이언트의 잘못을 비판하지 않을 것이며 유죄인가 무죄인가 심판하지도 않을 것이라는 태도가 분명히 전달되고 느낄 수 있도록 한다.

둘째, 클라이언트의 행위와 진술에 대해 편견과 선입관을 가지고 지나치게 빨리 결론을 내리거나 유사한 문제를 가진 다른 사람과 비교하거나 일정한 유형으로 분류하려는 것 등은 비심판적인 태도를 전달하는 데 장애가 된다.

6. 클라이언트의 자기결정(Client Self-determination)

자기결정이란 클라이언트가 모든 의사결정에 참여하여 스스로 선택하고 결정하는 것이다. 사회복지실천 개입의 과정에서 클라이언트가 자기 자신의 삶에 대해 스스로 선택하고 결정할 수 있는 권리와 욕구를 존중하고 인정해야 하며, 최대한 사용토록 권장해야 한다. 자기결정권을 최대화하기 위해서는 클라이언트가 한 실수나 한계보다 장점과 능력을 강조한다. 사회복지사가 클라이언트를 위해 무엇을 해주는 것이 아니라 클라이언트와 함께 해결해 나가는 것을 의미하므로 전문적 관계의 파트너십을 강조하게 된다(길귀숙 외, 2011).

자기결정에는 한계가 있다. 지적・정신적・신체적 장애로 인하여 클라이언트가 스스로 결정을 할 능력이 없는 경우에 자기결정의 기회가 제한될 수 있으며 클라이언트의 결정이 법적・도덕적 규범에 어긋날 경우 자기결정의 원리는 한계를 가지게 된다. 이럴 경우 사회복지사는 환경을 조정하고 클라이언트의 수준에 맞는 대안을 제시함으로써 클라이언트의 자기결정권이 최소한으로 침해되면서도 덜 파괴적이고 더 기능적인 방향으로 결정을 내릴 수 있도록 도와야 한다(양옥경 외, 2005).

클라이언트가 자기결정을 할 수 있도록 돕는 사회복지사의 역할은 다음과 같다(엄명용 외, 2006; 이종복 외, 2010).

첫째, 클라이언트로 하여금 자신의 문제와 욕구를 전체적 관점에서 관찰하고 이해할 수 있도록 돕는다.

둘째, 사회복지사는 클라이언트가 지역사회 내 인적 자원을 포함한 활용 가능한 자원이 존재하고 있음을 알려주는 역할을 한다.

셋째, 클라이언트 자신의 잠재적인 자원들을 적극적으로 개발하고 활용을 할 수 있도록 자극을 주며, 클라이언트가 성장할 수 있고 자기 자신의 문제들을 해결할 수 있는 관계의 환경을 만들어 낸다.

넷째, 클라이언트가 사회복지실천 전 과정에 적극적으로 참여할 수 있도록 돕고 더불어 경청하고 수용적 태도로 클라이언트가 자기 자신이나 자신의 문제에 대하여 보다 깊이 이해할 수 있도록 원조하여야 한다. 특히 클라이언트가 자기 자신의 문제와 관련하여 의사결정을 해야 할 경우 의사결정 과정에 참여하여 스스로 판단하고 결정할 수 있도록 돕는다.

7. 비밀보장(Confidentiality)

비밀보장은 클라이언트가 전문적・직업적 관계에서 나타나게 되는 클라이언트의 사생활에 대한 정보를 보호하는 것으로, 클라이언트가 노출한 정보들을 사회복지사가 전문적인 치료목적 외에 타인에게 알려주어서는 안 된다. 이 비밀보장은 사회복지사의 윤리적 의무(상대적 의무)이지만, 절대적인 의무는 아니고 예외적인 상황이 있다(비밀보장의 한계)(구금섭 외, 2013).

클라이언트에 관한 정보는 사회복지실천과정에서 최선의 문제해결책을 찾기 위해 때때로 기관 내의 다른 사회복지사나 전문가, 지역사회의 타 전문직과 공유될 수 있다. 이런 경우일지라도 클라이언트에게 미리 알려주고 동의를 구해야 한다(김혜영 외, 2015).

비밀보장에서 클라이언트의 욕구는 자신에 대한 비밀보장을 받고 싶어 한다. 이때 사회복지사의 반응은 전문적 관계에서 나타나는 클라이언트에 대한 정보를 보호하며, 사회복지사는 전문적 치료목적 외에 타인에게 알려서는 안 된다. 그 결과 원조관계, 과정에 대한 신뢰감을 갖게 되어 적극적으로 참여하며, 클라이언트가 자기방어기제를 사용하여 자신을 왜곡하는 현상을 줄일 수 있고, 사회복지사와 클라이언트 간 상호작용이 촉진된다(이영실 외, 2014).

그러나 실제로 비밀보장에 대한 클라이언트의 권리와 제한적 의무나 권리 간에는 갈등이 있다. 사회복지 실제에서 일어날 수 있는 갈등은 다음과 같다(이종복 외, 2010).

① 클라이언트 자신의 내부에 있는 갈등

클라이언트가 자신의 비밀을 보존하는 권리와 다른 권리나 의무 간에는 명백한 갈등이 존재한다. 즉, 클라이언트가 그의 비밀을 보존함으로써 그의 다른 권리와 의무를 실현할 수 없는 경우에 갈등이 생긴다.

② 타인의 권리와의 갈등

클라이언트의 비밀을 지킴으로써 타인의 권리를 침해하게 될 때 그의 비밀을 지킬 것인지, 아니면 비밀보장을 포기하고 다른 사람의 권리를 보호할 것인지에 대한 갈등을 초래하게 된다.

③ 사회복지사의 권리와 갈등

비밀을 지킴으로써 사회복지사 자신의 개인적 권리의 상실을 의미하는 경우이다.

④ 사회복지기관의 권리와의 갈등

클라이언트의 비밀을 지킴으로써 기관은 그 자체의 목적과 권리 및 의무에 반대되는 행동을 하도록 강요될 경우 비밀을 보장하는 것과 기관의 권리행사 간에 갈등이 생긴다.

⑤ 전체로서의 사회의 권리와 갈등

이것은 개인의 이익과 공공의 이익 간의 갈등, 개인의 권리와 공공복지기관의 갈등이다. 클라이언트의 비밀을 지키는 것이 사회 전체에 좋지 못한 영향을 미치게 될 경우 개인의 비밀을 지키는 데 갈등이 따른다.

이상과 같이 클라이언트의 비밀에 대하여 보장을 할 경우에 초래하게 되는 갈등에 대한 해결은 다른 권리의 비중이 얼마나 중요한가에 달려 있다. 즉, 클라이언트의 비밀을 보장할 권리는, 비밀을 지킴으로써 위에서 말한 다섯 가지의 다른 권리들이 침해가 된다는 증거가 명백해질 때까지 우선되어야 한다.

사회복지실천관계에 있어 클라이언트의 비밀보장을 위한 사회복지사의 역할은 다음과 같다.

첫째, 사회복지사는 클라이언트에게 클라이언트의 사적인 정보를 알리지 않는다는 확신을 주어야 한다. 클라이언트가 자기방어기제를 사용하여 자신을 왜곡하는 현상을 감소시킬 수 있으며 사회복지사와 클라이언트 간의 의사소통이 활발하게 촉진될 수 있는 결과를 가져오게 된다(김익균 외, 2006; 길귀숙 외, 2011).

둘째, 사회복지사는 클라이언트의 자기결정권을 최대화하기 위해 클라이언트의 실수나 한계보다는 장점과 능력에 대한 강조를 해야 한다.

셋째, 사회복지사는 클라이언트의 정보를 비밀로서 보장할 것이라는 약속을 반드시 지켜야 한다.

Chapter 10

사회복지 면접

Chapter 10

사회복지 면접

제1절 면접의 개념과 목적

사회복지실천의 구체적 방법은 면접이다. 면접은 사회복지사가 클라이언트의 욕구를 이해하고 개입방법을 의논하고 실행과정을 모니터하며 기술을 전달하는 수단이다. 면접을 잘하려면 의사소통에 대한 지식과 관찰, 경청, 질문, 해석과 같은 면접기술을 갖추어야 한다.

1. 면접의 개념

면접은 면접자와 피면접자 간의 상호작용을 통하여 피면접자의 감정, 느낌, 태도, 생각 등의 메시지를 공유하는 의사소통의 특수한 한 형태이다. 이러한 면접은 일상적인 대화와는 달리 면접자와 피면접자 간의 전문적인 관계를 바탕으로 특정한 목적을 이루기 위해 수행되는 과정이다(이호선·정푸름, 2012).

특히 개인, 집단, 또는 지역사회의 사회적 기능(social functioning)을 강화하고 회복하기 위해 노력하는 사회복지실천(NASW, 1999)에서 면접은 클라이언트를 이해하고 원조하기 위한 중요한 도구가 된다. 따라서 면접은 사회복지실천에서 가장 중요하고 많이 사용되는 기술이며, 사회복지사들은 면접에 많은 시간을 투자한다. 사회복지사들 중에서도 직접적인 서비스를 제공하는 사회복지사들에게 가장 중요한 활동이다(전재일 외, 2016).

전통적으로 사회복지실천에서 면접은 클라이언트의 정보를 수집하기 위해 가장 일반적으로 사용되는 실천기술로서 면접자와 피면접자 간의 체계적이고 목적적인 상호작용 과정이다. 이와 관련하여 커미어와 커미어(Cormier & Cormier, 1991)는 면접이 제공하는 실천성과 잠재적인 효율성 때문에 사회복지 현장에서 면접은 클라이언트를 이해하는 데 가장 일반적으로 사용되는 방법이라고 언급한다. 또한 면접은 목적을 두고 행해지는 대화로 사회적 환경 속에서 사람들에 대한 정보와 이론을 다루는 사회심리학과 사회학의 결합된 과정이라 정의하기도 한다(Coulshed & Orrme, 1988). 『사회사업사전(1993)』에서는 "면접은 대인관계에서 커뮤니케이션을 촉진시키기 위해 의도적으로 이루어지는 대화이며 사회생활의 모든 영역에서 쓰이고 있으나 특별히 클라이언트 이해와 원조의 필수적인 수단이다"라고 말한다. 다시 말하면, 면접은 면접자와 피면접자 간의 전문적인 의사소통 과정으로서 특정한 목적에 의해 행해지기 때문에 비공식적인 일상의 대화와는 다르며(Kadushin, 2983) 사회복지실천에서 클라이언트의 이해와 적절한 서비스 제공을 위한 필수적인 연구조사 방법이다(이효선·정푸름, 2012).

브라운(Brown, 1992)에 의하면 면접은 지식기반을 갖고 있기 때문에 과학이라고 할 수 있으며 사회복지사가 면접에서 창의적인 방법들을 활용하므로 예술이라 할 수 있다. 에딘버그, 진버그와 켈만(Edinburg, Zinberg, & Kelmani, 1975)은 면접이란 치료적 개입의 기초라고 하였다. 면접은 목적이 있고 목표지향적 특성을 지닌 전문적인 회화 혹은 커뮤니케이션 과정이라고 정의 내릴 수 있다(김기태 외, 2008).

2. 면접의 목적

면접은 면접자와 피면접자 간의 의사소통 과정으로서 피면접자가 처한 상황과 환경에 따라 그리고 면접자의 연구 관심과 동기에 따라 달라질 수 있다. 또한 면접의 목적에 따라 면접의 형태와 스타일이 결정된다(Gillham, 2000). 그러나 면접의 궁극적인 목적은 피면접자의 정확한 이해를 통한 적절한 서비스 제공에 있다. 즉, 면접자는 피면접자의 문제를 파악하고 문제 상황에 있는 사람들과 그들이 놓여 있는 환경을 이해하여 그들 스스로 문제를 효과적으로 해결할 수 있도록 돕는 것을 목적으로 한다(이효선 · 정푸름, 2012).

또한 면접의 목적은 사회복지실천의 기능에 따라 결정된다. 가렛(Garrett, 1972)은 사회복지실천과정에서의 면접의 목적을 전문적 지식과 가치를 바탕으로 클라이언트와 그 상황을 충분히 이해함으로써 그 문제를 효과적으로 해결하는 데 있다고 하였으며, 브라운(Brown, 1992)은 면담의 목적을 자료의 수집, 치료관계의 확립과 유지, 클라이언트에게 정보제공, 원조과정에서 장애를 파악하고 제거하는 것, 목표달성을 위한 활동을 파악하고 이행하는 것, 원조과정을 촉진하는 것 등으로 제시하였다. 헵워스와 라슨(Hepworth & Larsen, 1993)은 면접의 궁극적 목적을 삶의 질적인 향상과 성장을 목적으로 문제를 해결하고 이에 필요한 전략이나 행동을 모색하기 위해 정보를 주고받는 것이라고 하였다.

면접의 일반적인 목적은 사회조사를 하기 위한 정보 차원, 평가에 도달하기 위한 진단 차원, 그리고 변화를 가져오기 위한 치료적 차원으로서(Kadushin, 1990) 사회복지사는 면접을 통하여 첫째, 클라이언트의 욕구와 문제를 파악하기 위한 자료수집, 둘째, 치료관계의 확립과 유지, 셋째, 클라이언트에게 정보 제공, 넷째, 원조과정에서 장애 파악과 제거, 다섯째, 목표달성을 위한 활동 파악과 이행, 여섯째, 원조과정의 촉진(Brown, 1992) 등을 얻을 수 있다(방미진 · 황영희, 2011).

사회복지면접은 특히 사회적 문제를 다루는 데 특별한 관심이 있는 점에서 내용과 대상이 특별하다. 사회복지사는 심리사회적 문제에 직면한 클라이언트를 돕기 위해 면접을 실시한다. 면접 첫 단계의 기본적 목적은 문제상황에 직면한 클라이언트에 대해 이해하는 것이다(구금섭 외, 2013).

면접의 목적과 관련해서 사회복지사가 주의를 기울여야 할 점은 도우려는 마음만으로는 부족하다는 것이다. 문제의 상황에 대한 충분한 이해가 이루어지지 않은 상태에서 개입하려고 하면 효과적인 문제해결을 할 수 없는 것은 물론 클라이언트의 실망과 분노를 초래하게 된다(엄명용 외, 2009).

제2절 면접의 종류

면접의 종류는 면접대상에 따라 면접자 한 사람과 피면접자 한 사람 간의 일대일 면접과 면접자 한 명과 두 명 이상의 피면접자 간에 진행되는 집단면접으로 그 종류를 나눌 수 있다. 그리고 면접의 구조적인 형태에 따라 구조화된 면접, 반구조화된 면접, 비구조화된 면접으로 구분할 수 있으며 면접의 목적에 따라 정보수집 면접, 사정면접, 치료면접으로 구분할 수 있다.

1. 대상에 따른 사회복지실천의 면접

1) 일대일 면접

'일대일 면접'은 면접을 사람 수에 따라 구분한 것으로 면접을 주관하는 면접자 한 사람과 피면접자 한 사람 사이에서 이루어지는 면접을 말한다. 이러한 면접은 가장 일반적이며 표준적인 면접의 형태이다. 면접자와 피면접자가 일대일로 면접을 하게 되는 경우에 면접자는 피면접자에게 보다 더 집중할 수 있다. 즉, 면접자는 여럿의 피면접자들과 집단면접을 할 때보다 피면접자의 세세한 표현과 반응들에 더 민감하고 예민하게 반응할 수 있게 된다. 이것은 면접자와 피면접자 간의 깊은 신뢰감을 형성할 수 있도록 도움을 주며 면접자가 피면접자에 관한 상세하고 구체적인 정보를 보다 깊이 있게 이해할 수 있도록 한다. 그러나 일대일 면접은 2인 이상이 함께 면접하는 집단면접에 비해 피면접자를 이해하는 데 있어서 필요한 환경 속에서 서로 간의 상호작용이나 관계의 특성을 엿볼 수 없다는 단점이 있다.

2) 집단면접

면접의 형태는 앞서 살펴본 일대일 면접이 일반적이나 경우에 따라서는 한 명의 면접자가 두 명 이상의 피면접자를 상대로 면접을 해야 하는 상황이 발생하기도 한다. 이것은 한 명의 면접자가 동일한 사안에 대해 동시에 두 명의 피면접자를 통해 자료를 수집하는 것을 말한다(Arksey, 1996). 예를 들어, 가족생활에 관한 연구는 면접자 한 사람이 특정 가족이나 부부를 대상으로 동시에 면접을 하는 것이 효율적일 수 있다. 그러나 이때 개인에게 사용되는 면접기술이 집단에서도 사용된다. 즉, 가정이입, 참여, 관찰과 같은 기술들을 이용하여 면접이 진행될 때 면접자는 집단구성원에게 진행과정의 두드러지는 요점에 대해서 제공해야 한다. 또 집단면접이 진행될 때 그 집단은 면접의 목적을 이해해야 하며 면접자는 집단의 모든 구성원들을 위해 유사한 질문을 요구하게 된다. 집단은 개별적으로 그리고 전체적으로 모든 반응을 들을 수 있으며 그러한 초기 반응들은 더 나아가 서로 간의 토론을 조성하기도 한다. 여기서 집단은 면접의 결과를 스스로 형성하게 되며 서로 간의 이상과 견해는 면접과정 중에 변화될 수 있다.

이러한 면접의 형태는 일대일 면접의 경우보다 더 일관적인 자료를 수집할 수 있고 두 사람의 피면접자들 간에 서로 상이한 자료를 얻은 경우에도 차이를 비교 보완할 수 있으며 두 사람이 의견의 불인치나 갈등을 해결하는 방식,

상호 간의 심리적 지지를 제공하고 타협해 가는 능력을 관찰할 수 있다(백욱현, 2006). 그러나 면접자가 문제를 가지고 있는 피면접자들을 면접할 경우 두 사람이 갈등과 마찰로 인하여 정보를 왜곡하거나 숨기는 일이 발생할 수 있어 원활한 면접이 이루어지기 어려울 수도 있다(이효선 · 정푸름, 2012).

2. 구조적인 형태에 따른 사회복지실천의 면접

1) 구조화된 면접 : 표준화 면접

표준화된 면접조사표나 질문을 만들어 모든 피면접자들에게 동일한 절차와 방법으로 면접을 수행한다. 면접자는 임의로 질문이나 형식, 순서를 바꿀 수 없으며 면접조사표에 따라 기계적으로 자료수집을 진행하게 된다. 장점은 정보의 비교가 가능하고 신뢰도가 크며, 질문어구나 언어구성에서 오는 오류를 줄일 수 있다(구금섭 외, 2013). 구조화된 면접의 단점으로는 논리적인 반응을 하게 되는 경향이 있어 정서적인 내용이 거의 없으며, 피면접자에 따라 특정한 질문이 해당되지 않거나 부적절할 수 있어 면접시간을 낭비할 수 있다는 한계가 있다(이은희 · 김남숙, 2014).

2) 반구조화된 면접

반구조화된 면접은 표준화와 비표준화의 중간형태로서 개략적인 조사표를 가지나 융통성 있게 면접내용을 조정하는 경우를 말하며, 반표준화 면접 또는 준구조화 면접이라고도 한다. 지침이 있는 면접으로 미리 결정된 질문이나 주요 단어가 있으나, 구조화된 면접과는 달리 특정 관점에서 질문할 수 있고, 피면접자의 반응에 따라 적절한 시점에서 개방형 방식으로 질문할 수 있다. 비구조화된 면접이나 구조화된 면접 양자의 정점을 취하는 특징이 있다(김혜영 외, 2015). 즉, 반구조화된 면접을 수행 시 연구해야 할 일반적인 영역은 면접 전에 미리 결정되어야 한다. 만약 그것이 거의 없다고 할지라도 만약 있다면 그 질문은 사전에 명확하게 공식화해야 한다(이효선 · 정푸름, 2012).

3) 비구조화된 면접 : 비표준화 면접

'구조화된 면접'과 달리 '비구조화된 면접'은 피면접자에게 요구할 질문 내용에 대해서 사전에 면접자의 준비를 필요로 하지 않는다. 면접자는 전체적인 면접의 주제나 내용에 의해 면접을 진행하되, 일정한 형식과 정해진 질문에 따라 움직이지 않고 피면접자의 자유로운 반응과 표현에 집중하게 된다. 즉, 면접자는 면접이 실시되는 동안 최대한 피면접자의 입장에 충실하려고 노력하며 면접과정에서 보다 수동적이고 비지시적인 역할을 수행하게 된다. 따라서 면접자는 비구조화된 면접을 통해 질적으로 풍부하고 심층적인 자료를 얻을 수 있으며, 피면접자가 원하는 바를 그들의 입장에서 보다 정확히 파악할 수 있다(이효선 · 정푸름, 2012). 개방형 면접으로 면접자가 면접상황에 따라 융통성 있게 면접을 수행하는 것으로 질문의 내용, 형식, 순서 등을 미리 정하지 않아 비구조화 · 비조직화 · 비통제화된 면접이다. 장점은 융통성 있고 신뢰도는 낮으나 타당성이 높다. 의미의 표준화가 가능하다. 단점은 비교하기 어렵고 면접처리에 어려움이 있다(구금섭 외, 2013).

3. 면접의 목적에 따른 사회복지실천의 면접

1) 정보수집 면접

정보를 얻기 위한 면접이란 클라이언트의 개인적 혹은 사회적 문제와 관련된 사회적 배경이나 개인의 성장 · 발달사에 관한 정보를 얻기 위한 면접을 말한다. 정보를 얻기 위한 면접의 목적은 클라이언트와 그의 상황을 이해하는 데 필요한 정보를 수집하거나 사회조사를 위한 것이다. 면접에서 사회복지사는 클라이언트에 관한 객관적 사실과 그의 주관적 감정, 그리고 태도를 파악해야 한다. 또한 클라이언트 외에 부모, 친구, 친척, 고용인, 이전에 클라이언트가 이용한 기관과의 접촉이나 면접이 필요하다.

면접상황에 포함되는 내용은 다음과 같다(Zastraw, 1995; 김혜영 외, 2015).

① **일반적 사항** : 나이, 성별, 학력, 결혼상태, 주소 등
② **현재의 문제** : 현재 문제상황, 과거력(과거에 유사한 문제가 있었는지, 치료형태, 치료기관 등)
③ **가족력** : 클라이언트의 가족과의 관계, 부모-형제관계, 핵가족 중심의 부부관계, 자녀관계 등
④ **개인력** : 아동기의 성장과정, 발달단계상의 문제, 학교생활, 교우관계, 직장생활, 결혼생활 등

2) 사정면접

사정을 위한 면접은 자료를 해석하고 의미를 부여하여 실천방향을 결정하는 일이므로 사정을 위한 면접은 서비스에 대한 의사를 결정하기 위한 면접이다. 사정을 위한 면접은 구체적인 서비스에 대하여 의사를 결정하기 위한 것으로 정보를 얻기보다는 면접 자체의 서비스를 위한 평가와 적격요인을 결정하기 위한 목적지향적 활동으로 사정면접의 목적은 필요한 결정을 하는 데 도움이 될 만한 정보들을 얻는 것이다. 사정(assessment)은 문제가 무엇인지, 어떠한 원인 때문인지, 그 문제를 해결하거나 줄이기 위해서는 무엇이 변화되어야 하는지에 대하여 답하는 사회복지실천과정의 핵심적인 단계이다.

3) 치료면접

치료적 면접은 가장 보편적인 것으로 클라이언트를 도와서 그 자신이 변화하거나 클라이언트가 더 나은 사회적 기능을 수행할 수 있도록 환경의 변화를 돕는 것을 말한다. 치료를 위한 면접을 통해 클라이언트에게 자신감과 자기효율성을 강화하고 필요한 기술을 훈련하며 문제를 해결할 수 있는 능력을 키운다. 치료를 위한 면접의 목적은 사회적인 환경 속에 있는 힘의 균형을 클라이언트의 이익을 위해 변화시키는 것에 있다.

이 밖에 치료를 위한 면접은 클라이언트의 사회적 기능을 촉진시키기 위해서 사회적 환경을 바꿀 목적으로 면접하는 경우도 있는데 음주문제를 가지고 있는 클라이언트의 배우자는 어떻게 자신의 배우자가 금주를 하고 술과 분리되어 의미 있는 삶을 개발할 수 있는지를 위해서 상담을 하게 된다.

환경변화를 목적으로 하는 면접은 클라이언트와 관련된 중요한 사람들과 함께 이루어지기도 하고 클라이언트의 권리와 이익을 옹호하고 대변하기 위하여 사회복지기관, 관련 공무원, 지역사회와 이루어지기도 한다.

제3절 면접기술 기초

사회복지사는 면접의 목적을 달성하기 위하여 클라이언트가 이야기를 잘할 수 있도록 격려하고 의사소통 흐름을 유지하기 위한 다양한 기술들을 활용할 수 있어야 한다. 사회복지실천에서 사용되는 주된 면접기술을 관찰, 경청, 질문, 명료화, 요약, 해석, 초점 유지, 분위기 조성, 직면하기 등이 있는데, 이러한 면접기술의 주된 내용은 다음과 같다(이영실 외, 2014 재인용).

1. 관 찰

관찰은 클라이언트가 이야기하고 행동하는 모든 것에 주의를 기울여 클라이언트와 그의 문제를 이해하는 데 필요한 정보를 얻는 것이다. 그러나 관찰은 한계가 있으므로 사회복지사가 알고자 하는 것을 선택하여 관찰하는 계획적이고 의도적인 활동이라고 할 수 있다(Lowenberg, 1977; 남연희 외, 2012).

관찰은 면접에서 가장 기본적인 것으로 선입견을 버리고 실제 상황을 있는 그대로 보는 것을 말한다. 관찰은 모든 과정 동안 사용하는 기술로서 클라이언트의 말과 행동, 즉 비언어적 표현에 대한 관찰은 클라이언트를 이해하는 데 매우 중요하다.

피면접자에 대한 관찰은 비단 면접이 진행되는 과정 속에서만 실시되는 것은 아니다. 면접을 실시하기 위해 피면접자를 첫 대면했을 때부터 면접자는 피면접자의 언어적·비언어적 표현에 대해 민감해야 하며, 그것을 자세히 관찰해야 한다(이효선·정푸름, 2012).

클라이언트의 앉은 자세가 편안한지 아니면 의자 끝에 불안하게 앉아 있는지, 얼굴색은 어떠한지, 땀을 흘리는지, 음성의 고저는 어떠한지 등 신체언어는 언어적 표현에 비해 진실에 가까운 누설적 성격을 가지고 있다(이은희·김남숙, 2014).

대화 도중에 어떠한 주제가 나올 때 화제를 갑자기 바꾸는 경우는 특별한 주제가 고통스럽거나 토론하기 싫다는 것을 나타내는 것으로 그 이유는 나중에라도 알아낼 필요가 있다. 그것은 클라이언트의 무의식중에 밀접하게 관련되어 있을 가능성이 크기 때문이다.

사회복지사는 클라이언트를 자신의 관점에 따라서 관찰하고 판단하기 때문에 자신의 관찰이 정확하다고 생각해서는 안 되며 또한 쉽게 속단해서도 안 된다. 관찰을 통해 얻은 클라이언트에 대한 정보가 다른 정보와 일치하는지를 판단하여 사용해야 한다(방미진·황영희 2011).

2. 경 청

경청기술은 면담에서 가장 중요한 기술이다. 클라이언트가 무엇을 말하는지, 면담자의 질문에 어떻게 반응하는지를 듣는 것이다. 이때 경청은 클라이언트의 어려움에 공감하고 그에 필요한 반응을 해가면서 적극적으로 잘 듣는 것이다(이은희 · 김남숙, 2014).

또한 경청이란 단순히 듣기만 하는 것이 아니라 상대방의 사고와 감정에 대하여 이해하기 위한 적극적인 청취의 활동으로 주의 깊고 정중한 경청은 상대방을 이해하기 위한 가장 중요한 기술이다. 클라이언트는 사회복지사가 자기 말을 얼마나 성의 있게 열심히 경청하였는지를 평가하면서 그 정도에 따라 마음의 문을 열게 된다. 사회복지사는 경청을 통해 클라이언트의 가지고 있는 준거틀을 이해할 수 있고 클라이언트에 대해 성급한 판단이나 평가를 예방하고 심도 있게 접근할 수 있다.

경험이 없는 사회복지사가 실수하기 쉬운 경우는 클라이언트에게 도움을 주고자 하는 급한 마음에 여러 가지 충고나 제안을 하거나 클라이언트의 말이 끝나기도 전에 다른 주제를 바꾸어 질문하는 것이다. 이러한 태도는 전문적 관계형성을 방해할 뿐 아니라 클라이언트로 하여금 사회복지사를 신뢰할 수 없게 한다(이영실 외, 2014).

경청에서 주의해야 할 것은 침묵을 다루는 방법이다. 면접이 서툰 사람일수록 면접 중의 침묵을 부담스러워한다. 클라이언트가 말을 멈추고 침묵하면 자기의 면접기술이 서투르기 때문에 클라이언트가 말을 하지 않는 것으로 오해하여 말을 재촉하거나 자기편에서 말을 서두르는 실수를 할 수도 있다. 그러나 면접에서 침묵은 몇 가지 의미가 있다. 한 가지는 클라이언트가 자기의 생각을 정리하여 표현하기 위해 침묵하는 것이고 다른 한 가지는 말을 하고 있는 도중에 감정이 격해져서 이를 다스리기 위하여 잠시 침묵하는 것이며 경우에 따라서는 정말 할 말이 없어 침묵할 수도 있다. 각각의 경우에 따라 사회복지사의 반응이 달라야 한다는 것은 말할 필요도 없다. 이를 분별하기 위해서는 개방적인 마음으로 침착하게 클라이언트의 말을 주의 깊게 경청해야 한다.

경청은 이처럼 클라이언트의 어려움에 공감하고 필요한 반응을 하면서 듣는 것으로 클라이언트는 감정의 정화와 마음의 안정을 경험할 수 있게 되며, 신뢰관계 형성이 쉬워지고, 자기개방이 증진되어 문제해결에 도움이 된다(김혜영 외, 2015).

3. 질 문

질문은 클라이언트의 의사소통을 격려하기 위하여 가장 많이 적용되는 기술이다. 또한 질문은 정보를 습득하고 클라이언트로 하여금 충분히 의사소통을 하도록 한다(이영실 외, 2014).

그리고 좋은 질문은 클라이언트로 하여금 그가 발표하는 것을 조직하도록 돕는다. 질문은 클라이언트에 대한 이해와 문제해결에 필요한 정보를 효과적으로 얻을 수 있다는 장점이 있다(김혜영 외, 2015).

또한 질문하기는 반영적 고찰(self-reflection)을 자극하는 한 방법이 된다. 사회복지사의 훌륭한 질문은 반드시 클라이언트의 생각을 자극한다. 즉, 사회복지사가 클라이언트의 사고에 근거한 질문을 하게 되면 클라이언트는 질문을 받음으로써 사고의 확장이 일어나고 경우에 따라서는 자기결정능력이 강화될 수도 있다. 나아가 질문을 하는 동안 사회복지사는 적극적 경청의 기술을 활용하여 클라이언트의 대답을 명확하게 이해하고 이에 대한 피드백을 제공해 줄 수 있다(남연희 외, 2014).

질문을 너무 많이 하면 클라이언트는 혼란을 느끼게 되고 너무 적게 하면 클라이언트에게 면접의 부담을 지나치게 많이 지우게 된다(Garrett, 1942). 질문은 클라이언트의 속도에 맞추어야 하고 적절한 시점에서 이루어져야 한다(엄명용 외, 2009).

질문의 내용들과 의도는 그 순간의 클라이언트의 정서적인 면을 반영하는 것이어야 한다. 만약 클라이언트가 우울해하면 그 질문들은 지지적인 이해를 해주어야 하고, 그가 불안해하면 안도를 시켜야 하며 그가 적개심을 가졌다면 수용하는 것이 되어야 한다. 책망이나 비난을 하거나 의심을 하는 듯이 질문들을 하는 경우에 사회복지사는 클라이언트에게 공포와 의심을 야기시켜 협조를 받지 못한다(Garrett, 1972; 이은희 · 김남숙, 2014).

1) 폐쇄형 질문

클라이언트의 반응을 한두 개의 단어나, '예', '아니요'로 제한하는 것이다. 폐쇄형 질문은 보통 '예', '아니요'라고 대답할 수 있는 질문, 혹은 이름이나 주소, 나이 등 몇 마디로 대답할 수 있는 질문이다. 이런 형태의 질문은 특히 제한된 시간 내에 사실에 관한 정보를 얻어내야 할 때 유용하다. 필요한 구체적 정보에 대한 질문을 하는 것으로 대답의 선택이 한정되어 있다(길귀숙 외, 2011).

예

기초정보 수집

- W'er : 이름과 주소를 말해주시겠어요?
- C't : 예. 김○○입니다. 주소는 서울시 …입니다.
- W'er : 고맙습니다. 생년월일은 어떻게 되지요?
- C't : 19○○년 ○월 ○일입니다.

출처 : 길귀숙 외(2011).

즉, 폐쇄형 질문은 화제를 규정하고 클라이언트의 반응을 몇 마디의 말이나 단순한 대답, 제한된 반응을 나타내게 하기 쉽다.

2) 개방형 질문

개방형 질문은 클라이언트가 자기 자신의 문제에 대하여 자신의 방법으로 이야기를 할 수 있도록 하며 광범위한 표현들을 하도록 질문을 하는 것으로 다양한 정보들을 필요로 할 때 유용하다. 예를 들어, "가족과 어떤 관계인지 말씀해 주시겠어요?" 또는 "어떤 도움이 필요하신지 말씀해 주시겠어요?", "그 때 당신 기분은 어떠했습니까?"라고 질문을 하는 것이다(남연희 외, 2012).

개방형 질문은 클라이언트가 중요하다고 생각하는 것은 무엇이든 말할 수 있게 하며 다양하게 대답할 수 있는 장점이 있다.

최초의 면접이나 첫 만남에서 개방형 질문을 주로 사용하는 것이 좋다. 그러나 공개된 장소에서 자신의 느낌이나 생각을 말로 표현하는 데 익숙하지 못한 클라이언트에게는 이런 형태의 질문이 위협적이고 자신을 압도하는 것으로 느껴질 수 있다(길귀숙 외, 2011).

3) 면접에서 피해야 할 질문

① **"왜" 로 시작되는 질문**(why question) : 비난하는 것 같은 뉘앙스를 줄 수 있기 때문에 클라이언트는 자기의 행동을 정당화시키려고 방어적인 태도를 취하게 된다.

② **유도형 질문**(leading question) : 사회복지사가 클라이언트의 응답을 어느 한 쪽 방향으로 이끌어 가려는 것도 잘못된 질문의 형식이다.

③ **중첩형 질문**(stacking question) : 너무 여러 가지 질문들을 한꺼번에 묻는 질문 형식이다. 질문의 초점이 흐려져서 클라이언트가 피상적으로 대답을 하거나 중요한 정보를 빠트리게 된다.

④ **모호한 질문** : 클라이언트가 질문에 대한 방향을 분명하게 이해를 하지 못하거나 받아들이지 못하는 경우의 질문이다. 이러한 경우 사회복지사는 클라이언트가 그의 관심사나 상황을 더 구체적으로 묘사를 할 수 있

도록 돕기 위하여 초점을 좁히는 기술을 사용하여야 한다(Hepworth et al., 2002; 엄명용 외, 2009; 길귀숙 외, 2011).

예

휴가가 끝나고 기분이 어떠한지요? (개방적 질문)
휴가가 끝나서 기분이 섭섭하지 않으신지요? (폐쇄적 질문)
당신은 그런 상황에 대해 어떻게 생각하십니까? (직접질문)
그런 상황이 당신에게 어떠한 생각을 나게 하는지 궁금하군요. (간접질문)

출처 : 김혜영 외(2015).

4. 명료화

명료화는 클라이언트의 말 속에 내포되어 있는 것을 클라이언트에게 명확하게 해주는 것을 의미한다. 즉, 클라이언트가 말한 내용들을 더욱 명확하게 이해할 수 있도록 더욱더 친밀한 용어들로 바꾸어 이야기하는 것이다. 또한 명료화는 클라이언트의 실제 반응에서 나타난 감정이나 생각 속에 암시되었거나 내포된 관계 또는 의미를 보다 분명하게 말해주는 것이다.

클라이언트에게 언급해 주는 내용의 의미와 관계는 어디까지나 클라이언트의 표현 속에 포함되어 있다고 사회복지사가 판단한 것이다. 즉, 명료화의 자료는 클라이언트 자신이 미처 자각하지 못하는 의미 및 관계이다. 클라이언트가 애매하게 느끼던 내용이나 자료를 사회복지사가 말로 표현해 준다는 점에서 클라이언트에게 자기가 이해를 받고 있으며 면접이 잘 진행된다는 느낌을 갖게 해준다(이영실 외, 2014).

5. 요 약

요약은 내담자가 말하는 내용의 초점을 압축해서 명확하게 하도록 하는 것을 말한다. 즉, 클라이언트의 생각, 행동, 감정들을 사회복지사가 언어로 정리하는 것이다(김혜영 외, 2015). 즉, 부분적인 요약이나 상세한 요약은 클라이언트의 의사소통 범위를 확대시키는 데 도움이 되므로 면접자는 논의해 온 내용을 간단하게 재검토하여 면접의 방향을 제시한다.

면접자가 요약을 통해 지금까지 경청하고 있고 계속 다루어 온 내용을 알고 있다는 것을 클라이언트에게 알려주게 된다. 요약의 주요 목적은 클라이언트가 의식하지 못하도록 있는 부분을 알게 하고 문제해결과 과정을 명백히 하고 자신의 생각과 느낌을 탐색하도록 돕는 것이다(이영실 외, 2014).

6. 해 석

해석은 내담자가 겉으로 나타내는 문제가 내부적 정신작용에 관련되어 있는데도 이를 의식하지 못하거나 깨닫지 못할 때 그 관련성을 설명해서 이해시키는 방식이다. 해석은 클라이언트의 여러 언행들 간의 관계 및 의미에 대한 가설을 제시하는 것으로 클라이언트로 하여금 과거의 생각과는 다른 각도에서 자기의 행동과 내면세계를 파악하는 것이다(김혜영 외, 2015).

클라이언트의 표현과 행동상황 저변의 단서들을 발견하고, 그 결정적 요인들을 이해하며, 클라이언트가 깨달을 수 있도록 도와주는 방법이다. 그리고 해석은 신뢰관계가 돈독히 세워진 경우에 해야 한다. 중요한 것은 해석을 통해 클라이언트의 태도나 행동에 약간의 수정을 줄 수 있는 것만으로도 클라이언트가 자신 스스로 문제에 대해 결정할 수 있고 해결할 수 있도록 도울 수 있다는 것이다(이영실 외, 2014).

반영 · 명료화 · 직면 및 해석반응의 비교

한편 해석은 클라이언트가 말한 경험내용에 새로운 의미와 관련성을 부여하여 언급하는 것이다. 즉, 클라이언트가 미처 자각하지 못하고 있는 의미와 관련성을 사회복지사가 설명해 주는 것이라고 할 수 있다.

다음은 클라이언트의 꿈 이야기에 대해서 반영 · 명료화 · 직면 및 해석이 어떻게 다르게 나타날 수 있는지를 예시한 것이다.

클라이언트 : "지난 밤 꿈에 저는 아버지와 사냥을 갔는데 제가 글쎄 사슴인 줄 알고 쏘았는데, 나중에 가까이 가보니깐 아버지가 죽어 있었습니다. 그래서 깜짝 놀라 잠에서 깨었습니다. '디어 헌터(The Deer Hunter)'라는 영화를 본 지 며칠 안 돼서 그런 꿈을 꾸었는지 모르겠어요."

(1) 반영 : "그런 끔찍한 꿈을 꾸고 마음이 몹시 당황했군요."

(2) 명료화 : "꿈이었겠지만, 총을 잘못 쏴서 아버지를 돌아가시게 한 죄책감과 같은 것을 느꼈는지도 모르겠군요."

(3) 직면 : "너무 권위적이고 무관심한 아버지가 혹시 사고(事故)로 세상을 떠났으면 하는 생각이 마음 한구석에 있었는지도 모르겠군요."

(4) 해석 : "부모에게 효도해야 한다는 동양문화권에서 볼 때, 그런 꿈을 꾸었다는 사실에 마음이 심란하기도 하겠지요. 그리고 한편으로 권위적 존재에 대한 적개심으로 간접적으로나마 인정하고 표현했다는 점도 중요하겠지요."

출처 : 나동석(2008).

7. 초점 유지

초점을 유지하고 제공하는 기술은 제한된 시간 내에서 최대의 효과를 가져와야 하는 전문적인 관계에서 불필요한 방황과 시간의 낭비를 막아주는 효과적인 기법이다. 이 기술은 과묵하거나 혼돈된 클라이언트를 위해서 매우 유용하게 사용할 수 있는 기술이다. 예를 들면, 아동의 학습부진의 문제로 면접을 하는 과정에서 아동의 부모가 동네의 유해환경에 대하여 장황하게 설명할 경우, 사회복지사는 "유해환경도 중요하지만 먼저 아이의 학교생활에 대해 좀 더 이야기를 나눈 뒤 그 이야기를 하는 것이 좋을 것 같습니다"라고 하며 아동의 학습부진으로 다시 초점을 맞추어 유지하는 것이다.

이 기술을 통해 사회복지사는 돕는 전 과정 동안 초점을 유지할 수 있기 때문에 클라이언트의 산만한 사고와 감정을 정리하여 중심이 되는 문제를 좀 더 깊이 탐색하고 원하는 변화를 이끌어 낼 수 있도록 도와준다(남연희 외, 2012).

8. 분위기 조성

분위기 조성 기술은 면접을 위하여 심리적으로 편안한 분위기를 만드는 기술이다. 면접 분위기를 조성하기 위해서는 일단 자연스럽게 자신의 관심사에 대해 이야기할 수 있도록 가벼운 일상의 대화로부터 시작을 하여 클라이언트가 갖고 있는 관심사와 문제에 초점을 두어 진행한다. 존슨(Johnson, 1989)은 이런 분위기 조성을 위한 중요한 특성으로 진심(genuineness), 공감(empathy), 온화함(warmth) 등을 들었다.

진심은 클라이언트에게 사회복지사가 믿을 만한 사람임을 전달하는 것이다. 이러한 진심은 사회복지사의 언어적인 표현과 비언어적인 표현이 일치함으로써 전달된다.

공감은 사회복지사가 클라이언트를 수용하고, 관심이 있다는 것을 전달하는 능력으로 클라이언트가 갖고 있는 감정을 공개적으로 수용하고 인정을 하는 것이다.

온화함은 클라이언트와 친밀하고자 하는 감정을 전달하는 것으로 온화함 속에서 클라이언트는 긍정적·부정적 감정에 대하여 표현을 할 수 있게 되고 가치 있는 존재로도 느낄 수 있게 된다. 이러한 온화함은 클라이언트에게 긍정적 존경과 친절을 보여줌으로써 그리고 클라이언트의 성장과 발전을 진심으로 기뻐함으로써 표현된다(이영실 외, 2014).

9. 직면하기

직면하기란 클라이언트가 잘못하고 있거나 무엇인가 불인치하거나 모순점이 있을 때 클라이언트가 의식할 수 있고 살필 수 있는 것을 지적해 주고 그것이 내담자 자신의 문제와 어떻게 관련되는지를 생각해 보도록 하는 작업이다. 직면하기는 어떠한 형태로 나타나든 상대방의 언행에서의 불일치나 모순점 또는 잘못되었거나 개선해야 할 점들을 지적해 주는 것으로 맞닥뜨림이라고도 부른다. 이는 상대방에게 반응하고 영향을 미치는, 그래서 행동변화를 일으킬 수 있는 강력한 힘을 가진 기술 중의 하나이다. 그래서 상대방이 이 기술에 대해 잘 반응을 하고 호응을 해주면 대단히 효과적이지만 그렇지 못하고 오히려 반발을 보이거나 심한 경우에는 클라이언트에게 심리적인 위협과 상처를 줄 수도 있는 강력한 것이다. 따라서 직면기술을 사용하는 데 있어서 클라이언트가 그것을 받아들일 준비가 되어 있는지를 면밀히 고려해야 하며 충분한 신뢰관계가 형성되기 전까지는 이 방법을 가능하면 피해야 할 것이다. 그렇지만 문제의 근원이 클라이언트에게 있거나 그 자신의 잘못에 있다면 그것을 그냥 이해하고 넘어가서는 문제해결이 어려우므로 이 경우에는 그것을 적절히 지적하여 변화를 할 수 있도록 도와줄 필요가 있다(김혜영 외, 2015).

10. 라포형성과 관계형성 기술

라포형성은 클라이언트가 사회복지사의 개인적 또는 전문적인 것에 신뢰감을 갖는 것부터 출발하는 친화적 신뢰관계이다. 사회복지에서 라포는 조화로운 상태와 공감대를 형성하는 것을 의미하는 것으로 사회복지사와 클라이언트 간의 상호 이해와 전문적 관계를 형성할 수 있게 해준다. 카두신(Kadushin)의 라포형성 기술은 다음과 같다(구금섭 외, 2013).

① 클라이언트의 자기결정권 문제에 관심을 보인다.

② 클라이언트의 문제에 관심을 보이고 따뜻함을 전하며 신뢰의 분위기를 조성한다.
③ 클라이언트의 개별성에 대해 존경심을 보인다.
④ 클라이언트에게 공감적인 이해를 보인다.
⑤ 클라이언트에게 진실성과 믿음을 보인다.
⑥ 어떤 정보들을 비밀로 보장을 할 것인지, 그렇지 않을 것인지에 대한 전문적인 판단능력을 보인다.

제4절 면접의 기록

면접에서는 모든 과정을 기록으로 남겨야 한다. 즉, 욕구파악, 실천활동에 대한 자료, 서비스의 지속성 및 과정과 결과에 대한 평가 등의 목적을 위해 중요하다. 그러나 기록은 면접의 부수적인 요소이므로 면접의 흐름을 깨지 않도록 주의해야 하며 면접 시 중요한 위치를 차지해서는 안 된다.

1. 기록의 목적과 활용도

사회복지실천에서의 기록은 사회복지사가 개입한 사례의 첫 단계에서부터 종결과 사후지도의 단계까지의 전 과정들을 합당한 형식에 따라 객관적으로 서술하는 것이다. 면접은 일정한 시간과 공간에서 일회성으로 행해지는 것으로 그 내용들을 기록하지 않으면 정보를 잃게 된다. 사회복지사는 서비스 내용 기록을 통해 설명하고 평가하여 클라이언트와 기관 및 지역사회에 대한 자기 책임성을 다하여야 한다(엄명용 외, 2009).

사회복지실천의 기록은 다양한 용도를 갖고 있다. 정보를 보존하고 기관 내외에서 전문가들과의 사례에 대한 연구와 의사소통을 가능하게 하며, 슈퍼바이저가 적절한 지도감독과 교육을 할 수 있도록 하여 궁극적인 서비스의 질을 높일 수 있도록 해준다. 구체적으로 기관에서 쓰이는 활용도는 다음과 같다(엄명용 외, 2009).

- 클라이언트의 욕구확인
- 서비스 내용의 보고
- 사례 유지
- 전문가 간 의사소통의 원활화
- 클라이언트와 정보공유
- 슈퍼비전, 자문, 동료검토의 활성화
- 서비스 과정과 효과 모니터링
- 학생과 다른 전문가들의 교육자료
- 행정적 과업을 위한 자료제공
- 조사를 위한 자료제공 등의 의미를 갖고 있다.

2. 기록내용의 구성요소

사회복지실천현장에서 사용되는 기록은 클라이언트나 사회복지사 중심이 아니라 서비스 중심적이어야 한다. 또한 사회복지사의 책무성, 효율성, 사적 관리의 목표를 달성하기 위해 실제적으로 클라이언트에게 이루어지는 서비스에 대한 지속적 기록이 이루어져야 한다.

사회복지실천의 과정별로 기록의 내용을 요약하면 〈표 10-1〉과 같다.

〈표 10-1〉 **사회복지실천과정별 기록의 내용**

단 계	기 록	내 용
탐색 단계	클라이언트의 특성	인구학적 정보는 전문적 판단을 요하지 않은 정보이며, 클라이언트의 인구학적 특성인 이름, 주소, 생년월일, 성, 교육수준, 가족구성, 직업, 수입, 종교, 결혼상태 등을 기록
	서비스를 개시하는 이유	클라이언트가 의뢰된 경로, 현재의 문제에 대한 인식 등을 기록
	과거와 현재의 클라이언트 상황에 대한 기술	클라이언트의 문제를 역사적·생태학적 맥락에서 이해하기 위하여 현재 클라이언트의 상황을 이해하는 데 적절한 정보 등을 기록
	자원과 제약	클라이언트의 문제해결을 위하여 필요로 하는 이용 가능한 지원과 사회복지서비스, 그리고 자원의 부적합 요인과 장애요인과 같은 자원활용에 대한 제약 등을 기록
	사정	클라이언트의 현재 상황, 문제의 원인과 개입계획에 대한 사회복지사의 소견과 사정 등을 기록
형성 단계	서비스에 영향을 미치는 결정	클라이언트에게 제공되는 사회복지서비스에 영향을 미치는 중요한 결정과 그 정당성 등을 기록
	서비스의 목적	사회복지실천을 통해서 무엇을 달성할 것인지 구체적이고 명확하게 기록
	서비스의 계획	어떻게 사회복지실천의 목표를 달성할 것인지를 기록
	서비스의 특성	행정적 처리나 조사연구를 위한 구조화된 기록으로서, 사회복지서비스의 특성을 기관별로 표준화된 기록양식에 따라 기록
실행 단계	중간노트(midterm notes)	계획된 사회복지서비스가 시작되면, 클라이언트의 상황과 제공된 사회복지서비스에 대해 정기적으로 사정하고 기록
	서비스 재검토	사회복지서비스의 결정과 활동에 대한 공식적 재평가를 기록. 일반적으로 날짜, 참여자, 제안내용, 결정내용 등을 기록
	서비스 종결의 방법과 사유	사회복지 책무성과 평가, 향후의 계획을 위해 사회복지서비스의 종결 이유와 방법을 기록

종결 단계	서비스 활동과 결과 요약	사회복지서비스의 개괄적 서술, 서비스 개시 이유, 서비스 진행 동안의 클라이언트와 그 상황, 서비스의 목적, 계획과 과정, 중요한 사건, 종결 시의 클라이언트 및 클라이언트의 상황, 서비스 평가, 향후 서비스와 사후지도 검토를 위한 제안 등을 기록
	사후지도(follow-up)	서비스 종결 이후에도 클라이언트가 달성한 변화의 지속적 유지를 위한 사후지도가 필요하며, 클라이언트의 현재 상황 및 상태, 향후 서비스에 대한 제안, 클라이언트와 관련한 모든 행동에 대한 정보 등을 기록

출처 : 이영실 외(2014).

3. 기록의 유형

기록의 종류는 다양하며, 새로운 실천방법의 등장에 따라 변화해 왔다. 사회복지사는 자기가 속한 기관이 요구하는 기록을 정확하고 효율적으로 유지하는 능력을 발전시켜야 한다. 사회복지실천에서 대표적인 기록의 유형은 다음과 같다(이영실 외, 2014).

1) 요약기록

요약기록은 단순하고 경제적인 기록 양식으로 기본적인 신상정보인 클라이언트의 이름, 주소, 전화번호, 직업과 수입, 가족이나 친척의 주소와 전화번호와 면접날짜, 클라이언트의 주요한 문제, 목적, 개입 계획, 클라이언트의 반응, 탐색이 필요한 영역, 필요한 자원, 클라이언트를 위해 필요한 활동과 종결상태를 포함한다(이은희 · 김남숙, 2014).

2) 과정기록

과정기록(process recording)은 사회복지실천에서 가장 오랜 역사를 가진 기록

방법으로 사회복지실천의 초창기에 사회조사(social investigation)가 중요한 목적이었을 때 과정의 기록을 통하여 클라이언트 및 그들의 사회적 상황에 대하여 말하고, 행동하고, 관찰하고, 추측한 것을 사회복지사가 기억할 수 있는 한 모두 기록하였다(남연희 외, 2012). 이 방법은 정확한 피드백을 얻을 수 있어 실습생이나 직원 교육에서 사정기술 또는 면접기술 등의 훈련에는 유용하나 시간이 많이 걸리고 번거로워 요즘은 별로 사용하지 않는다. 오히려 면접의 전 과정이 꼭 기록되어야 할 경우 비디오 촬영을 활용하는 방법을 쓰는데 이때에는 물론 클라이언트의 동의를 얻어야 한다(이은희 · 김남숙, 2014).

과정기록은 클라이언트와 면접에서 일어난 것들과 사회복지사가 관찰한 것들을 마치 연극 대본과 같은 인용부호를 사용하여 " " 직접인용으로 기록하거나 혹은 간접적으로 클라이언트의 말들을 풀어서 쓸 수도 있다. 그러나 일반적으로는 직접인용이 더 바람직하다고 인식되고 있다.

기록방법은 상호작용 과정을 세밀하게 표현하기 위해서 네 칸으로 나누어 왼쪽 칸은 슈퍼바이저의 코멘트를 위하여 여백으로 남겨 놓고, 왼쪽의 두 번째 칸에는 사회복지사와 클라이언트와의 대화 내용들을 기록하고, 세 번째 칸에는 사회복지사와 클라이언트와의 대화 내용에 대한 사회복지사의 느낌들을 기록하며, 네 번째 칸에는 이에 대하여 사회복지사가 분석한 것을 기록한다. 그러나 보다 간편하게 사회복지사의 느낌과 분석을 합하여 한 칸에 쓰는 것이 일반적이다(방미진 · 황영희, 2011).

3) 이야기체 기록

이야기체의 기록(narrative summary recording)은 개별적이며 독특한 기록의 양식으로 클라이언트의 상황과 서비스 교류에서의 특별한 본질에 대한 반영을 할 수 있어 임상실무의 기록에 특히 유용하다. 이 유형은 시간대별로 서술을 하거나 요약체로 기록을 할 수 있다. 시간대별로 서술하는 것은 일지의 형식과 유사하며 사건이 있을 때마다 기록을 한다. 요약체 기록은 일정한 기간별로 묶어서 서술을 하는 형태인데 일지기록을 바탕으로 하여 작성을 한다. 대개의 경우 사회복지실천과정 단계에 따라 요약을 하는 것이 매우 효과적이며, 요약의 내용들에는 면담일시와 대상, 장소, 문제의 탐색, 표적문제와 개입전략 및 계약, 개입단계에서의 클라이언트 과업수행의 과정과 표적문제 진행의 상태, 사회복지사의 과업수행에 대하여 포함되고 마지막으로 종결단계에서의 문제 상태와 사후지도 계획이 포함된다. 이야기체 기록은 시간 소모적이고 비용이 많이 든다는 것이 단점으로 지적되고 있다(엄명용 외, 2009).

4) 문제중심기록

문제중심기록(POR : Problem-Oriented Record) 유형의 기록은 단순한 기록의 차원을 넘어서 문제해결 접근방법에 대한 반영을 한다. 문제중심기록은 먼저 문제들을 파악하기 위한 자료수집과, 둘째, 문제의 규정과 구체적인 문제목록의 작성, 셋째, 개입의 계획, 넷째, 각 개인의 수행 및 점검으로 영역들이 나누어져 개입에서의 초점을 잘 보여주며 기록의 효율성을 향상시킨다는 평가를 받고 있다. 문제 중심 기록이 많이 사용하는 기록 포맷은 SOAIGP이며 다음과 같다(엄명용 외, 2009).

S : 주관적인 정보(Subjective information) – 클라이언트의 입장에서 보는 상황들에 대한 정보
O : 객관적인 정보(Objective information) – 전문가의 관찰과 임상적 검사, 체계적인 자료수집 등에 대한 정보
A : 측정(Assessment) – 주관적 또는 객관적 정보를 검토하여 얻은 전문가들의 결론
I : 인상(Impression) – 클라이언트에 대한 사회복지사가 받은 인상과 가설, 사정, 평가
G : 목표(Goals) – 현재의 목표
P : 계획(Plan) – 전문가에 의한 문제해결방안

출처 : 엄명용 외(2009).

문제중심기록은 계획이 완성되면 개입과 점검의 과정에서 추가적인 정보들을 진행노트에 기록을 하고, 각종 양적인 정보들은 체크리스트나 표 또는 그래프로 구성되어 있는 진행도에 기록하며 기록자의 의견을 첨가한다. 그러나 SOAIGP를 이용한 구조화된 기록은 클라이언트를 총체적으로 보지 못하고 간결한 정보 중심으로 구성되어 기계적이라는 단점도 지적되었다(엄명용 외, 2007; 이은희・김남숙, 2014).

개입 시작부터 클라이언트의 조건이 어떤지 분명하게 보여주고 계획을 기록하며, 무엇이 수행되고 클라이언트가 어떻게 반응하는지를 서술하며, 마지막으로 종료단계에서 클라이언트의 상황을 서술하게 되는 이 방법은 초점을 극대화하고 효율성을 향상시킨다. 기본적인 문제중심기록은 측정도구와 코멘트를 조합하는 기록양식이다(방미진・황영희, 2012).

5) 과정기록

과정기록(process recording)은 사회복지사와 클라이언트가 면접하는 동안 일어난 모든 것들을 대화형태 그대로 기록하는 것이다. 이러한 기록은 교육 및 지도감독 시에 매우 유용하게 사용되나 시간과 비용이 많이 소모된다는 한계를 가지고 있다. 과정기록은 사회복지사와 클라이언트의 상담 전개과정을 시간적 흐름에 따라 기술하는 방식으로 클라이언트가 말한 내용, 행동한 것, 사회복지사가 말한 내용과 느낌을 포함한다. 즉, 기록의 정리방식이 연극의 대본과도 유사하다. 원조과정이나 클라이언트와 사회복지사와의 상호작용 과정을 있는 그대로 기록을 하는 방법인 과정기록의 장점은 사회복지사가 스스로 자기 자신이 수행한 사회복지실천의 과정과 결정한 내용들을 분석하고 그 내용들을 개념화하고 조직할 수 있다는 점이다. 그래서 과정기록은 개입의 목적을 명확하게 하고 기술능력을 향상시키는 데 도움이 된다. 반면 기록하는 시간이 너무 많이 소요되고 실제의 내용들을 간접적이고 불완전하게 왜곡을 하여 기록을 할 수도 있다. 주로 실습생이나 수련생들이 교육목적으로 자신의 발전에 필요한 사례들을 선택하여 사용한다. 과정기록 방법은 면담내용을 대화체로 참석자가 한 말을 그대로 옮겨 기록한다. 그리고 옆 칸에는 사회복지사가 관찰한 클라이언트의 행동과 그때 사회복지사가 느낀 감정 등을 기록한다(길귀숙 외, 2011).

6) 목표중심기록

목표중심기록(GOR : Goal-Oriented Record)은 1970년대에 개발되었다. 목표중심기록은 과제중심모델이나 목표성취척도(goal-attainment scaling)로부터 발전을 보게 되었다. 목표중심기록의 특징은 목표의 구체화이다. 클라이언트의 목표 성취를 돕기 위한 과업이나 활동의 기록도 또한 특징이다.

두 가지 강조점이 있는데 문제에 대한 구체적 기록과 목적에 관해 구체적으로 기록하는 것이다. 목표를 성취하기 위한 과제가 점검된다(조휘일 외, 2000; 길귀숙 외, 2011).

7) 녹음 및 녹화 기록

녹음 및 녹화 기록은 음성 녹음과 화면 녹화를 이용하여 면접 과정을 관찰하고 재조사하며 분석하는 기록이다. 또한 면담이나 개입장면의 전체를 기록하는 것이므로 직접 필기하는 것보다 효과적이다. 그리고 기록 보관의 보충적인 자료로 사용된다. 그리고 교육용으로 유용하다. 개입모델 중, 특히 가족치료 및 실천에 대한 과정지향적인 접근법을 지도감독할 때 유용하다.

클라이언트가 녹화나 녹음을 지나치게 의식하여 집중력이 감소되거나 평소처럼 자연스럽지 않고 어색할 수 있다. 그리고 녹음이나 녹화 시 클라이언트에게 사전에 알리고 반드시 동의를 받아야 한다(이영실 외, 2014).

8) 시계열 기록

서비스의 목표를 달성하는 과정에 대한 정보를 제공하기 위한 것으로 서비스 효과를 기록한다. 비행동적인 실천을 기록하는 것으로 자료는 사회복지사, 클라이언트, 제3자에 의해 수집이 된다. 개입의 표적이 되는 행동이나 태도 등을 반복적으로 되풀이해서 기록한다.

4. 사회복지기관의 기록형태

기관의 목적과 클라이언트의 문제형태에 따라 다양하다(구금섭 외, 2013).

① 카드기록 : 신청사유와 종결사유 기록

② 서류첩 : 대면서류, 신청서, 면접내용, 제공된 서비스, 서신내용 등

③ 특정한 주제를 다루는 사회력

④ 면접회기에 따른 과정기록

⑤ 특정 기간 동안 면접과정에서 나타난 주요 진전사항에 대한 요약기록

⑥ 상황의 주요 전환점을 중심으로 기록한 요약문

⑦ 면접일시 및 관련 인물, 시작 및 종결 진술을 간략히 기록한 간략기록

⑧ 의뢰시점에서의 요약기록

⑨ 정신과적 자문 및 기타 자문 혹은 직원회의를 위한 요약기록

Chapter 11

사회복지실천의 과정

Chapter 11

사회복지실천의 과정

사회복지실천의 과정은 사회복지사가 클라이언트와 클라이언트를 둘러싸고 있는 다양한 환경 내의 체계들을 변화시키기 위하여 사회복지사의 전문적 가치와 기초지식에 개입하는 과정으로 각 단계별로 특유의 목표와 이를 수행하기 위한 주요 과업, 적절하게 사용되는 기술을 필요로 한다.

사회복지실천의 단계는 학자들마다 구분의 차이는 있으나 각 단계에서 실천내용은 거의 유사하다. 일반적으로 사회복지실천의 과정은 접수, 자료수집, 사정, 계획과 개입, 종결 및 평가의 단계로 이루어진다.

제1절 접수단계

접수(intake)단계는 사회복지실천과정의 첫 번째 단계로 먼저 클라이언트를 만나 서비스의 적격 여부를 판단하고 클라이언트와 긍정적인 관계를 수립함으로써 개입에 필요한 구체적인 자료를 수집하는 단계이다. 또한 접수단계는 사회복지실천과정의 최초 단계로 매우 중요한 과정의 하나로 기관에 따라서는 경험과 지식이 풍부한 접수만을 담당하는 사회복지사를 두어 접수단계의 중요성을 강조하기도 한다.

1. 접수단계의 특성

접수는 어떤 사람의 문제해결을 위해 사회복지사가 처음 접촉해 그의 욕구를 파악하고, 그 기관에서 충족시켜 줄 수 있을지를 결정하는 과정이다. 문제를 갖고 기관을 찾아온 사람들의 문제와 욕구를 확인해 그것이 기관의 정책과 서비스에 부합이 되는지 여부에 대해 판단하는 과정으로 접수를 통해 기관에서 서비스를 제공할 수 있다고 판단이 되면, 기관을 찾아온 사람이 클라이언트가 되며 그에 적합한 서비스를 받게 된다. 접수를 통해 서비스를 제공할 수 있다고 판단되면 잠재적 클라이언트가 비로소 클라이언트가 된다.

접수과정에서 사회복지사는 짧은 시간 동안 클라이언트와 긍정적 관계를 맺어야 하며 사회복지사는 클라이언트를 개별화해야 하며 유형화해서는 안 된다. 따라서 사회복지사는 접수 시 클라이언트가 갖게 되는 두려움과 긴장감 또는 양가감정을 완화시켜 비자발적인 클라이언트가 동기를 갖도록 도와주어야 하며 클라이언트의 문제가 기관에서 다룰 수 있는 것인지를 판단하여 서비스 제공 여부에 대한 결정을 해야 한다. 만약 클라이언트의 문제들이 기관에서 다루기가 적합하지 않을 경우에는 적합한 기관으로 의뢰를 결정해야 한다(방미진 · 황영희, 2011).

2. 접수단계의 과제

접수 시 사회복지사의 과제를 헵워스와 라슨(Hepworth & Larsen)은 접수의 특성에 근거해 라포형성, 문제확인으로 보았다. 쉐퍼(Sheafor)는 클라이언트에게 편안한 분위기의 조성, 클라이언트가 갖고 있는 두려움, 오해에 대한 확인과 양가감정 다루기, 서비스의 자격요건 및 비용 등에 대한 설명, 의뢰의 결정, 기관서비스의 특성에 대한 설명, 앞으로 진행과정에 대한 기본적인 사항들(시간, 빈도, 비용의 결정 등)이 접수할 때 사회복지사가 해야 할 과업이라고 설명을 하였다. 김융일 등(1995)은 클라이언트 문제의 확인, 의뢰의 결정과 원조관계의 수립, 클라이언트의 동기화 및 클라이언트의 저항감과 양가감정의 해소 등을 들었다. 공통적 요소로 강조하고 있는 과제는 문제 확인, 의뢰, 관계형성을 통한 참여 유도로 볼 수 있다(김혜영 외, 2010; 남연희 외, 2012).

1) 문제 확인

문제의 확인은 클라이언트의 놓여 있는 체계에 대하여 심층적인 분석을 하는 것이 아니라 현재 명백하게 드러나는 문제를 확인하는 것이다. 문제 확인은 현재 클라이언트가 갖고 있는 문제를 호소하는 것에서 출발을 하게 되는데 사회복지사는 그 문제가 지닌 성격이 어떠한 것인지, 그리고 그 문제가 클라이언트에게 얼마만큼 중요한 것인지, 무엇 때문에 이러한 문제가 발생을 하게 되었는지 그 원인에 대하여 탐색을 하게 된다. 클라이언트가 호소를 하는 문제가 기관을 찾아오게 된 이유가 될 수 있지만 때로는 실제의 문제와 처음 찾아온 이유가 다를 수 있다. 또한 같은 문제에 대한 주어진 의미가 클라이언트마다 다를 수 있다. 그러므로 사회복지사는 클라이언트 실제의 문제가 무엇인지 정확한 판단을 해야 한다.

문제 확인의 목적은 닫혀 있는 마음을 여는 일이며, 감정의 표현과 수용에 의하여 관계의 유대를 확립하고, 주관적 사고로 문제 속에 담겨 있는 클라이언트와 사회복지사 간 서로의 지각을 증진시키는 것이다.

2) 의 뢰

의뢰(referral)는 클라이언트가 갖고 있는 문제와 욕구를 기관에서 해결할 수 없을 때 문제의 해결에 적합한 기관이 있을 경우에 다른 기관으로 클라이언트를 의뢰하는 것이다. 이때 사회복지사는 클라이언트에게 의뢰한 기관 서비스의 정보에 대하여 제공을 하고 그 기관과 접촉을 할 수 있도록 도움을 주어야 한다. 그러므로 적절한 의뢰를 위해서는 사회복지사가 자신의 기관뿐만 아니라 의뢰한 기관의 강점과 약점 및 정책과 자원, 접촉이 가능한 담당자, 그리고 지역사회 내에서의 여러 자원들에 대해서도 자세하게 파악을 하고 있어야 한다.

의뢰 시에는 클라이언트의 동의가 반드시 필요하므로 다른 기관에서 제공되고 있는 서비스와 기관에 대하여 클라이언트와 충분한 토론을 해야 하며 클라이언트가 거부감을 느끼지 않도록 정서적으로 지지해 주고 적절한 정보들을 제공하여야 한다. 그리고 사후 의뢰된 기관에서 클라이언트가 서비스를 적절히 받고 있는지 반드시 확인해야 한다(이종복 외, 2010).

3) 관계형성을 통한 클라이언트의 참여 유도

접수단계에서 클라이언트는 자신이 방문한 기관과 사회복지사에 대하여 첫인상을 갖게 되고 이 첫인상이 클라이언트가 앞으로 사회복지실천과정에 참여하는 데 대한 영향을 주게 된다. 따라서 사회복지사는 클라이언트와의 첫 만남이 서로에게 호의적이고 긍정적인 인상을 가질 수 있도록 노력이 필요하며, 이를 위해서는 긍정적인 상호관계, 즉 라포(rapport)의 성립이 중요하다. 라포를 통해 클라이언트는 사회복지사가 자신을 이해하고 자신의 복지에 진심으로 관심을 가지고 있다고 느끼는 것이다(Hepworth & Larsen, 1997 : 26). 라포의 성립이 성공적이면 이를 통해 앞으로 클라이언트가 개입과정에 보다 적극적으로 참여하도록 유도할 수 있게 된다(길귀숙 외, 2011).

3. 접수 양식과 내용

접수 내용을 기록하는 양식을 초기면접지라 한다. 사회복지사가 신청자를 접수한 내용을 기록하는 양식은 각 기관들마다 구체적인 내용이나 형식은 다르지만 일반적이고 공통적인 내용이 있다. 클라이언트가 직접 기본적인 내용들을 기록하기도 하고 사회복지사가 면접을 하면서 기록을 하거나 면접이 끝난 후에 기록하기도 한다.

초기면접지(intake sheet)와 같은 일정한 형식의 서류가 필요하며 다음과 같은 내용이 있어야 한다(방미진 · 황영희, 2011).

① **클라이언트의 기본적 인적사항** : 이름, 성별, 구분, 생년월일, 주민등록번호, 연락처, 주소 또는 주거지, 학력관계, 직업 등

② **클라이언트의 주요 문제** : 사회복지사의 도움을 요청하게 된 문제가 무엇이며 언제 발생했으며 어떤 과정 속에서 지속되어 왔는지에 대한 내용

③ **기관에 오게 된 동기** : 기관을 어떻게 찾아오게 되었는가 하는 것으로 타기관의 의뢰인지, 기관의 소개 광고를 보고 왔는지, 혹은 누구로부터 소개를 받았는지 등

④ 이전에 사회복지 서비스를 받은 경험

⑤ **기본적인 가족관계** : 현재 동거 중인 가족을 중심으로 가족관계, 나이, 직업, 교육 정도, 종교 등

⑥ **접수 담당 사회복지사의 의견** : 클라이언트의 문제와 욕구에 대한 의견 진술, 기관과 사회복지사의 기능, 원조할 범주와의 일치성 판단이 포함

접수(INTAKE)

접수일자	□기존(년 월 일) □신규(년 월 일)							
입 · 퇴소	입소일(년 월 일) 퇴소일(년 월 일)						접수번호	
담당자								
Client 성명	(남/여)		연령	만(○○)세		주민등록번호		
주소						연락처		
						연락가능시간		
가족사항	관계	이름	생년월일	학력	직업	동거유무	종교	본인과의 관계 매우 좋음 : ○ 아주 나쁨 : X
정부지원	□유 □무							
	□기초생활수급자(일반수급자)							
	□기초생활수급자(보장시설수급자)							
	□기초생활수급자(조건부수급자)							
	□기타 저소득							

기관을 찾아오게 된 이유 및 주요 문제

타 기관 이용 여부
시 기 : 기 관 명 : 이외 내용 :

접수 면접자의 의견

4. 접수의 결과처리

① 클라이언트로서 등록할 것인가, 아니면 거절할 것인가?

② 타 기관이나 다른 사회복지사에게로 소개 또는 의뢰할 것인가?

③ 다음 단계에서 서비스를 계속할 것인가, 아니면 종결할 것인가?

접수결과는 대체로 이상의 질문과 관련하여 처리된다(김기태 외, 2008).

제2절 자료수집과 사정단계

자료수집 및 사정은 클라이언트와의 관계형성이 이루어진 후에 클라이언트의 문제들을 이해·분석·해결하는 데 필요한 다양한 자료를 수집·관찰하여 이것을 기초로 해석하고 추론하는 지적 활동을 의미한다. 이 과정은 문제해결을 위한 필수 불가결한 것이다. 자료수집과 사정은 접수단계에만 국한된 것이 아니고 원조과정 전체를 통해 계속되는 활동이지만 이 단계에서 가장 집중적으로 이루어진다. 자료수집과 사정은 동시에 이루어지며 구별하기는 어렵지만 동일한 개념은 아니다.

1. 자료수집

접수단계에서 자료 수집은 사회복지실천과정을 시작하는 첫 단계로 먼저 사례의 적격 여부에 대한 판별을 하여 접수를 결정하고 접수된 사례에 대해서는 클라이언트와 긍정적인 원조관계를 수립하기 위해 클라이언트의 참여를 도모하면서 개입에 필요한 다양한 자료를 수집하는 단계로 클라이언트의 문제를 이해 및 분석 그리고 해결하는 데 필요한 자료를 모으는 것이다. 또한 클라이언트가 갖고 있는 문제와 욕구를 명확하게 파악하여 개입의 방향을 설정하거나 충분한 자료수집에 따른 문제규정 작업이 필요하다. 자료수집의 중요성은 효과적인 개입을 위해서 사회복지사는 개인과 사회환경 사이의 상호작용에 영향을 주는 문제들을 살펴보아야 되는데 이를 위해서는 클라이언트와 그 상황, 환경에 대한 자료수집 과정이 매우 중요하며 그 과정은 〈표 11-1〉과 같다.

〈표 11-1〉 **탐색과 자료수집**

탐 색	효과적인 탐색을 위한 문제영역의 목록 개발/ 상황에 따라 탐색영역이 다양하다.
조 사	사정에 필요한 자료수집/ 클라이언트의 문제 이해/ 클라이언트 중심 자료/ 생활력 조사
자료수집	클라이언트 자신으로부터/ 클라이언트 가족으로부터/ 클라이언트의 개인적 관계망을 통해서 객관적인 자료 수집원 및 신문자료 등을 활용
자료수집 과정	• 자료 수집의 과정은 사정과 거의 동시에 반복적으로 이루어진다. • 클라이언트의 구두보고는 왜곡의 가능성이 있으니 사실 확인이 필요하다. • 의료기관이나 상담기관 등의 심리결과 등도 자료로 활용 가능하다. • 가정방문 등을 통한 환경적 영향을 파악할 수도 있다. • 클라이언트의 문제를 이해하고 분석·해결하는 데 필요한 자료들을 모은다. • 클라이언트의 이야기 및 클라이언트가 작성한 양식은 자료의 출처가 된다. • 클라이언트의 비언어적인 행동에 관한 정보를 제공한다.

출처 : 구금섭 외(2013).

1) 자료수집 내용

자료수집의 목적은 문제를 이해하고 분석하여 개입하기 위한 것으로 사정을 위한 필요한 정보의 내용을 모으는 것이다. 접수 시 문제를 확인하여 서비스를 제공해야 할 것인지를 결정하기 위한 정보 수집을 하였다면 자료수집은 위와 같은 자료의 출처로부터 얻은 자료를 클라이언트의 개인력과 가족력, 지적·정서적·신체적·행동적 능력과 문제해결능력 그리고 클라이언트의 자원과 강점, 약점, 한계 등으로 재구성을 하여 사정에 필요한 자료로 준비하는 것이다. 자료수집에 포함되어야 할 내용은 다음과 같다(길귀숙 외, 2011).

① 접수 시 클라이언트에 대한 기본적인 정보

② **문제에 대한 깊이 있는 정보** : 접수 시 문제가 무엇인가에 초점을 두었다면 자료수집에서 문제에 영향을 미친 요인들과 문제를 지속시키거나 악화시키는 요인들에 대한 정보

③ **개인력** : 클라이언트가 살아온 역사, 영유아기, 학령기, 청소년기, 성인기, 노년기 등 생애주기에 따른 인간관계, 생활사건, 클라이언트가 갖고 있는 감정 등에 대한 정보

④ **가족력** : 원가족의 가족상황 및 가족관계, 현재의 가족구성 및 가족관계 등

⑤ **클라이언트의 기능** : 지적 기능, 정서적 기능, 신체적 기능, 행동적 기능, 대인관계 기능, 업무능력, 문제해결능력 등에 관한 정보

⑥ **클라이언트 자원** : 현재 이용을 하고 있는 서비스의 활용 가능한 자원 등이 포함

⑦ **클라이언트 한계, 강점, 동기** : 문제를 해결하는 데 있어 클라이언트 개인 또는 클라이언트를 둘러싸고 있는 환경 속에 있는 한계, 강점, 동기 등에 관한 정보

2) 자료의 출처

자료 수집을 위한 자료의 출처는 매우 다양하다. 자료의 일차적 출처들은 다음과 같다(이은희 · 김남숙, 2014).

(1) 클라이언트 자신의 구두보고

클라이언트의 구두보고는 일차적 출처이면서 매우 유용한 출처가 된다. 클라이언트의 구두보고는 주요한 정보이며 경우에 따라서는 유일한 것이기도

하다. 클라이언트의 문제, 감정, 문제를 해결하기 위한 개인적인 자원, 문제해결을 위한 노력, 문제의 역사, 문제의 원인 등에 대한 개인적 의견 등이다. 클라이언트의 진술 내용은 주관적인 경향이 있으므로 본인의 편견이나 감정에 따른 왜곡이 있는지 주의해야 한다.

(2) 초기면접지 자료

일정한 양식에 기재하도록 함으로써 가장 효과적으로 자료를 수집할 수 있다.

(3) 부수적 자료 원천

친구, 친척, 이웃, 의사, 교사, 고용주 등으로부터 수집한다. 부수적 자료 원으로부터 정보를 수집할 경우 클라이언트의 동의를 얻는 것이 원칙이다. 관련인들로부터 얻은 정보가 일관성이 있는지에 주목할 필요가 있다.

(4) 각종 검사

전문가에게서 받은 성격 및 지능검사 등에 대한 정보

(5) 클라이언트의 비언어적 행동

대면적 의사소통의 약 90%는 비언어적이다. 어떤 연구자는 모든 메시지의 약 50%가 얼굴 표정 특히 눈을 통해서 전달되며 또한 30%는 목소리의 어조나 음조 등을 통해 표현된다고 했다. 비언어적인 행동의 관찰은 클라이언트가 말하는 것이 그의 감정이나 사고와 일치하는지 알려준다.

(6) 유의미한 타자와의 상호작용 및 가정방문

사회복지사는 클라이언트가 그의 삶에서 중요한 타자들과 상호작용하는 것을 관찰하게 됨으로써 많은 정보를 얻을 수 있다. 가정방문은 클라이언트가 유의미한 타자와 상호작용을 어떻게 하고 있는가 하는 것뿐만 아니라 클라이언트에게 영향을 미치는 환경요인에 대한 정보를 제공한다.

(7) 클라이언트와 직접적 상호작용을 한 사회복지사의 경험

클라이언트가 사회복지사와 상호작용하는 패턴은 그가 제3자와 상호작용을 하는 유형에 대한 짐작을 할 수 있게 해준다. 그리고 클라이언트가 사회복지사와 상호작용하는 양식에 대한 사회복지사 자신의 감정 자체도 다른 사람들이 이 클라이언트에 대해 어떤 반응을 하는지를 이해하는 데 실마리를 제공해 줄 수 있다.

3) 자료수집 방법

(1) 면접

면접은 생각과 느낌이 서로 교환되는 가운데 개인들과의 사이에서 언어적·비언어적인 의사소통들을 포함한 목적지향적인 대화를 하는 것을 말한다. 이러한 면접은 정보를 얻기 위한 면접과 사정을 위한 면접 및 치료를 위한 면접 등으로 구분을 할 수 있다.

(2) 관찰

관찰은 비언어적인 형태의 자료들을 수집할 때 유용한 방법으로, 수집하고자 하는 정보의 종류에 따라 자연스러운 관찰과, 일련의 순서가 있는 구조화된 관찰로 구분을 할 수 있다.

(3) 검사

클라이언트의 심리상태는 지능, 자아개념, 동기화, 불안이나 우울의 정도, 대처행동의 유형 등을 표준화된 심리검사를 통하여 파악할 수 있다.

4) 자료수집 유형

(1) 양식형

이미 규정된 양식에 따라 문제를 조사하는 유형으로 기관의 목적에 적합한 자료를 조사하기 위하여 구체적인 내용을 어떤 항목이나 양식에 따라 사례의 자료를 수집하는 것을 말한다.

(2) 실마리형

클라이언트의 욕구에 기초를 두고 문제의 실마리를 찾는 유형이다. 클라이언트가 현재 표현하고 있는 문제와 감정에 관한 사실을 면접의 진전에 따라 한 가지씩 파악함으로써 결국 문제 전체를 이해하는 데 필요한 자료를 조사하게 되는 것을 말한다.

2. 사정(Assessment)

접수단계에서부터 이루어진 자료수집이 끝나면 수집된 자료를 기초로 하여 사정작업이 진행된다. 사정은 과거에는 진단이라고 불리기도 했는데 최근에는 진단과 차별화된 특성이 강조되고 있다.

사정이란 접수과정에의 문제 확인, 관계형성, 의뢰한 이후 클라이언트의 문제에 대한 이해, 분석, 해결하는 과정에 필요한 자료들을 모으는 자료수집의 과정을 거쳐 수집된 자료를 바탕으로 분석하고 종합하는 과정을 말한다. 개입과정 전체에서 가장 핵심적인 부분이며, 문제를 판단하고 개입계획을 세우는 중요한 과정이다(길귀숙 외, 2011). 또한 사정은 자료들을 해석하고 의미들을 부여해서 실천적 개입을 위한 함의를 도출해 내는 활동이다. 즉, 문제를 규정하고 실천의 방향을 결정하는 것으로 구체적으로는 문제가 무엇인지, 어떠한 원인 때문인지, 그 문제들을 해결하거나 감소시키기 위해서는 무엇이 변화가 되어야 하는지에 대하여 답을 하는 것이다. 사정은 수집된 자료를 토대로 하므로 순서상으로는 자료수집이 사정에 선행되지만 사회복지사는 자료를 수집하면서 분석하고 분석과정에서 필요한 정보를 다시 수집하므로 실제로는 자료수집과 사정이 동시에 순환적으로 행해진다고 볼 수 있다(최해경, 2009). 또한 사정은 사회복지실천과정에서의 핵심적 역할을 하는 복합적 과정으로서 조사, 진단, 치료의 제 측면들을 포괄한다(김기태 외, 2009).

사정은 클라이언트가 갖고 있는 문제와 강점 및 약점, 자원들을 이해하고 문제에 영향을 주는 환경들을 파악하여 클라이언트와 환경 사이의 상호교류를 이해하는 과정이다. 또한 그 교류가 문제에 어떻게 영향을 미치는지, 그리고 어떻게 영향을 받는가에 대하여 이해하는 과정이다(Hepworth & Larsen, 2006; 남연희 외, 2012).

따라서 사정은 수집된 자료를 분석하여 문제를 규명하고 그 문제를 일으킨 요인이 무엇인지를 파악하고 문제를 해결하기 위해 무엇을 할 것인지를 찾아내는 과정이다. 사회복지사는 사정에서 클라이언트 개인에 대한 정보와 문제를 이해해야 할 뿐 아니라 클라이언트가 처한 상황과 환경적 요인에 대한 이해도 요구된다. 개인, 가족, 집단, 지역사회에 대한 이해를 넓혀가는 것이 사정에서 중요한 측면이고 각 체계에 대한 이해는 사정 이후 단계인 서비스 계획 및 개입단계에도 영향을 미친다(Johnson & Hanca, 2004, 2007; 남연희 외, 2012).

1) 사정의 특성

사정은 진단과 차별화되면서 그 특성이 논의되어 왔다. 주요 학자들이 설명하는 사정의 특성을 살펴보면 공통적으로 다음과 같다(김혜영 외, 2015).

(1) 사정은 지속적인 과정(ongoing process)이며 결과(product)이다

헵워스와 라슨(Hepworth & Larsen, 2006)은 사정의 가장 대표적인 특성을 계속되는 과정이며 결과라고 강조했다. 즉, 사정은 초기단계부터 종결단계까지 사회복지실천이 진행되는 내내 일어난다. 초기단계에서는 사정에 일차적인 초점이 맞춰지지만 차료과정에서 새로운 정보가 나타나고 새로운 이해가 나타날 수 있다. 개입에 초점을 두고 있더라도 사정은 진행된다. 그리고 사정의 결과물로서의 특성은 클라이언트 및 문제에 대한 사정을 통해 나온 사회복지사의 기록이 바로 결과물이 되기 때문이다. 사회복지사는 공식적인 사정기록을 통해 개입계획을 수립하기 때문에 사정기록은 매우 중요한 자료가 되며(Hepworth & Larsen, 2006) 심리사회적 조사기록이 바로 사정의 결과물이다.

(2) 사정은 클라이언트와 사회복지사의 상호성(mutuality)을 기초로 한 과정이다

사정은 사회복지사와 클라이언트가 면담하는 과정에서 상호작용을 통해 얻어진다. 클라이언트는 사정의 각 측면에 참여하도록 격려되고 사회복지사는 관찰하고 수집한 자료에 대해 클라이언트와 논의하여 사정의 결과물을 만들어 낸다. 즉, 사정의 상호작용을 통해 클라이언트는 임파워먼트되며 자신이 소극적 수혜자가 아닌 중요한 파트너라는 것을 깨닫게 된다(Johnson & Yanca, 2007; Kirst-Ashman & Hull, 2008).

(3) 사정에는 클라이언트의 관여(involvement of client)가 절대적으로 필요하다

사회복지사는 사정을 하면서 클라이언트의 문제를 一자신의 관점과 판단에 의해 구성하고자 하지만 클라이언트는 다를 수 있기 때문에 사정을 하면서 사회복지사는 반드시 클라이언트와 함께 상호 합의하여 문제에 대한 시각과 기술내용을 선택해야 한다(Kirst-Ashman & Hull, 2008).

(4) 사정에는 판단(making judgment)이 요구된다

사회복지사는 사정에서 무엇을 고려해야 할지, 어떤 지식과 이론을 적용할지, 클라이언트를 어떻게 관여시킬지, 문제를 정의하는 방법 등을 고민하게 되며 이때 판단을 한다. 그리고 판단을 할 때는 우선순위를 결정하는 것을 포함하기 때문에 언제나 쉬운 것은 아니다(Hepworth & Larsen, 2006; Johnson & Yanca, 2007; Kirst-Ashman & Hull, 2008).

(5) 사정에는 클라이언트의 강점(strengths)을 포함해야 한다

클라이언트의 강점을 포함하는 것이 바로 진단과 사정의 큰 차이이다. 클라이언트는 문제를 갖고 있지만 문제를 해결하는 데 강점사정을 통해 개입계획을 설정하는 것이 중요하다. 클라이언트의 강점이 문제해결의 수단을 제공하기 때문이다(Hepworth & Larsen, 2006; Johnson & Yanca, 2007; Kirst-Ashman & Hull, 2008).

(6) 사정의 이중초점은 상황 속의 클라이언트를 이해하는 것과 개입계획의 기초를 제공하는 것이다

사정의 두 가지 초점은 ① 클라이언트의 욕구, 문제에 대한 이해, 상황 속의 클라이언트를 이해하는 것에 초점을 두는 것과 ② 정보를 수집하고 분석하여 문제해결을 위한 개입계획의 기초를 제공하는 것이다(Johnson & Yanca, 2007).

2) 사정의 구성요소

사정과정에서 사회복지사는 클라이언트의 문제원인에 대해 이해하는 데 많은 노력을 하게 된다. 브라운(Brown, 1992)은 사정과정에서 사회복지사가 고려해야 할 질문내용들을 열 가지로 유형화하고 있다. 이것은 사정의 구성요소로서 다음과 같이 요약할 수 있다(김기태 외, 2008; 이은희 · 김남숙, 2014).

① 클라이언트가 처한 상황의 본질이 무엇이며 그 자체는 어떻게 나타나고 있는가?

클라이언트가 직면하고 있는 상황과 그 상황의 본질은 무엇이며 그러한 상황들이 현실적으로 어떠한 형태로 나타나고 있는지를 알아야 한다.

② 문제에 대한 클라이언트의 태도는 어떠한가?

클라이언트는 자기 자신의 문제를 어떻게 보고 있는지에 대하여 충분한 이해가 있어야 한다.

③ 클라이언트는 동기와 문제해결의 능력이 있는가?

클라이언트는 자기 자신이 직면하고 있는 문제들을 해결하고자 하는 동기가 어느 정도 있으며 그 문제들을 해결할 수 있는 능력을 갖고 있는지를 파악하는 것이다(김기태 외, 2008).

④ 현재의 문제가 실제적인 문제인가?

클라이언트는 자기 자신이 의식하지 못하거나 또는 이 시점에서 직면하기를 싫어하는 어떤 문제가 있을 수 있다. 그리고 클라이언트는 실제적인 문제의 한 증상으로서 어떤 다른 문제를 표출할 수 있다. 따라서 현재 제시되고 있는 문제가 실제적인 문제들이 아닐 수도 있다.

⑤ 클라이언트는 이 시점에서 왜 도움을 구하는가?

클라이언트는 사회복지사에게 도움을 요청하기 전에 다양한 형태로 해결노력을 하게 되는데 그러한 구도에서 볼 때 왜 지금의 시점에서 사회복지사에게 도움을 요청하게 되었는가를 파악하여야 한다.

⑥ 문제의 지속시간은 어느 정도인가?

대개의 경우 클라이언트는 사회복지사와 원조관계를 수립하기 전에 상당한 기간 문제가 지속되어 오게 된다. 따라서 문제의 발생과 진행과정을 알아야 한다.

⑦ 클라이언트의 강점과 약점은 무엇인가?

클라이언트에 대한 문제점이나 약점은 물론이고 강점이나 장점도 파악하여야 한다.

⑧ 클라이언트가 과거에 효과적으로 적용한 문제해결의 기제는 무엇인가?

클라이언트가 행한 문제해결의 노력에서 어느 정도의 효과가 있던 기제는 무엇인가에 대한 탐구이다.

⑨ 클라이언트가 갖는 목표와 서비스기관에 대한 기대는 현실적인가?

모든 클라이언트는 사회복지기관과 사회복지사를 찾아올 때 기대감과 바람을 가지고 온다. 이때 클라이언트가 가지고 있는 구체적인 목표는 무엇이며 기관과 사회복지사에 대하여 어떠한 기대를 가지고 있는가, 그리고 그러한 기대는 얼마만큼 현실적인가를 알아야 한다.

⑩ 개입에 누구의 관여가 필요한가?

사회복지사가 클라이언트 문제에 개입할 때 도움을 받아야 하거나 함께 행동해야 할 사람이 있는가를 알아내는 것이다.

3) 사정의 과업

사정과정의 과업은 첫째, 문제들을 발견하고, 둘째, 정보들을 수집하여, 셋째, 문제를 형성하고 개입계획 수립의 '무엇을 어떻게'에서 '무엇을'에 해당이 되는 질문에 대답을 하고자 하는 것이다. 즉, 방식을 설정하는 과정이다(Johnson, 1989 : 281-292; 이종복 외, 2010).

로웬버그(Loewenberg, 1983 : 260)는 사정의 과정을 다음과 같은 단계로 설명했다. ① 탐구 및 정보 수집, ② 정보의 분석과 해석, ③ 정보에 대한 결정, ④ 사정진술의 준비, ⑤ 계약, ⑥ 평가 등이다.

(1) 문제의 발견

문제를 발견하는 것은 사정의 제일 기초적인 단계이다. 우선 문제는 클라이언트가 제시한 문제(presenting problem)에 초점을 두는데 그 이유는 제시한 문제가 바로 클라이언트가 시급하게 느끼고 있는 문제이며 그것 때문에 그가 도움을 청했기 때문이다. 그리고 제시된 문제는 사회복지사가 좀 더 깊이 탐색해야 할 영역이 어느 부분인지 알려주기도 한다. 이것은 접수 및 참여 유도의 단계에서 문제의 확인보다는 좀 더 심층적인 문제의 성격과 원인을 이해하려고 하는 것으로 접수 및 참여 유도의 단계에서 문제의 확인이 클라이언트 스스로가 말하는 문제에 기초를 한다면 문제의 발견단계에서는 문제들에 대한 사회복지사의 평가에 대한 비중을 더 크게 둔다. 존슨(Johnson, 1989)은 문제규명에는 문제를 발견하고, 정보를 수집하고, 문제를 형성하는 세 가지 단계가 있다고 제시하였다.

① 인간관계에서의 갈등문제

인간관계에서의 갈등문제는 주변 사람들과의 관계에서 명백하게 어려움이 있는 문제들을 의미하는 것으로 배우자 간, 부모-자녀 간, 형제자매 간 혹은 친척 간에 의사소통 유형, 아동 양육 방법, 여가 선용, 친척관계, 부모 부양 문제 등의 이유로 인한 갈등을 의미한다.

② 사회적 관계에서의 불만족

사회적 관계에서의 불만족은 타인과의 관계에서의 어려움이 현실화됨으로써 나타나는 문제라고 볼 수 있다. 사회적 관계상의 어려움을 가지는 것은 수줍음이나 열등감 등으로 인한 대인관계의 어려움, 생각이나 주장을 제대로 하지 못하는 것, 이로 인한 패배감이나 왜곡된 정체감을 가지는 것 등에서 비롯된다. 예를 들면, 흔히 사람들이 느끼는 사회적 불만족으로 지나치게 소극적인 성격으로 인하여 사람들과의 관계에서 언제나 자신이 피해를 본다고 느끼는 사람의 문제이다.

③ 공식적 조직과의 문제

공식적인 조직과의 문제는 클라이언트가 흔히 제기하는 문제들로, 예를 들면 사회복지사가 자신에게 불친절하게 대했다거나 기대한 만큼의 생활비가 충족되지 않았다고 불만 등을 갖는 것이다.

④ 역할수행상의 문제

역할수행상의 문제는 역할갈등적인 상황이 심한 경우를 일컫는다. 자신의 지위에 따라 사회적 혹은 문화적으로 기대되는 행동양식을 수행하는 어려움을 느끼는 문제들이다. 지식, 기술, 경험 등이 부족하여 기능을 수행하는 데 어려움이 있는 경우도 포함될 수 있다.

⑤ 사회적 전환에서 파생되는 문제

사회적 전환에서 파생이 되는 문제는 사람이 일생 동안 결혼, 임신, 이혼, 퇴직 등과 같이 겪게 되는 중요한 전환기에 적응을 하지 못하고 심각한 정서상의 혼란을 겪게 되거나 대처할 방향을 찾지 못해 문제의 상황에 놓이게 되는 것을 말한다.

⑥ 심리행동상의 문제

심리행동상의 문제는 정서심리 상태가 불안하거나 우울 정도가 심한 경우, 적절한 감정반응이나 지각반응 등이 이루어지지 않는 경우, 이러한 정서심리 상태로 인한 분노 폭발, 신경증적 거식증, 약물남용과 같은 행동상의 문제와 범죄 행위 등과 같은 통제가 되지 않은 행동이 모두 포함된다.

⑦ 부적합한 자원문제

부적합한 자원문제는 기본적으로 필요한 욕구들이 해결되지 않음으로써 발생하게 되는 것이다. 예를 들면, 가난의 문제가 돈이라는 것이 자원의 결핍을 의미하며, 생계비 부족, 의료서비스의 부족 등이 여기에 속한다. 또한 생활상의 어려움이나 즐거운 일들을 함께 해결할 수 있는 사회적 자원의 결핍이나 부족은 개인이나 가족들에게 심한 스트레스를 가져다준다.

⑧ 의사결정상의 문제

의사결정상의 문제는 여러 가지 이유로 의사결정이 제대로 이루어지지 않는 경우의 문제를 말한다. 인생의 중대한 갈림길에서 감정적인 혼란으로 인하여 합리적이고 객관적인 선택을 하지 못하는 경우이다.

(2) 정보 · 자료수집

정보 또는 자료수집의 사정이 정보를 수집하는 데 유용한 지침은 다음과 같다.

① 클라이언트가 제시한 문제

'문제체계에 관련된 사람이 누구인가?'라는 질문의 답은 클라이언트가 제시한 문제들에서 찾을 수 있다. 예를 들어, 청소년이 가장 친한 친구와의 갈등 때문에 학교에 가지 않는다고 하는 문제에 관련된 사람은 친한 친구이다. 그러나 자세히 탐색해 보면 그 친구와의 갈등이 선생님의 편애와 또 다른 친구로 확대된다. 이와 같이 처음에 제시된 문제에 따라 문제에 관여된 주요 인물들은 쉽게 나타나지만 사례가 진행되면 문제의 범위는 클라이언트의 문제에 관여된 개인, 집단, 또는 조직으로 점차 확대되기도 한다.

② 문제체계에 관련된 사람들 간 상호작용

참여자들의 관여에 대한 질문은 문제체계에 관련된 사람들이 어떻게 상호작용하며 문제가 발생했나 하는 것에 관한 것이다. 다시 말해서, 문제행동의 발생 전, 발생되는 동안, 발생 후에 관련된 참여자들이 각각 어떻게 행동하였고 이것이 서로에게 어떤 영향을 주어 문제행동이 발생하였는가 하는 것이다.

③ 클라이언트의 지각과 개념

문제에 대한 클라이언트의 지각과 개념이 행동을 동기화한다. 예를 들면, 알코올중독자인 남편은 기분이 안 좋을 때마다 술을 마신다. 그가 술을 마시는 이유는 과음을 하면 잠을 잘 수 있으므로 술을 마신다고 한다. 이 사람은 알코올중독을 가정의 평화를 위한 것이라고 의미를 부여한다. 이와 같이 문제행동에 대한 의미부여는 그 행동을 한 동기를 이해하게 하며 또한 변화가 되지 않는 이유를 알게 된다. 가정의 평화를 위한 음주는 중단할 수 없는 것이기 때문이다. 경우에 따라서는 클라이언트가 문제행동에 의미를 부여하는 것 자체가 바로 변화의 표적이 될 수 있다.

④ 문제행동을 야기한 상황적 요인을 발견

문제행동의 원인에 대한 질문은 문제행동을 야기한 상황적 요인을 발견하는 데 도움이 된다. 학교에서 과잉행동을 보이는 아이가 집에서는 이런 행동이 보이지 않는다면 집과 환경적 차이에서 과잉행동을 유발하는 요인들을 발견할 수 있을 것이다. 즉, 집에서는 부모의 관심하에 있지만 학교에서는 선생님의 관심이 분산되어 있으므로 선생님의 관심을 끌기 위한 행동일 수 있다. 이와 같이 문제행동을 보이지 않는 장소와 보이는 장소의 차이를 통해 문제행동이 야기되는 요인을 밝힐 수가 있다.

⑤ 문제행동이 일어나는 시간

문제행동이 일어나는 시간에 따라서 문제행동을 촉발시키는 요인을 발견할 수 있다. 공포반응이 있는 청소년이 엄마와 함께 있을 때 더욱 심각한 공포반응이 일어난다. 문제행동이 일어나는 시기가 줄어드는 시기와의 차이를 통해 문제행동의 촉진요인을 발견할 수 있다. 이와 같은 상황에서는 이 요인에 관련된 사람의 행동을 관찰함으로써 인과관계를 밝힐 수 있다.

⑥ 문제행동이 일어나는 빈도

문제행동이 일어나는 빈도를 알아내는 것은 문제행동이 클라이언트의 생활에 얼마나 많은 영향을 미치는지에 관한 이해를 도와준다. 예를 들면, 종종 분노와 적개심이 일어나 심적으로만 고통을 받고 있는 클라이언트가 있는 반면에 가까이에 있는 가족이나 친지들과 언행 및 폭력 등으로 문제행동을 일으키는 클라이언트도 있다. 이와 같이 문제 상황의 빈도가 잦은 경우에 가족과 친지들에게 많은 피해를 줄 수 있으므로 이런 질문을 통해 문제행동의 심각성을 알 수 있다.

⑦ 문제행동의 시작 시점

문제행동이 시작된 시점을 안다는 것은 그 문제행동의 역사를 알아보는 것이다. 즉, 처음으로 문제행동이 발생한 시기는 언제이며 어떤 과정을 거쳐 현재까지 진행되었는가를 알게 되는 것이다. 제일 처음으로 문제행동이 발생했던 상황에 대한 탐색은 문제행동의 초기 유발사건을 알아내는 데 중요한 단서가 된다.

문제행동의 시작에 대한 질문은 또 다른 질문과 연결되기도 한다. 즉, 왜 이제서 도움을 요청하는가에 대한 질문이다.

이는 결혼 초부터 가정폭력에 시달린 부인이 20년이 된 현재 도움을 요청하는 이유는 그동안은 자녀들이 사춘기이므로 참고 있다가 자녀가 성장해 모두 대학에 진학했기에 더 이상은 인내하기가 어려워 이혼을 원하는 것이었다는 에에서 알 수 있다.

⑧ 사회복지사의 공감과 직관력

여기에 대한 질문은 사회복지사의 공감과 직관력으로 발견해야 된다. 클라이언트는 자신의 통찰의 결여로 피상적으로 이야기하게 된다. 성격차이로 항상 갈등관계에 있는 부부의 경우 좀 더 깊이 탐색하여 보면 그 부부는 서로에 대한 의존적 욕구로 인해 의존성을 만족하지 못해 갈등으로 표현되는 것을 발견하게 된다. 이러한 불만족한 욕구는 두 부부가 해결해야 될 목표가 된다. 이와 같은 치료의 목표는 그들의 욕구에 초점을 두는 것이므로 클라이언트의 변화 동기를 자극할 수 있다. 인간의 욕구란 개인이나 사회체계가 현존하는 상황에서 합리적으로 기능하는 데 필요한 것이다. 이것은 갖고 싶은 것에 대한 필요가 아니고 발달에 필요한 것을 뜻한다.

⑨ 문제에 대한 클라이언트의 정서적인 반응

클라이언트가 문제에 대하여 정서적으로 어떤 반응을 하고 있는가에 대한 질문은 클라이언트의 감정의 정도에 따라 문제가 약화되기도 하고 이러한 감정이 문제행동을 일으키는 요인이 되어 문제행동 뒤에 가려지기도 하므로 중요하다. 불안이 심한 어머니는 딸의 늦은 귀가에 교통사고를 상상하며 불안이 최고조에 달한다. 딸이 들어오자마자 소리를 지르며 난리를 친다. 이러한 문제로 딸은 어머니와 갈등관계에 있게 되어 가출을 하게 된다. 이 사례에서 가출보다는 어머니의 불안이 문제행동의 요인이 된다. 따라서 사회복지사는 문제에 대한 클라이언트의 정서적인 반응들을 탐색해야 한다.

⑩ 클라이언트의 문제 대처 및 대처기술

클라이언트가 이전의 문제에 어떻게 대처해 왔으며 이것을 해결하기 위해 어떤 기술을 사용해 왔는지에 관한 질문이다. 이와 같은 질문은 지금까지 클라이언트가 스트레스에 대처했던 수준과 문제해결 및 대처기술 방법을 파악하는 데 도움이 된다. 그리고 과거에 이와 유사한 어려움에는 어떻게 대처해 왔으며 지금은 무엇 때문에 이전과 같이 대처하지 못했는가에 대한 실마리를 제공해 준다.

⑪ 클라이언트의 장점과 기술

클라이언트의 장점과 기술에 관한 질문은 클라이언트의 문제를 해결하는 데 활용 가능한 자원이 무엇인지를 알게 해주고 클라이언트의 장점과 잠재력을 최대한 발휘하여 클라이언트가 문제를 해결하기 위한 에너지를 얻고 자기 자신에 대한 부정적인 평가에서 벗어나도록 도와준다. 이와 같은 방법은 클라이언트가 문제해결을 하는 데 용기를 얻게 되고 변화 동기가 강화되며 긍정적 효과를 기대할 수 있다. 그러므로 사회복지사는 클라이언트가 스스로 깨닫지 못했던 자신의 장점을 알도록 도와주고 또한 클라이언트가 문제해결에 필요한 기술을 적극적으로 찾아내어 활용하도록 도와주어야 한다.

⑫ 클라이언트에게 필요한 외적 자원

사회복지사는 클라이언트에게 필요한 외적 자원을 파악해 클라이언트가 필요한 자원들을 얻을 수 있는 자격과 서비스 과정에 대한 정보들을 제공하여 자원과 클라이언트를 연결해 주는 중재자, 사례관리자, 조정자 또는 옹호자 등의 역할을 할 수 있다.

(3) 문제형성

문제형성이란 이제까지 얻은 정보를 분석하여 사회복지사가 전문적인 시각에서 문제들을 판단하는 것이다. 즉, 클라이언트가 호소하고 있는 문제와 욕구 그리고 욕구충족을 방해하고 있는 요인들이 무엇인가를 탐색하여 문제의 정의를 내리는 것이다. 이와 같은 과정을 통해 목표달성과 개입계획을 세우게 되는 것이다. 문제를 형성하기 위해서는 무엇보다도 충족되지 못한 욕구가 어떤 것인가를 발견해야 하고 어떤 요인들이 클라이언트의 욕구충족을 방해하였는지를 고려해야 한다.

클라이언트가 재산 문제를 충족되지 못한 욕구로 바꿔 재진술하고 클라이언트의 욕구가 무엇인지 분명히 규정함으로써 욕구를 충족시키지 못하게 하는 요인들이 무엇인지를 파악하여 문제형성을 통해 클라이언트를 도울 수 있다.

욕구의 의미는 인간이나 사회체계가 현존하는 상황에서 합리적인 기대에 맞게 기능하는 데 필요한 것이며 이것들에는 기본적인 자원, 심리사회적 발달욕구, 인간관계상의 욕구, 적절한 역할수행상의 욕구들이 포함된다. 결핍이란 욕구와는 구별되는 것으로 행동을 유발하는 강한 욕망으로 만족과 안녕을 증대시키기 위한 것이다. 이러한 결핍은 반드시 충족되어야만 하는 것은 아니다. 그러므로 결핍보다는 욕구가 인간생존에 더 기본적인 것임을 나타내고 있다.

욕구가 분명히 규정되면 그 욕구를 충족시키지 못하고 있는 요인이 무엇인지 파악하여 문제를 형성하는 것이다.

4) 사정의 핵심 요소

① 표명된 문제 : ㉠ 클라이언트가 문제를 표출하는 방식을 확인, ㉡ 자발적인가 비자발적인가, ㉢ 문제 주변의 보다 상세한 정보를 수집해야 한다.

② 강점과 장애물 사정 : ㉠ 클라이언트의 잠재적 강점과 자원, ㉡ 개인적 장애물인 잠재적 약점과 도전의식, ㉢ 장애물이 될 수 있는 환경적 요소 등을 확인한다.

③ 관련된 사람과의 상호작용 방법 : 문제와 관련된 핵심적인 사람이나 조직을 확인하고 클라이언트와 관계자들 간 상호작용의 방법을 모색한다.

④ 클라이언트의 문제에 대한 태도 : 클라이언트가 자신의 문제를 어떻게 인식하는가를 파악하고, 사회복지사는 변화에 대한 인식의 참뜻을 이해해야 한다.

⑤ 문제행동의 빈도 : 문제행동의 빈도는 하나의 지수가 된다. 역기능적인 행동의 정도는 클라이언트와 가족에게 어느 정도의 영향을 미치는가를 확인하며, 변화를 위한 표적행동의 기초선을 제공한다.

⑥ 문제행동의 현장 : 장소를 확인하는 것은 두려움, 불안, 불안정 등과 같은 상황에서 자원을 확인할 수 있게 한다.

⑦ 문제행동의 지속기간 : 기간에 따라 단기와 장기적 서비스 계획을 수립한다(구금섭 외, 2013).

〈표 11-2〉 개인사정 기록지

<table>
<tr><td>접수일</td><td></td><td>담당 사회복지사</td><td></td></tr>
<tr><td colspan="4">1. 클라이언트 및 가족 현황</td></tr>
<tr><td>성 명</td><td></td><td>연락처</td><td></td></tr>
<tr><td>주 소</td><td colspan="3"></td></tr>
<tr><td>성 별</td><td></td><td>연 령</td><td></td></tr>
<tr><td>학 력</td><td></td><td>종 교</td><td></td></tr>
<tr><td>동거가족</td><td colspan="3"></td></tr>
<tr><td>주거형태</td><td></td><td>월수입</td><td></td></tr>
<tr><td colspan="4">2. 개인력/ 가족력/ 가족관계</td></tr>
<tr><td colspan="4">1) 개인력
2) 가족력
3) 가족관계</td></tr>
<tr><td colspan="4">3. 사회적 자원</td></tr>
<tr><td colspan="4">1) 공식적 자원
2) 비공식적 자원</td></tr>
<tr><td colspan="4">4. 클라이언트가 제시한 문제(우선순위 및 내용)</td></tr>
<tr><td colspan="4"></td></tr>
<tr><td colspan="4">5. 클라이언트의 강점 및 약점</td></tr>
<tr><td colspan="4">1) 강 점
2) 약 점</td></tr>
<tr><td colspan="4">6. 클라이언트의 욕구</td></tr>
<tr><td colspan="4"></td></tr>
<tr><td colspan="4">7. 서비스 계획(클라이언트의 문제/ 서비스 목표)</td></tr>
<tr><td colspan="4"></td></tr>
</table>

출처 : 남연희 외(2012).

5) 사정도구

사정도구는 클라이언트체계가 가지고 있는 자원을 규명하는 데 유용하다. 그리고 클라이언트와 사회복지사 간의 대화를 중개한다는 점에서 자신의 생각과 감정을 표현하는 데 어려움을 가진 클라이언트에게 매우 유용하다(Miley et al., 2007; 방미진 · 황영희, 2011).

사정도구를 활용하는 데 있어서 고려해야 할 사항은 다음과 같다.

- 이 도구는 클라이언트체계의 고유한 상황에 적합성을 가지는가?
- 시간, 노력 및 비용의 측면에서 얼마나 소요되는가?
- 클라이언트는 도구의 목적과 절차에 대해 충분한 정보를 제공받았는가? 클라이언트는 참여할 것을 동의하였는가?
- 이 도구를 사용하는 데 특별한 훈련이나 자격증이 필요한가?
- 클라이언트의 역할은 무엇인가?
- 클라이언트와 그 결과에 대해 논의할 것인가?
- 이 도구는 유용한 정보를 제공해 줄 것인가 아니면 단순히 클라이언트의 행동에 라벨을 붙이는 것인가?
- 어떻게 결과가 사용되는가?
- 이 도구는 신뢰성 있고 타당성 있는 정보를 제공하는가?

출처 : Miley et al.,(2007); 이원숙(2008); 방미진 · 황영희(2011).

노튼(Norton,1978)은 이중적 관점에서 클라이언트의 사회환경을 양육환경과 유지환경으로 보고 클라이언트의 문제를 파악하고 개입의 구체적인 방법을 확인하게 된다. 양육환경이란 가족, 이웃, 친구, 학교와 직장 등의 가까운 주변의 사람들로 구성된 환경으로 클라이언트의 사회적인 기능수행에 미치게 되는 영향력이 크다. 유지환경이란 클라이언트가 사는 사회의 정치체계, 교육과 의료

체계, 경제체계, 사회복지체계와 같이 보다 광범위한 환경들로 구성된다.

사정도구에서 기초가 되는 이중적 관점은 |그림 11-1|과 같다.

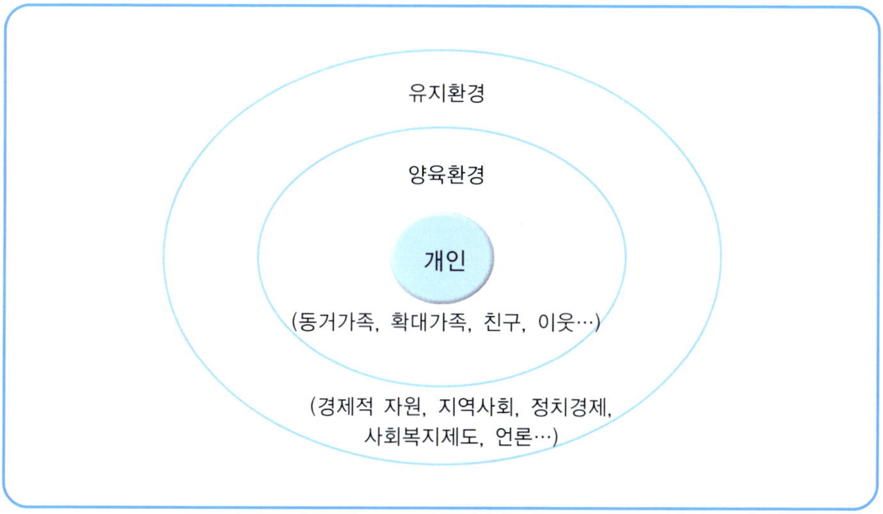

|그림 11-1| **이중적 관점**

출처 : Norton, D(1978). The Dual Perspective. NY. CSWE.; 엄명용 외(2009).

이러한 이중적 관점을 기초로 사회복지실천과정에서 주로 활용되는 사정도구로는 가계도와 생태계 및 사회도 등이 활용되고 있다(남연희 외, 2012).

(1) 가계도

가계도(genogram)는 보웬(Bowen)이 고안했으며 적어도 2~3세대에 걸친 가족관계를 도표로 제시함으로써 현재 제시된 문제의 근원을 찾는 것으로, 가족계보를 중심으로 결혼이나 별거, 이혼, 질병, 사망 등 중요한 생활사건이나 인종, 민족, 종교, 직업 등 인구사회학적 특성이 표시되어 있다. 가족구조와 구성원에 대한 정보, 구성원 간의 관계를 기술해 가족유형을 짧은 시간에 파악할 수 있고, 현재 제시된 문제의 근원을 찾는다(구금섭 외, 2013).

가계도는 사람을 표시하는 기호, 관계를 표현하는 선, 개인 관련 주요 정보를 사용하여 3세대 이상의 가족에 나타나는 결혼, 이혼, 출생, 사망, 입양 등 중요한 생활사건과 성별, 연령, 교육수준, 직업 등 인구사회학적 정보들을 나타낸다. 또한 가계도는 가족구조에 대한 체계적인 이해, 가족 내에서 클라이언트의 위치, 가족사건에 대한 이해, 가족의 상호작용 유형, 문제의 발견 등 다양한 내용들을 분석해 볼 수 있는 장점이 있다(남연희 외, 2012).

가계도는 사회복지실천에서 가장 널리 활용되는 사정도구로 가족이 지니고 있는 문제점을 추적하고 강점과 해결을 찾기 위해 여러 세대를 살펴봄으로써 개인 및 가족을 사정하는 데 유용한 사정도구이다(김혜영 외, 2015).

가계도는 다음과 같이 네 가지 차원에서 분석할 수 있다(김혜란 외, 2001; 남연희 외, 2012).

첫째, 가족의 구성과 가족구조를 분석할 수 있다. 이혼, 재혼 등 결혼의 상태와 형제순위, 자녀에 대한 부모의 태도와 기대 등이 분석된다.

둘째, 가족의 생애주기를 분석할 수 있다. 가족이 생애주기에 따른 변화에 성공적인 적응을 해왔는지를 검토한다.

셋째, 세대들 간에 유형의 반복이 있는지 분석을 할 수 있다. 강점, 창조성, 적응유연성 등의 적응적 유형과 자살, 가정폭력, 알코올 남용 등 부적응적 유형 그리고 상호작용에서의 친밀감, 단절, 갈등, 소원함, 삼각관계 등이 세대 간에 반복되는지 검토한다.

넷째, 가족구성원들의 역할과 기능이 균형을 이루고 있는지 분석할 수 있다. 부부간, 형제자매 간에 혹은 능력이나 부모의 편애, 가족가치 등에서 차이가 있는 가족구성원 간에 힘의 균형은 어떻게 이루어지고 있는지, 불균형이 있을 경우 가족이 이 문제들을 어떻게 해결을 하는지, 균형을 이루기 위하여 가족구성원들이 어떻게 변화해야 하는지 등에 대해 검토한다.

일반적으로 사용되고 있는 가계도는 |그림 11-2|와 같다.

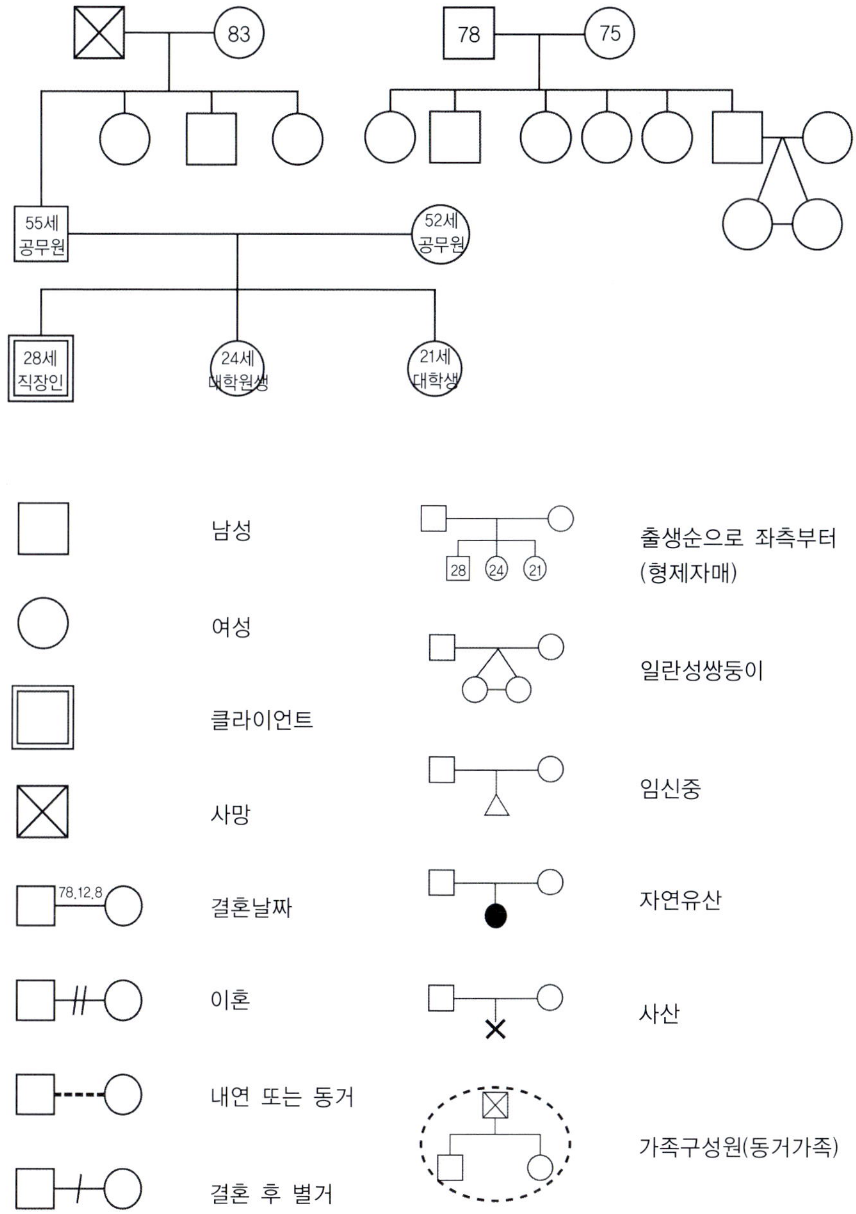

|그림 11-2| **가계도**

출처 : 박귀영 외(2010).

(2) 생태도

생태도(eco map)는 하트만(Hartman, 1975)에 의해 고안된 것으로 클라이언트 및 클라이언트와 관련된 사람, 직접적으로 관련된 사회복지기관과 환경의 영향 및 그 상호작용의 변화를 표시하는 것이다.

생태도는 클라이언트가 처한 양육환경과 유지환경의 종류들과 관계의 질, 그리고 체계 사이에서의 에너지의 흐름들을 보여줌으로써 가족에 대한 현재의 지역사회 자원들이나 체계들의 영향과 상호작용의 변화들을 보여준다. 또한 가족들이 지역사회에서 얼마나 많은 외부의 체계들과 관계가 되어 있는지, 고립의 정도는 어떠한지, 관계의 질은 어떠한 것인지를 보여줌으로써 가족 내부에 대한 이해를 할 수 있으며, 외부와의 연결과 적응의 정도에 대한 파악을 할 수 있게 해준다.

생태도는 세 가지 차원에서 분석할 수 있다(김혜란 외, 2001; 남연희 외, 2012).

첫째, 생태학적 환경에서 가족을 전체적으로 이해할 수 있다. 가족이 이용을 할 수 있는 주요 자원들은 무엇인지, 자원이 전혀 없거나 있지만 부족한 자원과 지지는 무엇인지, 가족과 환경 사이에서 관계의 본질은 무엇인지 등을 알 수 있다.

둘째, 가족과 환경 간의 경계에 대해 이해할 수 있다. 에너지 또는 자원의 투입과 산출의 흐름이 쌍방적인지, 환경에서 가족으로 일방적인지, 가족에서 환경으로 일방적인지 알 수 있다.

셋째, 가족 내부에 대하여 이해할 수 있다. 가족구성원들이 외부체계들과 어떻게 연결되어 있는지, 일부 가족구성원들이 환경으로부터 단절되어 있는지, 가족구성원 중 누가 주변 환경과 긴장관계에 있는지, 가족이 함께 또는 개별적으로 다른 체계들과 상호작용을 하는지 등을 알 수 있다. 일반적으로 사용되고 있는 생태도는 |그림 11-3|과 같다.

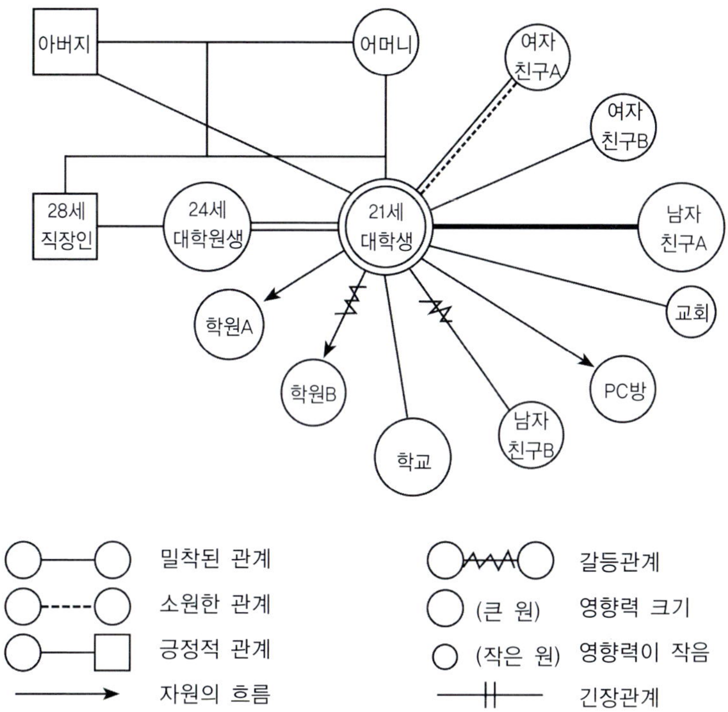

|그림 11-3| **생태도**

출처 : 박귀영 외(2010).

(3) 사회도

사회도(sociogram)는 주로 집단과 사회복지사가 집단 내의 하위집단, 연합, 소외자 등을 파악할 때 많이 사용한다. 사회도는 집단구성원들의 관계를 점, 선을 이용해 그래프로 나타낸다. 점은 집단구성원이고 선은 이들이 서로 어떻게 연결되어 있는지를 나타낸다. 선은 한 구성원이 다른 구성원들과 어떤 형태의 관계에 포함되어 있는지를 나타낸다. 사회도는 상징을 사용해서 집단 내 구성원들 간에 상호작용에 대한 표현을 하는 그림으로 구성원들 간의 개인적인 수용과 거부 및 집단 내에서의 대인관계를 평가하는 데 사용하는 방법이다. 주로

집단과 관계하는 사회복지사가 집단 내 구성원들의 상호작용을 파악할 때 많이 사용한다. 단, 사회도는 집단 내의 비공식적 구조 내에서의 어느 주어진 순간만을 포착하고 있어 관찰 및 사정의 수단으로 사용하기에는 편리하지만 그 현상의 이유를 설명하지 않기 때문에 치료나 개입을 결정할 때 이용하기에는 적당치 않다(이종복 외, 2010). 일반적으로 사용되고 있는 사회도는 |그림 11-4|와 같다.

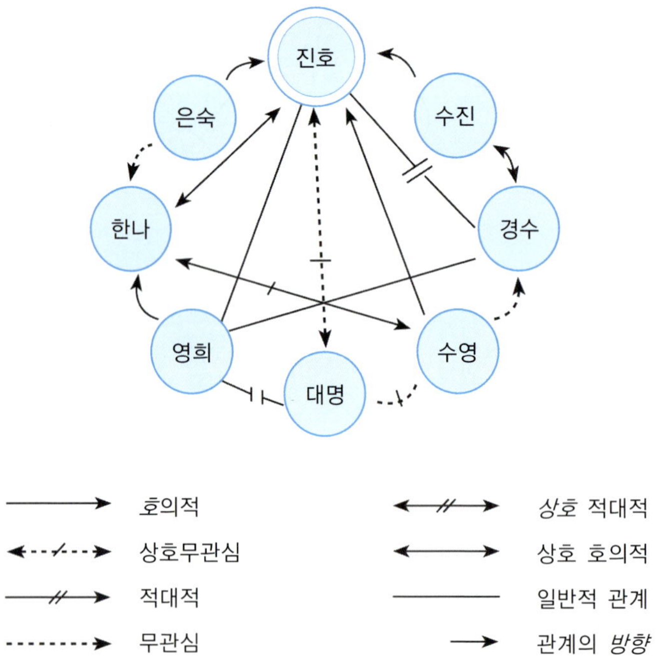

|그림 11-4| **사회도**

출처 : 박귀영 외(2010).

(4) 사회적 관계망 격자

사회적 관계망 그리드(social support network grid)는 클라이언트의 사회적 망을 사정하는 도구이며 사회적 관계의 지지 정도와 질, 지지의 방향, 지지기간 등을 보여준다. 사회적 관계망 그리드는 다음과 같이 작성한다(이원숙, 2008; 남연희 외, 2012).

- 가족, 친척, 직장/ 학교, 조직, 친구, 이웃, 전문가 등 7개 영역에서 사회망 구성원을 규명한다.
- 개인과 사회망 구성원들 간의 관계에 대해 질문한다. 여기에는 물질적 지지, 정서적 지지, 정보 및 조언, 비판, 도움방향, 친밀도, 접촉빈도, 알고 지낸 기간 등을 기록한다.

다음 〈표 11-3〉은 사회적 관계망 그리드를 표로 만들어 정보를 알도록 한 것이다.

〈표 11-3〉 **사회적 관계망 격자 예시**

• 클라이언트 이름 : • 조사일자 :

		생활영역	물질적 지지	정서적 지지	친밀감	접촉빈도	알고 지낸 기간
사회적 관계망에서 중요한 인물 (지지 제공자)		① 가족구성원 ② 다른 가족 ③ 직장/ 학교 :	① 거의 없다 ② 가끔 ③ 자주 :	① 거의 없다 ② 가끔 ③ 자주 :	① 거의 친하지 않음 ② 가까운 정도 ③ 매우 친함 :	① 1년에 서너 번 ② 한 달에 한 번 ③ 매주 ④ 매일 :	① 1년 이하 ② 1년에서 3년 사이 ③ 3년 이상 :
비공식 체계	어머니						
	아버지						
	언니						
	이모						
공식적 체계	동아리 친구						
	후배						
사회적 자원 체계	청소년 복지관						

출처 : 이영실 외(2014).

제3절 계획과 개입단계

사회복지사와 클라이언트는 표적문제를 선정하며 개입목표를 설정하여 이를 달성하기 위한 계획을 수립하고, 클라이언트와 합의하여 결정한 문제를 해결하기 위해 개입을 한다. 이러한 계획과 개입 단계는 사회복지실천과정에서 가장 핵심적인 단계이다.

1. 계획단계

계획단계는 수집된 자료들을 근거로 하여 사회복지사와 클라이언트가 공동협의하에 다루어야 할 문제들을 정의하고 목적을 구체화시켜 문제로부터 목적으로 옮겨가기 위해 계획된 중재방법을 제공하는 단계이다. 서비스 계획을 협의하는 과정은 사회복지사와 클라이언트가 중재 방법을 이행함으로써 끝나게 된다. 협의가 되면 사회복지사와 클라이언트 양자는 결속되며 일방적인 변화가 이루어지는 것이 아니고 공동협의에 의한 변화가 이루어지게 된다. 그러나 사회복지사는 클라이언트의 자기결정권을 저해하지 않고 공동결정에 클라이언트를 참여시키기 위하여 유용한 지식과 정보에 관한 모든 자원을 활용해야 한다(전재일 외, 2016).

1) 목표설정

목표설정은 명시적이며 측정이 가능하고 현실에서 달성 가능한 것으로 설정해야 한다.

목표를 설정할 때는 사회복지사와 클라이언트가 달성하고자 하는 목표에 대해 확실한 동의가 요구된다. 이러한 목표의 설정은 원조과정의 방향과 지속성을 제공하며 불필요한 과정을 사전에 방지하고 적절한 전략과 개입방법의 선택 및 향상에 도움을 제공한다. 구체적인 목표는 사회복지사와 클라이언트가 진행과정을 점검하는 것을 도우며 특정한 개입과 실천과정의 목표달성 정도를 측정하는 기준이 된다.

(1) 목표설정의 필요성

목표설정은 개입과정에의 방향을 명확히 제시할 수 있으며, 개입결과를 평가할 수 있는 기준이 된다. 그리고 개입전략 방법을 선택하고 개발할 수 있게 한다. 또한 클라이언트의 변화 정도를 모니터할 수 있으며, 사회복지사와 클라이언트가 성취하려는 목표가 같음을 보증한다(구금섭 외, 2013).

(2) 목표설정의 지침

목적은 광범위하며 일반적인 진술인 반면 목표는 구체적이며 행동적인 용어로 서술된다. 헵워스와 라슨(Hepworth & Larsen, 1986)은 목표를 설정할 때 다음과 같은 몇 가지 지침이 필요하다고 했다.

첫째, 목표는 반드시 클라이언트가 원하는 결과와 연결되어야 한다.
둘째, 목표는 명백하게 측정이 가능한 형태로 진술이 되어야 한다.
셋째, 목표는 현실적으로 달성 가능해야 한다.
넷째, 목표는 사회복지사의 지식과 기술에 적합한 것이어야 한다.
다섯째, 목표는 가능한 한 성장지향적이고 긍정적인 용어로 기술되어야 한다.
여섯째, 클라이언트의 목표가 근본적으로 사회복지사의 중요한 가치나 권리에 맞지 않는다면 동의하지 않아야 한다.
일곱째, 목표는 기관의 기능과 일치해야 한다.

(3) 목표의 유형

① 개별적인 목표 : 문제를 해결하거나 개선하는 일, 회의조치나 변화로 구성된다.
② 진행 중인 목표 : 지속적이고 반복적인 조치와 관계가 있다.
③ 공유된 목표 : 체계의 구성원에 의해 지지를 받는 목표이다.
④ 상호 교환적 목표 : 체계구성원 간 서로 다른 행동에 대한 타협을 이루기 위함이다. 체계구성원들의 상이한 행위를 교환함으로써 상호작용의 문제점을 해결하는 방법을 찾게 된다.

(4) 목표설정 과정

① 1단계 – 클라이언트와 함께 작업하기 : 클라이언트의 자기결정권 증진, 클라이언트의 역량강화, 계획의 참여도 증진
② 2단계 – 문제 우선순위 정하기 : 클라이언트의 복합적인 문제에 대한 우선순위를 결정한다.
③ 3단계 – 문제를 욕구로 전환하기 : 문제와 욕구와 목적은 연관성이 있기 때문에 문제를 욕구로 전환하기는 구체적 목표설정을 촉진한다.
④ 4단계 – 개입수준 평가하기 : 클라이언트의 문제를 해결하기 위한 가장 효율적이고 효과적인 전략을 선택한다.
⑤ 5단계 – 일차적 목표수립 : 일차적인 세부목표를 수립해 개입의 필요성을 명료화한다.
⑥ 6단계 – 목표의 구체화(세부목표)
⑦ 7단계 – 계약

2) 계약

계약(contract)은 목표를 설정하고 그 목표의 달성을 위한 전략과 역할 및 개입과 평가방법 등을 구체적인 활용용어로 기술한 계획에 대해 사회복지사와

클라이언트가 서로 동의하는 것이다. 계약체결은 주요 개입단계를 자연스럽게 소개하는 과정이며 원조과정의 핵심이다. 계약내용은 개입활동과 클라이언트와 사회복지사의 각각의 역할을 명확하게 해야 하고 궁극적으로는 클라이언트의 참여를 높이는 것이다(구금섭 외, 2013).

(1) 계약의 필요성

계약은 주로 개입단계와 변화의 목적, 즉 목표의 달성을 위한 개입을 소개하는 것으로 달성할 목표와 그 방법을 명확히 하고 참여자의 역할을 설명하고 원조하기 위한 조건들을 형성한다. 최초의 계약은 사회복지사와 클라이언트가 정해진 목적을 달성하기 위한 공동노력의 약속이며, 클라이언트에게 개입의 구조, 구체성이나 참여의식을 갖게 해 과업을 수행하려는 클라이언트의 동기부여를 촉진시킨다. 클라이언트가 자신의 활동을 통해 서로 합의된 목적과 목표에 도달해 자아존중감을 향상시키고 자신의 상황에 영향을 미칠 수 있다는 자신감을 갖게 한다.

(2) 계약의 형태

사회복지실천계획에 대한 계약은 사회복지사와 클라이언트가 서로의 이해를 구두로 공유하는 구두계약 형태로 진행되기도 하고, 계획내용을 문서화하여 서면상으로 자료를 남기는 서면계약의 형태를 띨 수도 있다.

① 서면계약

계약을 공식적으로 서면화하여 구체적인 목표와 누가-무엇을-언제 할 것인지에 대한 내용들을 명확하게 기재한다. 서면계약의 장점은 사회복지사와 클라이언트가 참여의 의지를 확실히 한다는 점이다. 또한 분명하고 논쟁의 여지가 없는 것으로 사회복지사와 클라이언트는 필요시에는 언제라도 합의한 것에 대한 상기를 시킬 수 있으며 오해할 가능성을 최소화할 수 있다는 점이다. 반면 단점으로는 작성하는 데 시간이 많이 걸리고, 법적 문제가 야기될 수 있다는 점이다(Sheafor et al., 1994; 방미진·황영희, 2011).

‖ 서면계약의 장단점

장점

- 사회복지사와 클라이언트의 참여의지를 확실하게 한다.
- 사회복지사와 클라이언트가 필요시 합의한 바를 상기시킬 수 있으며 논쟁의 여지가 없다.
- 오해의 가능성을 최소화할 수 있다.

단점

- 계약서를 작성하는 데 시간이 많이 걸린다.
- 법적인 문제가 야기될 수 있다.

② 구두계약

서면계약과 근본적으로 비슷하지만 구두로 계약한다는 점에서 차이가 있으며, 서면계약과 비교할 때 보다 신속하고 쉽게 이루어지며, 특히 클라이언트가 불신을 하거나 저항을 할 경우 유용하다. 서면계약이 지니는 결정적인 힘은 없으며, 목표들과 그 우선순위는 사회복지사가 개인적으로 기록을 하는 것이 바람직하다. 장점으로는 신속하고 비교적 쉬운 과정이며 서면계약에 대한 거부반응이 별로 없다는 점이며, 단점은 합의한 자세한 내용을 잊을 수 있다는 점이다.

③ 암묵적 계약

암묵적 계약은 실제로 서명화하거나 언어화하지 않았어도 암묵적으로 합의한 계약을 말한다. 이 계약은 사회복지사는 클라이언트가 실제로 동의했다고 잘못 생각할 수가 있으며 클라이언트가 모든 계약의 조건과 책임을 이해한다고 가정하지만 실제로 그렇지 않을 수 있다는 단점이 있다. 즉, 내용이 명시되지 않았기 때문에 서로 오해의 가능성이 있다는 것이다.

(3) 계약의 내용

계약서의 내용은 기관의 목적과 클라이언트의 욕구 혹은 계약의 목적에 따라 다르지만 계약의 목표는 명료화해야 한다. 즉, 책임을 명확히 기재하고 완수일자와 목적이 측정 가능하도록 하며, 성취 여부에 의문이 제기되지 않도록 해야 한다.

① 참여자 역할의 명료화

클라이언트의 비현실적인 기대가 근본적인 문제의 해결에 도움이 되지 않는 이유를 설명하고 원조과정을 명료화한다. 클라이언트는 문제해결 과정의 파트너로서 적극적으로 참여할 책임이 있다.

• 클라이언트의 역할

자신의 감정이나 욕구, 바라는 바와 개입과정에 대한 기대를 사회복지사에게 분명히 표현하며, 문제를 해결하는 주체는 사회복지사가 아니고 클라이언트 자신임을 인식하는 것이다. 문제해결에 사회복지사가 파트너로 참석해 도울 수 있도록 변화에 대한 적극적 태도를 가져야 한다.

• 사회복지사의 역할

클라이언트가 문제를 보다 충분히 이해하도록 돕는 파트너인 전문가로서 새로운 관점에서 문제들을 볼 수 있도록 돕는다. 클라이언트가 자신의 감정을 솔직하게 표현하도록 도우며, 만약 제대로 표현하지 않을 경우 표현할 수 있도록 유도해야 한다. 클라이언트가 문제해결의 주체자로서 인식할 수 있도록 도우며, 목적의 성취에 장애가 되고 있는 요인들을 예측하고 이를 극복하는 전략을 수립하도록 돕는다.

② 개입기법

계약에는 목표의 달성을 위해 수행하는 다양한 개입기법과 개입을 구체화하는 것이 필요하다. 사정 시 해결되어야 할 문제들과 욕구가 분명하게 정의되고 치료적인 대안들이 명백할 때 개입기법을 구체적으로 제시한다. 구체적인 기법까지 제시하기 어렵다면 대략적인 개별적 개입, 집단개입, 부부치료 혹은 위기개입 등의 개입방법들을 제시하고 계약한다. 목적을 달성하는 데 활용하게 될 개입기법들을 구체화하는 작업을 포함하고 개입기법을 클라이언트가 이해하도록 설명하고 의논하며 동의를 얻는 것이 중요하다.

③ 시간적 조건

개입시간, 세션의 길이와 회기의 빈도 및 각 세션의 시간, 비용 등을 포함한다. 클라이언트의 상황과 기관의 상황을 고려해 결정하며 클라이언트의 자발성을 촉진시키기 위해 클라이언트의 상황을 보다 많이 반영해야 한다. 개입의 기간을 미리 정하는 형태는 정신치료와 정신분석에 입각한 치료에서 사용되며 개입기간을 미리 정하지 않는 형태는 사회복지개입에서 선호한다. 단기간에 정해진 목표를 달성할 수 있어 사회복지사에 대한 신뢰도가 높아질 수 있고 비용, 시간 측면에서도 효과적이며 많은 문제가 야기되는 종결단계를 처음부터 분명히 하므로 효과적인 종결의 도모가 가능하다. 클라이언트의 상황들을 많이 반영하는 노력이 클라이언트의 자발성을 촉진시킬 수 있다.

〈표 11-4〉 계약서의 예

계 약 서
◎ 신상정보 클라이언트의 이름 등 신상정보, 사례번호 ◎ 표적이슈 사회복지실천활동에서 다룰 합의된 문제 및 욕구 ◎ 목적 및 목표 ◎ 행동전략(단계) 접근방법 참여자의 과업(클라이언트, 사회복지사, 그 외 관련 체계) 시간적 조건(기간, 세션의 빈도, 세션시간), 장소, 비용 평가방법 ◎ 날짜 ◎ 서명 사회복지사, 클라이언트, 그 외 참가자

출처 : 김혜영 외(2015).

2. 개 입

개입은 변화를 위한 원조과정의 핵심 단계로서 사회복지사와 클라이언트가 상호 합의한 목표를 위해 구체적인 행동을 하는 것이다. 즉, 계획단계에서 수립된 목표들이 사회복지사의 실천기술과 클라이언트의 협력으로 실행되는 것이다.

이 단계에서는 사회복지사와 클라이언트가 상호 합의하여 클라이언트의 변화노력을 지원하기 위해 문제해결을 위한 구체적인 변화전략을 수립해야 하며 사회복지사는 계획대로 문제해결과정이 진행되고 있는지를 끊임없이 점검하면서 잘 될 수 있도록 도와주며 지지와 환류를 제공하여야 한다(김혜영 외, 2015).

이러한 개입이 성공하기 위해서는 적절한 개입의 선택이 우선되어야 한다. 개입은 변화가 필요한 표적체계들과 조화, 클라이언트의 발달상의 단계들과도 조화를 이루는 것이 중요하다(Hepworth et al., 2006). 그러므로 사회복지사는 개입의 계획에 있어 인간 발달단계들 및 가족의 발달단계들을 신중하게 고려해야 할 것이다. 이들 정상적 범주에서의 발달단계 이외에도 클라이언트에게 과도한 스트레스를 유발시키는 생활사건들도 개입의 선택에서 고려되어야 할 사항이다.

사회복지사는 개인적 문제로부터 전체 지역사회에 영향을 미치는 문제에 이르기까지 다루는 문제의 범위가 광범위하고 변화의 초점이 개인, 관계, 환경 등 다양하기 때문에 직간접적 개입방법을 모두 활용할 수 있어야 한다.

개입단계에서 고려될 사항들

- 문제를 명확히 정의한다.
- 문제해결방안에 관련된 정보를 수집한다.
- 수집된 자료를 바탕으로 대처행동을 의논한다.
- 검사와 심리진단자료 등을 참고로 바람직한 행동절차 및 의사소통의 실제 계획을 수립한다.
- 계획된 것을 실제 생활에서 실천해 본다.
- 실천결과를 평가하고 행동계획을 수정 · 보완한다.

출처 : 정원철(2005); 남연희 외(2012).

개입 수행과정에서 사회복지사가 염두에 두어야 할 원칙

첫째, 경제성의 원칙 : 선택된 활동은 사회복지사와 클라이언트의 시간과 비용을 최소화할 수 있는 것이어야 한다. 클라이언트가 스스로 할 수 있는 일은 사회복지사가 관여하지 말아야 하며 도움이 필요한 일에는 요구되는 도움만을 제공하고, 클라이언트가 혼자서 할 수 없는 일만 사회복지사가 한다.

둘째, 클라이언트의 자기결정의 원칙 : 개인의 전 과정을 통해 가능하면 클라이언트가 스스로 의사결정을 하도록 해야 한다.

셋째, 개별화의 원칙 : 도움을 필요로 하는 특정 클라이언트체계의 특성과 욕구에 맞도록 개입활동을 조정해야 하는데, 클라이언트의 능력과 상황에 맞는 접근이 필요하다.

넷째, 발달적합의 원칙 : 개입의 전체 방향은 클라이언트체계의 발달적 단계에 적합한 것이어야 한다.

다섯째, 상호 의존성의 원칙 : 사회복지사 활동의 일부는 클라이언트의 활동에 달려있다. 클라이언트의 활동과 클라이언트의 변화능력을 고려한 후 개입이 출발되어야 한다. 사회복지사와 클라이언트의 활동은 서로에게 의존하고 있으므로 양측의 활동은 상호보완적이어야 한다.

여섯째, 서비스 목표에 초점의 원칙 : 사회복지사와 클라이언트의 모든 활동은 어떤 식으로든 두 사람이 합의한 계획의 목표에 부합되어야 한다.

출처 : 이종복(2006); 남연희 외(2012).

개입과정은 크게 클라이언트에 대한 직접적 개입과 클라이언트의 욕구에 반응하도록 환경을 변화시키는 간접적 방법이 있다.

1) 직접적 개입

직접적인 개입은 가족, 개인, 소집단 등과 함께 하는 활동들을 포함하는 것으로서, 클라이언트의 심리적·내적인 측면의 요구나 문제 등에 초점을 두며, 개입을 통하여 클라이언트가 일상생활에서 필요한 문제해결의 능력과 대처능력을 향상시키는 것에 목적을 둔다.

개인에 대한 개입활동이 필요한 경우는 욕구가 무엇이냐에 달려 있는데 대개 다음과 같은 경우이다(엄명용 외, 2006; 이종복 외, 2010).

- 문제의 원인이 주로 클라이언트의 내적 · 주관적인 원인에서 비롯된 경우
- 대인관계에 문제가 나타나는 경우
- 문제의 초점이 애매하여 문제의 해결에 어려움이 있는 경우
- 위기의 상황에 처하게 되어 복잡한 감정과 갈등을 겪고 있는 경우
- 자원들을 이용할 수 있는 클라이언트의 능력들이 손상된 경우

(1) 개입활동 내용

직접적 개입에 대한 개입활동은 다음과 같다.

- 클라이언트의 사회적인 기능을 지원하는 활동
- 클라이언트와 다른 사람들의 사회적 기능을 조정하기 위한 활동
- 관계를 발전시키기 위한 활동
- 상황 속의 개인에 대한 이해가 가능하기 위한 활동
- 중재자의 역할은 클라이언트에게 필요한 자원을 연계시키는 역할
- 조력자의 역할은 클라이언트가 보다 쉽고 성공적으로 과제를 완수하거나 문제를 해결해 나갈 수 있도록 지지, 격려 및 제안을 제공하는 역할
- 교사의 역할은 클라이언트에게 발생된 문제에 대처할 수 있는 새로운 정보들을 제공하거나 새로운 행동 또는 기술을 연습해 보도록 돕고, 모델링을 통해 클라이언트에게 대안적 행동패턴들을 가르치는 것
- 중재자의 역할은 클라이언트가 조직이나 다른 사람들과 갈등관계에 있을 경우 이를 조정하여 공동의 합의점들을 찾아내는 역할
- 옹호자의 역할은 사회복지사가 클라이언트의 입장을 대변하고 변호하는 역할

(2) 개입기법

사회복지사는 클라이언트가 스스로 문제해결을 할 수 있도록 적절한 방법을 개발하기 위해 의사소통 기법을 사용하고 바람직하지 않은 행동, 사고 또는 감정을 변화시키기 위해 행동수정 기법을 사용한다. 이러한 기법들은 클라이언트가 자신 또는 상황에 대한 이해를 명료화하고 객관화하며 통제력을 갖도록 도움으로써 클라이언트의 변화를 이끌어 낸다.

직접적 개입에서 주로 활용되는 개입방법들을 살펴보면 다음과 같다.

① 의사소통 기법

의사소통 기법 중 지지, 재보증, 일반화, 환기법, 직면, 재구성 등이 정서적 안정을 위해 유용하게 활용되는 기법들이다.

의사소통 기법은 정서적 안정 외에 왜곡된 인지구조를 변화시키기 위해서도 주로 활용되는데 클라이언트의 비합리적 사고를 변화시켜 자신과 상황들을 좀 더 현실적으로 인식하도록 돕는다. 또한 클라이언트의 상황에 대한 인식능력의 향상은 클라이언트 자신의 정서 상태와 인지구조 및 행동, 문제와 이를 둘러싼 상황, 동원 가능한 자원에 대한 클라이언트의 통찰력을 높이는 것을 말하는 것으로 정보제공이나 조언 등이 상황인식능력을 높이는 데 유용한 기법으로 활용된다(김융일 외, 2005).

가. 지지

지지(support)는 클라이언트를 격려하고 인정하는 것을 의미한다(Brill, 1998). 사회복지사는 클라이언트의 내적 강점, 반응방식, 의사결정, 행동방식, 구체적인 관계 등을 지지할 수 있다. 지지는 문제 상황에서 자신감이 약화되어 있고 불안과 위기상황에 처해 있는 클라이언트를 위한 것으로 사회복지사가 클라이언트에게 신뢰를 표현하는 것이다. 지지는 또한 클라이언트의 문제해결능력을 향상시키기 위해 클라이언트의 태도나 행동을 인정하고 칭찬해 주는 것이다. 이 기술은 자신들의 문제를 해결할 능력과 자질 그리고 지식을 보유하고 있는 클라이언트에게 문제해결능력과 동기를 최대화시켜 주는 방법으로 매우 효과적이며 클라이언트가 자신감이 거의 없거나 자존감이 낮을 경우 또는 경험이 별로 없어서 두려워할 경우 사용된다.

나. 재보증

재보증(reassurance)은 고심하고 있는 상황에 대한 해결책이 있다는 사실을 클라이언트에게 확신시키는 것을 의미한다. 클라이언트가 실제로 합리적이고 현실적인데 자신의 결정이나 행동을 망설이거나 확신이 없을 때 사용하는 기법이다(Sheafor & Horejsi, 2006). 즉, 재보증은 자신의 능력이자 자질에 대해 회의를 가지고 있는 클라이언트에게 사회복지사가 신뢰를 표현하여 줌으로써 클라이언트의 자신감을 향상시키는 기법이다.

다. 일반화

일반화(generalization)는 클라이언트의 생각, 감정, 행동 등이 비슷한 상황에 놓인 다른 사람들과 유사하다고 말해줌으로써 클라이언트가 자신이 느끼고 행동하는 방식이 이상하거나 비정상적이라는 지각을 상쇄시키는 기법이다(Sheafor & Horejsi, 2006). 즉, 일반화는 클라이언트가 자신만 이러한 문제가 있다고 괴로워하는 것에 대하여 다른 사람들의 그것들과 동일하거나 거의 같다고 말해줌으로써 클라이언트가 다른 사람들에게 가질 수 있는 소외감, 이질감, 일탈감 등을 해소하고 자신에 대한 신뢰감과 자신감을 회복시키기 위해 사용되는 기술이다.

라. 환기법

환기법(ventilation)은 문제가 되는 감정과 태도를 표현하며 개방하는 것을 의미한다. 일반적으로 클라이언트의 기능에 영향을 미치고 당면한 문제에 대해 합리적으로 사고하는 것을 방해하는 감정이 환기의 대상이 된다. 이와 같이 클라이언트의 억압되어 있는 감정, 특히 부정적인 감정의 불안, 분노, 증오, 슬픔, 죄의식 등이 문제의 해결을 방해하거나 감정 자체가 문제가 될 경우 이를 표출할 수 있도록 함으로써 감정 강도를 약화시키거나 해소시키는 기법이다.

마. 직면

직면(confrontation)은 클라이언트의 자아인식을 고양하고 변화를 촉진하는 기술로 클라이언트의 어려움을 야기하거나 유지시키는 사고, 감정 또는 행동의 특정 측면을 클라이언트에게 직시하게 하는 것을 말한다(Hepworth et al., 2006). 또한 직면은 클라이언트가 자신의 문제를 부정하거나 회피하고, 변화에 대한 거부와 개입을 피하려고 할 경우 사용되는 기법이다. 이것은 클라이언트의 사고, 감정, 행동 중에서 특히 변화에 장애가 되고 있는 부분에 대한 인식을 높이기 위해 사용하는 기법이다.

바. 재구성

재구성(reframing)은 클라이언트가 특정한 사건, 행동 또는 생활경험에 부여하는 의미를 수정하도록 돕기 위해 사용된다(Sheafor & Horejsi, 2006). 즉, 어떤 문제에 대하여 클라이언트가 부여하는 의미를 수정하여 줌으로써 클라이언트의 시각을 긍정적인 방향으로 변화시키려는 방법으로 사회복지사가 클라이언트에게 새로운 관점을 제공하는 대신 클라이언트 스스로 여러 가지 다른 해석을 생각해 보도록 하는 것이다.

사. 명료화

사회복지사는 클라이언트의 사고, 감정, 행동을 명확히 하도록 노력한다. 목표는 정신적 사건을 클라이언트의 기능의 다양한 단편들과의 관계를 탐색하고 연결시키는 것이다.

명료화는 그 특성상 원인과 기록이 발달적인 해석과는 다르며 주로 현재적 사건 중에서 연관성을 찾는 데 국한하여 이루어진다(김기태 외, 2007).

아. 정보제공

정보(information)를 주는 것은 어떤 상황이나 사건에 관한 지식을 확장시킬 수 있도록 사실이나 의견, 생각을 제공하는 것이다. 클라이언트의 문제해결능력을 향상시키기 위하여 필요한 정보와 지침들을 제공하는 것이다.

사회복지사는 정보제공이 클라이언트의 자기결정권을 약화시키지 않도록 유의해야 하는데 제공된 의견이나 생각은 사회복지사 개인적인 것일 뿐 사람들마다 각기 다른 의견을 가질 수 있다는 점을 분명히 해야 한다.

자. 조언

조언은 사회복지사가 클라이언트에게 추천하는 제안을 일컫는다(Sheafor & Horejsi, 2006). 사회복지사는 클라이언트가 직접적 조언을 요청하거나 필요로 하는 것을 간접적으로 표현하는 단서에 민감해야 한다. 사회복지사가 조언하기 위해서 늘 클라이언트의 관심사를 성공적으로 처리하는 방법에 관해 클라이언트보다 더 많이 알아야 하며 클라이언트가 실제 원하는 것을 포함해 관련된 모든 요소들에 대한 객관적이고 현실적인 평가에 근거해야 한다. 또한 사회복지사는 클라이언트의 능력에 대한 판단을 바탕으로 조언해야 한다.

② 행동기법

행동기법은 개입목적이 클라이언트가 새로운 행동을 학습하거나 기존의 행동을 수정하도록 돕는 것일 때 사회복지사가 사용할 수 있는 가장 강력한 개입방법이다(Sheafor & Horejsi, 2006).

사회복지사는 특정한 표적행동을 강화 또는 증가시키거나, 약화 또는 감소시키기 위한 목적으로 행동기법을 적용하게 된다. 행동기법은 과잉행동, 공격성, 비행, 학대 혹은 방임행동 등 다양한 문제행동에 유용하게 적용될 수 있다.

가. 모델링

모델링(modeling)이란 다른 사람이 하는 행동을 보고 그대로 모방하도록 하는 방법으로 복잡하거나 새로운 행동을 가르치는 데 사용하는 기술로서 클라이언트에게 이 기법을 적용하여 의도하는 행동을 학습시키기 위해 비디오테이프 같은 자료를 활용하기도 한다.

나. 강화

강화(reinforcement)는 표적행동이 더 빈번하게 발생할 가능성을 증가시키는 사건이나 활동을 말한다. 강화는 특정 행동이 어떤 보상을 받으면 그 행동이 다시 발생하기 쉽다는 원리에서 출발한다. 강화는 정적 강화와 부적 강화로 구분되며 정적 강화는 표적행동을 증가시키는 효과를 얻기 위해 클라이언트가 좋아하거나 유쾌해하는 조건을 추가하거나 제공해 주는 것을 의미한다. 부적 강화는 표적행동을 증가시키는 효과를 얻기 위해 클라이언트가 싫어하거나 불쾌해하는 조건을 감소시키거나 제거하는 것을 의미한다.

다. 소거와 처벌

소거(extinction)는 바람직하지 않은 행동을 없애기 위해 그 행동을 무시하는 것을 의미한다. 소거는 벌을 사용하는 대신에 특정한 행동들에 대하여 강화를 하지 않음으로써 자연히 그 행동들이 소멸되도록 하는 것이다.

처벌(punishment)은 표적행동을 억제하거나 감소시키는 효과가 있는 고통스럽고 불쾌한 자극을 주는 기법으로 특정한 행동이 불유쾌한 결과를 초래하게 되면 그 행동은 약화되거나 없어진다는 원리이다.

라. 타임아웃

타임아웃(time-out)은 신체적 징계의 대안으로 문제행동을 감소시키는 데 흔히 사용되는 기법이다. 타임아웃의 목적은 바람직하지 않은 행동을 강화하는 환경으로부터 클라이언트를 일시적으로 격리시켜 문제행동을 감소시키거나 제거하려는 것이다.

마. 역할연습

역할연습(role play/ rehearsal)은 행동기법의 일종으로 자주 사용된다. 역할연습은 토론으로 할 수도 있고 역할수행을 하는 상황을 실제 설정하는 방식으로 할 수 있다. 또는 클라이언트에게 이러한 역할이 어떻게 수행되는지 시범을 보여주는 방식으로 할 수도 있다(Brill, 1998). 역할연습은 실제 생활에서 발생할 수 있는 내용에 대해 토론하거나 구성된 각본에 따라 역할행동을 하거나 관찰하는 경험을 함으로써 대처기술과 자신감을 발달시킬 수 있다.

③ 기술훈련의 제공

사회복지실천전문가들은 클라이언트의 강점관점을 중심으로 대처능력을 증가시키는 데 많은 관심을 가져왔으며 그 노력의 일환으로 다양한 기술훈련 프로그램들을 제공해 왔다. 대표적인 기술훈련 프로그램으로 문제해결기술, 사회기술, 자기주장, 스트레스 관리 등이 있다.

첫째, 문제해결기술은 일상생활의 문제에 대처하는 능력이 적절하지 못하여 어려움을 겪고 있는 클라이언트에게 좀 더 나은 수준의 기능을 하도록 체계적으로 도와주고 하나의 원칙을 여러 상황에 적용을 할 수 있도록 한다.

둘째, 사회기술훈련은 클라이언트가 자신이 속한 환경 속에서 효과적으로 기능하는 데 필요한 기술들을 습득하도록 연습하고 실연해 볼 수 있는 기회를 제공해 준다.

셋째, 자기주장훈련은 스스로 행동을 변화시켜서 자신에 대한 태도와 감정을 변화시키는 것을 말한다.

넷째, 스트레스 관리는 개인이 스트레스를 주는 사건과 상황에 과도한 반응을 하지 않게 대처기술을 사용하도록 돕는 것을 말한다.

2) 간접적 개입

간접적 개입이란 사회복지사가 목표의 달성을 위해 사회복지사와 상호작용을 할 계획에 합의하지 않은 체계에서 변화를 일으키게 하는 행동에 개입을 하는 것이다.

간접적인 개입은 주로 기관과 지역사회 체계들과 개입이 이루어지는 경우가 많으며 중범위 혹은 거시실천으로 표현되기도 한다.

간접적 서비스의 제공을 개입방법으로 선택을 한 경우 사회복지사는 서비스 조정, 환경변화를 위한 개입, 옹호활동, 조직체 내부변화를 위한 활동, 영향력 있는 인사들과의 관여활동 등의 구체적인 전략들을 통하여 보다 세부적인 활동들을 추구할 수 있다.

사회복지사는 개입과정에서 클라이언트나 사회복지사의 요구에 비협조적인 체계들을 만날 수 있다. 따라서 사회복지사는 클라이언트를 적극적으로 원조과정에 참여시키고 변화하도록 돕기 위하여 이 체계들을 관리할 수 있는 전문적인 기술이 필요하다(김봉순 외, 2010; 남연희 외, 2012).

(1) 자원연계

사회복지사는 개입과정 중에 외부자원을 동원하고 연결하는 간접적 개입도 하게 된다. 사회복지사는 클라이언트의 욕구를 충족시키고 문제를 해결하기 위해 공식적・비공식적 자원을 동원하고 연계할 수 있도록 도와야 한다. 또한 지역사회의 자원을 발견해 이를 단순히 클라이언트에게 연결해 주는 역할에 그치는 것이 아니라 클라이언트의 옹호자 혹은 대변자로서의 역할을 수행해야 한다. 이 과정에서 때로 서비스 전달체계 개선도 필요하다. 지역사회에서 어떤 사람들은 필요한 서비스가 부족하거나 혹은 정보가 없어서 수혜대상에서 배제되는가 하면, 어떤 사람들은 중복이 심한 서비스로 인해 조정을 필요로 한다. 또한 자원을 새롭게 개발하는 활동도 포함된다. 필요한 자원이 지역사회 내에 없는 경우 클라이언트의 욕구에 부합하기 위하여 새로운 자원의 개발이 요구되고 있다. 사회복지사는 새로운 자원의 개발과 관련해 옹호와 사회행동 차원에서의 역할을 수행한다.

(2) 환경개입

간접적 개입은 환경에 대한 개입활동과 기술을 포함한다. 클라이언트의 변화를 위하여 사회복지사가 행하는 환경에 대한 개입은 서비스 연결과 의뢰와 같은 서비스 조정에 관련된 활동, 새로운 프로그램 및 자원의 개발에 초점을 둔 프로그램 계획과 개발을 위한 활동, 클라이언트의 시설입소 등의 환경조정 등을 일컫는다. 클라이언트가 스스로 주위 환경과의 상호작용을 통해 필요한 자원과 지원을 확보하지 못하는 경우, 사회복지사는 클라이언트의 외부환경을 변화시키기 위해 환경적 개입을 실시한다.

제4절 종결 및 평가단계

1. 종 결

종결은 클라이언트에 대한 사회복지사의 개입활동들을 마무리하는 단계로, 목적을 성취한 클라이언트의 경우, 사회복지사와의 활동들을 통하여 어려운 문제들이 해결되었다는 것을 의미하며, 앞으로는 클라이언트가 스스로 문제를 대처해 나가야 한다는 것을 의미한다. 따라서 클라이언트는 독립적으로 일을 해결해야 한다는 불안과 긴장을 느낄 수도 있고, 동시에 새로운 시작을 한다는 설렘을 가질 수 있어 양가감정을 경험하게 된다(길귀숙 외, 2011).

사회복지실천이 종료된 이후에도 클라이언트가 독립적으로 자신들의 문제를 해결하기 위한 역량을 발휘할 수 있어야 하기 때문이다. 사회복지사는 클라이언트가 새로운 성취를 인정하고 자신감을 유지할 수 있도록 세심한 배려로 종결을 이끌어야 한다. 클라이언트와 종결을 준비하는 과정에서 서비스를 효과적으로 마무리하기 위해 사회복지사는 시간과 기술 및 이해가 필요하다. 종결의 목표는 개입을 통한 클라이언트의 변화를 확인하고 원조과정에서 성취한 것들을 유지할 수 있도록 준비시키는 것이다(남연희 외, 2012).

쉐퍼(Sheafor)는 종결할 때가 되었는지에 대한 판단을 할 때 고려해야 할 몇 가지의 기준을 아래와 같이 제시하고 있다.

- 개입의 목적 달성 정도
- 서비스 제공의 시간 내 완료 여부
- 클라이언트의 문제 상황 해결의 정도
- 사회복지사와 기관에서의 투자노력
- 이득체감에 대한 클라이언트와 사회복지사의 합의 여부
- 클라이언트의 의존성
- 클라이언트의 새로운 서비스의 적합성

종결단계의 주요 목표는 집단 내에서 성공적인 상호작용을 하게 하는 것뿐만 아니라 클라이언트가 새롭게 개발한 인간관계 기술을 사회적 관계의 활동무대로 이전시키는 것이다.

1) 종결의 이유

종결의 이유는 여러 가지가 있을 수 있다. 콜쉐드(Coulshed, 1991 : 174)가 제시한 사회복지실천에서 일어날 수 있는 다양한 상황에서의 종결 이유는 다음과 같다.

① 사전에 동의를 한 목표들이 정해진 기간 내에 성취가 된 경우
② 클라이언트가 그동안의 원조들이 충분했다고 결정을 한 경우
③ 사회복지사가 전근이나 이직 등으로 인하여 해당 지위를 떠나게 되거나 클라이언트가 다른 지역으로 이사를 한 경우
④ 법적인 요청이 만료가 되었을 경우
⑤ 기관의 정책이 서비스에 일정한 시간의 제한을 두었을 경우
⑥ 자원의 상황이 한계가 있을 경우
⑦ 시간의 부족과 업무의 부담감으로 인한 경우
⑧ 슈퍼바이저의 충고가 있었을 경우
⑨ 다른 기관들로부터의 영향력이 있는 경우
⑩ 클라이언트가 사망한 경우

2) 종결의 유형

종결은 실천과정에서 언제든지 일어날 수 있다. 사회복지사와 클라이언트가 설정된 목표에 도달하여 클라이언트가 사회복지사의 도움 없이 목표를 수행할 수 있을 때 종결하는 것이 바람직하다. 그러나 실제로 종결은 예상하지 못한 경우에 일어날 수 있어 다음과 같이 구분할 수 있다(최해경, 2009; 길귀숙 외, 2011).

(1) 클라이언트의 일방적 종결

클라이언트가 갑자기 일방적으로 약속을 어기거나, 이러저러한 이유로 올 수가 없음을 핑계대고, 더 이상 자신의 문제들을 노출시키지 않으면서 종결하기를 원할 때 이루어진다. 이때 사회복지사는 신중히 결정할 것을 권하지만 클라이언트의 자기결정권을 존중하는 것이 좋다.

어떤 클라이언트는 종결결정을 다른 요인들의 탓으로 돌려 더 이상 원조가 필요로 하지 않다는 등의 이유로 종결을 요구하게 된다. 그러나 사회복지사는

그들의 문제들이 종결 이후에도 오히려 악화가 될 수도 있다는 것에 대한 인식을 해야 한다.

(2) 시간제한이 없는 종결

시간제한이 없는 방식에 의한 계획적인 종결에서는 어느 시기에 종결을 할 것인지를 결정하는 것이 매우 중요하다. 일반적으로 사회복지사와의 만남을 통하여 클라이언트가 얻게 되는 것이 줄어들 때, 즉 세션으로부터 얻게 되는 이득이 줄어들어 중요성이 소멸될 때가 종결할 때이다. 클라이언트가 일이 꽤 오랫동안 잘되고 있으며, 중단하는 것에 대하여 생각해 왔다고 말하면 사회복지사는 클라이언트가 머지않아 종결할 준비가 되어가고 있다는 사실을 인정하고 이에 대한 반영을 할 수 있다.

사회복지사는 클라이언트에게 충분한 진전이 있다고 판단되면 클라이언트에게 종결에 대하여 언급하도록 한다. 이에 대한 클라이언트의 동의가 있을 경우에는 함께 종결에 대한 계획을 세우도록 한다. 클라이언트가 뚜렷한 진전에 대한 증거를 보고하는 경우에도 목표와 관련하여 그의 현재 기능을 검토할 것을 제안하도록 한다. 이때 클라이언트가 목표달성에 대한 만족감을 표현하면 사회복지사는 종결계획을 함께 논의한다(이영실 외, 2014).

(3) 시간제약에 의한 계획된 종결

시간제약에 의하여 정해진 기간에만 제공이 되는 계획된 종결은 학기 중에서만 서비스를 제공하는 학교의 프로그램, 입원기간에만 제공이 되는 병원서비스, 실습의 기간에만 사례를 다루는 실습 등의 경우이다. 이러한 종결은 이미 미리 알려진 것이므로 클라이언트의 입장에서는 갑작스러운 종결을 맞는 것보다 충격이 적으며, 종결에 대한 대비를 할 수가 있어 종결에 따른 감정에 대한 해소를 할 수 있는 충분한 시간을 갖게 된다.

(4) 시간을 정해놓은 서비스의 계획된 종결

시간을 정해놓은 서비스의 계획된 종결은 초기부터 클라이언트와 사회복지사가 개입의 시간을 미리 정하고 시작하는 것이다. 사회복지사와 클라이언트가 처음부터 종결시간에 대하여 안다는 것은 정서적인 집착과 의존성의 정도를 줄일 수 있어서 종결에 따른 클라이언트의 상실감을 줄여준다. 시간을 정해놓은 서비스의 종결은 일반적으로 이별에 대한 정서적인 반응이 시간제한이 없는 종결보다 훨씬 덜하지만 여기서도 애착형성과 상실경험이 있기 때문에 사회복지사는 클라이언트의 종결에 대한 반응에 민감해야 한다.

(5) 목표달성으로 인한 종결

사회복지사와 클라이언트가 목표의 달성과 충분한 진전이 이루어졌다고 만족하거나, 제시된 상황과 문제에서 벗어났을 때에는 종결이 된 경우이다. 종결이 가까워지면 클라이언트와의 접촉빈도를 조금씩 줄이는 것이 바람직하다. 이러한 경우 클라이언트의 정서적 반응을 다루는 것이 중요하다.

(6) 사회복지사의 이동에 의해 종결

사회복지사의 이동에 의한 종결은 사회복지사가 다른 부서로 발령되거나 새로운 직장으로 옮겨가게 된 경우, 클라이언트의 사례가 자신이 다루기에 어려운 경우, 사회복지사의 개인적인 사정(입원, 이사 등) 등에 의해 종결된 경우이다. 이러한 종결이 과거에 부모나 중요한 사람들에게 거부되거나 버려진 적이 있는 클라이언트는 상처를 받기 쉽고 자존심에 손상을 입게 되는 경험을 할 수 있다.

사회복지사가 이동함으로써 서비스가 종결된 경우, 시간이 허락되는 한도 내에서 클라이언트가 그들의 정서를 극복할 수 있도록 원조하고, 다른 사회복지사에게 의뢰되는 것에 대해 수용할 수 있도록 준비시킨다.

3) 변화결과 및 사후관리

① 변화결과를 확고히 하기

사회복지사의 마지막 활동은 개입과정이 진행되는 동안 달성된 결과를 안정시켜 클라이언트의 일상생활에 일반화를 시키는 것이다. 개입의 결과를 안정시키기 위해 사회복지사는 개입의 전 과정을 다시 한 번 클라이언트와 점검하면서 그 과정이 어떻게 진행되었는지를 클라이언트가 되새길 수 있도록 돕고 앞으로 있을 수 있는 여러 가지 문제를 상상하여 그 과정을 적용해 보도록 할 수 있다(류종훈, 2007; 방미진 · 황영희, 2011).

② 사후관리

사후관리는 클라이언트와 사회복지사와의 공식적인 관계가 종료된 다음 클라이언트가 어떻게 하고 있는지를 알아보는 것이다.

종결한 후 2~6개월이 지났을 경우 클라이언트의 변화에 대한 평가를 하고 유지하기 위해 사후관리가 필요하다. 사후관리는 사회복지사가 개입한 이후에도 클라이언트에게 계속적인 관심을 갖고 있다는 것을 보여줌으로써 변화를 지속하려는 동기를 제공한다.

사후관리는 사회복지사의 노력에 대해 더 많이 평가할 수 있는 기회이며 가장 도움이 된 것과 그렇지 않은 것을 돌아볼 수 있다.

2. 평 가

평가란 개입의 효과성과 효율성을 측정하는 것이다. 효과성은 목표달성 여부를 말하고, 효율성은 투입된 비용(시간, 노력, 금전적 비용)과 산출된 성과 간의 비율을 말하는 것이다(김용일 외, 1995). 평가란 어떤 것이 클라이언트에게 도움이 되었고, 어떠한 것들이 다르게 진행되었어야 했는지를 말해준다.

사회복지실천에 있어서 평가는 사회복지실천에서의 과학성과 전문성을 강화시켜 주고 클라이언트에 대한 책임성을 높게 한다는 면에서 매우 중요한 의미를 갖고 있다.

사회복지사는 종결평가로 인해 자신의 실수와 한계가 드러날 수 있기 때문에 어느 정도 부담을 갖게 된다. 클라이언트는 종결과 관련된 부정적 감정을 표현하는 한 방법으로 지나치게 부정적이거나 부적절한 불만을 표시할 수 있다. 이때 사회복지사는 방어적으로 대처하지 말고 클라이언트의 감정을 잘 수용하고 클라이언트와 함께 부정적인 감정을 신중하게 검토해야 한다(최혜경, 2009; 길귀숙 외, 2011).

1) 사회복지실천 평가의 중요성

사회복지실천의 평가는 개입의 효과성과 효율성을 측정하는 것으로, 효과성은 목표가 달성되었는지 여부를, 효율성은 사용된 자원과 얻어진 성과 간의 비율을 말한다(Sheafor et al., 방미진 · 황영희, 2011).

사회복지실천의 평가를 통해 사회복지사와 클라이언트는 의도를 한 대로 서비스 계획을 이행했는가의 여부와 목적들이 성취되었는가를 결정짓고 이를 토대로 문제나 목표, 서비스 계획 등을 수정할 수 있으며 동일한 서비스의 계획을 다른 방식으로 수행할 수도 있다. 또한 사회복지실천에서 평가는 사회복지실천의 과학성과 전문성을 강화시키고 클라이언트에 대한 책임성을 높게 해준다는 면에서 매우 중요한 의미를 갖고 있다.

평가가 사회복지실천에서 중요한 이유는 다음과 같다.

첫째, 사회복지실천의 효과성 측정으로 평가의 일차적 목적은 목표를 달성했는지 측정하는 것이다.

둘째, 사회복지실천의 효율성 측정으로 이것은 동일한 비용으로 높은 효과가 나타났을 때 효율성이 증가하기 때문에 평가과정을 통해 실천의 효율성을 측정할 수 있다.

셋째, 자원 사용에 대한 책임성 입증으로 이것은 재정적인 지원이나 지역사회의 승인이 필요할 때에 이에 대한 근거로 제시하는 계획안이 된다.

넷째, 클라이언트에 대한 책임성 이행으로 사례의 진행 정도에 대하여 사회복지사 자신뿐만 아니라 클라이언트와 지역사회에 알려줄 책임을 이행할 수 있다.

다섯째, 실천과정에 대한 점검으로 클라이언트는 어떻게 반응하고 있는지 계획했던 변화기 일어나고 있는지 등 변화과정에 대한 점검을 할 수 있다.

여섯째, 사회복지사가 실천 내용에 대하여 점검을 하고 평가를 함으로써, 반성할 수 있는 기회를 갖고 새로운 활동에 반영을 한다. 이를 통해 특정 문제나 클라이언트에게 효과가 있는 개입방법을 적용하게 되어 효과적인 개입을 가능하게 하며 사회복지사의 능력을 향상할 수 있다(이영실 외, 2014).

2) 평가의 유형

평가유형은 평가의 내용에 따라 평가 차원에 따른 분류와 평가 목적에 따른 분류로 구분할 수 있으며 자세한 내용은 다음과 같다(이영실 외, 2014).

(1) 평가 차원에 따른 분류

① 성과평가

성과(outcome, 결과)에 대한 평가(evaluation)는 목표에 비추어 성취된 결과를 평가하는 것이다. 측정도구가 없으면 클라이언트의 생각과 관점을 사회복지사의 생각과 비교하기 위하여 상담이나 질문지를 사용할 수 있다. 전체 과정을 평가하기 위하여 각 과정에서 달성된 목표를 클라이언트의 관점에서 도출을 해야 한다.

② 과정평가

과정평가는 개입과정을 클라이언트가 어떻게 지각하는지를 평가하는 것이다. 즉, 과정이 자신에게 도움이 되었다고 느끼고 있는지 아니면 자신에게 오히려 나쁜 영향들만 주었다고 생각을 하고 있는지를 평가하는 것이다. 특히 사회복지사가 목표를 달성하기 위해 사용한 방법이나 기법에 대한 피드백을 포함한다(이종복 외, 2010).

③ 사회복지사 평가

사회복지사의 행동이나 태도 등이 개입에 어떠한 영향을 주었는지 파악하기 위하여 클라이언트로부터 피드백을 받는 것이다. 클라이언트의 긍정적인 피드백은 사회복지사로 하여금 자신의 강점을 잘 알게 하고 그 강점을 미래에 자주 활용하게 한다. 부정적인 피드백은 때로 고통스럽지만 사회복지사의 주의 산만, 반치료적 행위나 태도, 매너리즘을 알려준다는 점에서 역시 매우 도움이 된다(이영실, 2014).

(2) 평가 목적에 따른 분류

① 형성평가

형성평가(formative evaluation)는 개입과정에 대한 평가이다. 사회복지실천과정에 초점을 두고 진전된 상황을 주기적으로 평가한다. 활동의 진행과정에서 그것을 부분적으로 수정하고 개선 및 보완하는 데 필요한 정보들을 얻기 위하여 실시하는 평가활동인데 이는 사회복지실천에서 원조과정 동안 실시되는 사정과 관련된다. 사회복지사가 과정을 검토하도록 하고 필요한 경우에 개입계획을 수정할 수 있도록 한다. 이러한 의미에서 형성평가는 실천과정의 점검이라고 할 수 있다.

② 총괄평가

총괄평가(summative evaluation)는 개입의 결과, 즉 전반적 효과성 또는 효율성에 대한 것으로, 계획된 변화과정에서의 시작 시점에서 기대를 하였던 결과가 성취되었는지 여부를 알아보는 데 목적이 있다. 따라서 변화과정이 종결된 시점에 이루어지며, 이미 발생한 것을 총괄하는 데 목적이 있다(길귀숙 외, 2011).

③ 통합평가

형성평가와 총괄평가를 통합한 평가이며 단일사례 연구를 하나의 통합평가로 보기도 하고 총괄평가나 과정평가의 변형으로 보기도 한다.

3) 평가도구

평가는 검정된 평가도구 및 설문검사지, 문제 상황의 변화 정도에 대한 평가, 참여자의 피드백 등을 활용한 객관적 자료가 요구된다. 사회복지사는 클라이언트와의 면접 시 개입과정에서 무엇을 했고, 어떻게 느꼈으며, 무슨 생각을 했는지 등을 파악한다. 여기서 클라이언트의 변화에 따라 개입을 조정한다(남연희 외, 2012).

① 단일사례설계

단일사례설계(single subject design)는 단일체계설계(single system design)라는 말로도 사용되며, 1970년대에 도입되어 가장 널리 알려진 사회복지실천 평가방법이다. 단일사례설계는 한 명의 클라이언트에 대해 개입 전, 개입 중간, 개입 후에 반복적으로 측정하여 개입으로 인한 변화를 평가한다(Zastrow, 2003; 길귀숙 외, 2011).

사회복지실천평가와 관련된 문헌들을 검토하면 단일체계설계평가에 있어서 실행절차를 다음과 같은 단계로 분류하고 있다. ① 목적을 명확히 하는 것, ② 적절한 측정방식을 선택하는 것, ③ 기초선 자료를 기록하는 것, ④ 개입을 실행하며 모니터링을 계속하는 것, ⑤ 변화를 사정하는 것, ⑥ 효과를 추론하는 것으로 분류하고 있다. 이는 클라이언트에게 일어난 변화에 대하여 분석을 하거나 인과관계에 관한 추론을 하는 작업을 말한다(남연희 외, 2012).

단일사례설계의 특징을 보면 사례가 하나이며, 어떤 표적행동에 대하여 개입의 효과를 관찰하여 분석하는 것이다. 또한 시계열적으로 반복적인 관찰을 하며 개입 전과 개입 후의 상태를 비교할 수 있다. 그리고 개입 도중 자료를 검토할 수 있어 개입방법을 수정하여 효과적인 개입을 할 수 있고, 즉각적인 환류, 통제집단이 없음, 개입 전후 비교, 개입의 지속 또는 사후계획 등을 세울 수 있다. 여기에서 사례는 개인, 가족, 집단이 될 수 있다. 그리고 단일사례설계 수행과정은 문제의 확인 및 규정, 변수의 선정, 측정대상 선정, 개입목표의 설정, 조사 설계, 조사 실시, 개입평가(자료 분석) 등으로 진행한다(이영실 외, 2014).

② 목표달성평가

목표달성평가는 구체적 과업의 완수를 측정하는 것이다(Sheafor & Horejsi, 2006).

목표달성평가의 척도는 개인 또는 가족에 대한 개입으로 인한 목표달성 정도를 측정한다.

목표달성척도의 과정은 다음과 같다.

- 1단계 : 클라이언트의 문제를 확인한다.
- 2단계 : 개입할 클라이언트의 문제를 선정한다.

- 3단계 : 표적행동의 척도를 확인한다.
- 4단계 : 목표달성척도를 위한 표를 완성한다.
- 5단계 : 결과를 평가한다.
- 6단계 : 전반적인 목표달성척도 점수와 다른 척도의 점수를 산출한다.

목표달성평가는 서비스가 상대적으로 단기적이고 활동들이 구체적일 때 특히 유용하다. 목표달성평가의 형식은 각 세부목표에 대한 성취 정도를 서열척도로 평가한다.

목표달성의 결과에 대해 주로 5점 척도를 사용하여 ① 가장 바람직하지 않은 결과, ② 기대한 성공 수준보다 낮음, ③ 기대한 성공 수준, ④ 기대한 성공 수준보다 높음, ⑤ 가장 바람직한 결과로 나누어 평가한다.

각 목표에 대한 평가점수들을 합계해서 최고점수 합계로 나누면 성공률이 계산된다(남연희 외, 2012).

〈표 11-5〉 **목표달성척도 평가지의 예**

구 분	문 제		
달성수준	분노 폭발 중단하기	심부름 잘하기	가족과 함께 하는 모임에 참석하기
가장 바람직하지 않은 결과(0)	분노 폭발을 매우 자주 함(하루에 2번 이상) V	심부름을 전혀 하지 않음 V	가족모임에 전혀 참석하지 않음 V
기대 이하의 성공(1)	분노 폭발을 덜 자주 함(하루에 1번)	계속적으로 요청할 때만 심부름을 함	가족모임에 아주 가끔 참석함 V
기대한 성공(2)	분노 폭발을 적게 함(일주일에 1번) V	한 번 더 요청하면 심부름을 함	적어도 일주일에 한 번은 가족모임에 참석함
기대 이상의 성공(3)	분노 폭발을 거의 하지 않음(한 달에 1번)	요청을 하지 않아도 심부름을 함 V	가족모임에 와달라고 요청할 때만 참석함

가장 바람직한 결과(4)	분노 폭발을 더 이상 하지 않음	다른 심부름할 것이 있는지 물어봄	요청하지 않아도 가족모임에 참석함
가중치	10	8	8
변화점수	2	3	1
가중치가 반영된 변화점수	20	24	8
최고 변화점수	40	32	32
목표달성비율(%)	50	75	25

출처 : 길귀숙 외(2011).

③ 과제성취척도

과제성취척도(task achievement scaling)는 과제가 성취된 정도에 대한 평가를 하는 방법이다. 장점은 사회복지사와 클라이언트가 합의한 과제들을 완수하는 정도를 평가하거나 사회복지사와 클라이언트가 1~2회 정도 만나게 되는 단기 서비스 개입에서 유용하게 사용될 수 있다. 단점은 중재자나 옹호자, 조정자 역할과 같은 추상적 활동은 단일사례설계나 과업성취척도를 사용하여 측정하기가 매우 힘들다.

과제성취척도는 일반적으로 각 면접 세션의 진전을 평가하기 위해 사용되는데, 각 과제의 진척을 평가하기 위한 4점 척도, 즉 ① 완정성취, ② 상당히 성취되었으나 아직 행동이 필요하다, ③ 부분적으로 성취되었으나 할 일이 남아 있다, ④ 아직 성취되지 않았다로 나누어 평가한다.

④ 클라이언트 만족도 조사

클라이언트 만족도 조사는 사회복지기관이 제공한 서비스에 관한 클라이언트의 의견을 구하는 것이다(Sheafor & Horejsi, 2006). 클라이언트에게 기관의 인상,

개입의 성공, 담당자의 역량 등 원조과정의 중요한 측면들을 평가하도록 한다. 이 평가방법의 한계는 개입의 결과로 일어난 것에 대한 클라이언트의 인식만을 파악한다는 점이다(남연희 외, 2012).

클라이언트 만족도에 대한 사례는 다음과 같다.

〈표 11-6〉 **클라이언트 만족도 조사의 예**

• **다음 각 문항에 5점 척도로 응답해 주십시오.** 1=매우 반대, 2=반대, 3=보통, 4=동의, 5=매우 동의 1. 사회복지사는 신속하게 나의 의뢰에 대해 도움을 주었다. ___ 2. 사회복지사는 나에게 충분하게 절차에 대해 설명하였다. ___ 3. 사회복지사는 나의 말을 잘 들어주었다. ___ 4. 사회복지사는 나의 질문에 잘 답변해 주었다. ___ 5. 사회복지사는 나의 관심거리를 잘 이해해 주었다. ___ 6. 사회복지사는 나를 존중해 주었다. ___ 7. 나는 이 사회복지사를 내 친구나 가족에게 추천할 것이다. ___ 8. 전반적으로 나는 나에게 제공한 서비스에 대해 만족한다. ___

출처 : 길귀숙 외(2011).

사회복지사 평가는 개입과정 동안 사회복지사의 행동, 태도, 속성 등이 어떤 영향을 주었는지에 대해 피드백을 받는 것이다. 사회복지사는 어떠한 비판도 각오해야 하며, 이때 사회복지사는 장점과 단점을 솔직히 지적해 주도록 요청함으로써 스스로를 잘 알 수 있는 기회를 가지며 미래에 잘 활용하게 한다(방미진·황영희, 2011).

Chapter 12

사례관리

Chapter 12

사례관리

제1절 사례관리 철학 및 개념

1. 사례관리의 개요

사회복지실천은 지난 한 세기 동안 급격한 변화의 물살 속에 다양해진 사회문제와 클라이언트 집단을 원조하기 위한 실천 방법을 발전시켜 왔다. 미시적 접근으로는 개별사회사업과 집단사회사업, 메조의 실천으로 지역사회조직과 함께 거시적 사회복지 정책활동 등은 클라이언트와 환경의 변화를 통해 클라이언트 스스로 자신의 문제를 해결하고 안정 상태를 유지할 수 있게 개입을 펼쳐 나갔다. 그러나 사회복지실천 활동의 지나친 분화와 서비스 간의 유기적 연결 부재, 개별화된 클라이언트의 욕구와 이에 따른 자원 접근의 어려움 등은 여전히 해결되지 않은 문제로 사회복지실천의 반향적 접근을 재고

하게 하였다(이효선 · 정푸름, 2012).

클라이언트 중심 철학은 클라이언트를 기존의 프로그램에 맞추는 것이 아니라 클라이언트의 욕구에 기초해서 서비스의 개발을 제공하는 것이다. 또한 적극적인 지역사회 보호라 함은 단편적이고, 분산된 지역사회 서비스를 조정하고 통합한다는 것이다. 이런 의미에서 사례관리자는 지역사회에 존재하는 자원에 관한 충분한 지식과 정보를 가지고 이를 클라이언트의 복지를 위해 활용할 수 있어야 한다(황성철, 1995; 이은희 · 김남숙, 2012).

사례관리는 사회복지실천과의 비교를 통한 설명으로 이해할 수 있다. 즉, 사례관리는 사회복지실천의 전통적인 방법인 개별실천, 집단실천 및 지역사회복지의 몇 가지 측면을 통합적으로 적용한 사회복지실천의 핵심적인 기술 중 하나로 볼 수 있는 견해이다(엄명용 외, 2011). 이러한 사례관리의 개념 및 특성을 이해하기 위하여 사례관리와 사회복지실천 중 개별실천과의 비교를 살펴보면 〈표 12-1〉과 같다(이은희 · 김남숙, 2012).

〈표 12-1〉 **사회복지개별실천과 사례관리의 비교**

	사회복지실천의 개별적 실천 접근	사례관리
개 념	스스로 해결하기 어려운 문제를 가진 개인의 성격 발달과 사회적응을 도모하기 위하여 전문가가 수행하는 개별적 · 의식적인 문제 해결과정	복합적인 다양한 욕구를 가진 클라이언트 욕구의 충족과 사회적 기능향상을 위하여 그들과 사회자원과의 연결 및 조정을 통하여 그들을 보호하는 과정
대 상	• 특정한 문제와 문제를 갖고 있는 클라이언트 • 아동, 청소년, 여성, 가족 등 • 대체로 문제의 해결이 가능하고, 문제가 해결되면 정상적인 기능들을 수행하며 생활이 가능한 사람	• 만성적인 장애를 가지고 있는 클라이언트 • 보호가 필요한 아동이나 노인, 장애인 등 • 노인, 장애인이나 발달장애아동, 만성신부전증, 만성정신장애인, 만성심장병 등 의존적이면서 장애를 갖고 있는 사람 • 이로 인하여 사회적 기능수행에 어려움을 가진 사람 • 문제가 다양하고 복합적이고 지속적인 사람

문 제	청소년비행, 음주, 흡연, 사회부적응, 학교폭력, 가족해체, 부부갈등, 부모자녀문제, 가족폭력, 매춘 등 가족, 사회, 개인적인 문제 등에 대해 한 사람의 클라이언트가 특정한 문제를 가짐	가정생활을 지속하는 데 어려움, 경제적인 문제, 의료적인 문제, 정보의 접근 등 사회적 자원의 활용이 용이하지 못하고, 교통과 환경적인 장벽으로 인한 이동의 문제, 사회적 낙인의 문제로 인한 교육, 고용의 차별, 이들 가족의 문제 등 다양한 문제들을 한 사람의 클라이언트가 동시에 가짐
목 적	개인의 성격 발달과 사회적응 능력의 향상	접근성과 책임성, 비용효과성, 보호의 연속성, 일차집단의 보호능력과 사회적 기능의 향상
장 소	사회복지기관 및 상담소, 가정, 학교 등	클라이언트의 가정, 클라이언트가 속한 생활시설, 요양원, 병원, 지역사회재활시설 등
과 정	초기접수, 문제의 사정, 개입목표 수립, 개입방법의 활용에 의하여 개입하고, 개입의 목표 달성 후 종결·사후관리 등의 개입의 시작과 끝이 있음	• 대상자 발견, 문제의 사정, 개입목표 수립, 개입, 개입과정의 모니터링과 재사정, 과정평가에 의한 환류, 새로운 문제와 욕구 발견, 개입전략의 수정·개입·모니터링 등 재사정과 환류에 의하여 새로운 개입이 지속적으로 이루어짐 • 대체로 클라이언트에 대한 지속적인 관리가 이루어지는 특징 • 소수의 클라이언트만이 기대되는 수준의 재활을 통하여 지역사회 안에서 자립생활이 가능한 경우에 종결
원칙	개별화, 통제된 정서적 관여, 의도적인 감정표현, 수용, 비심판적 태도, 비밀보장, 클라이언트의 자기결정	성장과 변화에 대한 신념, 클라이언트의 자기결정, 장점과 잠재력의 강조와 개발, 서비스 제공의 포괄성, 책임성과 보호의 연속성, 권리와 비밀보장, 지역사회 자원의 적극적인 개발과 동원 등
전문가 역할	• 특정 전문가에 의하여 개입 가능 • 사회복지사는 상담자 또는 치료자의 역할이 강조됨	• 다양한 전문가들에 의한 팀 접근 요구 • 사례관리자는 클라이언트 차원에서 옹호와 대변자로서의 역할이 강조되며, 팀 차원에서는 조정자 역할 요구

출처 : 엄명용 외(2011); 이은희·김남숙(2012).

2. 사례관리의 개념 및 목적

사례관리는 정통적인 사회복지방법론과는 다른 새로운 실천의 형태가 아닌 클라이언트에게 통합적 방법들을 활용하고자 하는 모델이다.

전통적인 사회복지는 사회복지기관의 서비스와 프로그램에 기초를 하는 서비스인 반면에 사례관리는 클라이언트의 욕구에 보다 더 초점을 두고 사회복지기관의 범위를 넘어 지역사회 차원에서 보다 더 적극적인 서비스의 제공과 점검을 강조한다. 따라서 사례관리는 클라이언트 중심의 철학을 기초로 적극적인 지역사회 보호를 지향한다는 점에서 전통적인 사회복지와 구별된다(이은희 · 김남숙, 2014).

1) 사례관리의 개념

사례관리는 다양하고 복합적인 욕구를 갖고 있는 클라이언트를 대상으로 사회복지사가 클라이언트의 욕구충족과 사회적 기능을 향상시키기 위하여 클라이언트와 사회자원과의 연결 및 조정을 통해 클라이언트에 대한 보호를 관리하는 과정이다.

NASW에 의하면 사회사업 사례관리는 전문적 사회복지사가 클라이언트와 그 가족의 욕구를 사정하여 적절하다면 특정 클라이언트 복합적 욕구를 충족하기 위해 복합적 서비스 패키지를 알선하고, 조정하며 모니터하고 평가하며 옹호함으로써 서비스를 제공하는 방법이다. 즉, 사례관리는 사회복지사가 특정 클라이언트를 위해서 여러 기관, 조직 혹은 시설이 제공하는 서비스를 조정하는 것을 의미한다(NASW, 1992; Kirst-Ashman & Hull, 2009; 이원숙, 2014).

사례관리에 대한 여러 학자들의 개념을 살펴보면 다음과 같다.

오스틴(Austin, 1983)은 사례관리를 클라이언트에게 다양한 서비스를 전달하는 데 목적을 둔, 일련의 연속적으로 관련된 직무들로 구성되어 있는 체계적인 문제해결과정이라고 하였으며 로버트-드제나로(Roberts-DeGennaro, 1987)는 특별한 위험대상 표적인구를 위해 지역사회복지실천의 노력과 직접적인 서비스 실천인 개별접근이 혼합된 실천이라 하였다(방미진 · 황영희, 2011).

웨일(Weil, 1985)은 사례관리를 클라이언트에게 지원 가능한 필요한 서비스를 효과적이며 효율적으로 받을 수 있도록 보장해 주는 일련의 과정으로 정의하였다. 특히 사례관리는 서비스체계의 상호작용의 과정으로 서비스 계획과 전달에 책임지는 것을 강조하였다.

바커(Barker, 1987)는 사례관리를 복잡한 여러 문제와 장애를 가지고 있는 클라이언트에게 적절한 시기에 그들이 필요로 하는 모든 서비스를 받을 수 있도록 보장하는 것으로 정의하였는데 이는 서비스를 공급하는 접근법의 하나이다.

한편 목슬리(Moxley, 1989)는 사례관리에 대해 다양하고 복합적인 욕구를 지닌 클라이언트를 대상으로 사례관리자 또는 사례관리 팀이 공식적 · 비공식적 지원망과 클라이언트의 기능과 복지를 최대화하기 위해 고안된 활동을 조직하고 조정하며 유지하는 것이라고 하였다. 이를 통해 ① 클라이언트의 능력과 생활기술을 증진시켜 대인 서비스와 사회적 지지를 이용하거나 접근할 수 있게 하며, ② 클라이언트의 복지와 기능을 증진시키기 위하여 관련된 서비스 제공자와 사회적 지지망을 통한 능력을 발전시키고, ③ 서비스의 전달을 달성하는 과정에서 서비스의 효과성을 증진시킬 수 있다고 하였다. 특히 이 방법은 비용이 많이 드는 입원기관을 탈피하여 가족과 이웃이 있는 지역사회의 장에서 장기적 손상을 입은 클라이언트들에게 광범위하고 지속적인 보호서비스를 제공하는 수단이다(Goodman, 1987; Steinberg & Carter, 1983).

무어(Moore, 1990)는 사례관리를 가능하게 하는 차원과 촉진하는 차원으로 구성된 실천개념이라고 정의하였다. 가능하게 하는 역할이란 개인이나 집단이 독립적으로 기능할 수 있도록 그들의 잠재력을 최대화하는 것이며 촉진하는 역할은 도움을 필요로 하는 클라이언트의 사회적 제도, 조직, 기관 사이를 연계하는 것으로 보고 있다(이종복 외, 2010).

로스맨(Rothman, 1991)은 사례관리를 정신보건, 노인복지, 아동복지, 보건, 발달장애 등의 분야와 같은 인간서비스 분야에서 폭넓게 사용되는 실천모델이라고 보고, 사례관리가 만성의 심각한 문제를 가진 클라이언트에게 지역사회에서 지속적이고 폭넓은 서비스를 제공하는 전략이요, 방편이라고 하였으며, 우드사이드와 맥클램(Woodside & McClam, 2006)은 사례관리는 복합적인 욕구를 가진 대상자들에게 다양한 서비스를 효과적으로 전달하기 위한 실천전략이라고 강조하였다.

우리나라 사회복지협의회에서는 사례관리실천을 "복합적 요보호 상태에 있는 클라이언트에게 유효하고 다양한 지역사회 자원을 연결시켜 관리하는 원조대책으로 복지, 의료, 보건 간의 독립된 체계를 없애며 될 수 있으며 재가복지봉사를 계속하는 것"이라고 기술하고 있다. 결론적으로 사례관리는 서비스가 필요한 클라이언트에게 개별화된 서비스의 제공과 지역사회 자원과 비공식적 자원을 연결하고 조정해 주는 것이다(양정남 · 최선령, 2007).

종합해 보면, 사례관리란 다양한 사회복지실천 분야에서 복합적인 욕구를 갖고 있는 클라이언트의 욕구들을 사정한 후 충족시키기 위해 포괄적인 서비스 계획을 개발하여 각종 서비스에 대한 클라이언트의 접근이 용이하도록 효과적인 서비스에 대한 전달을 점검하거나 평가를 하는 활동이다.

2) 사례관리의 목적

사례관리의 목적은 학자에 따라 다양하게 제시되고 있다. 웨일(Weil, 1985)은 사례관리 목적에 대해서 클라이언트의 다양하고 복합적인 욕구를 충족시킴으로써 사회적 기능과 자립을 극대화하는 데 있다고 밝히고 있다. 이 목적을 달성하기 위해서는 클라이언트의 욕구들을 충족시킬 수 있는 적합한 환경을 마련해 주는 것을 원칙으로 한다. 목슬리(Moxley, 1989)에 의하면, 사례관리의 목적은 서비스와 자원을 이용하고 접근하는 데 있어서 가능한 한 클라이언트 자신의 생활기술을 증진시키는 것이고, 클라이언트의 복지와 기능을 증진하는 데 사회관계망과 관련된 대인서비스 제공자들의 능력을 발전시키는 것이다. 그리고 가능한 한 가장 효과적인 방법으로 서비스 및 자원의 전달이 이루어지도록 노력하는 반면, 이와 동시에 서비스의 효과를 증진시키는 것이라고 하였다. 또한 무어(Moore, 1990)에 의하면, 사례관리의 목적은 환경적 도전에 대처하는 데 개인의 잠재력과 가족 및 일차집단의 케어능력을 극대화하는 것이고, 케어의 공식체계와 일차적 케어자원을 통합하고, 개인과 일차집단의 욕구를 충족시키기 위하여 공식적 케어체계 내의 능력을 극대화하는 것이라고 하였다(이은희 · 김남숙, 2014).

인타글리아타(Intagliata, 1982)는 사례관리의 목적을 다음과 같이 구체적으로 네 가지 측면에서 정리하였다. 첫째, 어떤 일정한 장소나 기간 내에서 지속적으로 서비스를 제공하는 보호의 연속성을 보장하는 것이다. 둘째, 일정 기간 동안 혹은 필요한 경우에는 개인의 일생을 통하여 개인의 욕구가 변화할 경우, 서비스가 개인의 욕구의 모든 영역에 제공되도록 보장하는 것, 셋째, 서비스 이용자의 적격성, 기준, 규정, 정책, 절차 등과 관련된 서비스 접근의 장애물을 극복함으로써 개인이 필요한 서비스에 쉽게 접근할 수 있도록 원조하는 것, 넷째, 서비스가 클라이언트의 욕구에 적합하게 적시에, 적절한 방식으로 중복되지 않게 제공될 수 있도록 보장하는 것이다(이은희 · 김남숙, 2014).

전미사회복지사협회는 사례관리의 목적에 대해 다음과 같이 제시하였다.

- 클라이언트의 발달적 능력, 문제해결능력, 대처능력을 향상하는 것
- 자원과 서비스를 제공하는 인간서비스조직 체계를 보다 효과적으로 만들고 활성화하는 것
- 클라이언트에게 자원, 서비스 및 다양한 기회들을 제공하기 위해 서비스 체계들과 연계시키는 것
- 서비스와 자원의 전달체계의 범위와 방식을 개선하는 것
- 사회정책의 발전과 개선에 기여하는 것

제2절 사례관리의 등장배경

사례관리는 인보관운동과 자선조직협회에서 그 기원을 찾아볼 수 있고 리치몬드(Richmond) 시대 이래로 사회복지 분야의 전통적인 부분으로 자리를 잡았다. 1950년과 1960년 탈시설화의 영향으로 인한 정신장애인의 지역사회보호를 목적으로 사례관리 차원의 개입이 수행되었고, 현대적 의미의 사례관리는 1970년대에 들어오면서 시작되었다. 1976년 미국사회사업가협회에서는 사회복지실천은 치료(cure)에서 보호(care)로 관심이 변화되고 있으며, 사례관리가 클라이언트의 보호를 위한 실천에서 새롭게 출발점을 나타내는 개념이라고 제안하였다. 이 밖에도 지역정신보건 분야, 가족 관련 분야 및 노인복지 분야에서도 각각 사례관리의 필요성을 지적하였다(엄명용 외, 2006). 사례관리가 1980년대에 들어 새롭게 케이스워크보다 진보된 하나의 방법론으로 활용되기 시작한 것은 다음과 같은 역사적 배경이며 구체적 내용은 다음과 같다(이종복 외, 2010).

1) 탈시설화의 영향

1950년대 이후 정신장애인들을 병원이나 시설에 수용하지 않고 지역사회 내에서 치료하고 관리하는 탈시설화 현상이 전개되면서 재가서비스를 강조하는 지역사회보호와 관리가 전개되었다. 그러나 특히 스스로 관리가 불가능한 중증의 만성정신장애인들은 복잡하게 흩어져 있는 여러 종류의 서비스들에 접근하는 것이 불가능하여 실제로 그들을 지역사회 내에서 제대로 관리하는 데에는 실패하였다. 따라서 이들이 지역사회에 거주를 하게 되면서 지역사회 전체에 분산되어 있는 다양한 서비스를 통합적으로 제공하는 서비스 관리체계의 필요성이 나타나게 되었다. 또한 각 서비스기관들마다 보유하고 있는 자원들이나 수혜 자격요건이 달라서 이들을 통합적으로 관리하는 전문적인 필요성이 대두되었다.

2) 복잡하고 분산된 서비스 체계

복잡하고 분산된 다양한 서비스 체계를 통합하고 연계하기 위함이다. 지역사회에서 정신보건운동 초기의 서비스 전달체계는 주로 공공부문에서 주도하였으나 점차 민간부문으로 옮겨 오게 됨에 따라 서비스 간의 조정을 담당하는 역할장치가 거의 없어지게 되었다. 서비스의 망이 점차 고도로 복잡해지고 분산됨으로써 서비스의 중복현상이 나타나기도 하고 서비스 간의 연계성이 부족하게 되었다. 이러한 서비스의 복잡화 현상은 클라이언트가 각 서비스마다 다른 기관들을 방문해야 하는 문제를 야기시켰으며, 심지어 접근의 기회마저 차단하는 경우가 발생하게 되었다. 따라서 사례관리는 이러한 서비스들의 연계성을 확보하고자 나타난 것이다.

3) 다양한 문제와 욕구들을 가진 클라이언트의 증가

탈시설화, 실업률 증가, 빈곤의 확장 등으로 인해 복잡하고 다양한 문제를 가진 부랑인, 에이즈 환자, 장기보호를 필요로 하는 노인 등이 생겨났다. 이런 문제를 가진 클라이언트가 지역사회에서 생활하기 위하여 생활 전반에 걸친 다양한 욕구들을 해결하고, 지역사회에 적응하는 데 필요한 서비스를 조직화하고 욕구를 충족시킬 수 있는 활동들이 필요했다.

4) 클라이언트와 그 가족들에게 부과되는 과도한 책임

클라이언트와 가족들은 지역사회 내의 적절한 환경자원이 적어서 많은 부담을 갖고 많은 책임을 감당하게 되었고 이로 인해 과도한 스트레스가 발생하였다. 따라서 사회적인 환경자원들을 개발하고 활용할 수 있는 개입이 필요하다.

5) 서비스 비용의 억제

서비스 전달의 효과를 향상시키고자 하는 것이 자원이 한정되어 있는 상황에서 매우 중대한 관심사이다. 이는 서비스 비용의 효과를 높이고, 서비스들 간의 중복을 피할 수 있는 전문기술을 요구하였다. 사례관리는 이러한 상황 속에서 보호의 총 계획을 관리하고 비용들을 억제하는 수단으로 매우 적합하다고 평가받게 되었다.

우리나라에서 사례관리는 1990년대 사회복지학, 간호학 분야에서 관심을 받기 시작하였다(장인협 · 우국희, 2001; 정순둘, 2005). 1990년대는 우리나라 사회복지의 방향이 지역사회복지 중심으로 전환되고 재가복지서비스에 대한 확장이 이루어졌던 시기이다. 이에 따라 사례관리는 재가복지서비스의 제공을 위한 핵심적인 방법으로 자리 잡게 되었다. 또한 정신보건 영역에서도 사례관리의 중요성이 인식되어 1995년 제정된 정신보건법에서 사례관리가 필수사업의 하나로 지정되었다(정순둘, 2005). 우리나라의 대표적인 사회복지실천현장인 종합사회복지관에서도 부설기관인 재가복지봉사센터의 범위를 넘어서서 사회복지관 수준에서 사례관리를 도입하고자 하는 노력이 이어짐으로써 전문적인 실천방법으로서 사례관리가 보편화되기 시작하였다. 그러나 사례관리에 대한 인식과 전문성의 부족, 네트워크에 대한 인식의 부족, 사례관리를 위한 공적 전달체계의 미비, 사례관리실천을 위한 지역적 토양의 미성숙 등으로 인해서 사례관리가 전문화되고 새로운 접근방법으로 자리를 잡는 데에는 한계가 있었다(김상곤, 2008; 길귀숙 외, 2011).

2000년대에 들어와서 사례관리에 대한 새로운 경험들이 시작되었다. 대표적인 사례를 소개하면 2001년도에 실시된 성동구 사례관리사업과 한국여성노동자협의회의, 사례관리사업, 2002년 사회복지공동모금회 기획사업의 일환으로 추진된 빈곤 · 소외 가족전문상담센터의 사례관리사업, 사례관리 마을 만들기 사업에서의 사례관리사업 등이었다. 이러한 사례관리사업들은 대체로 시범적인 프로젝트로 시작되었으며 빈곤가정을 대상으로 가족을 중심으로 한 사례관리실천을 전개하면서 성공과 실패의 경험을 보고하고 있다(김상곤, 2008; 길귀숙 외, 20110).

한편 2009년 공공부문에서 사회복지전달체계에 대한 재논의 과정을 통해서 시·군·구 복지전달체계 개선종합대책을 발표하고 공공부문에 사례관리를 공식화하게 되었다(성은미 외, 2009). 우리나라에서 공공과 민간부문의 서비스 전달체계와 전달방식에서 사례관리가 사회적 이슈로 등장하는 데에는 다음과 같은 이유들이 자리 잡고 있다.

〈표 12-2〉 **우리나라 사례관리의 재조명 이슈**

등장배경	내 용
사회복지서비스에 대한 지역주민들의 낮은 체감도	• 중앙정부와 지방정부에서 보건복지예산의 증가 • 복지에 대한 국민들의 낮은 체감도 • 전달체계 개편과 서비스 전달방식의 개선 필요
복합적이고 만성적인 문제를 가진 인구집단의 증가	• 장애 또는 정신장애인, 빈곤가정, 아동학대, 노인인구집단 등이 증가 • 사회적 양극화의 심화로 인한 빈곤계층의 문제 심화
사회복지전문직의 전문성에 대한 사회적 도전	• 복합적인 문제를 가진 클라이언트들의 삶의 질을 개선하는 데 사회복지사들의 전문성에 대한 사회적 도전 • 사회복지사들의 문제해결력과 전문성 강화를 위한 방안 필요
사회복지전문직의 정체성에 대한 도전	• 다른 전문직과 차별성을 드러낼 수 있는 역할과 정체성 필요 • 통합적인 관점에 기반한 사례관리 접근방법 대두

출처 : 길귀숙 외(2011).

이상과 같이 우리나라 사회복지실천에서는 1990년대 이후 지역사회를 기반으로 한 재가복지서비스가 도입되면서 사례관리에 대한 필요성이 대두되었고, 그 주요 대상은 정신 장애인을 중심으로 제공되었으며, 노인복지와 장애인복지로 그 영역이 확장되었다. 우리나라는 아직 사례관리가 시작되어 발전되어 온 미국의 경우처럼 다양한 사회복지 분야에서 사례관리가 제도적으로 적용되고 있지는 못한다. 그러나 사회복지실천 방법으로 서비스 간의 중복을 피하고 공백을 채우며, 클라이언트와 지역사회 중심의 실천의 중요성이 사회복지사의 성장과 함께 보다 많은 사회복지실천 현장으로 확대될 것으로 기대된다(이효선 · 정푸름, 2012).

제3절 사례관리의 과정

1. 사례관리의 개입원칙

사례관리의 접근은 사회복지실천에서 클라이언트의 인간으로서의 존엄성에 대하여 최대한 존중하고 그들이 행복한 삶을 영위할 수 있도록 돕기 위해 그들에게 필요한 자원들과 서비스에 접근할 수 있도록 동등한 기회를 제공해 주는 것을 중요시하고 있다. 따라서 사례관리의 접근이 갖는 기본적인 가치관은 클라이언트의 삶에 대하여 사회 연대적인 책임을 지는 것과 클라이언트가 스스로의 문제들을 가장 잘 해결할 수 있는 사람이라는 신뢰감이다. 이러한 가치관은 사례관리의 개입원칙을 분명하게 제시한다.

1) 서비스 개별화

인간다운 삶을 유지 · 증진하도록 맞춤 복지를 실현하고 클라이언트에게 개별화를 원칙으로 클라이언트 개개인과 그가 가지고 있는 욕구를 개발하여 서비스를 제공하는 것이다. 클라이언트마다 서로 다른 강점과 욕구가 있으므로 서비스 계획도 이에 맞추어서 수립을 해야 하며 개인의 문제보다 개인이 갖고 있는 능력에 초점을 둔다.

2) 서비스 제공의 포괄성

포괄적 서비스란 클라이언트 생활에서 차지하는 모든 부분들, 즉 주거, 고용, 정신보건, 여가선용, 사회적 · 경제적 · 의료적 보호 등을 포함하는 것으로서 충족되지 못하는 욕구가 없도록 원조함에 중점을 두는 것이다.

3) 클라이언트의 자율성 극대화

클라이언트가 선택할 수 있는 자유를 최대화하고 지나친 보호를 하지 않으며 클라이언트의 자기결정권을 가능한 한 보장한다. 또한 클라이언트가 가능한 한 자립할 수 있도록 돕는 데 초점을 두고 클라이언트가 자신의 서비스와 관련된 판단을 하는 데 있어서 자기결정 능력을 최대화하도록 해준다.

4) 서비스의 지속성

서비스의 지속성은 사례관리자가 클라이언트의 욕구를 점검하여 서비스를 지속적으로 제공한다는 것이다. 즉, 1회성의 단편적으로 제공되는 서비스가 아니라 클라이언트가 자기 자신의 생활에서 잘 적응할 수 있도록 지속적인 원조를 해야 한다는 것이다(이은희 · 김남숙, 2014).

5) 서비스 연계성

사례관리자는 복잡하고 분리되어 있는 서비스의 전달체계를 연결한다. 또한 클라이언트에게 필요한 서비스들이 지역사회의 여러 기관에 분산되어 있을 경우, 서비스 정보를 제공하고 적절한 서비스들을 연결하여 서비스의 효과성을 높인다.

6) 서비스의 접근성

사례관리자는 프로그램이나 자격 조건 등 복잡하고 까다로운 서비스 접근에 어려움이 있는 경우, 서비스 제공자와 접촉하여 중개역할을 해줌으로써 클라이언트가 좀 더 쉽게 자원 등에 접근할 수 있게 해준다. 이를 위해 사례관리자는 클라이언트가 서비스의 이용에 장애가 되는 심리적인 조건이나 물리적인 요소 또는 사회적·문화적·경제적 요소들이 존재하는지 살펴보고 이러한 장애요소들을 최소화하여 서비스에 대한 접근성을 높여주어야 할 것이다.

7) 서비스의 체계성

사례관리자는 서비스 간의 중복들을 줄이고 서비스 비용을 효율적으로 잘 관리하기 위하여 서비스와 자원들 간에 조정을 한다. 그리고 사례관리자는 서비스를 제공하는 공식적 체계 간의 조정뿐만 아니라 가족이나 친척 혹은 친구 등과 같은 비공식적 지원체계들을 통합하고 기능적으로 연결을 하여 다양하고 체계적인 지지망을 구축하도록 한다.

이와 같은 모든 클라이언트가 언제, 어떠한 상황에서라도 자신이 원하는 서비스를 받을 수 있도록 다양하게 포괄적으로, 그리고 동등하게 지속적으로 서비스 기회를 제공하는 것이 개입의 원칙이라고 볼 수 있다. 특히 인간의 존엄성 존중과 클라이언트의 자기결정이라는 사회복지실천의 가치가 최대한 실현될 수 있는 개입원칙이라는 것이 사례관리가 가진 강점이다(이영실 외, 2014).

2. 사례관리의 과정

사례관리의 과정은 클라이언트나 서비스기관의 성격, 사례관리자의 역할, 클라이언트의 목표 등에 따라 다르게 나타날 수 있으나 일반적 단계는 초기접촉-사정-계획-개입-점검-평가의 단계로 실행된다. 학자들이 제시한 사례관리 과정을 표로 제시하면 〈표 12-3〉과 같다(양옥경 외, 2005; 이종복 외, 2010).

〈표 12-3〉 **사례관리 과정**

Steinberg & Cater(1983)	사례 발굴 → 사정 → 목표설정과 서비스 계획 → 보호계획 실행 → 점검
Weil(1985)	클라이언트 확인과 접근 → 사정과 진단 → 서비스 계획과 발굴 → 서비스와 클라이언트 연결 → 서비스 실행과 조정 → 서비스 전달체계 점검 → 옹호 → 평가
Moxley(1989)	사정 → 계획 → 개입 → 점검 → 평가
Doll(1991)	홍보 → 사정의 결정수준(사전심사) → 욕구사정 → 보호계획 → 보호계획 실행 → 점검 → 재평가

여기에서는 사례관리 과정에서 가장 일반적으로 활용하는 단계를 중심으로 살펴보기로 하겠다(이은희 · 김남숙, 2014).

1) 초기접촉

클라이언트는 기관, 가족, 교회, 경찰, 학교, 조직, 지역사회로부터의 의뢰(referral)과정이나 스스로의 방문과정을 통하여 기관과 접촉을 하게 된다. 외부로부터 접촉이 이루어지게 되면 서비스기관에서는 클라이언트를 수용하게 된다. 대부분의 기관들이 기본적으로는 의뢰에 의해 클라이언트와 접촉하게 되며, 이 밖에도 또 다른 접촉방식으로는 사례관리자가 서비스기관 밖으로 클라이언트를 찾는 아웃리치(outreach) 방식으로 클라이언트와 접촉하려는 노력들이 지역사회에까지 확장되어 사례관리자가 클라이언트를 찾아서 서비스의 체계로 들어오도록 하는 것이다. 이러한 접근방식은 서비스가 가장 필요하나 스스로는 기관과 접촉하지 않는 클라이언트를 대상으로 한다(이종복 외, 2010).

클라이언트와 초기접촉이 이루어지면, 사례관리자는 클라이언트가 어떤 상황에 처해 있는지, 어떤 다양한 문제를 갖고 있는지, 욕구는 무엇인지 등을 파악하기 위해 면접하여 초기면접지를 작성한다(표 12-4).

초기 조사에서는 클라이언트의 기본 정보, 가족사항, 도움요청 내용, 면접자 평가 등이 포함된다(김혜영 외, 2015).

〈표 12-4〉 **초기면접지 기록양식**

<table>
<tr><td>접수번호</td><td></td><td>일 시</td><td></td></tr>
<tr><td>면 접 자</td><td></td><td rowspan="2">장 소</td><td rowspan="2">□전화 □내방 □가정
□지역사회 기관( )</td></tr>
<tr><td>면접참여자</td><td></td></tr>
<tr><td>면접경로</td><td colspan="3">□본인 요청( ) □사례관리자의 발굴
□기관 내부 의뢰( ) □타 기관 의뢰( )
□주민 의뢰( ) □기관( )</td></tr>
<tr><td>상담장소</td><td colspan="3">□전화 □내방 □가정 □지역사회 기관( )</td></tr>
</table>

<table>
<tr><td>대 상 자</td><td colspan="4"></td><td colspan="2">주민번호</td><td colspan="2"></td></tr>
<tr><td>주 소</td><td colspan="4"></td><td colspan="2">전화번호</td><td colspan="2"></td></tr>
<tr><td>후 견 인</td><td colspan="4">성명 : (관계)</td><td colspan="2">전화번호</td><td colspan="2"></td></tr>
<tr><td>장애유형/ 급</td><td colspan="4"></td><td colspan="2">건강상태</td><td colspan="2">□양호 □질환( )</td></tr>
<tr><td>보호구분</td><td colspan="8">□수급 □조건부수급 □저소득/ 차상위
□기타(의료보호/ 영유아보육료 지원, 보훈 등)</td></tr>
<tr><td>주거상태</td><td colspan="8">□자택 □전세 □월세 □영구임대 □기타( )</td></tr>
<tr><td rowspan="7">가족사항</td><td>관계</td><td>성명</td><td>나이</td><td>직업</td><td>결혼 상태</td><td>동거 여부</td><td>연락처</td><td>기타</td></tr>
<tr><td></td><td></td><td></td><td></td><td></td><td></td><td></td><td></td></tr>
<tr><td></td><td></td><td></td><td></td><td></td><td></td><td></td><td></td></tr>
<tr><td></td><td></td><td></td><td></td><td></td><td></td><td></td><td></td></tr>
<tr><td></td><td></td><td></td><td></td><td></td><td></td><td></td><td></td></tr>
<tr><td></td><td></td><td></td><td></td><td></td><td></td><td></td><td></td></tr>
<tr><td></td><td></td><td></td><td></td><td></td><td></td><td></td><td></td></tr>
<tr><td>대상자의 진술
(도움요청 내용)</td><td colspan="8"></td></tr>
<tr><td rowspan="2">면접자 평가</td><td colspan="8"></td></tr>
<tr><td colspan="2">대상판정</td><td colspan="6">□대상(긴급/ 일반) □비대상[정보제공/ 연계( )]</td></tr>
</table>

출처 : 김혜영 외(2015).

2) 사 정

정확한 문제사정은 사회복지실천의 전반적인 목적을 성취하는 데 매우 중요한 과정이다(Ballew & Mink, 1986; 전재일 외, 2016).

사정은 클라이언트가 해결해야 할 문제들과 클라이언트가 갖고 있는 문제들을 해결하는 데 필요한 자원과 클라이언트가 자원들을 활용하는 데 있어서 갖고 있는 장애의 요인을 파악하는 것이다.

특히 자료조사나 수집과정을 통해 클라이언트에게 제공이 가능한 혜택들과 서비스에 대한 사정뿐만 아니라 클라이언트에 대응하는 가족의 대처능력, 협조, 노력상황 등에 관한 면밀한 사정이 요구된다. 기관 내의 여러 분야의 전문가들이 사정에 참여할 필요가 있다. 이를 위해서는, 적절한 사정기간이 필요하고 적합한 사정도구가 개발되어 정확한 사정이 이루어져야 한다(엄명용 외, 2009).

(1) 사정의 영역

① 욕구사정

욕구사정은 주로 직접 면접을 통한 자료수집으로 이루어진다. 욕구사정은 클라이언트가 가진 욕구의 중요성을 중립적인 입장에서 인정하고 이해해야 한다.

욕구사정 시 사례관리자는 클라이언트가 제시한 주된 욕구영역과 내용을 기본으로 하되 의뢰자나 가족의 욕구도 동시에 염두에 두어야 한다. 이때의 초점은 요구보다는 욕구가 우선되어야 할 것이다. 뿐만 아니라 욕구사정 과정에서는 클라이언트 개인의 욕구를 사정하기 위해 가능한 한 많은 도구들을 활용하는 것이 중요하고 클라이언트의 욕구와 관련된 환경을 사정하기 위해 포함되어야 할 내용들을 점검하면서 총체적인 욕구 내용과 수준을 이해하기 위해 가족과 더 큰 환경들을 사정할 수 있는 방법들을 활용하여 환경 속의 개인을 통합적으로 사정한 내용으로 제시되어야 한다.

② 자원사정

자원사정은 클라이언트 내적 자원 및 외적 자원과 그들과 가족의 욕구변화를 위해 필요한 물질, 원조를 제공하는 사람들과 사회적 기관 혹은 조직 등 모두가 포함된다.

첫째, 강점사정으로 사례관리자는 클라이언트의 협조 아래 강점과 탄력성에 기초하고 평등한 관계 속에서 사례관리자와 클라이언트 간 협력적 작업이 수행되어야 한다.

둘째, 내부자원 사정으로 보통 개인적 장점을 말한다.

셋째, 외부자원 사정으로 개인과 가족이 갖고 있는 비공식적 자원과 공식적 자원을 포함하는 자원을 말한다.

(2) 사정의 기록

① **욕구의 유형** : 욕구의 주체이거나 욕구의 해결을 위하여 관련된 체계를 기준으로 구분한다. 유형을 구분하기 어렵거나 복수의 유형과 연관된 경우 기타 의미 있는 욕구로 분류한다(김혜영 외, 2015).

② **우선순위** : 모든 욕구에 관한 사정이 끝난 후 대상자 호소의 정도, 긴급성, 해결의 가능성, 현실과의 관련성 등을 고려하여 전체의 욕구를 대상으로 우선순위화한다. 문제해결을 위해 한 번 선택되는 요구는 세 개를 넘지 않도록 하는 것이 좋다.

③ **제시된 욕구** : 대상자와 가족, 기타 의미 있는 타인이 진술을 하는 욕구를 원형 그대로 기술한다. 대상자 이외의 경우에는 누구의 욕구인지를 기록한다. 욕구들은 각 유형으로 분류하여 기록한다. 전체적으로 우선순위화를 통해 개입을 하게 되는 욕구는 한 번에 세 개를 넘지 않도록 하는 것을 권장하므로 각 유형별로 요구의 개수를 조정하는 것이 좋다.

④ **이용이 가능한 자원** : 욕구의 해결을 위한 자원들로서 대상자의 내적인 강점과 환경적인 자원들을 포함하여 기술을 한다. 현재의 문제와 직접

적인 연결이 되지 않더라도 이전에 클라이언트나 가족들이 이용하였거나 이용 가능성이 있다고 판단되는 모든 자원들에 대한 사정이 포함되면 더욱 바람직하다.

⑤ **내/ 외적 장애물** : 제시된 욕구를 해결하는 데 방해가 되는 장애요인에 대하여 내부 장애물과 외부 장애물로 나누어 사정을 한다. 장애물의 유형은 클라이언트와 가족들의 신체적 · 정신적 · 외부 환경적 장애물들로 대변된다. 이때 신체적 · 정신적 문제들을 제시할 경우 반드시 객관적인 근거가 동시에 명시되어 있어야 한다.

⑥ **척도를 이용한 사정** : 전문적이고 객관적인 사정을 위하여 생태도, 가계도 및 기타 척도들을 선택하여 사정을 하고 그 결과를 기록한다. 사례관리자는 사정의 결과를 종합하여 사례관리 수준에 대하여 긴급, 집중, 일반으로 판정을 한다.

⑦ **종합평가** : 사정자는 사례관리의 사정에 대한 이론적 및 경험적 근거들을 기록한다. 수집된 정보를 바탕으로 하여 위의 사정에 이르게 된 경위에 대하여 전문적인 설명을 제시하며 사례관리 수준 판정의 근거에 대한 설명을 한다. 기록의 분량은 자율적이나 반드시 기록하도록 한다.

〈표 12-5〉 **사례관리 사정기록지**

<table>
<tr><td>사례번호</td><td colspan="2"></td><td>사례관리자</td><td></td></tr>
<tr><td>클라이언트명</td><td colspan="2"></td><td>사례접수일</td><td>년 월 일</td></tr>
<tr><td colspan="5">1. 클라이언트 및 가족 현황</td></tr>
<tr><td rowspan="3">클라이언트</td><td>성별</td><td>□남 □여</td><td>나 이</td><td>세</td></tr>
<tr><td>학력</td><td colspan="3">□초등졸 □중중퇴 □중졸 □고중퇴</td></tr>
<tr><td>종교</td><td colspan="3">□기독교 □천주교 □불교 □종교 없음 □기타( )</td></tr>
<tr><td rowspan="2">동거가족</td><td colspan="4">□부 □모 □계부 □계모 □(외)조부 □(외)조모
□형제(명) □자매(명) □기타</td></tr>
<tr><td colspan="4">• 특기사항 :</td></tr>
</table>

<table>
<tr><td rowspan="4">주거 및 경제 상황</td><td rowspan="2">주거 형태</td><td>□단독주택 □연립주택 □임대아파트 □일반아파트 □기타( )</td></tr>
<tr><td>□방(개) □화장실(개) □주방(유/ 무)</td></tr>
<tr><td>소유형태</td><td>□자가 □전세 □월세 □기타( )</td></tr>
<tr><td>총수입</td><td>월 원
(수급액 원 + 가족수입 원 + 기타 원)</td></tr>
<tr><td colspan="3">2. 개인력/ 가족력/ 가족관계</td></tr>
<tr><td colspan="3">1) 개인력
2) 가족력
3) 가족관계</td></tr>
<tr><td colspan="3">3. 욕구, 자원, 장애물</td></tr>
</table>

<table>
<tr><th>유 형</th><th>우선순위</th><th>제시된 욕구</th><th>합의된 욕구</th><th>자원(강점)</th><th>내/외적 장애물</th></tr>
<tr><td rowspan="3">개인수준의 욕구</td><td></td><td></td><td></td><td></td><td></td></tr>
<tr><td></td><td></td><td></td><td></td><td></td></tr>
<tr><td></td><td></td><td></td><td></td><td></td></tr>
<tr><td rowspan="3">가족수준의 욕구</td><td></td><td></td><td></td><td></td><td></td></tr>
<tr><td></td><td></td><td></td><td></td><td></td></tr>
<tr><td></td><td></td><td></td><td></td><td></td></tr>
<tr><td rowspan="3">기타 의미 있는 욕구</td><td></td><td></td><td></td><td></td><td></td></tr>
<tr><td></td><td></td><td></td><td></td><td></td></tr>
<tr><td></td><td></td><td></td><td></td><td></td></tr>
</table>

<table>
<tr><td rowspan="2">척도를 이용한 사정</td><td>척도종류</td><td>사정결과</td></tr>
<tr><td></td><td></td></tr>
<tr><td>사례관리 수준 판정</td><td colspan="2">□긴급 □집중 □일반</td></tr>
</table>

출처 : 김혜영 외(2015).

3) 계 획

서비스 계획단계는 클라이언트의 욕구충족 및 문제해결을 위해 구조화된 방법으로 서비스를 구체화하는 과정이다.

사례관리자가 서비스 계획에 통합하여야 할 여섯 가지 차원은 다음과 같다.

① 클라이언트의 욕구의 우선순위가 정해져야 한다.
② 서비스의 목적과 목표가 수립되어야 한다.
③ 관여시켜야 할 자원체계를 규명한다.
④ 어떤 서비스가 전달될 것이며 어떤 목적이 성취될 것인지를 토대로 시간틀이 규명되어야 한다.
⑤ 사례계획의 성취를 평가하는 데 사용될 결과 측정(outcome measures)이 설정되어야 한다.
⑥ 개인과 집단에게 구체적 과업을 할당해서 누가 무엇에 책임이 있는지를 분명히 한다(Kirst-Ashman & Hull, 2009 : 523 재인용; 이원숙, 2014).

개입계획은 사정기록지와 직접 연결되는 사례관리 계획표로 작성된다. 이 양식에 포함되는 내용은 우선순위로 제시된 욕구들과 합의된 목표, 연계기관, 실천계획, 계획의 개시일과 목표가 달성된 시점, 목표의 달성 여부 확인을 포함하고 있다. 이 과정에서 가장 중요한 것은 사례관리자가 클라이언트가 자신의 문제들을 직면하고 해결하기 위하여 적극적으로 참여를 할 수 있도록 독려하는 것이다.

서비스 계획에서는 적절한 서비스의 유형, 서비스 방법, 서비스의 기대되는 결과, 제공된 서비스의 평가방법 등이 포함된다.

〈표 12-6〉 **사례관리 서비스 계획 및 평가표**

사례관리 서비스 계획 및 평가표

클라이언트명		사례번호		사례관리자		
일 시		유 형	□신규 □재사정	사례관리 수준	□긴급 □집중 □일반	
서비스 계획						
제시된 욕구	합의된 목표	실천계획	기간/ 간격	담당자	개입기간	평 가

상기와 같은 서비스의 제공 및 이용에 동의를 하며, 계획된 목표를 성취하기 위하여 적극적으로 참여하겠습니다.

작성일 : ______년 _____월 _____일

성명 : ________(인) 후견인 : ________(인) 사례관리자 : ________(인)

__________________(기관명)

출처 : 김혜영 외(2015).

4) 개입(연결)

계획을 세우고 개입의 목적과 전략들이 결정되면, 사례관리자가 개입을 하게 된다. 이때의 개입은 내부자원들의 획득을 위한 직접적인 서비스의 제공과 외부자원의 획득을 위한 간접적인 서비스 제공으로 나누어진다. 직접적 서비스 제공의 경우 사례관리자는 이행, 안내자, 교육자, 정보제공자, 자원자로서 기능한다. 반면 간접적 서비스 제공의 경우에는 중개자, 연결자 및 옹호자로서의 역할을 한다. 사례관리자는 서로 다른 유형의 자원들과 지역사회기관 그리고 클라이언트를 연결(linking)함으로써 클라이언트에 대한 서비스와 지원계획을 적용할 수 있는 매개자의 역할을 수행하게 된다(이종복 외, 2010).

5) 점 검

'서비스와 지원이 잘 이루어지고 있는지'에 대하여 점검을 하는 것은 사례관리의 여러 가지 기능들 중에서 매우 중요하다. 점검이란 '완성된 계획에서 정한 서비스와 지원의 전달과정에 대하여 추적을 하는 방법으로 사례관리자에 의하여 행해지는 활동적이고도 유동적인 과정'을 의미한다. 이러한 점검은 다음과 같은 목적을 갖는다(이은희 · 김남숙, 2014).

첫째, 서비스 계획이 적절하게 이루어지는지 그 정도를 검토한다.

둘째, 클라이언트에 관한 서비스와 지원계획에 대한 목표의 성취를 검토한다.

셋째, 서비스와 사회적 지지의 산출을 검토한다.

넷째, 클라이언트의 욕구의 변화에 대한 점검을 하여 서비스의 계획 변화 여부를 검토한다.

6) 평가 및 종결

사례관리의 맥락에서 평가라 함은 사례관리자에 의하여 형성되고 조정되는 서비스 계획과 구성요소, 활동들이 과연 시간과 비용을 투자할 만한 가치가 있는지 혹은 없는지를 알아보기 위한 과정이다(엄명용 외, 2009 재인용). 평가의 내용에는 투입에 대한 내용과 지원에 대한 평가, 연관성 여부의 평가를 한다. 투입에 대한 평가는 개입계획 시 구성된 전문인력, 서비스, 자원들이 목표로 삼은 것들이 사례관리의 목적을 달성하기에 적정한 것인지를 평가하고, 자원에 대한 평가는 클라이언트에게 서비스와 지지계획에서 정해진 활동들과 과업이 적절한 방법으로 수행이 되고 있는지의 여부를 결정한다. 연관성 평가는 클라이언트에 대한 서비스와 지원계획은 클라이언트의 욕구에 부응할 수 있는 것인지, 특히 클라이언트 지지망에 대한 계속적인 사정과 점검을 통해 드러난 욕구와 관련해서 볼 때 이 계획은 여전히 욕구에 부응할 수 있는 것인지의 여부를 평가한다(구금섭 외, 2013).

종결은 이러한 평가를 바탕으로 사례의 목표가 달성되거나 서비스가 필요하지 않게 되거나 더 이상 사례관리를 제공할 수 없는 상황이 되었을 때 멈추게 된다. 그러나 종결이 이루어졌다고 하여 완전히 끝난 것은 아니다. 지속적인 사후관리를 통해 클라이언트와 의사소통을 하고 관계를 유지해 나가야 한다.

어떠한 사유로든 일단 사례관리자가 클라이언트와 종결을 준비할 때는 ① 욕구충족을 시키는 데 필요한 능력의 강화 정도, ② 독립성 향상의 정도, ③ 원조망의 효과적인 활용 정도를 고려하는 것이 필요하다(Bellew & Mink, 1986 : 290). 클라이언트뿐만 아니라 서비스 제공에 그동안 관련되어 왔던 여러 자원체계들과의 종결 또한 이루어져야 할 것이다. 그러한 점에서 클라이언트를 포함하여 사례관리자와 여러 관련자들이 종결과 관계해서 경험하는 다양한 반응과 감정들을 다루어 볼 필요가 있다(김기태 외, 2008).

(1) 종결단계의 기록

① 사례회의를 통하여 사례관리 서비스의 종결이 확정된 경우 사례관리 서비스의 과정들을 평가하고 종결기록을 한다.

② 종결 후 6개월 동안 사후관리를 하는 것이 원칙이며 개별사례의 사항에 따라서 조정이 가능하다. 사후관리의 방법과 기간에 대해서는 종결단계에 대상자나 후견인에게 구두로 고지를 하여 동의를 받는다.

③ 종결기록 후 사후관리의 과정은 과정기록지에 기록을 한다.

④ 사후관리가 종료되면 사례관리 서비스는 전체적으로 종료가 된다.

⑤ 서비스가 종료되면 클라이언트에 대한 모든 기록을 다음의 순서로 묶어 보관을 한다.

- 사례관리 종료 후 서류정리의 순서 : 사례관리 종결보고서, 초기면접지, 서비스동의서, 사례관리 사정표, 계획 및 평가표, 과정기록지, 의뢰서, 기타 평가척도 등 기록지 순으로 정리한다(김혜영 외, 2015).

(2) 사례관리 종결보고서 작성

① **종결사유** : 사례관리 서비스가 종결하게 된 궁극적인 사유에 대하여 표시를 한다.
대표적인 종결상황으로는 클라이언트와 접촉이 안 되는 경우, 클라이언트/ 보호자가 종결을 요구하는 경우, 관의 규정에 따라 서비스를 받을 수 없게 된 경우, 목표가 달성되어 종결한 경우 등이 있다.

② **서비스 제공의 요약** : 서비스 욕구의 유형에 따라 직접 또는 연계 서비스의 내용들과 투입시간의 총량을 계산하여 기록한다.

③ **대상자의 변화사항** : 사례관리의 개입 전과 후의 상황들을 욕구를 중심으로 비교 평가를 하여 기술을 한다. 이때 생태도나 기타 척도, 평가도구들을 활용하여 객관적인 평가를 할 수가 있다.

④ **사후관리의 계획** : 사후관리의 기간, 방법들을 기술한다.

〈표 12-7〉 **사례관리 종결보고서**

<table>
<tr><td>클라이언트명</td><td></td><td>사례번호</td><td></td><td colspan="2">사례관리자</td><td></td></tr>
<tr><td>주 소</td><td colspan="3"></td><td colspan="2">연락처</td><td></td></tr>
<tr><td>접수일</td><td colspan="2"></td><td colspan="2">종결일</td><td colspan="2"></td></tr>
<tr><td rowspan="3">종결
유형
및
사유</td><td colspan="2">유 형</td><td colspan="4">사 유</td></tr>
<tr><td colspan="2">□클라이언트에 의한 종결</td><td colspan="4"></td></tr>
<tr><td colspan="2">□기관 이유에 의한 종결</td><td colspan="4"></td></tr>
<tr><td rowspan="4">서비스
제공 현황</td><td colspan="2">욕구유형</td><td colspan="4">제공된 서비스</td></tr>
<tr><td colspan="2">개인수준</td><td colspan="4"></td></tr>
<tr><td colspan="2">가족수준</td><td colspan="4"></td></tr>
<tr><td colspan="2">기타수준</td><td colspan="4"></td></tr>
<tr><td rowspan="2">클라이언트
변화사항</td><td colspan="2">초기상황</td><td colspan="4">종결상황</td></tr>
<tr><td colspan="2"></td><td colspan="4"></td></tr>
<tr><td>사례관리자
의견</td><td colspan="6"></td></tr>
<tr><td>사후관리 계획</td><td colspan="6"></td></tr>
</table>

출처 : 김혜영 외(2015).

제4절 사례관리자의 역할

사례관리자는 개별서비스 및 치료계획을 개발하고 적절한 서비스를 적시에 공급하며 사례관리의 다섯 가지 기본 기능을 수행한다. 기본 기능이란 ① 클라이언트 확인, ② 욕구사정, ③ 서비스 및 치료계획, ④ 클라이언트를 적절한 자원에 연결하거나 의뢰하는 것, ⑤ 서비스의 공급 및 이용을 보장하기 위한 사례감시를 말한다(구금섭 외, 2013).

사례관리자의 업무는 클라이언트와 함께 클라이언트에게 필요한 원조형태를 구체화하고 도움을 효과적으로 활용하는 데 있어서 존재하고 있는 장애물들을 확인하고 극복함으로써 클라이언트에게 직접적 서비스를 제공하고, 동시에 클라이언트를 잠재적 원조자와 연결시키고 문제가 해결될 때까지 연결이 유지되도록 간접적 조정서비스를 제공하는 것이다(이종복 외, 2010). 사례관리자가 공통적으로 갖는 역할과 사례관리의 기능에 따른 역할은 다음과 같다(이은희 · 김남숙, 2014).

1. 사례관리자가 공통으로 수행하는 역할

쉐퍼와 호레이시(Sheafor & Horejsi, 2008)는 사례관리자의 다양한 역할 수행에서 공통적으로 수행하는 역할을 제시하였다.

1) 정보 수집과 사정 활동

사례관리 대상 클라이언트는 대체로 고위험군이다. 이들에 대한 포괄적인 정보의 수집은 사례관리자가 수행을 하는 업무 중에서 중요한 역할을 한다. 클라이언트와 관련된 정보들을 수집하고 클라이언트의 관심과 욕구들을 확인한다.

2) 서비스 계획

사례관리자는 서비스의 계획단계에서 무엇보다 더 클라이언트의 욕구에 관심을 갖는 것에 초점을 두어야 한다. 서비스의 계획은 실행이 가능한가에 대한 전문적 의견을 고려한다.

3) 옹호자 활동

사례관리자는 클라이언트를 옹호하고 대변함으로써 이들이 자신의 권리를 찾고 정보와 지역사회로부터 유익한 자원을 활용하도록 원조한다. 옹호전략은 담당자에게 직접항의, 특정한 지식을 활용, 담당자의 상관에게 항의, 공식적 민원제기, 외부 권위에 항의, 법적 대응을 하는 것 등이 여기에 해당한다.

4) 프로그램 배치 및 서비스 제공 및 조정 활동

클라이언트에게 적절한 프로그램들과 서비스의 제공자를 배치하고 클라이언트에게 필요한 서비스의 전달체계를 수립한다. 서비스가 통합적으로 제공되기 위하여 각 기관과 서비스를 조정한다.

5) 사례계획의 수행 정도 점검

사례관리의 수행에서 클라이언트가 가진 욕구를 충족시키는 데 사례관리 수행에서의 효과성을 점검한다. 클라이언트에게 보다 나은 서비스들을 제공하기 위하여 필요한 경우에 계획 조정이 이루어진다.

6) 지속적이고 원활한 의사소통

사례관리 서비스 제공에 있어 책임 소재를 확인하고 의사소통 수준을 확인한다. 사례관리 서비스는 다양한 서비스들의 제공과 다수의 기관들이 서비스 제공자의 역할을 담당하므로 이들 간의 의사소통이 원활하게 이루어져야 한다. 사례관리자는 이 과정에서 중심 역할을 담당해야 한다. 클라이언트와 다양한 서비스 제공자가 서비스 전달의 과정 중 문제나 질문이 발생을 했을 경우 그들을 원조할 수 있는 사람들에게 신속하게 접근할 수 있도록 한다.

7) 지역사회 활동

지역사회에 존재는 하고 있으나 활용을 할 수가 없는 서비스들을 클라이언트에게 지원하기 위한 활동으로서 지역사회에 있는 타 기관과 전문가 및 지역사회의 구성원들을 대상으로 하여 활동을 수행한다. 또한 클라이언트에게 필요한 프로그램과 서비스를 개발하기 위하여 지역사회 안의 다양한 구성원들에게 홍보 또는 협력 활동을 수행한다.

2. 사례관리의 주요 기능에 따른 사례관리자의 역할

사례관리자는 클라이언트의 문제와 욕구의 특성, 사례관리자의 특성 그리고 기관과 지역사회의 특성에 따라 해당 역할을 수행하게 된다. 사례관리의 주요 기능에 따라 담당하게 되는 사례관리자의 역할은 다음과 같다.

1) 직접적 지원 : 임상가

사례관리자는 클라이언트와의 좋은 관계를 형성해야 한다. 사례관리 과정에서 사장과 클라이언트의 자원 활용 역량 향상이 주요 과업이 되는데 종종 만나게 되는 비자발적인 클라이언트의 경우 어려움을 경험하게 된다. 감정이입, 의사소통 기술 등을 통해 클라이언트와의 의사소통과 희망적인 태도를 형성하는 것이 중요하다.

2) 위기개입 : 위기개입자

위기 상황은 사례관리자가 흔히 경험하게 되는 상황이다. 사례관리자는 위기 해결을 위한 중심적인 역할을 수행하게 된다. 사례관리자는 위기의 심각성을 사정할 수 있어야 하며 계획을 세울 수 있어야 하고 위기를 극복하기 위하여 동원할 수 있는 자원의 명단을 목록화해야 한다. 자원이 지원기간 등의 이유로 타 기관으로 이전할 경우 클라이언트와 계속 연계하여 지원이 실행되고 있는지 확인하고 그렇지 못할 경우는 다른 경우를 찾아야 한다.

3) 단기 치료 개입 : 임상가

단기 개입으로 클라이언트 문제가 해결될 수 있는 경우 사례관리자가 임상가로서 단기치료자 역할을 수행한다. 이 경우 사례관리자는 클라이언트가 무엇을 할 수 있는지, 어떠한 성과를 기대할 수 있는지를 명확히 할 수 있도록 원조를 하는 역할을 하게 된다.

4) 중개 : 중개자, 용이하게 하는 자

사례관리에서 자원 활용은 중요한 과업을 차지한다. 지역사회의 공공기관에서부터 민간기관 그리고 사회복지기관 등 다양한 자원과 연결하여 클라이언트의 욕구에 부응하고자 활동하게 된다. 대부분의 자원 중개는 다양한 환경체계 간에 연계되고 지원체계의 역할을 담당할 수 있도록 용이하게 하는 역할을 통해 지역사회 내의 다양한 체계를 동기화시키고 능력을 강화시키게 된다.

5) 문제해결 : 능력부여자 · 교사 · 중개자

사례관리는 클라이언트의 문제해결능력을 향상시키고 자원 활용의 역량을 향상시키고자 한다. 클라이언트의 능력을 향상시키고 책임감을 높이며, 독립성과 자신감을 향상시킬 수 있도록 격려하는 능력부여자로서의 역할을 수행한다.

이 과정에서 클라이언트에게 학습 기회를 제공하는 교사의 역할을 수행하기도 한다. 사례관리자는 클라이언트의 문제해결과정에서 지역사회 내에서 발생할 수 있는 의견이나 갈등을 중립을 지키면서 조정하는 역할을 수행하기도 한다.

6) 옹호 : 옹호자

옹호는 사례관리자의 중요한 역할이다. 사례관리 대상이 되는 클라이언트의 다수가 취약계층인 경우가 많아 이들의 목소리를 대신하게 된다. 클라이언트가 직접 옹호 활동을 하는 경우에 사례관리자는 지역사회 자원 정보 제공이나 가족과의 협조나 필요한 지원 제공 등의 역할을 수행함으로써 클라이언트 옹호를 지원하는 활동을 수행할 수 있다.

7) 서비스 조정 : 조정자

사례관리자는 클라이언트가 이용 가능한 자원을 확보하고 관련 전문가와 연계하여 서비스를 조정하는 역할을 수행해야 한다. 클라이언트의 욕구가 얼마나 복잡하고 다양한가에 따라 서비스 조정은 지역사회 내에서 공식적 혹은 비공식적 방법으로 다양하게 이루어지게 된다. 클라이언트에게 다양한 자원이 연계되는 과정에서 사례관리자는 지역사회 내 연계가 잘 확립되도록 지원하게 되며 다양한 기관에서 지원되는 서비스 조정이 원활하게 이루어지는지를 확인해야 한다. 서비스 조정이 잘 이루어지지 못하는 경우 기관에 알리고 어떻게 대응해야 하는지에 대한 준비를 해야 한다.

8) 추적 및 사후관리 : 사후점검 및 관리자

사례관리 대상은 만성적인 문제에 처한 클라이언트가 대부분이다. 서비스 지원과 종결이 반복적으로 이루어지기도 하지만 사례관리 대상자의 상당수가 지속적으로 서비스를 지원 받는다. 혹은 이처럼 지속적인 지원이 제공되는 사례관리실천의 특성으로 인하여 사후관리의 개념 적용을 어느 수준으로 이해할 것인가에 대하여 명확하지 않을 수 있다. 추적과 사후관리 역할 수행에서 중점이 되어야 할 부분은 클라이언트의 문제가 잘 해결되었는가 하는 것에 대한 점검일 것이다. 이러한 역할 수행으로 사례관리실천에 필요한 장기적인 지역사회지원체계를 보다 향상시킬 수 있게 된다.

이 외에 엄명용 등(2006)은 구체적 사례관리자의 역할을 다음과 같이 정리하였다.

첫째, 사정자로서의 역할이다. 사정자로서의 사례관리자는 클라이언트의 약점, 역기능, 결함, 질병, 증상 등과 같은 부정적인 요소보다는 강점, 능력, 잠재력, 건전한 기능, 성장과 발전의 가능성, 자원 등의 긍정적인 요소에 중점을 두고 클라이언트의 욕구들을 수집하고 분석을 하며 종합한다.

둘째, 계획자로서의 역할이다. 계획자로서의 사례관리자는 클라이언트가 지닌 욕구를 충족시키기 위한 사례의 계획과 치료, 서비스의 통합, 기관의 협력 및 서비스의 망을 설계한다.

셋째, 상담자로서의 역할이다. 상담자로서의 사례관리자의 업무는 클라이언트에 대한 이해를 발전시키고 클라이언트 스스로 지지망과 같은 자원들을 개발하고 유지할 수 있는 방법들을 알 필요가 있다는 것을 가르치는 것이다. 때때로 클라이언트는 새로운 지식이나 기술이 필요하기도 하고 때로는 그들 자신에 대해서 새로운 것을 학습할 필요가 있다. 사례관리자는 클라이언트와의 신뢰관계를 발전시키는데, 이러한 관계는 클라이언트의 행동 속에 있는 역기능적 측면을 점검하는 것을 가능하게 하고, 보다 유용한 측면의 개발을 촉진시킨다.

넷째, 조정자로서의 역할이다. 조정자로서 사례관리자는 클라이언트가 갖고 있는 문제와 원조자들로부터 도움이 필요한 욕구들을 사정하고, 원조의 수행을 하는 과정에서 클라이언트가 지닌 욕구와 자원들과의 관계, 클라이언트와 원조자 간의 관계에서 필요한 타협과 조정의 책임이 있다. 사례관리자는 계획을 수립하고 클라이언트가 이러한 원조자들과 효과적 접촉을 할 수 있도록 도우며, 사례관리자는 갈등을 감소시키고 지지망의 효과성들을 증진시키기 위하여 원조자들과 의사소통을 한다.

다섯째, 중개자로서의 역할이다. 중개자는 클라이언트에게 필요한 자원들을 사회기관으로부터 제공을 받지 못하거나, 능력이나 지식이 부족하여 다른 유용한 자원들을 활용하지 못할 경우에 사례관리자는 다른 유용한 자원들과 클라이언트를 연결시키는 역할을 수행한다.

여섯째, 평가자로서의 역할이다. 평가자로서의 사례관리자는 프로그램의 효과성과 효율성 및 비용효과성에 대한 검토를 수행하기 위하여 사례관리 과정의 전반에 대한 정보와 자료들을 수집하고 분석을 한다. 평가에서 사례관리자는 개별 클라이언트의 담당사례와 서비스 계획, 서비스의 전달체계, 서비스 활동 및 지원체계로서의 효과성을 분석한다.

일곱째, 옹호자로서의 역할이다. 대체로 사례관리가 필요한 클라이언트의 경우, 스스로 자기 자신을 대변하고 옹호를 할 수 있는 능력이 부족하다. 이들 클라이언트에게 필요한 자원들이 존재하지 않거나, 자원을 필요로 하는 클라이언트에게 제대로 자원이 공급이 되지 않는 경우가 많다. 이때, 사례관리자는 클라이언트를 대변하여 클라이언트의 요구사항을 구체화하고 가능한 한 자원이 클라이언트에게 적절히 공급될 수 있도록 노력하며, 클라이언트의 옹호자로서 활동한다(이종복 외, 2010).

제5절 사례관리의 적용사례

사례관리는 장애인 복지, 노인복지, 청소년 복지, 아동복지, 정신보건 복지 등 다양한 분야에서 클라이언트를 대상으로 하는 서비스에서 주로 쓰이고 있는 실천의 양식으로, 지역사회 안에서 다양한 클라이언트들에게 확대되어 가고 있다. 이러한 다양한 분야에서의 사례관리의 실천사례들 중 박용순 등(2016)이 적용한 빈곤노인에 대한 적용사례와 아동방임에 대한 적용사례를 살펴보면 다음과 같다.

1. 빈곤노인의 사례관리 적용사례

1) 초기단계

(1) 사례발견

클라이언트는 수급권자이고 딸 하나를 두고 있으며, 딸이 초등학교 6학년 때 남편은 사망했다. 딸은 결혼해서 의정부에 거주하고 있다. 클라이언트는 관절염과 피부질환, 녹내장 등 만성질환이 있으며, 10여 년 전에 살던 집을 화재로 잃고 주민자치센터에서 지원해 준 보조금으로 월세를 얻어 어려운 생활을 하고 있다.

(2) 클라이언트 인적사항

성 명	김○○	성 별	여
종 교	무	가 족	딸, 사위, 손자, 손녀

생년월일	1926. 12. 3.	연 령	76세
주 소	○○시 ○○구 ○○	동거가족	없음
학 력	초등학교 졸업	직 업	없음
구 분	수급권자	월수입	약 30만 원

출처 : 박용순 외(2016).

(3) 서비스 사유

이 사례는 복지관에서 재가복지 대상자로 선정되어 급식서비스를 받고 있었으나, 욕구조사와 가정방문을 통하여 만성질환과 경제적 어려움, 열악한 물리적 환경으로 집중적인 서비스 제공이 필요하다고 판단이 되어 사례관리 대상자로 선정을 하였다.

(4) 가정방문

사례관리자가 가정방문을 하여 살펴본 생활환경은 부엌과 방 하나, 화장실은 공동으로 사용하는 재래식이다. 부엌문이 현관이고, 방은 채광과 환기가 되고 있지 않아 습기가 많고 냄새가 났다. 급수시설은 마당에 설치된 공동수도를 사용하며, 난방시설은 연탄보일러로 전년도에 복지관의 환경개선서비스를 통해 설치해 준 것이고 벽지와 장판도 복지관의 서비스를 받았다.

2) 사정단계

(1) 가계도와 생태도

① 가계도

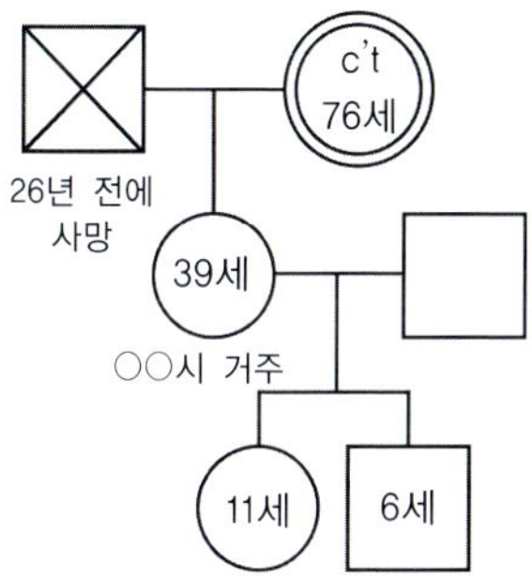

② 생태도

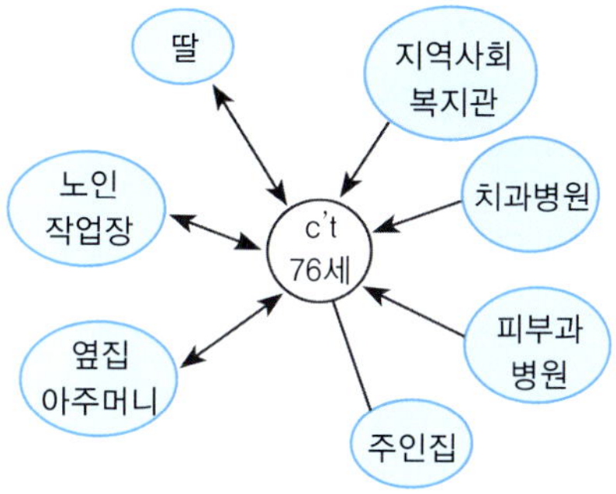

(2) 클라이언트의 문제 사정

① 신체적 측면

무릎 관절염으로 인한 약을 복용과 왼쪽 팔다리가 저려 파스를 붙이고 있으며, 걸을 때마다 발바닥이 뜨겁고 아파 피부과약 복용과 알로에를 바르고 있고, 조금만 걸어도 숨이 차올라 걷는 것이 힘들다고 한다. 충치가 심해 통증이 있을 때마다 진통제를 복용하고 있으며, 발 치료와 틀니를 해야 하는데 비용 때문에 치료를 못 하고 있다.

② 경제적 측면

수급권자로 매월 정부의 지원금을 받고 있으며 노인 작업장에서의 부업으로 한 달에 약 30만 원의 수입이 있다. 보증금 100만 원에 월세 10만 원을 지출하고, 전기세 등 공과금을 5만 원 정도 납부하고 있어 경제적으로 어려운 상태이다.

③ 정서적 측면

일찍 남편과 사별하고 가사도우미, 공장, 농사, 취로사업 등 여러 가지 일들을 하면서 살아왔으나 시력 감퇴로 백내장 수술을 한 후 취업을 못하게 되어 생활은 어려운 상태에 이르렀다. 살던 집도 10여 년 전에 불이 나서 아무것도 못 챙기고 몸만 빠져나와 주민자치센터에서 마련해 준 텐트에서 생활을 하다가 정부보조금으로 월세 방에서 현재 살고 있다. 불이 난 충격으로 인하여 지금도 가슴이 뛰며 누군가에게 쫓기는 듯하고, 불안감이 있다. 노인 작업장에서 부업하면서 여러 할머니들과 많은 이야기를 나누며 스트레스를 풀 수 있어 정서적인 측면은 큰 문제가 없어 보인다. 사위가 아프게 된 이후 어렵게 장만한 집을 팔게 된 것에 대해 미워하는 마음이 들어 딸과의 관계마저도 소원해져 자주 연락을 하지 않고 있으나 손자, 손녀들은 보고 싶어 외로움을 느끼고 있다.

④ 주거문제

거주하는 방은 약 1.5평으로 환기와 채광이 되지 않으며, 방문은 잠금장치가 없다. 부엌은 좁아 몸을 자유롭게 움직일 공간이 없으며, 화장실과 수도는 공동으로 사용하고 있다.

(3) 클라이언트의 주요 욕구 사정

물품서비스에 대한 욕구가 강하여 전기밥솥과 세탁기를 요구하고, 부엌문의 잠금장치를 수리해 주기를 요구했다. 심한 충치로 인해 치과 진료를 받고 싶어 하였으며, 심장진료를 받고자 하는 욕구와 임대아파트나 전셋집으로 주거를 옮기고자 하는 욕구가 있다.

(4) 강점사정

① 클라이언트의 강점

젊어서부터 어떤 일이든 해왔던 경험으로 자립심이 강하고 다른 사람들과의 관계에서 자신이 조금 손해를 보게 되더라도 원만하게 해결하려는 성격이며, 기억력이 감퇴되지 않았고, 사람들과 만나 대화하는 것을 좋아한다.

② 클라이언트의 약점

화재 사건 이후 주민자치센터나 복지관에서 계속적인 도움을 받아 물품을 구입하는 데 자신의 능력이 있음에도 불구하고 복지관에만 의존을 하려는 경향이 있으며, 작업장에서 부업량이 적거나 자신이 어떤 서비스의 혜택에서 빠졌다는 것을 알게 되면 매우 비판적으로 원망을 하는 태도를 보인다.

(5) 제공되는 공식적 · 비공식적 자원

① 공식적 자원

클라이언트는 수급권자로 책정되어 있어 지원금을 받고 있으며, 복지관에서 급식서비스와 나들이 서비스, 영정사진서비스, 가사도우미, 물리치료, 한방서비스를 제공받았다. 노인공동작업장에서 부업을 하여 약간의 수입을 얻고 있다.

② 비공식적 자원

현재 딸은 의정부에서 거주를 하고 있는데 남편의 질병문제와 자녀양육, 직장출근, 경제적인 어려움 등의 문제로 인해 클라이언트를 찾아오지 않고 가끔 전화연락만 하고 있다. 이웃에 사는 할머니가 먹을 것과 반찬들을 일주일에 1~2회 정도 가져다주고 있다.

3) 서비스 계획수립 및 개입

단기목표	• 물품서비스(세탁기, 전기밥솥) 후원자 연결 • 치과진료를 무료로 받을 수 있는 병원 연결 • 환경개선(부엌문 수리, 환풍기 설치, 소독)
장기목표	• 건강 증진 • 경제적인 안정 도모 • 가족관계의 증진 • 노인공동생활가정 입소 모색
구체적인 서비스 개입 계획	• 세탁기와 전기밥솥을 후원할 개인이나 기관 물색 • 개인 치과병원을 섭외하여 무료 진료나 할인 진료 여부 모색 • 경제적인 문제해결을 위한 한국복지재단에 후원자 신청 • 딸과의 원만한 관계개선을 위해 자신이 먼저 딸에게 전화하도록 꾸준히 권함 • 환경개선을 위한 소독을 보건소에서 실시할 수 있는지에 대한 의뢰 • 복지관에서 실시 예정인 공동생활가정에 입소할 수 있는 우선 대상자로 선정

4) 평가 및 종결

이 사례는 클라이언트가 지역사회복지관의 노인공동작업장에서 부업을 하고 있어 만나는 시간이 저녁때로 제한이 되어, 사례관리자가 서비스의 제공에서 주체가 되기보다는 방문상담이나 정보제공에 초점이 맞추어졌다. 초기에는 클라이언트가 물품서비스 지원에 대한 욕구가 커서 물품서비스 연결에만 중점을 두었으나, 클라이언트의 가장 큰 문제가 주거문제임을 발견하여 복지관 부설 공동생활가정 입소를 제안하게 되었다.

또한 이 사례에 대한 개입으로서, 물품서비스 제공, 환경개선, 치과진료를 단기목표로 세웠고, 경제적 안정, 건강증진, 가족관계의 증진, 공동생활가정 입소를 장기목표로 잡았다. 물품서비스는 중고제품은 거절하여 신형물품 후원자 발굴에 어려움이 많았고, 서비스 제공의 지연으로 인하여 사례관리자와 클라이언트 사이의 신뢰가 없어질 위험도 있었으나 지속적인 방문 상담으로 관계를 회복하게 되어 사례관리를 진행할 수가 있었다.

치과진료의 경우에는 보철이 필요한데 보건소나 의원에서 무료로 할 수 없었으며, 40% 할인서비스 제공을 해주는 치과병원이 있었으나 매우 부담이 되는 금액이라 치료를 받지 못하게 되었다. 환경이 매우 열악해서 냄새가 심하게 나고 하루살이가 많은 주거환경 개선을 위해 소독 및 환기를 실시하였으나 임시방편에 지나지 않았다. 그러나 공동생활가정 입소가 결정되어 이사하게 되어 환경이 개선되었고, 물품서비스도 지원을 받을 수 있게 되었으며, 후원금도 지원을 받을 수 있게 되어 클라이언트가 매우 만족해하였다. 건강문제는 클라이언트가 거동에는 큰 장애가 없으므로 필요한 병원에 가서 서비스를 받았다. 그러나 걸을 때 숨이 많이 차고 무릎 관절염으로 힘들어하므로 차후에는 차량지원 서비스가 필요하리라고 생각된다.

딸과의 관계로 인한 외로움과 고독감을 완화시키기 위하여 자신이 먼저 가족과의 연락을 취하도록 지지를 하였으며 전화연락의 횟수가 차츰 증가하고 있는 것을 보아 관계가 서서히 개선되고 있는 것으로 판단된다. 또한 목표달성 정도는 기대 이상으로 성과가 있었다고 보이며, 클라이언트의 만족도는 높은 편이었고 서비스의 적절성은 욕구에 맞는 자원발굴에 어려움이 있어 서비스 지연이 되어 시기적으로 적절하지 못한 부분들이 있었다고 생각한다.

평가에 대한 의견을 제시하면, 우선 클라이언트가 갖고 있던 경제적인 어려운 문제나 주거문제는 제한된 복지예산에 따라 잘 해결해 나갔다고 보지만 클라이언트의 신체적인 문제나 정신적인 문제에서의 해결접근 방법에는 다음과 같은 아쉬운 점이 남는다.

첫째, 신체적인 측면에서 클라이언트의 발의 통증에 대하여 정확하고 근본적인 원인에 따른 해결책이 이루어지지 못했다. 사례관리의 여러 가지 지역자원 연계라는 장점들을 충분하게 활용해서 클라이언트에게 의료적인 지식이 있는 전문가가 투입되어, 적극적으로 클라이언트를 도울 수 없었던 점이 아쉬움으로 남는다.

둘째, 정서적인 문제해결에서의 비판이다. 이 사례를 담당한 사례관리자는 클라이언트의 정서적인 문제가 매우 심각하지는 않다고 보는 듯하나, 사위로부터 비롯된 딸과의 소원해진 관계를 개선하기 위한 좀 더 적극적인 개입 방안이 필요해 보인다. 어쩔 수가 없는 상황에서 비롯된 정서적인 문제에 대하여 클라이언트가 충분히 이해하고 가족의 중요성에 대하여 깨달을 수 있도록 심리상담가가 개입을 하였으면 좋았을 것 같다. 그리고 관계 개선을 위해 클라이언트에게 단순히 전화를 걸게 하는 방법보다는 시간이 걸리더라도 자연스럽게 서로를 이해할 수 있는 방법들을 모색하는 것이 더 큰 효과가 있을 것 같다. 즉, 클라이언트의 문제가 많이 호전됐다고 평가하고 있으나, 클라이언트의 근본적인 문제들이 완전하게 해소되었다고 보기에는 의심스럽다. 그러나 외로움을 해소하기 위하여 노인공동생활가정이나 복지관 나들이 등의 서비스에 클라이언트를 참여할 수 있도록 하여 상실감과 외로움을 해결하려 했다는 점들은 잘 이루어진 것 같다.

2. 아동방임의 사례관리 적용사례

1) 아동방임의 개념

사회복지학 사전에 의하면, 아동방임은 신체적 · 정서적 · 사회적으로 아동의 건전한 발달에 필요한 최소한의 보호와 책임을 완수하지 못하는 것으로, 불충분한 영양섭취, 불충분한 건강보호, 불충분한 교육, 부적절한 감독 등을 말한다. 아동방임은 아동학대 중의 한 유형이며 방임아동의 대부분을 보면 학대를 받고 있는 것으로 나타나 아동방임과 아동학대를 같은 개념으로 보기도 한다.

심리적 · 정서적으로 심하게 방임된 아동의 성향 및 행동의 일반적 특징은 낮은 자기존중감(self-esteem), 부정적인 자기상(self-image), 자신감 결여, 열등감, 비판적 태도, 쉽게 실망 및 좌절, 포기, 인간관계에서의 근본적인 신뢰형성의 곤란, 자기파괴적 행동, 집중력 장애, 공격적 파괴적 행동, 좌절과 분노 처리의 미숙, 스트레스 처리의 미숙 등이며, 이러한 성향으로 인하여 자기보다 나이 어린 아이를 괴롭히고, 학업성취가 어렵고, 표현력이 부족하고, 집중을 못하고, 원만하고 지속적인 대인관계를 형성하고 지속하기 힘든 것 등이 문제로 제기될 수 있다(안동현, 2000).

2) 초기과정

(1) 클라이언트의 기본 정보

가구 인테이크 기록지

▪ 가구번호 :

<table>
<tr><td colspan="2">작성일시</td><td>0000. 0. 0.</td><td>면접자</td><td>이○○</td><td>면접장소</td><td>☑방문 □내방 □전화</td></tr>
<tr><td colspan="2">의뢰경로</td><td>○○복지관 We Start사업</td><td>의뢰자</td><td>장○○</td><td>의뢰일시</td><td></td></tr>
<tr><td colspan="2">의뢰사유</td><td colspan="5">저소득 편모가정의 주거, 경제, 교육 문제 등 복합적인 어려움에 대한 개입</td></tr>
<tr><td rowspan="3">세대 유형</td><td rowspan="2">보호 유형</td><td colspan="3">☑수급자 □조건부수급자 □차상위 □기타 저소득</td><td>책정연도</td><td>0000</td></tr>
<tr><td colspan="5">□의료보험 ☑의료급여1종 □의료급여2종 □기타( )</td></tr>
<tr><td>양육 형태</td><td colspan="5">□부모 □편부 ☑편모 □조부모 □친척양육 □기타( )</td></tr>
<tr><td rowspan="2">소득 현황</td><td>총 월소득</td><td>90만 원</td><td rowspan="2">지출 현황</td><td>총 월 지출</td><td colspan="2">90만 원</td></tr>
<tr><td>주요 소득원</td><td>직장(식품회사)</td><td>주요 지출내역</td><td colspan="2">월세, 생활비(전화요금, 식비)</td></tr>
</table>

<table>
<tr><td rowspan="4">주거환경</td><td>주거형태</td><td colspan="3">□자가(소유주)
□전세(보증금 만 원/
전세금 만 원)
☑월세(보증금 500만 원/
월세금 10만 원)
□공공임대 □무상임대 □기타( )</td><td rowspan="4">아동환경</td><td>침실/놀이공간</td><td>□양호 □협소
☑무</td></tr>
<tr><td>주택유형</td><td colspan="3">□아파트 □연립 □단독주택
☑다가구주택 □기타( )</td><td>컴퓨터</td><td>☑유 □무</td></tr>
<tr><td>거주기간</td><td>2년 개월</td><td>이사계획</td><td>□유 □무</td><td rowspan="2">주변환경</td><td rowspan="2">□소음
☑악취/ 불결
□환기부적절
□채광부족
□대로변
□유흥가</td></tr>
<tr><td>동거인원</td><td>4명</td><td>방</td><td>1개( )</td></tr>
</table>

가족의 주요 문제/ 걱정거리	가족이 원하는 도움/ 지원의 종류
주거문제	

성명(주양육자)	김○○	성별	□남 ☑여	주민번호	
주 소	○○동 13-1	전화번호	(H.P)010-0000-0000		

<table>
<tr><td rowspan="5">가족사항</td><td>연번</td><td>관계</td><td>성명</td><td>생년월일</td><td>직업</td><td>학력</td><td>장애/질병 유무</td><td>동거여부</td><td>비고</td></tr>
<tr><td>1</td><td>모</td><td>김□순</td><td>1968. 00. 00.</td><td>식품회사</td><td>고졸</td><td>무</td><td>○</td><td>c't모</td></tr>
<tr><td>2</td><td>자</td><td>이△비</td><td>1992. 00. 00.</td><td>중학생</td><td>중재</td><td>무</td><td>○</td><td>c't1</td></tr>
<tr><td>3</td><td>자</td><td>이△현</td><td>1993. 00. 00.</td><td>중학생</td><td>중재</td><td>무</td><td>○</td><td>c't2</td></tr>
<tr><td>4</td><td>자</td><td>이△지</td><td>1995. 00. 00.</td><td>초등학생</td><td>초재</td><td>무</td><td>○</td><td>c't3</td></tr>
</table>

아동 인테이크 기록지(만 6~12세용, 취학아동)

■ 아동번호 :

<table>
<tr><td>작성일시</td><td></td><td>면접자</td><td>이○○</td><td>면접장소</td><td>☑방문 □내방 □전화</td></tr>
<tr><td>아동성명</td><td>이△지</td><td>성별</td><td>□남 ☑여</td><td>실제 생년월일</td><td>0000. 00. 00.(만 12세)</td></tr>
</table>

<table>
<tr><td rowspan="9">건강</td><td>출생
상태</td><td colspan="2">□만숙아 □미숙아 □과숙아
□선천성 기형 ______ ☑선천성 질환 ______</td></tr>
<tr><td rowspan="7">현재
건강
상태</td><td>전반적인
건강상태</td><td>□매우 양호 □양호 □보통 ☑불량 □매우 불량</td></tr>
<tr><td>영양상태</td><td>☑매우 양호 □양호 □보통 □불량 □매우 불량</td></tr>
<tr><td>장애 유무</td><td>☑무 □유(장애명 : 발생/ 진단시기 :)</td></tr>
<tr><td>질병 유무</td><td>□무 ☑유(질환명 : 발생시기 :)</td></tr>
<tr><td>현재
약물복용/
기타
치료상황</td><td>없음</td></tr>
<tr><td>주 이용
의료기관</td><td>□보건소 ☑개인병원( ) □종합병원( )</td></tr>
<tr><td colspan="2">원하는 건강 관련 도움</td><td></td></tr>
</table>

<table>
<tr><td rowspan="4">가정
생활</td><td>주 양육자</td><td colspan="2">☑모 □부 □조모 □조부 □친척( ) □기타( )</td></tr>
<tr><td>모 취업형태</td><td colspan="2">□가사 ☑취업(□종일 □반나절 ☑심야까지) □기타( )</td></tr>
<tr><td>양육태도</td><td>청결</td><td>□매우 양호 □양호 □보통 □불량 ☑매우 불량</td></tr>
<tr><td>가정생활
습관</td><td>학습/
숙제</td><td>□혼자서 한다 □도와준다 ☑하지 않는다</td></tr>
</table>

학교 생활	학교명/ 학년	○○초등학교 6학년
	학교적응상태	□매우 양호 □양호 □보통 ☑불량 □매우 불량
	교우관계	□매우 원만 ☑원만 □보통 □불량 □매우 불량
	학업성취도	□상 □중상 □보통 □중하 ☑하
	문제경험	□없음 □상습결석/ 지각 ☑성적부진 ☑수업태도불량/ 산만 □폭력(피해/ 가해) □도벽 □인터넷/ 게임중독 □집단따돌림(피해/ 가해) ☑기타(성추행(피해))
방과 후 활동	주 활동장소	□외부 방과 후 지도기관 ☑집 □친구집 □놀이터 □기타( )
	외부 방과 후 지도기관 종류	☑학교특기적성 □복지관 □공부방( ) □사설학원(/ /) □기타:
원하는 교육 관련 도움		○○복지관 지역아동센터와의 연계

① c't(이△지, 13세, ○○초등학교 6학년 재학 중)

- 5살 때 아버지의 외도로 어머니와 이혼 후 아버지와 생활
- 초등학교 3학년 때까지 쉼터에서 생활
- 쉼터생활 동안 일주일에 한 번씩 미술치료를 받음
- 여자축구부 활동

② 모(김△순, 40세, ○○식품회사 근무)

- c't 부의 외도로 이혼
- 식품공장에서 2교대로 근무
- c't를 많이 의지

- c't의 쉼터생활을 듣고 2년 전부터 함께 생활
- 맏딸로 친정식구들과 상호 협력적 관계를 가지고 있고, 특히 여동생과 좋은 관계를 유지

③ c't 언니(이△비, 16세, ○○중학교 3학년 재학 중)

- 8살 때 아버지의 외도로 어머니와 이혼 후 아버지와 생활
- 초등학교 6학년때까지 쉼터에서 생활
- 쉼터생활 동안 일주일에 한 번씩 미술치료를 받음

④ c't 오빠(이△현, 15세, ○○중학교 2학년 재학 중)

- 7살 때 아버지의 외도로 어머니와 이혼 후 아버지와 생활
- c't의 언니와 c't를 성폭행한 가해자로 쉼터에 접수
- 쉼터에서 자주 불러 미술치료에 참여

3) 사정과정

(1) 가계도

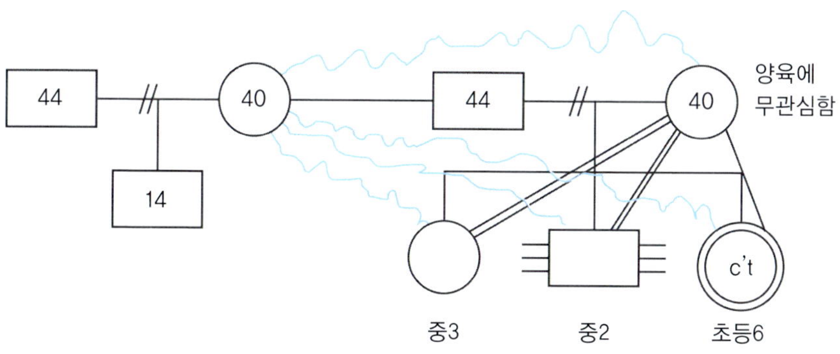

(2) 생태도

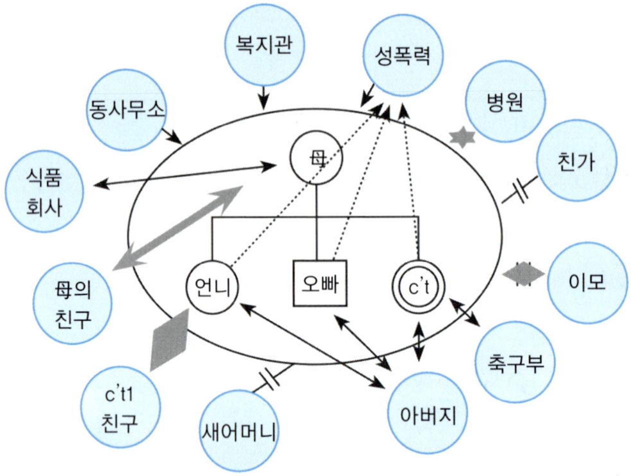

- 동사무소 : 한 달에 1번씩 제공되는 4만 원의 수급비와 food stamp
- ○○복지관 : 위스타트 사례로 선정하여 교육서비스를 2주에 1번씩 진행하려 한다.
- 학교 : c't가 원하는 축구부 활동을 할 수 있도록 해주며, 진학도 축구부 관련 중학교로의 입학을 추진하고 있다.
- 외가 : 정서적 지지
- 아버지 : 가끔 왕래를 하시며 용돈을 주신다.
- 월드비전 : c't의 생활비 지원(한 달에 한 번씩)

(3) 욕구사정

① 주거환경적 욕구

c't가 현재 거주하고 있는 집은 월세로 단칸방에 4명의 식구가 거주하기에는 습기와 곰팡이가 있어 위생적으로 불량하며 사춘기 청소년들이 생활하기

에 비좁고, 불편한 환경의 개선이 필요하다. 이러한 문제의 해결을 위해 빠른 시일 내에 임대 주공아파트에 입주하기를 희망한다.

② 학습적 욕구

c't는 학습지도도 희망하지만, 이보다는 운동과 관련된 활동을 꾸준히 하고 싶어 한다. 그러나 가정 형편상 운동을 지속적으로 할 수 있을지 여부가 불투명하다. 현재 c't가 가장 잘하고 원하는 축구부 활동을 할 수 있도록 월드비전에서 실시하고 있는 일대일 후원 사업에 c't를 신청하여 c't의 운동 생활에 대해 경제적 욕구를 채워준다. 이 사업은 정기적으로 아동에게 생계비 지원, 장학금, 경제적 지원을 받게 한다.

③ 경제적 욕구

현재 경제활동을 c't 모 혼자 책임을 지고 있어, 4명의 식구가 생활하기에는 매우 부족한 형태이며, 동사무소에서 한 달에 4만 원과 food stamp 6,000원가량을 지원받고 있지만, 턱없이 부족한 상태이다. 이에 경제적 도움을 절실히 원하고 있는 상태이다.

(4) 가족원에 대한 문제 사정

① c't 어머니

2교대 직장생활과 주변 친구들과 보내는 시간이 많아서 자녀들의 양육에 대해 무관심하다(시험기간을 모름, 병원치료에 대해 알지 못함). 가사일은 c't언니에게 전가하고 있다.

② c't 언니

- 정서적 어려움

- 아버지의 부재와 어머니의 무관심으로 인하여 동생들을 보살피는 역할을 하고 있어 심리적 부담감이 큼
- 여성성폭력상담소에서의 3~4년 생활에 대한 수치심이 있음

③ c't 오빠

- 불규칙적인 생활습관
- 컴퓨터 게임에 장시간 노출
- 화가 났을 때 공격적인 태도를 보인다.

④ c't

- 매사에 의욕이 없으며, 모든 일을 귀찮아함
- 불규칙적인 생활습관
- 장시간의 TV시청에 노출
- 변화된 환경에 대한 두려움이 있음
- 학습 부진

(5) 자원 사정

공식적 자원체계	비공식적 자원체계
• 동사무소 : c't의 가정은 조건부수급대상자로 한 달에 4만 원 정도의 생활비와 6,000원의 식품권을 지급해 주고 있다. • ○○복지관 : 이 가정을 위스타트 사례로 선정하여 도움을 주려 한다. • 축구부 코치 : c't에게 재능을 느끼고 축구로 중학교를 갈 수 있도록 도와주려 한다. • 병원 : 주거환경의 낙후로 인하여 감기에 자주 걸려 병원을 이용한다. • 월드비전 : 일대일 후원사업을 실시한다.	• 외가 : 이모와 아주 친밀한 관계로 서로 가정에 방문을 하며 자주 연락한다. • 아버지 : c't들의 집에 가끔 왕래를 하며 가끔 용돈을 주신다. • 모의 친구 : c't의 모가 많은 시간들을 함께 보내준다. • 식품회사 : 어머니와 에너지를 주고받는 등의 보통 관계에 있다.

(6) 강점사정

가족원	강 점	약 점
c't 어머니	① 대인관계가 넓다. ② 자녀를 책임지고 싶어 한다.	① 양육에 대해 c't1에게 맡긴다. ② 집에서의 생활은 거의 하지 않는다.
c't 언니	① 성격이 긍정적이다. ② 부모님에 대해 생각하는 마음이 깊다. ③ 손재주가 있으며 옷 만들기를 잘한다. ④ 요리를 매우 잘한다. ⑤ 동생들을 잘 챙긴다.	① 동생들을 보살피는 것에 부담감이 크다. ② 쉽터에서의 생활에 대한 수치심이 있다.
c't 오빠	① 컴퓨터를 매우 잘 다룬다. ② 가족에 대하여 애정이 깊다. ③ 청소를 매우 잘한다. ④ 집중력이 좋다.	① 말투가 공격적이다. ② 자주 시선을 회피한다. ③ 컴퓨터 게임을 오래 한다. ④ 낯가림이 심하다. ⑤ 타인에 대해 배타적이다.
c't	① 축구를 잘한다. ② 단기기억력이 좋다. ③ 친구들이 많다. ④ 정리정돈을 깨끗하게 잘한다. ⑤ 설거지를 깔끔하게 잘한다.	① '귀찮다'라는 말을 자주 표현한다. ② 자주 시선을 회피한다. ③ 학습에 의욕이 없다. ④ 낯가림이 심하다. ⑤ 타인에 대해 배타적이다.

가족 및 환경 관련 위험 사정

	항 목	0	1	2
1	아동에게 욕설과 구타 등 신체적·정서적 학대가 있다.	○		
2	아동에게 신체적·의료적·교육적 방임이 있다.			○
3	보호자가 정신지체이나 정신분열증 등과 같은 정신장애가 있다.	○		
4	보호자가 알코올중독이나 남용의 징후가 보인다.	○		
5	배우자에게 학대가 있거나 부부갈등이 매우 심각하다.	○		
6	가정환경의 안전상태 및 위생상태가 불량하다.			○

7	보호자가 신체의 장애가 있다.	○		
8	보호자가 당뇨병, 신장병 등의 만성적인 신체적 질환이 있다.	○		
9	주 보조자 외에 가족 내에 지속적인 관리가 필요한 중증장애인, 치매 노인 등이 있다.	○		
10	부모님 모두 돌아가셨거나 안 계시다(친인척 보호, 조손가정 등).	○		
11	한부모가정이다.		○	
12	보호자가 만성적으로 실직의 상태이다.	○		
13	외국인 근로자 가정이다.	○		
합계	1점 × (1)문항 + 2점 × (2)문항 =	5점		

→ 해당 항목의 심각성 표시방법 : 0(해당 없음), 1(가족 및 환경이 다소 위험하므로 주의를 요함), 2(매우 문제가 심각하여 즉각적인 개입이 필요함)

→ 사정 결과, 특히 아동방임이 나타남에 따라 이에 대한 개입이 시급함. 또한, 가정환경의 위생 및 안전상태가 불량하여 이에 대한 신속한 조치가 필요함. 한부모가정이라는 점도 주의를 요함

아동발달 관련 위험 정도 사정(취학아동용)

	항목	0	1	2
1	정신지체가 있거나 의심이 된다.	○		
2	소아당뇨나 신장병 등 지속적인 관리가 필요한 만성질환이 있다.	○		
3	지체장애나 언어청각장애 등의 신체적인 장애가 있다.	○		
4	선천적인 기형이 있다.	○		
5	눈을 깜박거리거나 코를 킁킁대는 등의 틱 증상이 보인다.	○		
6	의사소통에 대한 문제가 있고, 다른 사람들에 대한 관심이 부족하며 제한된 관심사나 자기 자신만의 세계 속에 빠져 있는 등 자폐의 징후가 보인다.		○	

7	행동통제와 충동조절에 어려움이 있고 주의집중을 못하는 등의 과잉 행동장애와 주의력 결핍의 징후가 보인다.		○	
8	폭력, 도벽, 약물 남용, 가출 등과 같은 문제행동을 보인다.	○		
9	또래와 잘 어울리지 못하고 따돌림을 당하는 등과 같은 사회적 부적응 행동의 양상을 보인다.	○		
10	정서상태가 매우 불안정하거나 우울하다.		○	
11	섭식이나 배설과 관련된 문제의 징후가 있다.	○		
12	학습활동과 관련이 된 문제의 징후가 있다.			○
13	연령에 비하여 신체 및 운동의 발달이 현저하게 늦다.	○		
14	연령에 비하여 언어의 발달이 현저하게 늦게 보인다.	○		
15	출생 시 미숙아로 태어났다.	○		
합계	1점 × (3)문항 + 2점 × (1)문항 = 5점	5점		

→ 해당 항목의 심각성 표시방법 : 0(해당 없음), 1(가족 및 환경이 다소 위험하므로 주의를 요함), 2(매우 문제가 심각하여 즉각적인 개입이 필요함)

→ 문항에 대한 설명 : 1~5번(선천적인 기형이나 장애 등으로 인해 즉각적으로 관찰되는 위험요소로서, 의료적인 지원서비스나 수술지원, 특수교육서비스 등 서비스 제공에서 우선적인 고려대상), 6~11번(사회·정서·행동의 문제에 징후가 의심이 되는 경우로 진단, 평가와 관련), 12~15번(미숙아로 태어나거나 신체·언어·운동의 발달과 관련된 위험요소로 발달의 관찰 및 주시가 필요)

→ 사정 결과, 특히 12번 문항이 2로 체크되어, 신체·언어·운동의 발달과 관련된 위험요소로 발달의 관찰과 주시가 필요한 것을 알 수 있음. 또한 6번, 7번, 10번이 1로 체크됨에 따라 사회·정서·행동의 문제에 징후가 의심되는 경우로 일상적 주의나 지속적인 관찰이 요구됨

사정기록지

■ 아동번호 :

<table>
<tr><td colspan="2">작성일시</td><td colspan="3"></td><td>작성자(주 조정자)</td><td>이○○</td></tr>
<tr><td colspan="2">아동 성명</td><td>이△지</td><td>성별</td><td>여</td><td>실제 생년월일</td><td>0000. 00. 00.(만 12세)</td></tr>
<tr><td colspan="2" rowspan="2">위험도 사정</td><td colspan="4">위험도 점수</td><td>위험도 평가</td></tr>
<tr><td>총점</td><td colspan="3">• 발달 관련 위험도(5점)
• 가족/ 환경 관련 위험도(5점)</td><td>□고위험사례</td></tr>
<tr><td rowspan="3">아동의 특징</td><td>신체적 장애/ 발달적 특징</td><td colspan="5">장애는 없으며 또래에 비해 몸집이 왜소한 편이다. 그리고 나이에 맞게 성장이 이루어지고 있으나 외상이 잦은 편이다.</td></tr>
<tr><td>정서적 특징</td><td colspan="5">조금 산만한 편이며, 모든 일을 귀찮아하고 심심하다는 말을 자주 한다. 그리고 자주 의기소침한 모습을 보인다.</td></tr>
<tr><td>대인관계/ 행동적 특징</td><td colspan="5">• 낯가림이 매우 심하다. 하지만 조금 친해지면 웃음도 많아지고 처음보다는 이야기도 많이 하는 편이다. 친구들은 많은 편이라고 하나 정확한 것은 알지 못한다. 그리고 사람들과 대화할 때 눈을 마주치지 않거나 회피하는 경우가 많다.
• 행동적인 특징은 축구를 하는 것 이외의 모든 일을 매우 귀찮아한다. 집에서는 항상 누워 있으며 귀찮다는 말을 매우 자주 한다. 하지만 축구를 할 때만은 지친 모습을 보이지 않고 매우 적극적이고 활동적이다.</td></tr>
<tr><td colspan="2">아동의 당면문제</td><td colspan="5">• 학습부진
• 건강문제(자주 다치지만 병원에 가지 않으며, 식사가 매우 불규칙함)</td></tr>
<tr><td colspan="2">아동의 강점</td><td colspan="5">• 축구를 잘한다.
• 설거지를 깔끔하게 잘하며, 정돈을 잘한다.
• 단기기억력이 좋다.</td></tr>
<tr><td rowspan="2">가구의 특징</td><td>가족의 당면문제</td><td colspan="5">• 주거문제
• 경제적인 어려움</td></tr>
<tr><td>가족의 강점</td><td colspan="5">• 가족애가 있다.
• 아이들이 어머니에 대한 애정이 크다.
• 서로 도와 가며 집안일을 스스로 해결한다.</td></tr>
<tr><td colspan="2" rowspan="6">주변 자원
(비공식 자원)</td><td>지원처(이름/ 관계)</td><td>지원 가능한 도움의 종류</td><td>과거 도움의 종류와 기간</td><td colspan="2">연락처</td></tr>
<tr><td>동사무소</td><td></td><td></td><td colspan="2"></td></tr>
<tr><td>학교</td><td></td><td></td><td colspan="2"></td></tr>
<tr><td>성폭력 피해여성 쉼터</td><td></td><td></td><td colspan="2"></td></tr>
<tr><td>○○복지관</td><td></td><td></td><td colspan="2"></td></tr>
<tr><td></td><td></td><td></td><td colspan="2"></td></tr>
</table>

판정도구(6~12세 학령기 아동 대상)

건강상태 조사(6~12세) 건강상태 : 양호/불량

문 항	판 정
1. 아이가 식욕에 문제가 있습니까? 있다면 어떤 문제인지 써주십시오. ______	아니요-양호
2. 아이에게 식품에 대한 알레르기가 있습니까? 있다면 어떠한 식품입니까? ______	아니요-양호
3. 아이의 건강에 문제가 있습니까? (보호자의 입장에서) ______	예-불량
4. 잔병(감기, 설사 등)에 자주 걸립니까? 자주라면 연 ( )회 정도 ______	아니요-양호

건강상태 조사(6~12세) 건강상태 : 양호/ 불량

문 항	판 정
1. 나이에 비해 아이의 키가 작습니까? ______ 아이가 너무 말랐습니까? ______ 아이가 너무 뚱뚱합니까? ______ 위 세 가지 사항 중 하나라도 해당되면 '예'에 답해주세요. 1-1. 신장( )cm, 체중( )kg	예-불량, 아니요-양호 1-1 소아발달곡선 • 10% 이하 또는 90% 이상 : 불량 • 10~90% : 양호
2. 아침을 매일 먹습니까? ______	아니요-불량
3. 식사를 규칙적으로 합니까? ______	아니요-불량
4. 과자류, 단 음식, 인스턴트식품(라면 등), 패스트푸드(햄버거, 닭튀김), 탄산음료 등을 자주 먹습니까?	주/1~2회 이하-양호
5. 아래 식품 중 아이가 먹지 않는 것에 모두 체크를 해주세요. 하나 이상 체크가 되어 있으면 '예'에 답하세요. 우유 ____ 고기 ____ 야채 ____ 과일 ____	아니요-양호

4) 계획과정

(1) 초기 개입목표 수립

<table>
<tr><td colspan="2">제시된 문제</td><td>c't의 불규칙한 생활습관</td></tr>
<tr><td rowspan="2">목표</td><td>단기목표</td><td>생활계획표를 작성하여 이를 실천한다.</td></tr>
<tr><td>장기목표</td><td>꾸준한 특기, 취미활동을 통하여 생활습관을 변화한다.</td></tr>
<tr><td colspan="2">개입방법</td><td>① 학교의 특기적성 및 특별활동에 참여하도록 한다.
② 한 달에 1회씩 개별상담을 한다.</td></tr>
<tr><td colspan="2">제시된 문제</td><td>c't의 학습의욕 부족</td></tr>
<tr><td rowspan="2">목표</td><td>단기목표</td><td>• 학습할 수 있는 분위기를 조성한다.
• 동기의식을 갖게 한다.</td></tr>
<tr><td>장기목표</td><td>목표를 설정하여 계획을 작성하여 실천할 수 있도록 한다.</td></tr>
<tr><td colspan="2">개입방법</td><td>① ○○복지관 지역아동센터와 연계하여 학습지원서비스를 주 1회 받는다.
② c't들의 성적 그래프를 작성하게 하여 시험을 본 후 자신의 성적 그래프가 어떻게 변화하는지에 대해 직접 작성하도록 한다.</td></tr>
<tr><td colspan="2">제시된 문제</td><td>c't의 외부환경에 대한 배타적인 태도</td></tr>
<tr><td rowspan="2">목표</td><td>단기목표</td><td>• 위스타트의 체험활동 등의 문화활동 기회를 제공한다.
• 심리검사를 통하여 심리적 상황에 대해 알아본다.</td></tr>
<tr><td>장기목표</td><td>멘토를 연계하여 꾸준한 만남을 통해 c't에게 정서적 지지를 하여 외부환경에 대한 선입견을 감소시킨다.</td></tr>
<tr><td colspan="2">개입방법</td><td>① 멘토와 연계하여 한 달에 2번씩 가정방문하여 가족에 대해 파악한다.
② ○○복지관 위스타트 프로그램과의 연계하여 외부환경에 대한 배타적인 태도를 개선시킨다.</td></tr>
</table>

(2) 새로 제시된 개입목표

제시된 문제		청소년기인 c't가 살기 부적절한 집 안 환경 개선
목표	단기목표	○○자활후견기관의 도움을 받아 습기와 곰팡이로 가득한 집 안 내부를 수리한다.
	장기목표	빠른 시일 내에 임대주공아파트로 입주를 한다.
개입방법		① 현재 ○○자활후견기관에서 실시하고 있는 온고을 집수리 사업단과 연계하여 주거환경을 개선한다. ② 빠른 시일 내에 임대주공아파트에 입주할 수 있도록 한다.
제시된 문제		c't모의 근접지역 취업으로 c't와의 긴밀한 관계형성
목표	단기목표	○○자활후견기관에 신청서를 제출한다.
	장기목표	○○자활후견기관을 통해 교육을 받은 뒤 재취업을 한다.
개입방법		현재 ○○자활후견기관에서 실시하고 있는 취업교육을 받아 취업을 하여 c't와의 관계를 긴밀히 한다.
제시된 문제		c't의 축구부 생활 지속을 위한 일대일 지원 연계
목표	단기목표	○○시에 있는 월드비전에 현재 c't의 상황을 접수시킨다.
	장기목표	월드비전에서 정기적 후원을 받는다.
개입방법		① 월드비전에 현재 c't의 상황을 접수시킨다. ② 월드비전에서 정기적 후원을 받음으로써 축구부 생활을 지속할 수 있도록 한다.

5) 개입과정

(1) 서비스 과정 요약

회 기	날 짜	지원서비스	내 용	대 상
1	2012. 7. 10.(화)	전화	연락을 시도하였으나 연결되지 않음	
2	2012. 7. 11.(수)	전화, 가정방문	연락 재시도 성공, c't의 어머니와 인테이크	c't모
3	2012. 7. 12.(목)	c't 첫 만남	• c't들과의 만남 • 아이들의 전반적인 상황 파악	c't
4	2012. 7. 13.(금)	개별 욕구 사정	c't들의 욕구에 따른 각 서비스 계획 c't 1, 2, 3의 각 욕구에 따른 계획수립(c't1은 디자인과 미술, c't2는 컴퓨터 관련 공부, c't3은 운동과 학습 관련)	c't
5	2012. 7. 17.(화)	개별상담	• c't1 : 원만한 대인관계를 맺고 있으며 성폭력 쉼터에 대한 이야기에 대해 물어보니 대답하고 싶지 않다고 함 • c't2 : 컴퓨터 프로게이머가 되기를 희망하며 공부에는 관심이 없다고 함 • c't3 : 축구 관련 활동을 계속하고 싶으며 국가대표 여자 축구선수가 되기를 희망함	c't
6	2012. 7. 18.(수)	학교방문	• c't3의 학교생활과 축구부 생활을 파악하기 위해 학교방문 실시 • 축구부 코치는 이△지가 축구뿐 아니라 다른 운동에도 남다른 소질을 보이며 중학교 입학도 축구부가 있는 곳으로 시켜주고 싶다고 하셨다.	c't 축구부 코치
7	2012. 7. 20.(금)	미술치료	c't의 언니, 오빠 모두 미술치료를 하기로 하였는데, c't와 c't 오빠와의 완강한 거부로 인해 c't 언니만 미술치료를 진행하게 되었다.	미술 치료 1회–이△비
8	2012. 7. 23.(월)	문장완성 검사	문장완성 검사를 통해 c't의 내면 세계에 대한 생각을 알아볼 수 있었다.	문장완성 검사

9	2012.07.24.(화)		지역아동센터와 이△지를 자원 연계할 예정	
10	2012.08.10.(금)	학습지도	c't의 방학 숙제를 검토하고 앞으로 풀 문제집을 서점에 가서 선택하였다.	c't
11	2012.09.08.(금)	문화체험	c't와 함께 영화관람을 하였다. 처음 와보는 영화관이라 그런지 아이들이 굉장히 좋아했다.	영화관 체험 c't
12	2012.09.22.(토)	학습지도	c't의 학습지도를 실시하였다.	c't
13	2012.10.16.(화)	미술치료	c't의 미술치료를 실시하였다.	c't
14	2012.11.2.(금)	학습지도	문제집 검사와 학교 숙제지도	c't
15	2012.11.17.(토)	문화체험	영화관에 함께 가서 영화를 보았다.	c't

(2) 상담기록(2회기만 제시)

방문일자	2012. 7. 12.	방문장소	c't 가정
내담자	이△지		
목적	아이들의 전반적인 상황 파악 및 친밀감을 형성하고, 1회기 상담내용에 대한 세부적인 상황을 파악한다.		
상담 내용	이△지 : ○○초등학교 6학년, 각종 운동을 좋아하며 공부는 좋아하지 않는다고 한다. 그리고 축구부 활동을 하며 아침과 낮에 운동을 한다. 매일 운동을 하는 시간이 달라 끝나는 시간도 일정하지 않다. 그리고 축구 시합도 있지만 대부분 남학생들만 시합에 나가고 여학생들은 시합에 잘 나가지 않는다고 한다. 이△지는 친구가 많고, 이성친구들보다는 여자친구들이 많다고 한다.		
	건강상태 겉보기에는 아이들 모두 건강상태가 양호하였다. 이렇듯 장애나 큰 질병, 사고가 난 적은 없었으며 △비와 △지는 병원에 잘 가지 않는다고 한다. 하지만 △현이는 자주 감기에 걸려 자주 병원에 간다고 한다.		
	생활환경 – 식사는 어떻게 해결하냐는 질문에 △비가 동생들을 챙겨준다고 하였다. △지는 언니가 해주는 밥이 맛있다고 하였고, △현이는 이와 다르게 밥은 각자 알아서 먹는다고 하였다. 그리고 식사시간이 일정하지 않고 각각 다르며 아무때나 배가 고플 때 밥을 먹는다고 한다. – 옷을 갈아입을 때 어떻게 하냐고 물어보자 그냥 편하게 갈아입고 △현이가 알아서 눈을 가린다고 하였다.		

	종교 현재는 특별한 종교가 없으며, 2년 전에 아는 목사님과 전도사님이 계셔서 교회에 다녔다고 한다. 하지만 늦잠을 자고 귀찮아서 교회에 나가지 않는다고 한다.
	어머니의 직장생활 어머니께서는 ○○에 있는 만두를 만드는 식품회사에 다니고 계신다. 통근버스를 타고 출퇴근을 하시며, 아이들은 어머니가 언제부터 일을 하셨는지, 무슨 일을 하시는지 정확히 알고 있지 못하였다. 어머니는 현재 야간근무를 하셔서 아침 7시 30분 정도에 퇴근을 하신다고 한다.
	아버지와의 관계 아버지와 어머니가 헤어지고, △비와 △지는 3~4년 동안에는 쉼터에서 살았다고 한다. 그동안 △현이는 아버지와 함께 살았다. 그리고 아버지와는 현재도 가끔 연락을 하고 있으며, 아버지가 어쩌다 한 번씩 직접 집에 찾아오시기도 한다고 하였다. 아버지는 재혼을 하셨고 자녀 1명이 있으며, ○○동에 거주하고 있다고 하지만 정확한 거주지를 알지 못하였다. 현재 집에서 생활한 지는 2년 정도 되었다고 한다.
	친인척 관계 친가와는 1년 전부터 왕래가 없으며 외가와는 연락을 하며 지낸다고 한다. 특히 이모와는 자주 연락을 하며, 이모가 부산에 사시는데 방학 때마다 약 1주일간 방문한다고 한다. 갈 때에는 엄마와 함께 갔다가 엄마는 직장 때문에 아이들을 데려다만 주고 다시 돌아오신다고 한다. 그리고 외삼촌이 2명 계시는데, 서울에서 할머니와 같이 사신다고 한다. 그리고 직접 △지네 집에 방문하신 적은 없으며, 이모는 집에 방문하시기도 한다고 한다.
	복지관 서비스 이용 우선 한 번도 이용해 본 적이 없다고 하였으며 왜 이용하지 않느냐는 질문에 그런 걸 귀찮아한다고 하면서 어떤 서비스가 있는지에 대해서도 자세히 알지 못했다.
W'er 평가	아이들을 직접 만날 수 있어서 좋았다. 직접 △지를 본 느낌은 운동을 해서 키가 클 줄 알았는데 체격은 작은 편이지만 강단 있어 보였다. △비는 사람과의 대화에 대해 적극적인 편이고 △지는 초반에는 질문에 단답으로 대답하고 TV 시청에 집중을 하고 있었으나 언니의 말에 집중하기 시작하였다. △현이는 약간 반항적이고 관심 없는 척 하면서 질문에 대답하곤 하였다. 아이들과 대화 중에 어머니가 출근 준비를 위해 집에 오셔서 다음 날 학교로 찾아가겠다는 약속을 하고 돌아오게 되었는데, 이야기를 더 이끌어 가고 싶었으나 공간이 부족하여 힘들었다. △비는 문 밖으로 배웅을 하는 등 나이에 비해 어른스럽게 행동을 하였다.
차기 서비스 계획	2012. 7. 13. △학교를 찾아갈 예정

6) 평가 및 종결

• c't의 변화

아직까지 c't에게 큰 변화가 나타나고 있지는 않았지만, c't의 문제를 인식하고 이를 개선하기 위한 자원을 연계 방법으로 모색하길 희망한다. c't의 눈에 띄는 변화로는 상담초기 배타적인 반응을 보였던 c't가 점점 단답형의 대답에서 문장의 대화로 이루어지고 있으며, 눈을 마주 보며 이야기하고 스킨십에 대한 거리감과 낯가림이 없어지고 있다. 또한 c't 모는 c't의 학습에 관심을 갖게 되었으며 지역아동센터에 다니기를 희망한다. 이후 꾸준한 개입으로 c't의 정서적 지지와 학습 환경 조성, 불규칙한 생활습관을 개선하는 것이 필요하다.

하지만 이 사례는 학습지원에 가장 큰 목표를 두고 있지만 실습기간의 종결과 꾸준한 자원봉사가 이루어지지 못하여 사례의 목표에 대해 꾸준한 지원이 이루어지지 못하는 한계가 있다. 학습지원이라 하면 꾸준히 지속적으로 이루어져야 하지만 자원봉사자의 시간과 아이들이 학교에서 돌아오는 시간이 맞지 않아 계획했던 시간과는 다르게 바로 며칠 전 약속을 잡아 프로그램이 진행되었다. 이러한 점을 보완하기 위해서는 미리미리 사전 계획을 꼼꼼히 세우고 그 계획을 잘 진행할 수 있도록 프로그램이 진행되기로 했던 날에 꼭 진행할 수 있도록 하는 것이 필요하다.

참고문헌

고수현 · 김익균(2003). 지역사회복지론. 서울 : 대학출판사.

곽노현(1998). 국민인권위원회의 구성과 역할. 하남.

구금성 · 박지영 · 김종철 · 전대성 · 허정철(2013). 사회복지실천론. 경기 : 공동체

권육상 외(2005). 사회복지실천론. 서울 : 유풍출판사.

권진숙 · 전석균 역(1999). 사례관리. 서울 : 하나의학사.

길귀숙 외(2010). 사회복지실천론. 경기 : 양서원.

길귀숙 외(2011). 사회복지실천론. 경기 : 양서원.

김기태 외(2001). 사회복지실천론. 경기 : 공동체.

김기태 외(2007). 사회복지실천론. 경기 : 공동체.

김기태 외(2008). 사회복지실천론. 경기 : 공동체.

김만두(1991). 사회복지법제론. 서울 : 홍익재.

______(1991). 사회복지와 법. 서울 : 홍익재.

김만두 역(1992). 케이스워크 관계론. 서울 : 홍익재.

________(1993). 사례관리의 실천론. 서울 : 홍익재.

김상균(1987). 사회복지개론. 서울 : 나남.

______(1987). 현대사회와 사회정책. 서울 : 서울대학교출판부.

김상균 · 오정수 · 유채영(2002). 사회복지윤리와 철학. 서울 : 나남출판.

김상균 외(2001). 사회복지개론. 서울 : 나남.

김연옥 · 최해경 공역 · Annette Garrett 저(2003). 사회사업 면접의 이론과 사례(*Interviewing : Its Principles and Methods*). 경기 : 한울.

김용석 · 엄명용 외(2008). 사회복지실천기술의 이해. 서울 : 학지사.

김융일 · 조흥식 · 김연옥(1995). 사회복지실천론. 서울 : 나남출판.

____________________(2005). 사회사업실천론. 서울 : 나남출판.

김인숙(2005). 한국 사회복지실천의 정체성 : 정치사회적 관점에서. 상황과 복지, 20, 119-152.

김재열 · 이상호 외(2010). 사회복지실천론. 서울 : 신정.

김정진(2004). 사회복지실습론. 경기 : 서현사.

______(2007). 사회복지실천기술론. 경기 : 서현사.

______(2008). 사회복지실천기술론 : 사회복지사 1급 수험서. 서울 : 와이드프로.

______(2015). 사회복지실천 기술론. 서울 : 학지사.

김정진 · 임은희 · 권진숙(2007). 사회복지실천기술론. 경기 : 서현사.

김정화 · 박선혜 · 조상미(2010). 한국대학생의 세계시민의식과 문화다양성 태도 영향 요인. 청소년학 연구, 17(4), 183-210.

김혜란 · 홍선미 · 공계순(2001). 사회복지실천기술론. 서울 : 나남출판.

김혜영 외(2013). 사회복지실천론. 경기 : 공동체.

김혜영 외(2015). 사회복지실천론. 경기 : 공동체.

나동석 외(2008). 사회복지실천론. 경기 : 학현사.

남연희 · 박영국 · 도기봉(2012). 사회복지실천론. 경기 : 공동체.

도광조(2008). 사회복지실천론. 경기 : 양서원.

류상열(2006). 사회복지실천론. 서울 : 보문각.

문인숙 외 공역(1985). 임상사회복지학. A. Pincus & A. Minahan 저. *Social Work Practice : Model and Method*. 서울 : 집문당.

문인숙 외 공역(1994). 사회사업방법론 : 통합적 접근. Pincus, A. & Minahan, A.(1973). *Social Work Practice : Model and Method*. 서울 : 보진재.

박귀영 외(2010) 사회복지실천론. 경기 : 양서원.

박영란 외(2001). 한국의 사회복지와 인권. 서울 : 인간과복지.

박용순 · 송진영 · 권성애(2016). 사례관리. 서울 : 창지사.

박윤경(2007). 다문화 접촉 경험의 교육적 의미 이해 : 초등 예비 교사들의 문화 다양성 관련 변화를 중심으로. 시민교육연구, 39(3), 147-183.

박지현 · 최덕경(2011). 다문화 사회의 이해와 실천. 서울 : 창지사.

방미진 · 황영희(2011). 사회복지실천론. 서울 : 나눔의집.

백욱현(2006). 면접법. 서울 : 교육과학사.

설동훈(2005). 외국인노동자와 인권. 민주주의와 인권, 5(2), 39-77.

안동현(2000). 아동방임의 본질과 사회적 의미. 아동과 권리, 4(1), 7-26

양옥경 외(1993). 사회복지실천과 윤리. 경기 : 한울아카데미.

양옥경 외(1995). 사회복지실천과 윤리. 경기 : 한울아카데미.

양옥경 외(2004). 사회복지 윤리와 철학. 나눔의집.

양옥경 외(2005). 사회복지실천론. 서울 : 나남출판사.

양정남 외(2011). 자기효능감, 사회복지옹호 태도가 사회복지전공대학생의 다문화 수용성에 미치는 영향. 한국사회복지교육, 16, 24-47.

양정남 · 최선령(2011). 사회복지실천론(3판). 경기 : 양서원.

엄명용 · 노충래 · 김용석(2008). 사회복지실천기술의 이해. 서울 : 학지사.

엄명용 외(2003). 사회복지실천의 이해. 서울 : 학지사

엄명용 외(2005). 사회복지실천의 이해. 서울 : 학지사.

엄명용 외(2006). 사회복지실천의 이해. 서울 : 학지사.

엄명용 외(2008). 사회복지실천론. 서울 : 학지사.

엄명용 외(2008). 사회복지실천의 이해. 서울 : 학지사.

엄명용 외(2009). 사회복지실천의 이해. 서울 : 학지사.

엄명용 외(2011). 사회복지실천론. 서울 : 학지사

원석조(2005). 사회복지개론. 경기 : 양서원.

윤현숙 외(2001). 사회복지실천기술론. 서울 : 동인.

이경남 외(2008). 사회복지실천론. 서울 : 학지사.

이상호 외(2010). 사회복지실천론. 서울 : 신정.

이영분 외(2002). 사회복지실천론. 서울 : 동인.

이영실 외(2014). 사회복지실천론. 경기 : 양서원.

이원숙(2008). 사회복지실천론. 서울 : 학지사.

______(2012). 사회복지실천론(제2판). 서울 : 학지사.

______(2014). 사회복지실천론. 서울 : 학지사.

이은주(2003). 사회복지실천의 전문성과 정체성 확립에 대한 고찰 : 간접적 개입과 관련하여. 상황과 복지, 16, 203-245.

이은희 · 김남숙(2014). 사회복지실천론. 경기 : 양서원.

이인정 · 최해경(1998). 인간행동과 사회환경. 서울 : 나남출판.

이종복(2006). 사회복지실천론. 경기 : 학현사.

이종복 · 전남련 · 김덕일(2007). 사회복지실천론. 경기 : 학현사.

______________________(2010). 사회복지실천론(개정판). 경기 : 학현사.

______________________(2010). 사회복지실천론. 경기 : 학현사.

이준우 · 이화옥 · 임원선(2006). 사례와 함께하는 사회복지실천론(제2판). 서울 : 인간과복지.

이효선(2008). 노인상담과 연구. 서울 : 신정.

이효선 · 정푸름(2012). 사회복지실천론. 경기 : 정민사.

임은희(2004). 사회복지실천론. 서울 : 학지사.

장인협(1989). 사회복지실천론(상). 서울 : 서울대학교출판부.

______(1991). 사회사업실천방법론. 서울 : 서울대학교출판부.

______(1991). 인간행동과 사회환경(개정판). 서울 : 집문당.

전재일(1981). 사회사업 실제의 통합적 접근 방법에 관한 연구. 사회복지연, 10.

전재일 · 이성희(2000). 집단실천기술론. 서울 : 사회복지개발연구원.

전재일 외(2004). 사회복지실천론. 서울 : 형설출판사.

________(2010). 사회복지실천론. 서울 : 형설출판사.

________(2016). 사회복지실천론. 경기 : 공동체.

조일휘 · 이윤로(2003). 사회복지실천론. 서울 : 학지사.

조흥식 외(2001). 사회복지실천 분야론. 서울 : 학지사.

짐 아이프 저, 김형식 역(2001). 인권과 사회복지실천. 서울 : 인간과복지.

최옥채 외(2007). 인간행동과 사회환경. 경기 : 양서원.

최원희 · 최혜지 · 최연선(2008). 다문화적 환경변화에 따른 사회복지실천현장의 문화적 유능감 실태. 한국지역사회복지학, 26.

최해경(2009). 사회복지실천론. 서울 : 학지사.

최현미 외(2008). 다문화가족복지론. 경기 : 양서원.

평택대학교 다문화가족센터(2007). 한국사회와 다문화가족. 경기 : 양서원.

표갑수(2005). 지역사회복지론. 서울 : 나남출판.

한국사회복지학회(2008). 제19회 춘계워크숍 자료집, 87-99.

한국인권재단(2000). 21세기의 인권. 서울 : 한길사.

홍봉수 외(2015). 사회복지실천기술론. 경기 : 공동체.

황성철(1995). 사례관리실천을 위한 모형개발과 한국적 적용에 관한 연구. 한국사회복지학, 27, 275-304.

황정미 외(2007). 한국사회의 다민족 다문화 지향성에 대한 조사연구. 서울 : 한국여성정책연구원.

황철수(2009). 사회복지실천론. 경기 : 양서원.

Allyn & Bacon 저, 한인영 · 장수미 · 최정숙 · 박형원 역(2006). 사회복지실천론 : 일반주의 관점. 서울 : 하나의학사.

Arksey, H.(1996). Collecting Data Through Joint Interviews. *Social Research Update, issue 15*. Guildfold : Department of Sociology, University of Surrey.

Ballew, J. R., & Mink, G.(1986). *Case Management in the Human Servies*. Springfield Illinois : Charles C. Thomas Publisher.

Barker, R. L.(1989). *The Social Work Dictionary, Silver Spring*. MD : NASW.

__________(ed.)(1995). *The Social Work Dictionary*(4th ed.). NASW Press.

Bartlett, Harriett M.(1958). Toward Clarification and Improvement of Social Work Practice. *Social Work, 3*(2), 3-9.

Bartlett. H. M.(1970). *The Common Base of Social Work Practice*. New York : National Association of Social Workers Inc.

Boyle, S. W., Hull, Jr., G. H., Mather, J. H., Smith, L. L., & Farely, O. W.(2006). *Direct Practice in Social Work*. Boston : Pearson.

Breton, M.(1994). On the Meaning of Empowerment and Empowerment-oriented Social Work Practice. *Social Work with Groups, 17*(3), 23-37.

Brieland. D.(1977). Historical Overview. *Social Work*, Sep.

Brieland, D., Costin, L. B., & Atherton, C. R.(1985). *Contemporary Social Work : An Introduction to Social Work and Social Welfare*(3rd ed.). New York : McGraw-Hill.

Brown, J. A.(1992). *Handbook of Social Work Practice*. Springfield, IL : Charles C Thomas Publisher.

Browne, C. V.(1995). Empowerment in Social Work Practice with Older Woman. *Social Work, 40*(3).

Carkhuff, R, R.(1971). *The Development of Human Resourcess*. New York : Holt, Rinehart & Winston, INC.

Cohen. N. E.(1958). *Social Work in the American Tradition*. NY : Dryden.

Compton, B. R., Galaway, B., & Coumoyer, B. R.(2005). *Social Work Processes*(7th eds.). Pacific Grove : Brooks/ Cole Publishing Company.

Compton, B., & Gallaway, B.(1999). *Social Work Peocesses*(6th ed.). Pacific Grove, CA : Brooks / Cole.

Cournoyer. B. 저, 김인숙 · 김용숙 공역(2002). 사회복지실천기술 연습. 서울 : 나남출판사.

Cowger, C. D.(1994). Assessing Ciient Strengthsi Clinical Assessment for Client Empowerment. *Social Work, 39*(3), 262-268.

Dore, M. M.(1999). The Retail Method of Social Work : The Role of the New York School in the Development of Clinical Practice. *Social Service Review*(June), 168-190.

Flexner, A.(1915). Is Social Work a Profession?. *Proceedings of the National Conference of Charities and Correction*. NY : National Conference of Charities and Correction, 576-590.

Garrett, A.(1972). *Interviewing: Its Principles and Methods*. New York : Family Service Association of America.

Germain, C. B.(1979). Ecology and Social Work. In. C. B. Germain(ed.), *Social Work Practice : People and environments*(pp. 1-22). New York : Columbia University Press.

____________(1983). Using Social and Physical Environments. In A. Rosenbiatt, & D. Waldfogel(eds.), *Handook of Clinical Social Work Research*(pp. 110-133). Sanfrancisco : Jossey - Bass Pubishers.

____________(1995). *The Life Mocel of Social Work Practice*. NY : Coumbia Univ. Press.

Germain, C. B., & Gitterman, A.(1980). *The Life Model of Social Work Practice*. New York : Columbia University Press.

Gibelman, M.(1999). The Search for Identity : Defining Social Work-Past, Present, Future. *Social Work, 44*(4), 298-310.

Gillham, B.(2000). Interview. British Library Cataloging In- Publication Data.

Glasser, W.(1965). *Reality Therapy*. New York : Harper & Law.

Goldstein. H.(1973). *Social Work Practice : A Unitary Approach*. Columbia : Univ. of South Carolina Press.

Gracia, J. E.(1994). Reflections on Teaching Diversity. *Journal of Management Education, 18*(4), 428-431.

Greenwood, E.(1957). Attibutes of a Profession. *Social Work, 2*(3), 45-55.

Grinnell, R. M., & Unrau. Jr. Y. A.(2005). *Social Work Research and Evaluation : Quantitative and Qualitative Approaches*(7th ed.). Oxford University Press, Inc.

Hardcastle, David(1983). Certification, Licensure and Other Forms of Regulation. In Aaron Rosenblatt & Diana Waldfogel(ed.), *Handbook of Clinical Social Work*. San Francisco : Jossey-Bass.

Hepworth, D. H., & J. A. Larsen(1997). *Direct Social Work Practice : Theory and Skills*. Pacific Grove : Brooks/Cole.

Hepworth, D. H., & Larsen, J. A.(1986). *Direct Social Work Practice : Theory and Skills*. Chicago : Dorsey.

______________________(1990). *Direct Social Work Practice : Theory and Skills*(3rd ed.). Belmont, Calif. : Wadsworth Publishing Company.

______________________________(1993). *Direct Social Work Practice, Theory and Skill*(pp. 11-13), Pacific Grove, California : Brooks/Cole Publishing Company.

______________________________(1995). Direct Social Work Practice : Theory and Skills(4th ed.). Pacific Grove, California: Book/Cole Publishing Company.

______________________________(2006). *Direct Social Work Practice : Theory and Skills*(7th ed.). Pacific Grove : Books/Cole Publishing Company.

Hepwprth, D., Roony, R. H., & Larsen, J. A.(2002). *Direct Social Work Practice : Theory and Skills*(6th ed.). Pacific Grove, CA : Brooks / Cole Pulblishing Company.

Howe, David(1987). *An Introduction to Social Work Theory*. Aldershot, Honts, England : Wildwood House.

Hull, G. H.(199). *Social Work Internship Manual*(p. 17). EauClaire : University of WisconsinEa Claire, Department of social Work.

__________(1995). *Social Work Practice : A Generalist Approach*(5th ed.). Boston : Allyn and Bacon.

Johnson, L. C., & Yanca, S. J.(2004). *Social Work Practice : A Generalist Approach*(8th eds.). Boston : Pearson Education, Inc.

Kadushin, A.(1990). *Social Work Interview*(3rd ed.), New York : Columbia University Press.

Kahn, Robert L.,(1979). Aging and Social Support. In Matilda W. Riley(ed.), *Aging from Birth to Death : Interdisciplinary Perspectives*. Boulder : Westview Press.

Keefe, T.(1976). Empathy : The Critical Skill. *Social work, Vol. 21*. Jan.

Kelman, H. C.(1965). Manipulation of Human Behavior : An Ethical Dilemma for the Social Scientist. *Journal of Social Issue, 21*(2), 31-46.

Kirst-Ashman, K. K., & Hull, G. H., Jr.(2009). *Understanding Generalist Practice*(5th eds.). Belmont : Brooks/Cole, Cengage Leaming.

Kirst-Ashman, K. K., & Hull, G.(1993). *Understanding Generalist Practice*. Chicago : Nelson-Hall.

________________________________(2008). *Understanding Generalist Practice*(5th eds.). Belmont, CA : Brooks/cole Cengage Learning.

Kuhse, H., & Singer, P.(1985). Ethics and the Handicapped Newborn Infant. *Social Research, 52*, 505-42.

Levy. C.(1973). The Value Base of Social Work. *Journal of Education for Social Work*, Jan.

Loewenberg, F. M.(1983). *Fundamentals of Social Intervention.* New York : Columbia University Dress.

Loewenberg, F., & Dolgoff, R.(1985). *Ethical Decisions for Social Work Practice.* Itasca, IL : Peacock Pub.

______________(1996). *Ethical Decisions for Social Work Practice*(5th ed), Itasca, Il : F. E. Peacock.

______________(1999). *Social Work Values and Ethics.* NY : Columbia University Press.

______________(2001). *Social Work Values and Ethics*(2nd ed.). NY : Columbia University Press.

Lum, D.(2003). *Social Work Practice and People of Color : Aprocess-stage Approach.* Delmont, CA : Brooks/Cole.

______(2008). The Case for Culturally Competent Practice in Korea. 다문화 사회의 전문가 역할과 실천전략.

Maguire, L.(2002). *Clinical Social Work, Beyond Generalist Practice with Individuals, Groups, and Families.* Thomson learning Inc.

______(2007). *Clinical Social Work.* 배태순 · 최명민 · 김영미 공역(2007). 전문 사회복지 실천기술. 서울 : 시그마프레스.

McMullan, W. E.(1976). Creative Individuals : Paradoxical Personages. *Journal of Creative Behavior, 10*(Fourth Quarter), 265-275.

McPhatter, A. R.(1997). Cultural Competence in Child Welfare : Welfare : What Is It? How Do We Achieve It? What Happens Without It?. *Child Welfare, 76*(1).

Meyer, C. H.(1976). *Social Work Practice : The Changing landscape.* Free Press.

Miley, K. K, O'Melia, M., & Dubois, B. L.(1995). *Generalist Social Work Practice : An Empowering Approach.* Allyn and Bacon.

______________(2001). *Ceneralist Social Work Practice : An Empowering* Approach. Allyn & Bacon.

Miley et al.(2007). *Generalist Social Work Practice : An Enpowering Approacb*(5th ed.). Pearson Education, Inc.

Mliley & Dubois(1999). Empowerment Processes for Social Work Practice. In W. Shera & L. Wells(eds.), *Empowering Practice in Social Work.* CanadianScholar PressIns.

Moore. S. T.(1990). A Social Work Practice Model of Case Management The Case Management. *Gird Social Work, 35*(5).

Morales, A. T., & Sheafor, B. W.(1995). *Social Work A profession of Many Faces*. Allyn and Bacon.

Morris, P. M.(2008). Reinterpreting Abraham Flexner's Speech, Is Social Work a Profession? : Its Meaning and Influence on the Field's Early Professional Development. *The Social Service Review, 82*(1), 29.

Moxley, D. P.(1989). *The Practice of Case Management*. Sage Publications : The Internationi Publishers.

NASW(1971). *NASW Standards for Social Work Personnel Policies*. Washington, D.C.

______(1981). Conceptual framework Ⅱ(Special Issue). *Social Work, 26*(1), 6-75. Washington, D.C. NASW.

______(1981). Mission Statement. Social Work, 26(p. 6). Washington, D.C. NASW.

______(1981). *NASW Standards for the Clssification of Social Work* Practice. Washington, D.D. NASW.

______(1982). *Family Policy Statement*. Washington, D.C. NASW.

______(1984). *NASW Standards and Guidelines for Practice*. Washington, D.C. NASW.

______(1993). *NASW Code of Ethics*(rev.). Washington, D.C. NASW.

______(1994). *NASW Policy Statements*(3rd ed.). Washington, D.C. NASW.

______(1995). *Overview of a Decade of Adjudication*. Washington, D.C. NASW.

______(1999). *Code of Ethics of the National Association of Social Workers*. Washington, DC : Author.

______(2001). *NASW standards for the Classification of Social Workers Practice*. Washington, DC : Author.

National Association of Social Workers(1999). *Code of Ethics of the National Assoiation of Social Workers*. National Association Social Workers.

Northen. H.(1969). *Social Work with Groups*. NY : Columbia Univ. Press.

Parsors, R. J.(1991). Empowerment : Purpose and Practice Principle in Social Work. *Social Work with Groups, 14*(2), 7-21.

Perlman, H. H.(1957). *Social Casework-A Problem Solving Process*. Chicago : The University of Chicago Press, 6.

_____________(1970). The Problem-solving Model in Social Casework. In Robert & Nee(eds.), *Theories of Social Casework*, Chicago : University of Chicago Press.

_____________(1970). *Social Casework: A Problem-Solving Process.* Chicago Press.

_____________(1972). The Problem-solving Model in Social Casework. In R. W. Roberts & H. Nee(eds.), *Theories of Social Casework.* Chicago and London : The Univ. Chicago Press.

_____________(1973). *Relationship : The Heart of Helping People.* Chicago : The Univ. of Chicago Press.

_____________(1979). *Relationship : The Heart of Helping People.* Chicago : University of Chicago Press.

_____________(1986). The Problem-solving Model. In Tumer, F., & Kendall, K., A.(eds.), *Social Work Treatment*. The Free Press, pp. 254-266.

Pincus, A., & Minahan, A.(1973). *Social Work Practice : Model and Method*. Itasca, IL : Peacock Publishers.

____________________(1973). The Social-Environmental Context of Child Clients : An Emprical Exploration. *Social Work, 38*(3), 256-261.

Pincus. A. & A. Minahan(1973). *Social Work Preactice : Model and Method*. Itasca. IL : Peacock Publishers.

Popple, P.(1985). The Social Work Profession : A Reconceptualization. *Service Review*. December.

Poulin, J.(2005). *Strengths-based Generalist Practice*. Thomson Books/ Cole.

Rapp, R. C.(2006). Strengths-based Case Management : Enhancing Treatment for Persons with Substance Abuse Problens. In D. Saleebey(ed.), *The Strengths Perspective in Social Work Practice*(4th ed., pp. 128-147). Boston : Pearson Education, Inc.

Rapp. C. A., Saleebey, D., & Sullivan, W. P.(2005). The Future of Strengths-Based Social Work. *Aduances in Social Work, 6*(1), 79-90.

Reamer, F. G.(1983). Ethical Dilemmas in Social Work Practice. *Social Work, 28*, 31-35.

____________(1989). *Ethical dilemmas in social service*(2nd ed.). New York : Columbia University Press.

____________(1995). *Social Work Values & Ethics*. New York : Columbia University Press.

____________(1999). *Social Work Value and Ethics*(2nd ed). NY : Columbia Univ. Press.

Reamer, F.(1989). *Ethical Dilemmas in Social Service*(2nd ed.) New York : Columbia University Press.

Richmond, M. E.(1922). *What is Social Casework?*. New York : Russell Sage Foundation Association of America.

Rooney, R. H., Rooney, G. D., Strom-Gorrfried, K., & Larsen, H. A.(2006). *Direct Social Work Practice: Theory and Practice*(7th ed.). Belmont, CA : Thomson Brooks/Cole.

Rothman, Juliet C.(1991). A Model of Case Management : Toward Empirically Based Practics. *Social Work, 36*(6). silver spring MD : NASW.

________________(2008). *Cultural Competence in Pross and Practice*. Pearson Inc.

Saleebey. D.(1996). The Strengrhs Perspostive in Social Work Practice : Extensions and Cautions. *Social Work, 41*(3), 296-305.

__________(2002). *The Strensths Perspective in Social Work*. Allyn and Bacon.

__________(2006). Introduction : Power in the People. In D. Saleebey(ed.), *The Strengths Perspective in Social Work Practice*(4th ed., pp. 1-24). Boston : Pearson Education, Inc.

Sheafor, B. W., & Horejst, C. R., & Horejst, G. A.(1991). *Tehniques and Guidelines for Social Work Practice*(2nd ed.). Allyn and Bacon.

____(1997). *Techniques and Guidelines for Social Work Practice*(4th ed.). Needham Heights, MA : Allyn & Bacon.

____(2008). *Technique and Guidelines for Social Work Practice*(8th eds.). Pearsom Education, Inc.

Skidmore, R. A., & Thackeray, M. G., & Farley O. W., Smith, L. L., & Boyle(2000). *Introduction to Social Work*(8th ed.). London : Allyn and Bacon.

Specht, H. & A. Vickery London(1980). *Integrating Social Work Method*. George Allen & Unwin.

Toison, E. R., Reid, W. J., & Garvin, C. D.(1994). *Generalist Practice : A Task Centered Approach*. New York : Columbia University press.

Turner, F. J.(ed.)(1996). *Social Work Treatment*(4th ed.). New York : The Free Press.

Tylor(1985). *Primitive Culture : Researches into Development of Mythology, Philosophy, Religion, Art, and Custom*.

Weick, A., Rapp, C., Sullivan, W. P., & Kisthardt, W.(1989). A Strengths Perspective for Social Work Practice. *Social Work, 37*, 350-354.

Weil, M., & Karls, J.(1985). Case Management in Human Service Practice. San Francisco : Jossey - Bass.

Whitaker. W. H., & C. Federico(1977). *Social Welfare in Today's World*. NY : McCraw-Hill.

Zastrow, C.(1987). *Social Work with Group.* Chicago : Nelson-Hall.

_________(1995). *The Practice of Social Work.* California : Wadsworth.

_________(1999). *The Practice of Social Work*(6th ed.). Pacific Grove : Brooks/ Cole Publishing Company.

_________(2004). *Introduction to Social Work and Social Welfare : Empowering People.* Thompson Learming, Inc.

찾아보기

인명

ㅍ

ㅎ

1

2

4

6

T

저/자/약/력

■ **박희숙**
경복대학교 복지행정과 교수
사단법인 행복을나누는사람들 대표이사
한국정보정책연구회 수석부회장

■ **백명진**
전) 영남외국어대학교 사회복지학과 조교수
아우름 복지법인 대표

■ **한선화**
사단법인 행복한세상만들기 대표
위투게더단기보호센터장
칼빈대학교 대학원 외래교수

■ **김미숙**
궁전어린이집 원장
궁전요양원 대표
칼빈대학교 대학원 외래교수

사회복지실천론

|공저자| 박희숙 · 백명진 · 한선화 · 김미숙

|1판 1쇄| 발행 2018년 2월 20일
|1판 2쇄| 발행 2020년 2월 14일

|발행인| 김 동 훈
|발행처| 공 동 체

|주소| 경기도 고양시 일산동구 호수로 358-39, 동문타워 I 905호(백석동)
|전화| 031) 920-8305(대표)
|팩스| 031) 920-8308
|e-mail| compub@naver.com
|출판등록| 2005년 10월 6일
|등록번호| 제396-2005-36호

|ISBN| 979-11-6105-245-8
정가 20,000원